AF488631

9 798999 982407

گوگوش

صدای قدغن

گوگوش و تارا دهلوی

ترجمه: هما سرشار

Blue Art Productions, INC

گوگوش، صدای قدغن | نویسندگان: گوگوش و تارا دهلوی | ترجمه از انگلیسی: هما سرشار

چاپ دوم- لُس‌آنجلس -کالیفرنیا | زمستان ۱۴۰۴

کتاب‌آرایی: کورش بیگ‌پور

Cover photo by Brian Bowen Smith (August Image). Used under license

Publisher: Blue Art Productions, INC

ISBN: 979-8-9999824-0-7

به زنان، مردان و فرزندان سرزمینم
و به یاد آن که همه آنچه آموختم را از او دارم: آموزگارم، صابر آتشین

فهرست

بخش دوم

یادداشت نویسنده

این خاطرات بازتابی از تجربیات من هستند، و چگونگی به خاطر سپردن رویدادهایی‌ست که زندگی‌ام را شکل داده‌اند. من یک تاریخ‌نگار نیستم و این خاطرات هم مدعی ارائهٔ یک روایت تاریخی نیست.

برای حفظ حریم خصوصی افراد و احترام به محدودیت‌های موجود در خاطره‌نویسی، برخی اسامی و ویژگی‌های ظاهری تغییر یافته‌اند. در مواردی نیز شخصیت برخی افراد موشکافی شده است تا نشان از حضور معنادار و تأثیرشان در مسیر هفت‌دهه زندگی‌ام داشته باشد. البته این تغییرات شامل افراد شناخته‌شده و مشهور نمی‌شود که آن‌ها تا حد ممکن بر اساس حافظه و اسناد موجود با صداقت تصویر شده‌اند.

گفت‌وگوها از روی حافظه بازسازی شده‌اند. هرچند امکان دارد کلمات همیشه به‌درستی به‌یاد نمانده باشند، اما محتوای بحث‌ها، احساسات و استدلال‌ها همان چیزی است که در آن زمان بیان شده و منظور نظر بوده است. نهایت تلاش صورت گرفته تا گزارشی صادقانه از زندگی‌ام و لحظاتی که آن را تشکیل داده‌اند، ارائه شود.

گوگوش، عکس یادگاری یک ملت

گوگوش، صدایی که هرگز خاموش نمی‌شود: سه دهه آوای عصر طلایی، دو دهه سکوت عصر تاریکی و دو دهه فریاد عصر روشنایی. خواننده‌ای یگانه که وقتی آواز بنا نهاد فریادی ماندگار شد، برای سه نسل. حتی سکوتش چنان فریادی بود که گوش نامهربانان را کر کرد. اسطوره‌ای بی‌تکرار.

پدیده‌ای به‌نام گوگوش:

پدرش صابر آتشین یک شومن هنرمند بود که در تماشاخانه‌ها حرکات آکروباتیک می‌کرد و در آن زمان طرفدار بسیار داشت. گوگوش خردسال نیز گاهی به پدر کمک می‌کرد. از سه سالگی روی صحنه رفتن را تجربه کرد و در پنج سالگی همراه پدر، اجرای عملیات آکروباتیک را. فعالیت هنری خود را با تقلید صدای خوانندگان مشهور آن زمان آغاز کرد و در حالی که بیش از هفت سال نداشت به بازی در فیلم پرداخت و هم‌زمان پا به میدان موسیقی گذاشت. پدر او را به خواندن و اجرا تشویق می‌کرد چون آثار نبوغ هنری و استعداد شگفت‌آورش را در همان کودکی دریافته بود. گوگوش خیلی زود به رادیو و تلویزیون هم راه یافت.

در دوران نوجوانی و جوانی، دختری زیبا و خوش اندام و استعداد و نبوغش همراه با سال‌ها تمرین و تجربه در هم آمیختند و گوگوش -یکی از محبوب‌ترین خوانندگان تاریخ موسیقی ایران- را ساختند. این شهرت و محبوبیت از ایران نیز فراتر رفت و به سراسر جهان به‌ویژه تاجیکستان، ازبکستان، افغانستان و ترکیه رسید.

گوگوش جوان تا قبل از انقلاب، ۱۸ آلبوم ارائه داد و در ۲۵ فیلم ایفای نقش کرد. در حالی که زندگی هنری‌اش بسیار افتخارآمیز بود، زندگی شخصی‌اش پر فراز و نشیب. با وجود این هنوز بخش مهمی از زندگی هنری و شخصی گوگوش ناگفته باقی مانده و همین بر جذابیت او می‌افزاید.

گوگوش در دههٔ هفتاد، از سوی پرویز حجازی -تهیه‌کنندهٔ سینما پیش از انقلاب و صاحب کابارهٔ باکارا- که به «صیاد ستارگان» شهرت داشت «شاه‌ماهی هنر ایران» نامیده شد ولی پس از انقلاب اسلامی و در پی ۲۱ سال سکوت، از سوی هموطنانش لقب «دختر ایران» را گرفت.

گوگوش: هنرمندی ماندگار

درباره‌اش زیاد نوشته‌اند، از همان سال‌های نخست کودکی -همان دورانی که روی آن صندلی لهستانی که یک پایه‌اش در دست پدر اکروبات‌بازش بود- می‌نشست و صابر او را چون یک یک پر بالا و پایین می‌برد. در همان روزها ستاره‌ای یگانه از میان خاک صحنه متولد شد و از درخشیدن باز نایستاد تا سال ۱۳۵۸ که راه او را به صحنه بستند و به انزوایی بیست و یکساله کشاندند.

ولی حریفش که نشدند! گوگوش پس از بیست و یکسال سکوت تحمیلی و دوری از صحنه، از نو چون ققنوس از خاکستر صحنه برخاست.

نوشتند و گفتند و گفتند و نوشتند ولی آیا کسی پرسید راز این ماندگاری و روایت این حضور دائم -حتی زمانی که غایب است- در چیست؟ چگونه هرگز فراموش نمی‌شود و کم نمی‌آورد، بدون اینکه از درخشندگی اسطوره‌وارش کاسته شود؟ آنچه یا آنکه اسطوره‌ای به‌نام گوگوش را ساخت چیست یا کیست؟ به باور من راز ماندگاری او این حقیقت روشن است: تنها کسی که گوگوش را ساخته خود اوست و نه چیزی دیگر یا کسی دیگر.

در بازه‌ای شصت ساله، گوگوش قصه‌گوی ما شد و آنچه همهٔ ما در سر و دل داشتیم و از بیانش ناتوان بودیم.-از عشق و درد و شکست تا اندوه و شادی- با روان و توانش در هم آمیخت و با خواندن آنها جادومان کرد. هم‌زمان هر روز، هر ماه و هر سال، خود را از نو ساخت و باز ساخت -یک بازسازی ملموس و متکی به جنم خودش- و هر بار پدیده‌ای تازه و با طراوت عرضه کرد. او چاره‌ای جز بزرگ کردن خود و مراقبت از خویش را نداشت. می‌بایست هنرش، این گوهر گرانبهایی که

طبیعت به او ارزانی کرده بود را از گزند روزگار و چشمان بی‌مهر مصون نگه‌دارد. در آن دوران نیاز زمانه به نو شدن بود و این نیاز مَرکبی مناسب و درخور برای دخترکی پرشور با حرکاتی نو و بدیع فراهم کرد. بی‌شک مردان زندگی‌اش (از پدر گرفته تا بعد....) بر قوام شخصیت او اثر گذاشتند و به اعتلای هنر او یاری رساندند. ولی در پایان آنان بودند که از او بهره‌مند شدند و گوگوش همچنان تنها ولی استوار و پرتوان در کار ساختن و بازساختن خویش باقی‌ماند، خدمتش را در راه هنر انجام داد، مکتب هنری ویژهٔ خود را ایجاد و تکمیل کرد، آواز خواند، نقش آفرید و روح مردم را با صدای دلنشینش نوازش داد و بر دل آنان نشست. بخت‌یاری خودش و بهترین سال‌های زندگی‌اش را در گرو هنر گذاشت، به بلندای شهرت رسید و برای همیشه و پیروز در آنجا ماند.

گوگوش: هنرمندی جلوتر از زمان خود

در دههٔ ۶۰ و ۷۰ میلادی محبوبیت و سبک خواندن گوگوش تا آن‌جا پیش رفت که بسیاری از خوانندگان جوان سعی می‌کردند از او الگوبرداری کنند. علاوه بر صدا و بازی، لباس پوشیدنش نیز آنقدر مورد توجه مردم عادی قرار گرفت که گوگوش را به سوپر مدل یا برند زمان خود تبدیل کرد.

موی کوتاهی که به مدل گوگوشی معروف شد، لباس‌ها و زیورهایی که در کنسرت‌ها و برنامه‌های تلویزیونی به آنها آراسته بود، همه و همه به نام او ثبت شدند. بسیاری از ما جدا از گوش سپردن به ترانه‌های گوگوش، دنبال سبک و مدی بودیم که او ارائه می‌کرد. من نیز یکی از آنها: به پیروی از او، هم موهایم را گوگوشی زدم؛ هم به دنبال او شلوارک داغ پاکردم؛ هم چون او جین پاچه‌گشاد و جلیقه‌پوش شدم؛ هم کفتان -لباس مورد علاقهٔ او را که تا قبل از آن ندیده بودم- بر تن کردم؛ هم کلاه سبک گوگوشی بر سر گذاشتم؛ هم از سربندهایی که او مد می‌کرد تقلید کردم و هم عینک دودی بزرگ زنجیردار زدم. خلاصه گوگوش ابداع می‌کرد و ما پیروی. غالب هنرمندان دنباله‌روی خواستهٔ عام هستند، در مورد گوگوش اما معادله وارونه بود چون مردم به دنبال او بودند و او سلیقهٔ خود را به عموم دیکته می‌کرد.

آن زمان چشم‌بسته از گوگوش تقلید می‌کردیم ولی، پس از گذشت ۲۱ سال سکوت، دنباله‌روی را کنار گذاشتیم و از او آموختیم: گوگوشی که در کورهٔ تجربیات تلخ آن دوران پخته و گداخته شده بود، حالا برای گفتن خیلی حرف داشت.

گوگوش و پایان سال‌های انزوا:

پس از انقلاب اسلامی، گوگوش به دادگاه احضار شد. چهار هفته زندان و ۲۱ سال سکوت هنری از او پدیده‌ای دیگر ساخت و در پی خروج از ایران فصل جدیدی از زندگی‌اش را آغاز کرد. دختر ایران بعدها گفت: «حکومت جمهوری اسلامی دوست ندارد کسی چهره بشود، کسی قهرمان بشود، کسی سرآمد باشد. چون نمی‌خواهد مردم به آن شخص یا آن موضوع علاقه پیدا کنند.» به همین دلیل قهرمان‌کُشی، نخبه‌کُشی و چهره‌کُشی بخشی از کارنامهٔ چهل سالهٔ این رژیم است. ایران -یعنی وطن گوگوش- تنها بخشی از جهان است که در آن آواز خواندنش اکیدا ممنوع است، ولی همهٔ این‌ها دست به دست هم داده‌اند تا به‌قول خودش: «منِ گوگوش را بسازند و الان هم در کنار شما هستم.»

در نخستین سال خروج از ایران، گوگوش قیامتی برپا کرد. دو دهه زندگی در غربت از ما تبعیدی‌ها هم انسان‌های دیگری ساخته بود. من نیز یکی از آنها. کمتر کلام و رویدادی اشک شوق به چشمانم می‌آورد. سخت‌جان شده بودم انگار، یا تجربیات سال‌هایی که گذشته بود آنقدر از چشمانم اشک ربوده بودند که باورم شده بود مگر چه شود که بار دیگر اشک شوق بریزم!

ولی حضور در نخستین کنسرت گوگوش در لس‌آنجلس ۲۱ سال پیش، پس از سال‌ها چشمانم را با اشک شوق تر کرد و بسیارانی دیگر را نیز. قلب‌مان از ذوق دیدارش طپید که جای ویژه‌ای از آن در گرو اوست. بار دیگر در میان تماشاگران، با حیرت و مهر نگاهش کردیم، برایش فریاد و هورا کشیدیم و ورودش به شهر فرشتگان را با استقبالی بی‌نظیر به ضیافت نشستیم. گمانم آن شب گوگوش هم به قلب خویش مراجعه کرده بود که زیباترین اجرای خود را پیشکش ما کرد. شاید باورش نمی‌شد که نام و حضورش این چنین با تار و پود سه نسل گره خورده باشد.

گوگوش در همهٔ ۲۱ سالی که سکوت کرده بود، هیچ‌گاه فراموش نشد، چون تنها هنرمندی است که موفق شده با نسل جوانِ ایرانِ قبل و بعد از انقلاب و داخل و خارج کشور ارتباط برقرار کند و الهام‌بخش و مشوق مردان و زنان جوان بی‌شماری برای ورود به دنیای هنرهای اجرایی شود.

چرا گوگوش را دوست داریم؟

گوگوش تنها یک صدای خوش نیست. ترکیبی است استثنایی از صدا، بازی، لباس، آرایش و پیرایه‌های دلپذیر. روی صحنه با رفتار، نگاه و گاه رقص حکم‌رانی می‌کند. مشخص است که بر همهٔ وسائل ارتباط با مخاطب، یعنی میکروفون و دوربین تسلط کامل دارد. دوربین‌های تلویزیون و سینما دوستش دارند و سر بر فرمانش می‌گذارند.

گوگوش بخشی از خاطرات نوستالژیک گذشته‌های شیرین است که روی قلب همگی‌مان سنگینی می‌کند و ما حسرت و عطش دیدنش را داریم. اوست که به زیبایی این غم هجران و دوری را دلچسب می‌کند. و هم اوست که رد پای روزگاران دور بر حافظهٔ جمعی ماست، آن روزگارانی که آسان از کف رفت.

خدای برقراری ارتباط تنگاتنگ عاطفی با تماشاگران و دوستدارانش است. چشمان تیزبینش از روی صحنه تا آخرین ردیف صندلی سالن‌های مملو از تماشاگر را می‌بیند و با تک‌تک آنان -که با دهانی باز از حیرت، چشمانی مرطوب از اشکِ ذوق و لبانی خندان از شادی لحظه‌ای از او سر برنمی‌گردانند- حرف می‌زند، همدلی می‌کند و همزبانی: به ارمنی، به آسوری، به ترکی، به انگلیسی، به فرانسه و به ایتالیایی. با آنها شوخی می‌کند و جوک می‌گوید. عجب این که با وجود تلخی‌های بسیار، خود تلخ نشده و همچنان شوخ و طناز باقی مانده است.

در تاریخ هنر صحنه‌ای ایران هیچ ستاره‌ای چنین بی‌مُحابا، با اعتماد به‌نفس، سربلند، پویا و یگانه در عرضه و اجرا و حضور، روی صحنه ندرخشیده و نفس را در سینهٔ تماشاگران حبس و همزمان فریاد آنان را به آسمان بلند نکرده است. گویی تمام جانش را در کف می‌گیرد و نثار آنان می‌کند و با نفس تماشاگر جان تازه می‌گیرد. در لغت‌نامه‌اش ایستایی معنایی ندارد.

بی‌شک وفادارترین اطرافیان گوگوش ما تماشاگران، دوستداران و هواداران همیشگی او هستیم که نزدیک به هفت دهه رهایش نکرده‌ایم، از حضورش لذت برده‌ایم، به او عشق داده‌ایم، با او مانده‌ایم، بدون اینکه تازگی‌اش را برای ما از دست داده باشد. یک عشق بی‌انتظار و همیشگی، بی هیچ چشمداشتی. همین‌گونه -یا هرگونه که هست- دوستش داریم و او را از خود می‌دانیم با رابطه‌ای بیشتر در دل و ذهن تا بر زبان.

او بر بال حمایت سه نسل پروازی نفس‌گیر را تجربه کرده و از پای نیفتاده. بال‌های همهٔ ما برای پناه دادن به این تنهاترین صدای ایران همیشه گسترده بوده

است. حکایت گوگوش و مردم ایران طی سه نسل متوالی تکرار نشده و نخواهد شد. سه نسلی که تنها برای او چشم خطاپوش داشته‌اند و جز زیبایی در روی چیز دیگری نمی‌دیدند. شگفت اینکه نسل چهارم هم دارد از راه می‌رسد و خوشا.

گوگوش و نسل من:

اما از میان آن سه نسل، رابطهٔ گروه میانی -یعنی نسل من- با گوگوش داستانی شنیدنی است. او همواره در روزهای زندگی نسل ما حضور داشته است. من و گوگوش هم نسل هستیم. من از او چهار سال بزرگترم. ما با او کودکی کردیم و بزرگ شدیم. او اما، کودکی نکرد و هیجانات بلوغ را تا عمق وجودش نیازمود. زود و در مقابل چشمان ما بزرگ شد و نان‌آور خانه. شاید بتوان او را نخستین نسل از کودکان کار در یک جامعهٔ شهری آن روزها دانست. از همان روزهای نخست -از کابارهٔ شکوفه‌نو تا روی صحنهٔ هالیوود باول- و در تمام این راه پر فراز و نشیب -نشسته در میان تماشاگران- دیدگان نسل من به او بوده است: گاه به حسرت، گاه به حیرت، گاه به مهربانی، گاه به دلسوزی، گاه به نگرانی، گاه با عشقی خواهرانه و گاه به حسد. برای روزهای خوش او شادی کردیم و برای روزهای تنهایی و بی‌پناهی و حصر و گرفتاری‌اش غصه خوردیم.

گهگاه روی صحنه از پدر که یاد می‌کند -هرچند یادآوری نام صابر بر پیشانی‌اش سایه‌ای از اندوه روزگاران سخت گذشته را می‌اندازد- ولی همچنان و با سربلندی اعلام می‌کند هر چه دارد از او دارد. و این حکایت نسل من و اوست: رشد کردن در کنار پدران و مادرانی سخت‌گیر و خشن، خسیس در مهربانی و تهی از آغوش گرم و ما همچنان قدردان.

من و او-که یکی خوانندهٔ این نسل و دیگری روزنامه‌نگار این نسل هستیم- در گذرگاهی تنگ سرنوشت‌مان به‌هم گره خورده است. نسلی که اندوهِ سنگینی در قلبش پنهان کرده و کمتر کسی را به این نهانخانه راه می‌دهد. تنها ما که درد مشترک داریم زبان یکدیگر را می‌فهمیم. آگاهی به این حقیقت، نوشتهٔ من روزنامه‌نگار و طنین صدای اوی خواننده را رساتر و شفاف‌تر، حساسیت‌مان را انسانی‌تر و دل‌نگرانی‌مان را ملموس‌تر کرده است.

چرا نسل من هر بار مشتاق‌تر از بار قبل به دیدار گوگوش می‌شتابد؟ چون با حیرت و حسرت در او نماد زنی پرتوان را می‌یابد که در سرزمین مادری و در همان

نخستین گام‌ها راه را بر او و دیگر زنان بستند و رخصت باروری بیشتر در زادگاه‌شان را به آنها ندادند. بسیاری از زنان هنرمند شکستند و تمام شدند. گوگوش اما، این سرنوشت را برای همیشه نپذیرفت و مبارزه کرد. به دیدار او می‌رویم تا زیبایی‌های کمرنگ گذشته را در ته چشمان درشتش -که غم شیرین غربت در آن جا خوش کرده است- تماشا کنیم. حضورش، شکوه تنهایی‌های ما شده است هر چند رگه‌های افسردگی، سرخوردگی و یاس و گاه خشم اینجا و آنجا سر می‌کشند. خوش به حال نسل ما که او را داریم: این نمادِ بی‌چون و چرای پایداری و ماندگاری که داشتنش بی‌تعارف، انگیزهٔ خسته نشدن، ادامه دادن و از پای نیفتادن ماست.

روایت گوگوش بخش مهمی از زندگی ما هم‌نسلانش است و گفتن از آن محملی برای پایان دادن به سرگردانی ما در سرزمینی ناشناخته. اگر چنین نکنیم بی‌شک باد ما را خواهد برد. و دریغا. او باید چون خورشید بتابد و چون ماه زیر ابر پنهان نشود. او باید هنوز باشد و بیافریند که به گفتهٔ سیمین بهبهانی:

کولی، به حرمت بودن، باید ترانه بخوانی   شاید پیام حضوری، تا گوش‌ها برسانی

فائقه، دختر صابر آتشین؛ دختر ایران؛ خوانندهٔ سه نسل، بانویی که ۲۱ سال پیش سرزمین مادری‌اش وی را پس راند ولی او هرگز دامن آن مادر را -که روزگاری گرم بود و امن- رها نکرد؛ هنرمندی که شخصیتِ روی صحنه‌اش او را جاودانه کرد و زنی یگانه که نامش در دانشنامهٔ بریتانیکا به عنوان یکی از صد زن پیشتاز تاریخ ثبت شده است، در بیست و یکمین سالگرد رهایی از بند ۲۱ سالهٔ جمهوری اسلامی، هنوز و همچنان با ماست.

گوگوش، عکس یادگاری یک ملت است.

پ.ن: ترجمهٔ این کتاب را با افتخار به گوگوش، اسطورهٔ موسیقی ایران، هدیه می‌کنم و قدردان اعتمادش هستم.
سپاس از تارا دهلوی برای سه سال همکاری و همفکری بی‌دریغش.
سپاس از دکتر ماندانا زندیان، دکتر مهدی آقازمانی، کورش بیگ‌پور و دکتر محمود نراقی برای همراهی ارزشمندشان.

گوگوش

صدای قدغن

بخش نخست

فصل ۱
کمیتۀ امر به معروف و نهی از منکر

۸ مهر ماه ۱۳۵۹

ساکت ایستاده بودم. او خطوط پایانی یک صفحه را خط‌خطی می‌کرد و من امیدوار بودم به‌زودی آزادم کند. چین و چروک عمیق اخم پیشانی و لب‌های به هم فشرده‌اش نشانی از ترحم نداشت.

بدون اینکه سر بلند کند، پرسید: «"کوه" رو برای کی خوندی؟»

ساعاتی طولانی به همین روال گذشت: ساعات پرسش‌های مشابه، ساعاتی که آرزو می‌کردم کاش این آخرین پرسش باشد، ساعاتی که کامبیز با صبوری کنار دایی فرهنگ رنگ پریده‌ام، در موقعیتی نامتعارف برای یک کودک یازده ساله، نشسته بود.

گفتم: «ولی قربان، من به همۀ اینا قبلاً تو زندان اوین جواب دادم. بازجوی اونجا گفت همۀ اطلاعاتو داره. من نمی‌فهمم چرا اینجام. من که فرم آزادیمو امضا کردم و تو اون تعهد دادم...»

چشمانش را از پشت شیشه‌های کثیف عینک به من دوخت و گفت: «جواب سؤالو بده!»

پاسخ دادم: «هیچ‌کس قربان. من "کوه" رو برای هیچ‌کس خاصی نخوندم.» می‌دانستم نباید عصبانی‌اش کنم. نگاهی تند به موهایم انداخت و به

یادداشت‌هایش برگشت. صفحه را با قلم سیاهی که در دست داشت پر کرد. با انگشتانم نوک موهایی را، که از زیر روسری بیرون زده بودند، عقب زدم تا مطمئن شوم هیچ تار مویی نمایان نباشد. هنوز این کار برایم تازگی داشت.

ساعتی قبل از آنکه با دایی فرهنگ و پسرم کامبیز وارد این خانه بشوم، نگهبان محلهٔ خودمان، مرد مهربانی که منصور خان صدایش می‌کردیم، با وحشت به منزل ماما تلفن کرده بود.

بریده بریده گفت: «گوگوش خانوم، همین الان چند تا مرد از منکرات اومدن دیدن من...» بعد نفس‌زنان ادامه داد: «...گفتن اگه گوگوش تا فردا بعدازظهر خودشو معرفی نکنه، همونطور که تو نامهٔ احضاریه‌ای که براش فرستادیم بهش اخطار شده، اونوقت...» کمی مکث کرد که نفس تازه کند: «...اونوقت دستور داریم مستقیم ببریمش جلوی جوخهٔ آتیش!»

ترس سراسر وجودم را فرا گرفت و آخرین ذرهٔ امیدواری‌ام را، که پس از خروج از زندان اوین داشتم، به‌کلی از ریشه کند و نابود کرد. این نهاد یک شاخهٔ تازهٔ دولت بود و وظیفه‌اش حذف گناهان اجتماعی بود. معلوم بود که من به عنوان مشهورترین ستارهٔ پاپ دوران شاه، از سوی مأموران کمیتهٔ جدید «امر به معروف و نهی از منکر»، که مردم آن را «منکرات» می‌نامیدند، مورد هدف قرار بگیرم.

دایی فرهنگ، که برای صرف چای به خانهٔ ماما آمده بود، پیشنهاد کرد مرا ببرد. مانتو پوشیدم، موهای کوتاهم را زیر روسری، که جدیداً اجباری شده بود، پنهان کردم و با کامبیز سوار اتومبیلش شدیم. بهتر بود کامبیز را نزد ماما می‌گذاشتم. اصلاً به فکرم نرسید.

به‌محض توقف در مقابل در ورودی ساختمان، دلهره گرفتم. خیلی زود این ساختمان مجلل را به یاد آوردم. منزل دکتر مصباح‌زاده بود، یکی از صاحبان و بنیان‌گذاران مؤسسهٔ کیهان، ناشر پرتیراژترین و متنفذترین روزنامهٔ آن روزها کیهان. شنیده بودم که همهٔ اموالش از جمله مؤسسهٔ کیهان توسط دادگاه انقلاب اسلامی مصادره شده، ولی دیدن خانه‌اش که به زندان موقت مبدل شده، حکایت دیگری بود.

نشانی مندرج در احضاریه برای مراجعه به منکرات را، که چند روز پیش برایم آمده بود، خوانده بودم ولی خانه را نشناخته بودم. حتی فکرش را هم نکردم که باید مراجعه کنم. صدام حسین تازه به ایران حمله کرده بود و فرض کردم اینها کارهای

مهمتری از احضار من دارند.

اکنون که مقابل بازجو و میز شلوغش نشسته بودم، یادم آمد همین چند سال پیش، در سالن پذیرایی این خانهٔ واقع در خیابان اعیان‌نشین وزرا، در مقابل طبقهٔ مرفه مملکت ایستاده بودم. مردان تاکسیدو بر تن، زنان غرق در جواهرات و لباس‌های گران‌قیمت و کودکان شیک‌پوش زیر نور چلچراغ‌های کریستال در هم می‌لولیدند. مصطفی مصباح‌زاده شخصاً از من دعوت کرده بود در مهمانی تولد دخترش، که دست کمی از مهمانی‌های دربار با حضور رهبران جهان و هنرمندان بین‌المللی نداشت، برنامه اجرا کنم. هنگام خواندن زیر نور چلچراغ‌ها، به فکرم هم نمی‌رسید که یک روز در همین محل بازداشت شوم. دکتر مصباح‌زاده از خطر اعدام جسته و به انگلستان رفته بود. خانهٔ استثنایی‌اش حالا دفتر یکی از سرکوبگرترین نهادهای انقلاب شده بود.

در نگاه نخست، همه چیز مثل قبل به نظر می‌رسید: همان ویلای مجلل، همان دیوارهای سفید سنگی براق که تزئینات روی آنها یادآور قصرهای قرن نوزده قاجار بود. دیوارهای بلند و قطوری که ساختمان را در برگرفته بود، حالا بیشتر شبیه دیوارهای قلعه‌ای بودند که ساکنان ساختمان را نه تنها محافظت نمی‌کردند، که مثل میله‌های آهنی زندان آنان را از دید جهانیان پنهان نگه می‌داشتند. دیوارهایی که روزی باعث دلگرمی ساکنانش بود، حالا خشن و تهدیدکننده شده بود. حتی درِ آهنی باغ که چشم‌نواز و پذیرنده بود، معنای خود را از دست داده بود. و پنجره‌ها، دیده‌بان‌های آشنای منزل، با قرنیزهای کمانی که نشان از گذشته‌ای پر عظمت داشتند، همچنان سر پا بودند. ولی شیشه‌ها را تار کرده بودند تا نور و گرمای خورشید هم از آن رد نشود. به باغچه‌ها هم نرسیده بودند. بوته‌های زیبای گل سرخ زیر سنگینی علف‌های هرز و تار عنکبوت‌های تنیده بر شاخه‌ها، مرده بودند.

اوضاع داخل ساختمان دلخراش‌تر بود. پاسداران انقلاب با کالاشنیکف‌های بزرگ در دست جلوی راهروی ورودی ایستاده بودند و جلوی دید مراجعه‌کننده را به راه پلهٔ عظیم ساختمان، گرفته بودند. میزهای تحریر بزرگ و پرونده‌های انباشته روی هم، سرتاسر سالن پذیرایی را پر کرده بودند، جایی که روزی صدای خنده و شادی و نوای موسیقی در آن طنین می‌انداخت. قالی‌های ایرانی نفیس، چلچراغ‌های کریستال و آنتیک‌های اروپایی، از جمله مبل‌های شیک لویی شانزده و کنسول‌های بزرگ مرمر همه ناپدید شده بودند. حتی دیوارها را هم، از هر آنچه بر آنها نصب شده

بود، تهی کرده بودند. تنها سایهٔ کمرنگ قاب‌های نقاشی روی دیوار باقیمانده بود.

دایی فرهنگ، دستش را روی شانه‌های کوچک کامبیز گذاشت و چیزی در گوشش نجوا کرد. از وقتی به آنجا رسیدیم من نیم‌نگاهی هم به کامبیز نینداختم. ترسیده بودم. اگر به چشمانش نگاه می‌کردم، ترسی که به زحمت پنهانش کرده بودم، نمایان می‌شد. نمی‌توانستم در آن لحظه نگران او باشم. باید قوی می‌ماندم، به خاطر هر دو نفرمان. هر نشانی از ضعف، دعوتی بود از بازپرس برای آزاررسانی بیشتر و من نمی‌خواستم حتی برای یک لحظه چنین رخصتی به او بدهم.

با نگاهی پیروزمندانه به بازجویی خود ادامه داد: «واسه چی سال ۱۳۵۵ با بهروز وثوقی رفته بودین تونس دیدن بورقیبه؟ چه هدفی داشتین؟»

حقیقت را گفتم. من دوبار به فستیوال سالیانهٔ بین‌المللی کارتاژ دعوت شده بودم. نخستین بار سال ۱۳۵۲، هم‌زمان با تولد پرزیدنت بورقیبه، نخستین رهبر تونس استقلال‌یافته، و همراه با مشهورترین خوانندگان بین‌المللی روی صحنه رفتم. بورقیبه که از خواندن من خوشش آمده بود، برای بار دوم به جشنوارهٔ سال ۱۳۵۵ دعوتم کرد و این بار با بهروز رفتم.

یک پاسدار جوان مسلح وارد اتاق، که برای بازجویی درست کرده بودند، شد. دست‌هایش را با ناشی‌گری روی اسلحه و کمربندش گذاشته بود. مرا به یاد کامبیز انداخت، وقتی با یک اسباب‌بازی تازه ور می‌رفت.

گفت: «قربان، حاج‌آقا انصاری میخواد شما رو تو دفترش ببینه.»

فکر کردم: حتماً دربارهٔ حاکم شرع صحبت می‌کند.

بازجو به‌سرعت پاسخ داد: «بهشون بگو الان میام» و پاسدار جوان اسلحه به‌دست را به بیرون هدایت کرد.

قلم را از روی کاغذ برنمی‌داشت. نمی‌توانستم حدس بزنم پشت سر هم چه می‌نویسد و زیر چه چیزهایی را خط می‌کشد. گاهی دست چپش را بالا می‌آورد تا قطرات عرق شقیقه‌هایش را پاک کند. هوا در این اتاق بزرگ دم کرده و آغشته به بوی تند عرق بدن بود. عطر خوش غذاهایی که از آشپزخانه می‌آمدند و رایحهٔ مست‌کنندهٔ گل‌های رز که با وزش نسیمی از پنجره‌های رو به باغچه در اتاق‌ها پراکنده می‌شد، همه از خانه رفته بودند.

ته‌ریشش را، که نماد نمایندگان رژیم شده بود، خاراند و پرسید: «تو آخرین دیدار سادات و شاه، چه کسایی رو تو کاخ رامسر دیدی؟»

پاسخ دادم: «یادم نمیاد شخص بخصوصی رو دیده باشم،» همان پاسخی که هفت ماه قبل، موقع بازجویی در زندان کذایی اوین داده بودم.

قبل از اینکه مجدداً غرق در نوشته‌های پرونده شود، قلم در دست نگاهی به ساعتش انداخت. نور چراغ چربی مو و صورتش را بیشتر نشان می‌داد، همین‌طور لکه‌های روی کت و شلوار قهوه‌ای تیره‌رنگی که بر تنش زار می‌زد. رفتار و ظاهر آشفته‌اش، که مشخصهٔ انقلابیون دو آتشه به‌شمار می‌آمد، نقطهٔ مقابل کارمندان مرتب و منظم دوران پیشین بود. سپس کاغذهای سیاه شده از جوهر را بدون اینکه بخواند، مرور کرد، به هنرپیشهٔ خط گم کرده‌ای می‌ماند که در حال ور رفتن با دکور صحنه و امیدوار به یاد آوردن خط بعدی، سعی می‌کند تماشاچیان به او مشکوک نشوند. فکر کردم: دیگر پرسشی ندارد.

دقایقی گذشت تا از من دربارهٔ وضعیت کنونی زندگی‌ام بپرسد. در مورد همایون چیزی نمی‌دانست. هیچ کس نمی‌دانست.

با لحنی تمسخرآمیز گفت: «شوهر تازه؟»

همایون مصداقی همسر سوم من بود. چندین ماه پیش ازدواج کرده بودیم تا جلوی هرگونه درگیری با پاسداران انقلاب را بگیریم.

«ولی این روزا من بیشتر پیش مادرم که تنهاس، می‌مونم...» و اضافه کردم: «...بعد از حملهٔ جت‌های عراقی به شهر و فرودگاه مهرآباد، مادرم از هر صدایی وحشت می‌کنه.»

ولی او به پرسش بعدی پریده بود: «پدرت چطور؟ صابر؟ هنوز تهرونه؟»

پاسخ دادم: «بله.»

آخرین باری که از پاپا خبر داشتم، بدون اندک توجهی به دیگران یا آنچه بر سرشان می‌رفت، هنوز در تهران مشغول کار همیشگی خودش بود.

یک پاسدار مسلح دیگر وارد اتاق شد. کمی بزرگتر از اولی بود، با هیکلی درشت و ریشی انبوه. مستقیما به سوی میز رئیسش رفت و در گوشش پچ پچ کرد.

بازجو قبل از آنکه او را مرخص کند گفت: «ابوالفضل! به حاج‌آقا بگو دارم میام.»

ابوالفضل به عربی یعنی پدر معرفت. در عجب بودم که آیا پدر و مادرش هنگام نامگذاری او می‌دانستند روزی پسرشان برای اداره‌ای به نام منکرات کار خواهد کرد. شاید هم ابوالفضل نام واقعی‌اش نباشد. شاید هیچ‌وقت نام واقعی‌اش نبوده.

اینها هیچ‌وقت نام واقعی خود را استفاده نمی‌کنند.

مجدداً کاغذهای خط‌خورده را در پرونده‌ای جا داد و روی انبوه پرونده‌های دیگر گذاشت. وقتی از صندلی‌اش برخاست، من هم طبعاً بلند شدم و اشاره‌ای به دایی و کامبیز کردم که بالاخره آزادیم و می‌توانیم برویم – گمانم ساعت ۷ یا ۸ شب بود. ولی مرا متوقف کرد.

دستور داد: «همین جا می‌مونی.»

«ببخشین؟»

تأکید کرد: «همین‌جا می‌مونی تا پرونده تکمیل بشه.»

دایی با اعتراض به او، که داشت از کنارش رد می‌شد، گفت: «آخه چرا؟ به چه دلیلی؟ با کدوم دستور؟ گوگوش، هر وقت بخواین، برمی‌گرده اینجا. من ضمانت می‌کنم!»

قلبم به‌شدت در قفسهٔ سینه‌ام می‌زد. گفتم: «من چار بار برای بازجویی رفتم زندان اوین، هر بار که منو خواستن. من نمی‌تونم پسر و مادرمو تنها ول کنم! اینا فقط منو دارن!»

پشتش را به ما کرد و یکی از پاسدارها را که در راهروی ورودی کشیک می‌داد، صدا زد.

گوش‌هایم زنگ زدند. با درماندگی به کامبیز، که گیج شده بود و گریه می‌کرد، نگاه کردم. سرتاپای بدن کوچکش می‌لرزید و دایی داشت برای آزادی من التماس می‌کرد. پاسدار جوان، بدون توجه به پسرک کوچکم که بین آنها گیر کرده بود، ساعد دایی را سفت چسبیده بود. دایی فرهنگ را طوری محکم به جلو راند که کامبیز هم به جلو سکندری خورد. صدای گریهٔ پسرم بلندتر شد ولی پاسدار بدون توجه، هر دو را به سوی راهرو هل داد. قلبم به طپش افتاد و خشکم زد، نه می‌توانستم حرکت کنم و نه قادر به کمک بودم. خیلی سریع، دو پاسدار مسلح وارد اتاق شدند. این بار برای من آمده بودند. دستور داشتند مرا پایین و به زیرزمین ببرند.

راه‌پله از هال ورودی شروع می‌شد. قبلاً متوجه آن نشده بودم. پلکانی که به طبقهٔ بالا می‌رفت مارپیچ بود و با نرده‌های تزئینی و دستگردهای فلزی براق، در بدو ورود توجه را جلب می‌کرد. در زیر پاگرد و پشت دری که باز بود، پلکان عریض و طویل ساده‌ای مستقیماً به زیرزمین طبقهٔ پایین می‌رفت. هر چه پایین‌تر می‌رفتم هوا سردتر می‌شد و سطح پله‌های سنگی در تاریکی از زیر چشم در می‌رفتند. به سختی

زیر پایم را می‌دیدم. با احتیاط و نوک پا راهم را در محیطی ناشناس یافتم. صدای فریاد زنی که از دور می‌آمد، در گوش‌هایم زنگ زد. با طی هر پله، فریادها که نشان از دردی شدید داشتند، بلندتر می‌شد. جرأت نمی‌کردم درباره‌اش فکر کنم، بعد صدای گریهٔ یک مرد را شنیدم و زانوهایم قفل شدند.

فکر کردم: باید راه فراری باشد! اگر تند بدوم، ممکن است بتوانم خودم را به خیابان برسانم؟!

در پایان پله‌ها دو راهروی نیمه‌تاریک بود. من را به سوی راهروی دست راستی بردند. جز سایه‌هایی که در حرکت بودند، فریاد می‌زدند، نجوا می‌کردند و گریه سر می‌دادند، چیز دیگری نمی‌دیدم. سر و صدا قیامت می‌کرد، ولی نمی‌شد حدس زد چند نفر آن پایین هستند. پاسدارها مرا به اتاقکی هدایت کردند که پنجرهٔ کوچکی زیر سقف داشت و قبل از آنکه خود در سیاهی گم شوند، در میله‌ای اتاق را قفل کردند.

اتاق تاریک و دم کرده بود. بوی نا و کپک مشام را می‌آزرد. اتاق خیلی کوچک بود و خالی. فقط یک فرش برای خوابیدن کف آن انداخته بودند. این حتماً اتاق یکی از مستخدم‌ها بود و برای یک تختخواب و یک میز بغل تخت جا داشت ولی از آنها هم خبری نبود. پاهایم می‌لرزیدند و نمی‌توانستم بی‌حرکت بنشینم. تا آن روز دو بار به زندان اوین رفته بودم که در نخستین بار چشمانم را بسته بودند ولی در هیچ‌کدام تا این حد نترسیده بودم. از مردن نمی‌ترسیدم. این امکان را، یک سال پیش که در نیویورک سوار هواپیما شدم، پذیرفته بودم. اما از شکنجه وحشت داشتم. انسان محکوم به اعدام یک بار می‌میرد، ولی با شکنجه به آهستگی جان می‌دهد.

در میان گریه و فریاد سایر زندانی‌ها در دوردست، به فکر فرو رفتم: همه به من هشدار داده بودند که باز نگردم. می‌خواستم فریاد کمک برآورم، ولی کسی صدایم را نمی‌شنید، هیچ‌کس جز سایه‌ها. اتاق دور سرم می‌چرخید. نمی‌توانستم نفس بکشم. در تلاش برای نفس‌گیری، صحنه‌ای از فیلم «اژدها وارد می‌شود» بروس لی جلوی چشمانم جان گرفت. شخصیتی که بروس لی نقشش را بازی می‌کرد، در جدال با دشمنان و در یک زیرزمین ناآشنا، به اتاقی پناه می‌برد که سه در آهنی یک به یک از سقف بالای سرش پایین می‌آیند و او را در تله می‌اندازند. وقتی متوجه می‌شود در تله گیر کرده، روی زمین چهارزانو می‌نشیند، نانچاکو (چوب و زنجیر کاراته‌بازان) را دور گردن می‌اندازد و با صبوری منتظر آنچه از راه می‌رسد، می‌ماند.

هیچ کار دیگری نمی‌کند. این تصویر موجی از آرامش برایم به ارمغان آورد. روی زمین نشستم و نفس عمیقی کشیدم، درست مثل آنچه که برای خواندن تعلیم دیده بودم. دست به کار شدم. روسری‌ام را شل کردم، به دیوار تکیه دادم و هیچ کاری نکردم. گمانم چندین بار، وقتی صدای گریه‌ها فروکش کرد، صدای پا شنیدم. شاید موشی بود در پی لقمه غذایی. یکی دو ساعتی گذشت و با امید دیدن نشانی از رسیدن سحر، از پنجره بیرون را نگاه کردم. ولی هوا هنوز بدجور تاریک بود. پشت این دیوارها، مردم هنوز روی تخت‌های خود در خواب بودند و از حضور این خانهٔ سابق و ساکنان جدیدش ناآگاه. من هم بیست و چهار ساعت پیش، یکی از همین مردم بودم و ناآگاه از سرنوشت خود.

نگران بودم مبادا ماما هِمایون گفته باشد. خیالم از بابت او جمع بود چون همراه من به اینجا نیامده بود. حتماً برای من دلواپس بود، ولی از این فکر که امکان داشت به او و گرفتاری‌هایش گیر بدهند، وحشت کردم. در واقع این مشکل را من برایش به‌وجود آورده بودم. همایون التماس کرده بود که، دور از همهٔ این ماجراها، در نیویورک بمانم. ولی من گوش نکردم.

سعی کردم چشمانم را باز نگهدارم، ولی دیگر توانش را نداشتم. باید تسلیم می‌شدم. در حالت نیمه بیهوشی، به جایی ورای این چهار دیواری رفتم. نام‌ها، چهره‌ها، کلمات و جملات در ذهنم زنده رژه می‌رفتند، درست مثل قطاری که از ایستگاه دورافتاده عبور کند.

ناگهان صدای بلند قدم‌هایی مرا از رؤیاهایم بیرون کشید.

مردی فریاد زد: «وای نسا! تندتر راه برو، زنیکهٔ گه!»

صدای پاها و همراه آن صدای تنفسی سنگین، در راهروی باریک پیچید. صدای کلیدهایی که به هم می‌خوردند و صدای زنی که ضجه می‌کشید، تا درون اتاقم طنین انداخت. قفل دری باز شد.

در که باز شد، مرد گفت: «فکر کردی خیلی قلدری؟ همین الان از حلقومت می‌کشم بیرون، کثافت!»

در به‌سرعت بسته شد و زمین لرزید. با دقت گوش کردم، ترسیده بودم آن قدم‌ها برای من آمده باشند. نه، برای من نیامده بودند. رفتند و یک زندانی جدید را، که پژواک صدای دردآلود گریه و فریادش در راهروی تنگ و باریک پیچید، به حال خود رها کردند.

خیلی کوشش کردم این فریادها را نشنیده بگیرم. گوش‌هایم را با دو دست پوشاندم. هنوز صدا را می‌شنیدم. گوشه‌های روسری‌ام را کشیدم و در سوراخ گوش‌هایم فرو کردم. بی‌فایده بود. به دورترین نقطهٔ اتاقم، یعنی در فاصلهٔ چند قدمی جایی که نشسته بودم، پناه بردم. هیچ کاری از دستم بر نمی‌آمد تا بتوانم در مقابل فریادهایی که خون در رگ‌هایم خشک می‌کردند، مقاومت کنم. صداها، مثل یک شوک الکتریکی، تا عمق وجودم نفوذ کرده بودند.

وقتی صداها آهسته فرو نشستند، ضربه‌های کوبنده در سرم افزایش یافت. کاش قرص‌هایم را با خود آورده بودم. بعد از زندان اوین مرتب میگرن می‌گرفتم و همیشه قرص ضد درد با خود داشتم. ولی در آن هیاهو فراموش کردم قرص‌هایم را بردارم، سیگارم را نیز. هر چه بیشتر به سردردم فکر می‌کردم، درد بدتر می‌شد. چشمانم را بستم و سعی کردم خود را در محلی که برایم آرامش‌بخش بود، مجسم کنم: در ساحل شنی دریای زمردین خزر.

کوشش کردم رطوبتی که پوستم را در بر گرفته بود و نسیم گیج کننده‌ای که غالباً با بوی چوب سوختهٔ آن حوالی در هم می‌آمیخت و در موهایم می‌پیچید را به یاد آورم. پابرهنه راه رفتن در آب چه حال خوبی داشت! حتی زمانی که امواج تو را به داخل آب می‌کشاندند. چگونه آبزیانِ چسبنده کنجکاوانه دور مچ پاهایت می‌چرخیدند. من همیشه عاشق آب بودم. از سنین کودکی، پاپا بین اجرای برنامه‌ها مرا به ساحل دریای شمال می‌برد. تا به ساحل می‌رسیدیم، روی شن‌ها می‌دویدیم و با هیجان در آب می‌پریدیم. پاپا قلباً یک کودک بود. هرگز نمی‌خواست بزرگ شود. برای همین، بچه‌ها عاشقش بودند. آن زمان من هم او را به همین خاطر دوست داشتم.

در آغاز نمی‌دانستم چگونه شنا کنم، پس به گردن عضلانی‌اش می‌آویختم و خنده‌های ریزم با حرکات موزون امواج یکی می‌شدند. من اولین درس شنا را در پنج سالگی گرفتم. مربی‌ام میس ویولت یک هنرمند بندباز اطریشی بود که شب‌های دیر در سالن تابستانی کاباره شکوفه‌نو برنامه داشت. یک شب قبل از اینکه نوبت اجرای ما برسد، پاپا را با ویولت پشت صحنه دیدم. پاپا مثل همیشه که توجه بسیاری از زنان را به سوی خود جلب می‌کرد، با لبخندی معنادار در کار جلب نظر او بود. پاپا زنان را دوست داشت و زنان هم او را با آن اندام ورزیده، چشمان قهوه‌ای، پوست روشن، ابروهای کلفت کمانی و خندهٔ جذاب، می‌پسندیدند. میس ویولت فارسی حرف نمی‌زد و پاپا و من هم انگلیسی بلد نبودیم. پاپا با انگلیسی دست و

پا شکسته از میس ویولت خواست به من شنا یاد بدهد. او هم پذیرفت. من هم که یک بندباز تعلیم‌دیدهٔ خانگی شده بودم، چون می‌دانستم چگونه حرکات را تقلید کنم و به حافظه بسپارم، حرکات او را با ولع دنبال می‌کردم و خسته هم نمی‌شدم.

روزهایی را که با پاپا در دریا می‌گذراندم خیلی دوست داشتم. بعد از اینکه ماما ما را ترک کرد، او همه کس من شده بود. هیچ‌کس هم نمی‌توانست مرا از آب بیرون بیاورد، حتی هجوم آن موج بزرگ که یکبار بر من هوار شد و پردهٔ گوش راستم را پاره کرد.

صدای فریاد پر درد دیگری مرا از خیالاتم بیرون آورد و از نو به درون چهاردیواری حبس بازگرداند؛ راه فراری نبود. پس به موسیقی پناه بردم.

در سرم ترانه‌های سنتی خوانندگان معروف را خواندم؛ همان‌هایی که وقتی با پاپا در جاده‌ها می‌راندیم، از رادیوی اتومبیل پخش می‌شد. مرضیه و دلکش و پوران، بدون اینکه خودشان بدانند نخستین معلم‌های آواز من بودند. به یاد اُپرتی افتادم که من و پاپا با هم و به زبان آذری می‌خواندیم و با ضرب‌آهنگش می‌رقصیدیم. او این ترانه‌های محلی را دوست داشت، چون زادگاهش را به یادش می‌آورد، جایی در استان آذربایجان غربی که او و ماما همدیگر را ملاقات کردند و سپس به اتفاق به تهران کوچیدند.

همیشه به این ترانه‌ها پناه می‌بردم، از غم‌انگیزترین تصنیف‌ها تا ضربی‌ترین آنها. در سخت‌ترین روزهای زندگی، وقتی برای ماما دلتنگ می‌شدم، زمانی که با زن‌پدر زیر یک سقف زندگی می‌کردم و وقتی بهترین دوستم و برادرم فری را از دست دادم. انگار این ترانه‌ها در روانم جاری بودند و مستقیماً با عمیق‌ترین دردهای درونی‌ام در تماس قرار می‌گرفتند، دردهایی که نمی‌توانستم با کلام توجیه‌شان کنم.

سروده‌های زویا زاکاریان نیز به یادم آمد. ترانه‌ای که در سال ۱۳۵۵ وقتی با هم به سفر هند رفته بودیم، برایم نوشته بود. قرار بود نام ترانه «صحنهٔ خالی» باشد و حکایت غم‌انگیز شهرت ناپایدار هنرمندی که ظرف چند روز، در سالن کنسرتش، با صندلی‌های خالی روبه‌رو می‌شود. وقتی برای نخستین بار آن را خواندم، به شوخی گفتم هنوز برای خواندن این ترانه خیلی زود است و باید تا زمان بازنشستگی صبر کنم. من تازه بیست و شش سالم شده بود. چه شوخی تلخی بود و چگونه به خودم برگشت! واژگان آن ترانه در یکایک سلول‌های بدنم طنین انداخت:

باورم نمیشه تو اوج، داره بال من میپوسه

فصل ۲

گوگوش شدن

از همان لحظهٔ تولد، والدینم نام مرا گوگوش گذاشتند. در سال‌های نخست ازدواج، آن روزگاران خوش، چندین دوست ارمنی داشتند، که نام‌شان لیدوش و مینوش و گوگوش بود. آنها از زنگ صدای نام گوگوش و تکرار آهنگین آن دو بخشی آن در کنار هم، خوش‌شان آمده بود، و به این که گوگوش نامی پسرانه است، اهمیتی نمی‌دادند. وقتی پاپا هجده ماه پس از تولدم برای گرفتن شناسنامه، به ادارهٔ ثبت احوال مراجعه کرد، به او گفتند نام غیر ایرانی و غیر مسلمان ثبت نمی‌کنند. هرچند نام اول من در شناسنامه قانوناً فائقه شد، ولی همه مرا گوگوش صدا می‌کردند. نه فائقه آتشین و نه گوگوش آتشین، فقط گوگوش.

ماما و پاپا هر دو اهل آذربایجان غربی بودند. هر دو، مثل همهٔ ایرانیان آذربایجانی، به دو زبان ترکی آذری و فارسی حرف می‌زدند. در خانه اما، همیشه با هم ترکی صحبت می‌کردند. وقتی فارسی حرف می‌زدند لهجهٔ غلیظی داشتند، مشکلی که آن روزها کار بازیگری را برای پاپا سخت محدود می‌کرد. عشق هر دو به این زبان، غذا، موسیقی و رقص آذری پل اتصال دو موجود از دو طیف اجتماعی کاملاً متفاوت شده بود.

مادرم نسرین صبحی از خانواده‌ای تحصیل‌کرده، که غالباً پزشک و مهندس بودند، می‌آمد، ولی صابر آتشین در خانواده‌ای فقیر و کم‌سواد متولد شده بود. خانوادهٔ ماما در شهر میاندوآب مرکز شهرستان میاندوآب زندگی می‌کردند، ولی خانوادهٔ پاپا اهل دهکده‌ای کوچک، که نامش را فراموش کرده‌ام، بودند. ماما عزیز

دردانهٔ والدینش محبوبه (به‌به) و قلی‌خان صبحی بود، به ویژه برای قلی‌خان که یک مهندس مکانیک موفق بود. پاپا از کودکی به هر کاری دست می‌زد تا نانی در سفرهٔ خانواده‌اش بگذارد. جوان بود که مادرش را از دست داد. یادم می‌آید ماما یا زن عمو نادر اشاره‌ای گذرا کردند که به احتمال زیاد، مادربزرگ پدری‌ام، پس از اینکه شوهرش زن دوم گرفت، دست به خودکشی زد. والدین ماما کمونیست‌های دو آتشه بودند و پاپا برعکس در دامان والدین مسلمان بزرگ شده بود.

در سال ۱۳۲۴ در گرماگرم جنگ جهانی دوم، پدر بزرگم قلی‌خان سرهنگ ارتش حکومت خودمختار آذربایجان (آی‌پی‌جی) شده بود. آی‌پی‌جی با فرمان دفتر سیاسی کمیتهٔ حزب کمونیست اتحاد جماهیر شوروی اعلام موجودیت کرده بود. شوروی که پس از پایان جنگ، نمی‌خواست از اشغال شمال آذربایجان دست بکشد، از تشکیل این حکومت دست‌نشانده پشتیبانی می‌کرد تا به نفوذش در منطقه ادامه دهد. یک سال بعد، در پی پیروزی ارتش ایران در جنگ خونین آزادی آذربایجان و اخراج ارتش اشغالگر شوروی، که منجر به کشته شدن دو هزار تن شد، قلی‌خان و بسیاری دیگر از رهبران آی‌پی‌جی توسط ارتش ایران دستگیر و به جرم خیانت اعدام شدند. ماما در آن زمان یک دختر چهارده ساله بود و بزرگترین فرزند خانواده به‌شمار می‌رفت. یک سال بعد از اعدام قلی خان، محبوبه و سه فرزندش از آذربایجان غربی اخراج و به تهران تبعید شدند.

آقای کوششی، یک دوست قدیمی خانوادگی و صاحب کارخانهٔ قند میاندوآب، به مادربزرگم قول داد کسی را پیدا خواهد کرد که آنها را به تهران ببرد. او می‌دانست که در یک سفر طولانی ۶۲۰ کیلومتری برای یک زن تنها و سه فرزند خردسالش، هر اتفاقی می‌تواند بیفتد. نخست به پاپا تلفن کرد. پاپا که آن زمان ۲۰ سال بیشتر نداشت، تازه از شوروی برگشته بود و آکروبات‌باز و رقصندهٔ آموزش‌دیده‌ای شده بود و چون همهٔ دروسش به روسی بود، فقط می‌توانست به این زبان بنویسد و بخواند. برای گذران زندگی، هم‌زمان کارگر نیمه‌وقت کارخانهٔ شکر و معلم ورزش یک مدرسه شد. پاپا قبلاً به تهران سفر کرده بود. بزرگ‌ترین دایی‌اش ابراهیم پرستار که همهٔ خانواده «دایی ابراهیم» صدا می‌زدند، مثل بسیاری از اهالی آذربایجان و شهرستان‌های دیگر به عشق زندگی و امکانات مالی بهتر به تهران کوچ کرده بود. پاپا مأموریت سفر با این خانوادهٔ همه چیز از دست داده را پذیرفت. این شاید تنها حرکت خیرخواهانهٔ او در تمام طول عمرش بود.

پاپا و ماما دو غریبه بودند، ولی ناچار در نقش دو نامزد ظاهر شدند که موجب هیچ ظنی نشوند. همراهی یک مرد جوان مجرد غریبه با خانواده‌ای که دختر بالغ داشت، از نظر اجتماعی پذیرفتنی نبود. وقتی پس از سه روز سفر سخت، به تهران رسیدند، در خیابان سپه توسط پلیس دستگیر شدند. محبوبه و فرزندانش در هتلی در همان حوالی اسکان داده شدند و زیر نظر قرار گرفتند. پاپا سریع به خانهٔ دایی ابراهیم رفت و او را متقاعد کرد که با مأمور پلیس صحبت کند. پلیس پذیرفت آزادشان کند، به‌شرطی که دایی آنها را به خانهٔ خود ببرد و ضامن‌شان شود. دایی ابراهیم و همسرش خدیجه پرستار، که همه مهربانانه «خدیجه خانوم» صدایش می‌کردند، به‌به و سه فرزندش را در خانهٔ خود پناه دادند. پس از چندی مادربزرگم کاری در بیمارستان شوروی تهران پیدا کرد و موفق شد برای خود و فرزندانش آپارتمانی کرایه کند و مستقل شود. پاپا هم در تهران ماندگار شد.

یک سال بعد، دو نامزد تقلبی که سخت عاشق هم شده بودند، با هم ازدواج کردند. یک بار دایی فرهنگ به من گفت که اگر پدربزرگم اعدام نشده بود، ازدواج این دو هرگز اتفاق نمی‌افتاد. قلی خان بهترین‌ها را برای دخترش می‌خواست، بهترین اسباب‌بازی‌ها و لباس‌ها را برای او می‌خرید، برایش معلم موسیقی خصوصی گرفته بود و دخترک را به بهترین مدرسهٔ شهر فرستاده بود. یک هنرمند یک لاقبا حتماً انتخاب مناسبی برای همسری این دختر نازپرورده نبود. ولی با شناختی که از ماما دارم، مطمئن هستم که او در انتخاب خود پافشاری می‌کرد و موفق می‌شد.

می‌توانستم بفهمم چگونه مادر بازیگوش جوانم عاشق پدر خنده‌رو و جذابم شد. دایی فرهنگ همچنین گفته بود که پاپا قبل از تولد من، ماما را همراه خود به سفرهای هنری‌اش می‌برد و او را برای خواندن روی صحنه می‌فرستاد. دایی فرهنگ گفت: «مامانت صدای خیلی خوبی داشت. خودش هم از خواندن لذت می‌برد.»

ولی همهٔ اینها بعد از بچه‌دار شدن متوقف شد. فرزند اول پسری بود به نام فرخ که در یک سالگی از نوعی بیماری رایج آن زمان درگذشت. طولی نکشید که من در ۱۵ اردیبهشت ۱۳۲۹ متولد شدم و فریدون (که فری صدایش می‌زدیم) یک سال و نیم بعد از من در بهمن ۱۳۳۰ به دنیا آمد. در آن روزها، پاپا یا همراه یک تروپ هنری در سفر بود یا مشغول خرید مشروب و راه انداختن بساط مشروب‌خوری با رفقایش. مرد ولخرجی بود و فقط به اندازه‌ای پول کنار می‌گذاشت که مخارج کرایهٔ آپارتمانی یک اتاق خوابه، در خیابان سرچشمه و خورد و خوراک ما را بدهد.

مشکلات دائمی مالی، همراه با قبول این همه مسئولیت به‌تنهایی، برای ماما زیادی سنگین بود. او فقط هجده سال داشت و تا آن زمان در ناز و نعمت زندگی کرده بود. حدس می‌زنم لاس‌زدن‌های بیش از حد پاپا با زنان هم بار این همه مشکلات را سنگین‌تر می‌کرد.

وقتی ماما با فری شش ماهه، که هنوز به او شیر می‌داد، خانه را ترک کرد، من دو سالم بود و او قانوناً حق نداشت مرا هم با خود ببرد. اما من معنی این تقسیم ناعادلانه را نمی‌فهمیدم! در ایران تا قبل از سال ۱۳۵۳ که قانون حمایت خانواده تصویب شد، حق طلاق و حضانت فرزندان عمدتاً با مردان بود. من تا بیست سال بعد، یعنی در سال ۱۳۵۰ که خود در چنین وضعی قرار گرفتم و پس از طلاق از همسر اولم ناچار به ترک پسرم شدم، نفهمیدم چقدر زندگی در خانهٔ بدون من برای ماما سخت بود.

خاطرهٔ زیادی از ماما در آن روزهای کودکی‌ام ندارم ولی می‌دانم دلم برایش خیلی تنگ بود و چقدر از فکر کردن به او دچار دلشوره می‌شدم. پاپا دوست نداشت دربارهٔ ماما یا زندگی خصوصی‌اش صحبت کند. از لج گرفتن‌های من برای ماما هم کلافه شده بود. تا یک روز، چند ماه بعد از رفتن او، با گفتن «ماما مرده!» دهانم را بست و دیگر سراغش را نگرفتم.

پاپا در ساعت‌های عجیب و غریبی کار می‌کرد و با تروپ‌های مختلف به سفر دور ایران می‌رفت. نمی‌دانست با من چه کند. نمی‌توانست روی نادر برادر کوچک‌ترش حساب کند که او نیز مثل پاپا یک هنرمند یک لاقبا بود. از دایی ابراهیم هم نمی‌توانست تقاضای نگهداری مرا بکند. او سخت گرفتار رسیدگی به فرزندان و نوه‌هایش بود. آن روزی که پاپا مرا با خود برای کار برد، یادم هست. مدت زیادی از رفتن ماما نگذشته بود. گمانم در یکی از کافه‌های خیابان معروف لاله‌زار بود، خیابان تاریخی شهر که به شانزه‌لیزهٔ تهران شهرت داشت، قلب طپندهٔ فرهنگ و مدرنیته که با تماشاخانه‌ها، کافه‌ها، سینماها و مغازه‌های گوناگون، شکوه پاریس را به یاد می‌آورد. با هم روی صحنه رفتیم، پاپا مرا روی یک صندلی نشاند و تأکید کرد تکان نخورم. قبل از این که بفهمم چه اتفاقی دارد میفتد، لبهٔ بالای یک صندلی دیگر را وارونه روی چانهٔ خود گذاشت و خیلی راحت من و صندلی‌ام را بلند کرد، و پایهٔ صندلی را روی یکی از پایه‌های آن صندلی وارونهٔ روی چانهٔ قوی‌اش گذاشت. پاپا مرد نسبتاً بلندقدی بود و صندلی را تا آنجا بالا برد که سرم به سقف نزدیک شد. ولی او می‌دانست دارد چکار می‌کند. همه چیز را اندازه گرفته بود. وقتی پایین

را نگاه کردم، چشمان نگران زیادی را دیدم که به بالا و به من خیره شده‌اند. پاپا هر دو صندلی را روی چانه‌اش نگه‌داشته بود و من دو دستی به صندلی چسبیده بودم. نفس تماشاگران در سینه حبس شده بود و در سکوت انتظار می‌کشیدند. تمام عضلات بدنم سفت شده بودند و هر ثانیه به اندازهٔ ابدیت طول می‌کشید. وقتی پاپا من و صندلی‌ها را آهسته زمین گذاشت، چشمان نگران تماشاگران آرام شد و کف مفصلی زدند. من جان سالم به در بردم و ما مشهور شدیم.

چندی بعد آپارتمان‌مان را خالی کردیم و زندگی کولی‌واری پیش گرفتیم، گاه منزل دوستان پاپا، گاه در یک هتل محقر، زمانی هم با عمو نادر در آپارتمان دوست دخترش می‌ماندیم. وقتی فری کمی بزرگ‌تر شد، به‌ندرت به دیدارمان می‌آمد و به‌سرعت هم ناپدید می‌شد. حتماً بین ماما و پاپا قرار و مداری برای این دیدارها بود و من همچنان به این باور که ماما مرده. زمانی رسید که من و پاپا همراه با یک تروپ آکروبات و خواننده و رقصنده به تور هنری رفتیم. هفته‌ها به سراسر ایران، از جمله سواحل شمال، سفر کردیم و من برای نخستین بار دریا را دیدم. او مرا روی صندلی می‌نشاند و تماشاگران را با دقت و قدرتش، به حیرت وامی‌داشت. به او اعتماد داشتم. ولی یک روز، از روی صندلی سُر خوردم. داشتم با سر به سوی زمین پرت می‌شدم که پاپا معجزه‌آسا موی دماسبی مرا در هوا گرفت و در آغوشم کشید. بعد از آن و برای مدتی طولانی، از نشستن روی صندلی سرباز زدم. پاپا ناچار حرکات دیگری یادم داد و بدون توجه به اینکه چقدر وقت صرف آموزشم می‌شد، با حوصله فوت و فن‌های کار را یادم می‌داد تا مطمئن شود همه را کاملاً فراگرفته‌ام. هر روز تمرین می‌کردیم و هر شب تا دیروقت برنامه داشتیم.

از بچگی عاشق این بودم که از پشت صحنه به تماشای اجرای خوانندگان بنشینم. با دقت مهوش را نگاه می‌کردم، خوانندهٔ مردمی سال‌های سی که تماشاچیان را مسحور خود می‌کرد؛ غزال، که طنین صدایش به زیبایی بر موسیقی سنتی می‌نشست؛ جبلی، خوانندهٔ جوان مردمی که با ترکیب حرفه‌ای موسیقی عربی و ترانه‌های محزون ایرانی، شنوندگانش را مجذوب می‌کرد؛ دلکش، اسطوره‌ای که با آن صدای پرشور و پرتوان یکه‌تاز و بی‌رقیب بود؛ پوران، که در آغاز با نام «بانو ناشناس» روی صحنه می‌رفت و از دل می‌خواند و صدایش بر دل می‌نشست؛ و ویگن، سلطان پاپ، که موسیقی غربی را با روحیهٔ ایرانی در هم می‌آمیخت و صحنه را با حضور پر ابهتش نورانی می‌کرد. همه را روی صحنه تماشا می‌کردم.

خیلی کوچکتر از آن بودم که معنی آنچه می‌خواندند را بفهمم، ولی کلمات منظوم و طنین نوای موسیقی برایم گوش‌نواز بود. به‌ویژه ریتم موسیقی ویگن که برای آن زمان انقلابی به‌شمار می‌آمد. او نخستین کسی بود که موسیقی پاپ را به ایرانیان شناساند. انگار همهٔ این خوانندگان قصه‌هایی می‌گفتند که حالم را خوب می‌کرد. همه چیز را جذب می‌کردم، از ریتم‌های گوناگون گرفته تا سبک‌های مختلف، اشارات دست و صورت، بلند و کوتاه کردن صدا و مکث کردن‌ها. این چنین ترانه‌ها و حرکات را یاد می‌گرفتم و می‌خواندم.

سه ساله بودم که، چندین ماه پس از همکاری با پاپا روی صحنه، او کشف کرد می‌توانم بخوانم. همان شب مرا وسط صحنه روی یک جعبه گذاشت تا لب‌هایم به میکروفونی که هنوز برایم بلند بود، برسد و گفت: «قربونت برم، اگه این ترانه رو بخونی، برات یه اسباب‌بازی قشنگ می‌خرم.» پاپا آن یک بار برایم عروسک را خرید ولی پس از آن کمتر به قولش وفا کرد.

در اغلب برنامه‌ها به تنهایی می‌خواندم و پاپا با تمپو یا ضرب عربی همراهی‌ام می‌کرد. در آغاز از توجه و تشویق تماشاگران دست‌پاچه می‌شدم. ولی خیلی سریع و به دلیل برنامه‌های مکرر شبانه، خواندن و رقصیدن روی صحنه برایم عادی شد. صحنه برایم زمین بازی شده بود و جمعیت تماشاچیان مهربان. یادم می‌آید چهار یا پنج سالم بود، یک شب تابستان در باغ کافه‌رستوران باستانی جادهٔ شمیران می‌خواندم که دیدم چندین ملخ روی صحنه و جلوی پایم ورجه وورجه می‌کنند. با احتیاط یکی از آنها را گرفتم و، مثل یک حیوان خانگی خیلی کوچک، در کف دست پنهانش کردم و به خواندن ادامه دادم.

پنج سالم که شد، مرتب در کاباره شکوفه‌نو برنامه داشتیم. اتفاق مهمی بود. ایران آن زمان سالن کنسرت یا جشنواره‌های موسیقی در فضای آزاد نداشت. در عوض هنرمندان برای اینکه روی صحنهٔ کاباره‌های مجللی مثل شکوفه‌نو، که شبیه نایت‌کلاب‌ها یا جازکلاب‌های دههٔ پنجاه میلادی نیویورک بود، برنامه اجرا کنند، با هم رقابت می‌کردند. من پشت صحنه خوابم می‌برد. پاپا بین ساعت ۹ تا ۱۰ بیدارم می‌کرد. بعد خود را مقابل بزرگسالان شیک‌پوشی می‌دیدم که با لباس‌های مدل غربی دور میزهای گل‌آرایی شدهٔ زیبا نشسته بودند و بشقاب‌های غذا و لیوان‌های مشروب‌شان زیر نورهای رنگی گردان و ورای فضای آلوده به دود سیگار برق می‌زد. گاه نیز کودکان بزرگ‌تر از خودم را هم می‌دیدم که روی صندلی وول می‌خوردند تا

خواب نروند تا مرا تماشا کنند. پاپا از من می‌خواست ترانه‌هایی را، که با گوش دادن به رادیو یاد گرفته بودم، به زبان‌های انگلیسی، اسپانیولی، عربی و آذری بخوانم. خیلی کوچک بودم و نمی‌توانستم کلمات زبان مادری‌ام را هم درست تلفظ کنم، چه رسد به کلمات خارجی. بسیاری از کلماتم من درآوردی بود. چون آموزش ندیده بودم و رموز کار را بلد نبودم، صدایم را از اعماق دل رها می‌کردم، کاری که باعث می‌شد زود از نفس بیفتم. ناچار بعضی از نت‌ها را به نرمی رد می‌کردم.

به نظرم آن زمان تماشاگران خیلی هم به این نکته توجه نمی‌کردند. همین‌قدر که یک دختربچهٔ سه ساله را می‌دیدند که، با موهای دم‌اسبی و دامنی پف‌دار، روی یک جعبه ایستاده و ترانهٔ عاشقانهٔ مازندرانی معروف «رعنا جان» دلکش را می‌خواند، کیف می‌کردند.

در دههٔ سی و چهل خورشیدی، در پی اقتصاد پر رونق حاصل از رشد صنعت نفت و تلاش‌های مدرن‌سازی شاه، از جمله انقلاب سفید سال ۱۳۴۱ و هم‌زمان با موج تحولات فرهنگی که باعث مهاجرت بیشتر مردم از مناطق روستایی به شهرها گردید، حرفهٔ من هم به عنوان یک «کودک هنرمند» شکوفا شد.

پیش از آن که متولد شوم، اصفهان، شیراز و آبادان، هم‌زمان با تهران فرهنگ غربی را پذیرفته بودند. از معماری مدرن اروپایی گرفته تا مد و موسیقی که در میان طبقهٔ متوسط رو به رشد محبوب شده بود. در ادامهٔ این روند، سینما هم، با فیلم‌هایی مانند «زندگی شیرین» اثر فدریکو فلینی، «سرگیجه» از آلفرد هیچکاک، و «بعضی‌ها داغشو دوست دارند» ساختهٔ بیلی وایلدر نقش مهمی یافت و دیده‌ها را به دنیاهای جدید باز کرد. زنانی که به اندازهٔ زنان در پاریس یا نیویورک، شیک‌پوش بودند و در کنار زنانی با چادرهای سنتی و رنگارنگ راه می‌رفتند. روشنفکران و هنرمندان به دانشگاه‌ها و مؤسسات فرهنگی جدید، مراکز، سینماها و کافه‌ها جذب می‌شدند. روابط دیپلماتیک و تجارت‌های بین‌المللی مهاجران خارجی را به تهران آورد و این شهر را به یک مرکز جهانی در خاورمیانه تبدیل کرد. تلفیق فرهنگ سنتی ایرانی و مدرنیته نه تنها شهر را شکل داد، که به شدت روی سلیقه و سبک اجرای برنامه‌های من اثر گذاشت.

با این حال و با وجود رشد و جهانی شدن تهران، برای کودکی در سن من، آواز خواندن در کاباره‌ها هنوز کار آبرومندی به حساب نمی‌آمد، من تنها کودکی بودم که در ایران، شاید هم در دنیا، در کاباره می‌خواند. گمانم حتی نیویورکی‌ها هم از دیدن

کودکی به سن من که اواخر شب در یک کلاب شبانهٔ مدرن برنامه اجرا می‌کرد، شگفت‌زده می‌شدند.

در مدرسه، بیشتر بچه‌ها از من مثل یک طاعون‌زده، دوری می‌کردند. بعضی از دخترها حتی مرا مسخره می‌کردند: "تو شبا کار می‌کنی!" یا "بی‌پدر و مادر!" والدین‌شان حتماً به آنها گفته بودند از من فاصله بگیرند. نه تنها به این دلیل که در کار مطربی بودم، که شغلی بدنام محسوب می‌شد و متعلق به طبقهٔ فرودست جامعه بود، بلکه به این خاطر که در کاباره‌های شبانه تا دیروقت کار می‌کردم، جایی که بزرگ‌ترها برای سرگرم شدن و مشروب‌خوری می‌آمدند. اگر فقط برای کودکان برنامه اجرا می‌کردم، شاید همان والدین مرا می‌پذیرفتند. مثل صبح‌های جمعه که من و چند هنرمند خردسال دیگر، مثل آلیس و بلا الوندی (دختر خواهرهای ویگن) و حمید عبادی، در سینمای رویال یا میهن، برای کودکان برنامه اجرا می‌کردیم و بیژن پیرنیا «آقا بیژن» مجری آن بود. بعد از این به اصطلاح پیش‌پرده، یک فیلم سینمایی کمدی هم پخش می‌شد.

یادم هست هنوز به مدرسه نمی‌رفتم، که یک بار پلیس‌ها با پاپا با عصبانیت دعوا کردند. فکر می‌کنم در ایستگاه پلیس بودیم. یادم هست که نمی‌فهمیدم چرا عصبانی بودند، به‌خصوص که پاپا هرگز مرا به انجام کاری مجبور نکرده بود. البته، حق داشتند نگران باشند. من حتی در سال اول کارم به‌طور کامل از پوشک گرفته نشده بودم و بیش از چند بار روی صحنه خودم را خیس کردم. همین باعث شد پاپا به من یک کد یاد بدهد تا به او بفهمانم وضعیت اضطراری‌ست. من خیلی کوچک‌تر از آن بودم که شب‌ها تا دیر وقت کار کنم. اما حتی آن زمان، به‌شدت به صحنه نیاز داشتم. موسیقی همه چیزم شده بود و کمتر از نبودن ماما ناراحت می‌شدم و پاپا هم به من افتخار می‌کرد. صحنه دنیای تخیلی من بود که در آن هیچ اتفاق بدی نمی‌توانست رخ دهد.

در همان ایام، پنج سالم بود که مادر بدون هیچ توضیحی به زندگی من بازگشت. آن زمان دوران دیگری بود. کودکان فقط وقتی صحبت می‌کردند که مورد پرسش قرار می‌گرفتند، و بزرگ‌ترها نیازی نمی‌دیدند به فرزندان‌شان توضیح بدهند، دست‌کم در خانوادهٔ ما این‌گونه بود. من حتی نمی‌دانم چطور این اتفاق افتاد. پاپا آن زمان دوباره ازدواج کرده بود (هرچند این ازدواج بیش از یک سال دوام نیاورد) و تازه صاحب یک پسر به نام عادل شده بود. شاید این باعث شده بود که مادر

را بخشیده باشد. یک عکس از آن روزها هست که در آن من و مادر با هم دیده می‌شویم. او مرا در آغوش گرفته و هر دو به دوربین نگاه می‌کنیم. مادر لبخند می‌زند. من نه. نمی‌خواستم هیچ ارتباطی با او داشته باشم. او مرا رها کرده بود، و پاپا هم به من دروغ گفته بود. اما من هیچ حرفی نمی‌زدم. یاد گرفته بودم مثل پاپا همه چیز را در دل نگهدارم.

بعد از چند ماه، خشم رو به کاهش گذاشت. فکر می‌کنم این به لطف مادربزرگم محبوبه بود. من عاشق چشمان میشی و گرمی و مهر بی‌دریغش بودم. یادم می‌آید همواره موهای بلند سفیدش را پشت گردنش جمع می‌کرد. به‌به مثل ماما قدش کوتاه بود ولی استخوان‌بندی درشتی داشت. او برخلاف ماما، که همیشه احساساتش را پنهان می‌کرد، سرتاپا محبت بود. هنگام حمام کردنم، مرا در آغوش می‌کشید و غرق بوسه می‌کرد و این بوس و بغل هیچ‌وقت برایم کافی نبود. به به زبان روسی، آذری و فارسی را بلد بود ولی با من و فری فقط به آذری حرف می‌زد. من عاشق شنیدن صدای آرامش بودم، مخصوصاً زمانی که کنارش دراز می‌کشیدم و پشت گردن نرمش را به آرامی نوازش می‌کردم تا خواب بروم.

او از محل کارش در بیمارستان شوروی تهران، برایم قوطی‌های خالی دارو می‌آورد تا با آنها بازی کنم. من که اسباب‌بازی نداشتم، یاد گرفتم با آن قوطی‌های پلاستیکی بازی کنم. با آنها خیابان و اتومبیل و خانه و دنیای کوچک خودم را می‌ساختم و خانواده‌ای با یک پدر و مادر و دو بچه را در آن جا می‌دادم. گاهی می‌گذاشتم فری سه سال و نیمه هم با آنها بازی کند ولی مراقب بودم خراب‌شان نکند.

فکر می‌کنم محبت و عشق به‌به باعث شد به راحت‌تر بتوانم مادرم را دوباره در زندگی‌ام بپذیرم. به‌به خیلی چیزها دربارهٔ مادرم به من یاد داد، این که او طبع شوخی دارد اما در عین حال رک و گاه زیادی صریح است. مادرم از آن دسته افرادی بود که محبتش را سخت ابراز می‌کرد. زندگی او را این‌چنین بار آورده بود. در چهارده سالگی شاهد به دار کشیدن پدرش در ملأ عام بود. من گذشته را رها کردم و فقط خوشحال بودم که در کنارش بودم. یادم می‌آید پاپا هر وقت فرصتی پیدا می‌کرد یا از تور برمی‌گشتیم، مرا به آپارتمان ماما و به‌به می‌رساند. آن روزها خوشحال‌تر بودم. بیشتر لبخند می‌زدم. و بعد پاپا با مونس ازدواج کرد.

هفت ساله بودم که مونس وارد زندگی ما شد. به احتمال زیاد هم‌سن و سال

ماما بود، در اواخر دههٔ بیست زندگی‌اش. زیبا بود، با چشمان قهوه‌ای بزرگ که گوشه‌های بیرونی آن کمی به پایین متمایل بود، ابروهایی پرپشت و کمانی و موهای مشکی به‌دقت آرایش‌شده‌ای که پشت گوش‌هایش سنجاق شده بود. به نظر خیلی هم مهربان می‌رسید، به‌ویژه که کمی شبیه مهوش خوانندهٔ محبوب ما بود. مهوش وقتی جوان‌تر بودم و با پاپا در تور بودیم، با من بسیار مهربان بود. مونس اهل رشت بود، بزرگ‌ترین شهر شمال ایران و نزدیک دریای خزر. لهجهٔ غلیظ رشتی داشت که بسیار دوست داشتم، دست‌کم در ابتدا.

وقتی هشت سالم شد، مونس کلاً ماما را از زندگی ما حذف کرده بود. او حتی نمی‌توانست نام مادرم را بشنود. شاید بخشی از وجودش احساس می‌کرد که پاپا زمانی چقدر ماما را دوست داشته و چقدر از رفتن او دل‌شکسته شده بود.

از نو با نبود ماما دست‌وپنجه نرم می‌کردم. خیلی زود فهمیدم که دیگر نباید دنبالش بگردم و پذیرفتم که زندگی من همین است. همه چیز را در دلم نگه می‌داشتم و با اجرای برنامه، تورهای هنری، مدرسه و در میان همهٔ اینها با کارهای خانه، خودم را سرگرم می‌کردم. از درس خواندن، مخصوصاً هجی‌کردن و دیکته لذت می‌بردم، و در هر دو خیلی خوب بودم. اما از تغییر مدام مدرسه متنفر بودم؛ چه زمانی که برای تورهای هنری به سفر می‌رفتیم، چه وقتی ماه‌ها با یک گروه تئاتر در اصفهان یا مشهد می‌ماندیم، یا زمانی که به محلهٔ جدیدی در تهران نقل مکان می‌کردیم؛ به‌ندرت فرصت پیدا می‌کردم معلم‌هایم را بشناسم یا دوستی‌های ماندگاری داشته باشم. هم‌زمان مجبور بودم خود را به‌سرعت با سطح هر کلاس جدید تطبیق دهم که خیلی چالش‌برانگیز بود، اما از آنجا که واقعاً عاشق یادگیری بودم، از پسش برمی‌آمدم.

این بار اما فقط دلتنگ ماما نبودم. باید با تغییرات رفتاری شدید و ظالمانهٔ مونس هم کنار می‌آمدم. طبق معمول، همه خشم و درد و غم خود را در کارم می‌ریختم، از جمله در اولین نقشم در یک فیلم سینمایی. هشت ساله بودم که گرجی عبادیا، فیلمساز عراقی‌تبار، مرا برای بازی نقش اول یکی از اولین فیلم‌هایش، «بیم و امید»، انتخاب کرد. آقای عبادیا مرد مهربانی بود و لهجهٔ عربی داشت. نمی‌دانم چه شد که مرا انتخاب کرد. ما شیوهٔ معادل هالیوود مثل استودیوهای فیلمسازی و دفترهای تست بازیگری در مقابل کارگردانان نداشتیم. در میان هم‌سالانم، من تنها کسی بودم که، به خاطر آواز خواندن روی صحنه و در رادیو مشهور بودم و از این راه نان‌آور خانواده‌ام هم بودم.

نه سالم که شد، در دومین فیلم سینمایی‌ام، باز هم به کارگردانی گرجی عبادیا، بازی کردم. او به حرفه‌ای بودن من و این که تمام دستوراتش را با دقت اجرا می‌کردم، اهمیت می‌داد. «فرشتهٔ فراری» ماجراهای دختری به نام مینا بود که وقتی به اشتباه فکر می‌کند پدرش را، در پی کشیدن اهرمی در یک کارخانه، کشته است و چون به او گفته بودند نباید به آن اهرم دست بزند، از ترسش از خانه فرار می‌کند. در ابتدای فیلم، صحنه‌ای وجود دارد که شخصیت من، مینا، در اتاق خواب مشترک خود با پدرش، در تنهایی گریه می‌کند و از خدا می‌خواهد که مادرش را، که هرگز ندیده، به او بازگرداند. آقای عبادیا از من خواست که در حال آواز خواندن، گریه کنم: «کجا رفتی مامان؟ بیا پیشم مامان!» اما من نیازی به وانمود کردن نداشتم. درد مینا عیناً درد من بود.

من به همان اندازه که عاشق تماشای فیلم‌ها بودم، عاشق بازیگری هم بودم. بیش از دو دهه، در بیست و نه فیلم بازی کردم. بازیگری سرگرم‌کننده و چالش‌برانگیز بود و نیاز به احاطهٔ فراوان به احساسات و دیالوگ داشت. اما موسیقی، بالاتر از هر چیز دیگر، پناهگاه من بود. من مصمم بودم در حد توانم بهترین خواننده باشم. صدایم تنها چیزی بود که تا حدی بر آن کنترل داشتم. همیشه می‌دانستم که یک صدای استثنایی ندارم، پس سخت کوشش می‌کردم تا بهترین تکنیک‌هایی که به یاری صدای موجودم می‌آمدند، را پیدا کنم. در جوانی، پس از اجرای یک برنامه در کاخ سلطنتی، فرصتی شد تا در پشت صحنه با منیر وکیلی آشنا شوم. در همین فرصت کوتاه، منیر نازنین چند فن خوانندگی را به من آموزش داد، مثل این فن مهم که چگونه و چه زمانی از گلو یا از پشت بینی بخوانم. آنچه از او آموختم تا امروز هم به کمکم می‌آیند و دیگر در فاصلهٔ تغییر نت‌ها از نفس نمی‌افتم. چند سال بعد، وقتی در پاریس با تهیه‌کنندهٔ مشهور ادی بارکلی، قرارداد ضبط موسیقی امضا کردم، سه نوبت از یک معلم صدا تعلیم گرفتم. او یادم داد چگونه از قفسهٔ سینه و شکم بخوانم و چگونه نفسم را موقع خواندن کنترل کنم. هم او اهمیت تلفظ کامل کلماتی که از دهانم خارج می‌شد را به من آموخت. تکنیک جدید را آنقدر تمرین کردم تا در حافظهٔ عضلاتم نهادینه شد و هر اجرا را فرصت تازه‌ای برای بهتر شدن از بار قبل دیدم.

تا آن زمان، من فقط ترانه‌های دیگران را می‌خواندم. وقتی نخستین صفحه‌ام «قصهٔ وفا» به بازار آمد، ترانه‌ای سرودهٔ ایرج جنتی عطایی با آهنگسازی پرویز

مقصدی، صبرم نبود تا آن را در تازه‌ترین برنامهٔ هفتگی «هنر برای مردم» که از تلویزیون پخش می‌شد، اجرا کنم. این برنامه در مراکز مختلف و برای گروه‌های گوناگون (دانشجویان، پرسنل، کارگران، آموزگاران، بیماران و...) روی صحنه می‌رفت. ولی تا ترانه را خواندم، جمعیت اعتراض کردند و نام ترانه‌های دیگری را که می‌خواستند بشنوند فریاد زدند. طبیعی بود که این ملودی به گوش‌شان ناآشنا بیاید، اما از این که نمی‌توانستند مرا به عنوان یک خوانندهٔ مستقل و کسی که می‌توانست فراتر از تقلید دیگر خوانندگان بخواند، بپذیرند، دلم شکست. اما وقتی آن برنامه از رادیو پخش شد، همه چیز تغییر کرد. مردم برای خرید صفحه‌ام هجوم بردند و با مفهوم غم‌انگیز ترانه ارتباط عمیقی برقرار کردند. این ترانه به موفقیت بزرگی دست یافت و مردم دیگر مرا به چشم «گوگوش هنرمند خردسال» ندیدند، چون یک هنرمند جدی شده بودم.

با هر ترانهٔ جدید و هر اجرا مرزهای تازه‌تری را گشودم. جسورتر شدم. از غرب و شرق گرته‌برداری کردم، رنگارنگ شدم. دنبال سبک‌های جدید روز رفتم. سامبا خواندم و رقصیدم. مینی‌ژوپ پوشیدم و ساری هندی تن کردم. موهایم را هم پسرانه زدم و هم بلند و مواج کردم. به فارسی، انگلیسی، فرانسه، اسپانیولی و ایتالیایی خواندم. در کنار ترانه‌های شش و هشت، ترانه‌های سخت غمگین و عاشقانه نیز ضبط کردم و با هر صفحهٔ جدید، دوستدارانم بیشتر شدند. طی یازده سال، بیش از چهل صفحهٔ موفق ضبط کردم. به دفعات برای خانوادهٔ سلطنتی و در حضور سران کشورهای مهمان می‌خواندم. در چندین جشنوارهٔ موسیقی در فرانسه و ایتالیا و تونس، در کنار خوانندگان پرتوانی چون ری چارلز، تینا ترنر، شارل آزناور، سیلوی وارطان، ژولین کلر، پپینو دی کاپری و آژدا پکان، خواندم

من گوگوش شدم، نه چون خودم می‌خواستم، بلکه چاره‌ای نداشتم. صحنه تنها بخش از زندگی‌ام بود که کنترل کاملش دست خودم بود، جایی که با گام گذاشتن در آن، تمام دردهایم از بین می‌رفت. به روان‌درمانی می‌ماند در حضور یک روانشناس دلسوز. ولی اکنون نشسته در این زیرزمین، هیچ‌کدام از اینها اهمیتی نداشت چون می‌دانستم همه چیز به پایان رسیده: آنها می‌خواستند گوگوش را از من بگیرند.

فصل ۳

نظم جدید

روز اول، نیمه‌شب

از ورای پنجرهٔ کوچک روبه‌روی میله‌های آهنی، می‌توانستم درخشش نور ستاره‌ها را ببینم. از تکان خوردن شاخه‌های درختانی که در کنار دیوار بیرون کاشته شده بودند، می‌توانستم حدس بزنم نسیم سردی در حال وزیدن است. آیا کسی این پنجره را می‌دید یا صدای فریادها را می‌شنید؟

به فاصلهٔ چند ساعت از بار قبل، صدای پاها مجدداً شنیده شد. این دفعه به اتاق من آمدند. کسی را همراه آورده بودند، یک زن را. هنگامی که قدم‌ها دور شدند، زن مقابل در ایستاد، پشتش به من بود و گریه می‌کرد. وقتی به طرف من برگشت، نمی‌توانستم صورتش را تشخیص بدهم، ولی دیدم که می‌لرزد، مثل خودم زمانی که به اینجا آورده شدم.

روی زمین نزدیک میله‌های در نشست و پشتش را به دیوار مقابل تکیه داد، همان جایی که من هم در لحظهٔ ورود نشستم. نور پریده‌رنگی که از لابه‌لای نرده‌ها می‌تابید قطرات اشکی که از چشمانش جاری بود را نشان می‌داد. نگاهش به طرف من بود، ولی مرا نمی‌دید. صورتش را در میان دو دست گرفت، من هم ترسیده نگاهش کردم. نمی‌دانستم زیر آن دو دست صورت چه کسی پنهان است. روسری آهسته از سرش لیز خورد.

نمی‌دانستم چه ساعتی بود یا چه مدتی او در خود فرورفته، مقابل من نشسته بود. داشت خوابم می‌برد که سوزشی ناگهانی از کمر به سمت پایم کشیده شد، از جا پریدم. پزشک تشخیص داده بود که درد از عصب سیاتیکم می‌آید. از همان روزی که به ایران برگشتم، یک سالی می‌شد، با این درد زندگی می‌کردم. با صدای بلند ناله کردم. درد شدیدتر از آن بود که در سکوت تحمل کنم.

زن نجوا کرد: «گوگوش! تویی؟»

داشتم کمرم را ماساژ می‌دادم. دچار شک شدم. قبل از انقلاب که حریم خصوصی‌ام رعایت نمی‌شد، گاه عصبانی و دلخور، به مردمی که مرا شناسایی می‌کردند، به دروغ می‌گفتم من فقط شبیه گوگوش هستم. ولی حالا زمان دیگری بود. مردم تا می‌توانستند از گوگوش فاصله می‌گرفتند، انگار با یک جذامی طرف باشند. بسیاری که فکر می‌کردم دوستم بودند، تلفن را رویم قطع کردند. گناهی هم نداشتند. وابستگی به دوران پیشین، به بهای از دست دادن زندگی تعداد زیادی تمام شده بود.

تکرار کرد: «تویی؟»

من این صدای آرام و مهربان با طنین و زنگ متفاوت را می‌شناختم. سرم را بالا کردم. این دو چشم میشی را هم می‌شناختم، هرچند در اثر گریه قرمز و پف کرده بودند و این ابروهای کمانی و بینی کوچک خوش‌تراش را نیز. به‌سرعت بلند شدم، درد کمرم را فراموش کردم. مرجان بود.

همدیگر را بوسیدیم، مثل دو دوست قدیمی از هم بی‌خبر. یادمان رفته بود که ما در گذشته فقط با هم آشنا بودیم. در بغلم می‌لرزید و می‌گریست.

آهسته پرسیدم: «چی شده؟ اذیتت کردن؟»

تمام بدنش می‌لرزید. با صدای بلند گفت: «نصفه‌شب ریختن توی خونمون! همهٔ زندگی رو زیر و رو کردن. دنبال چیزی می‌گشتن، نمی‌دونم چی؟ پسرکمون وحشت کرده بود!...» نفسی تازه کرد و ادامه داد: «...یکی از آلبوم‌های عکس خصوصی‌مو ورداشتن و فریاد زدن که بازداشتم. اصلاً نمی‌فهمم!»

از او خواستم بیاید کنار من بنشیند. چند نفس عمیق کشید و چشمانش را بست. احساس کردم کمی آرام شد. اتاق دیگر به آن سردی نبود.

آخرین باری که او را دیده بودم، دو یا سه سال پیش بود، در یکی از برنامه‌های ویژهٔ شوی تلویزیونی محبوب «رنگارنگ». شاید به مناسبت تولد شاه یا تولد امام

رضا؟ نه، انگار هفت سال پیش بود، سال ۱۳۵۲، در مهمانی مجلهٔ مدرن و پرتیراژ زن روز در هتل اینترکنتیننتال. مرجان خواننده، هنرپیشهٔ سینما و هم‌نسل من بود. هنگامی که او را در سال ۱۳۵۱ دیدم، هنرپیشهٔ معروفی بود ولی هیچ‌کس نمی‌دانست هنر خوانندگی هم دارد. وقتی یکی دو سال بعد صدایش را شنیدم، حیرت کردم. انتظار چنین صدای زیبایی را نداشتم. صدایی نرم و در عین حال قوی.

با صدایی که کمتر لرزان شده بود، پرسید: «تو چی؟ چرا وقتی می‌تونستی، نرفتی؟»

جواب دادم: «چرا رفتم، ولی برگشتم.»

«پس چرا برگشتی؟»

قرار بود سفر من به آمریکا فقط چند ماه طول بکشد. اما تبدیل به شش ماه شد، شش ماه طولانی دور از خانه، که مرتب خبر دستگیری‌ها و اعدام‌های دوستان و آشنایان را از رادیوی بی‌بی‌سی فارسی می‌شنیدم. شش ماه در عمق تاریکی، بی‌آنکه بدانم آیا دوباره عزیزانم را خواهم دید یا نه.

ساده‌ترین پاسخ می‌توانست این باشد که از آمریکا به دلیل اصرار ماما برگشتم.

ماما هم که مثل دوستان نزدیک و افراد خانواده مرا گوگی صدا می‌زدند، گفت: «گوگی! باید برگردی!»

ماما هر روز با من در نیویورک تماس می‌گرفت، از همان روزی که رژیم شاه در اوایل بهمن ۱۳۵۷ سقوط کرد. او نگران بود که دولت انقلابی اسلامی نوبنیاد خانه‌ام را مصادره کند، کاری که آن زمان با هر خانهٔ خالی، که ساکنان ترسیده‌اش از ایران فرار کرده بودند، می‌کردند. یک روز، حوالی اواخر فروردین یا اوایل اردیبهشت ۱۳۵۸، وحشت‌زده با من تماس گرفت. ساعت ۴ صبح شرق آمریکا بود.

با صدایی لرزان و خشمگین در گوشی تلفن فریاد زد: «همه چیزتو گرفتن!...»

کلماتش مثل خنجر سینه‌ام را شکافت. داشت در مورد خانه‌ام صحبت می‌کرد، اولین جایی که به تنهایی و با پولی که سخت به دست آورده بودم، برای خودم خریده بودم.

و با لحنی آرام‌تر اضافه کرد: «...همه چیز، به جز ماشینتو!»

ماما جیپ قهوه‌ای جدیدم را قایم کرده بود. کمی خیالم راحت شد. اما بیشتر از هر چیزی نگران بودم که ماما با سرسختی ذاتی‌اش دردسر بزرگی برای خود درست کند.

التماس کردم: «ماما، لطفاً هیچ کاری نکن! خودت که می‌دونی چیز مهمی نبردن: تلویزیون و اطو و جارو برقی و چند خرت و پرت دیگه..»

هیچ‌کس نمی‌دانست من همه دارایی‌ام را از دست داده بودم.

ماما اصرار کرد: «گوگی، قبل از اینکه دیر بشه بیا! فردا نگی بهت نگفتم!»

همهٔ دوستانم اصرار داشتند در آمریکا بمانم. شایعات خطرناکی در تهران پخش شده بود که من ساواکی هستم و یکی از اعضای مخوف پلیس مخفی شاه. حتی می‌گفتند که من زمانی آیت‌الله طالقانی، یکی از روحانیون شیعه و از رهبران انقلاب، را شکنجه کرده‌ام. مادر همایون هم این شایعات را شنیده بود و هر روز از تهران تلفن می‌کرد و با التماس از او می‌خواست بدون من به ایران بازگردد. او این حرف‌ها را می‌زد بدون آنکه بداند پسرش در این ماه‌های اقامت در آمریکا چه بر سر خودش آورده.

اعتراض کردم: «اما میگن من طاغوتی‌ام! همه به من میگن برنگردم، چون اعدام میشم!»

انقلابیون هرآنکه را غیراسلامی، غرب‌زده یا طرفدار سلطنت می‌دانستند، طاغوتی می‌نامیدند. این انگی بود که ترا با آن هدف می‌گرفتند.

ماما با قاطعیت پاسخ داد: «مزخرف میگن!»

ولی من نه به خاطر مادرم و نه برای خانه‌ام به ایران بازنگشتم. داشتم با آتش بازی می‌کردم. دور از خانه، دور از فرزند و هر آن که دوست داشتم، روز به روز، ساعت به ساعت، دقیقه به دقیقه و به‌تدریج، داشتم در نیویورک نابود می‌شدم. تصمیم خودم را گرفته بودم. اگر قرار است بمیرم، بهتر آن که در سرزمینم بمیرم.

ماما راست می‌گفت. اعدامم نکردند. فقط چهار بار برای بازجویی به اوین احضارم کردند، گذرنامه و قبالهٔ خانه‌ام را هم گرفتند و اکنون این منم، نشسته در این زیرزمین.

مرجان دستم را گرفت، دستانش دیگر نمی‌لرزیدند. با همان لحن شیرین و آرام پرسید: «مثلاً اگه کسی دو سال پیش می‌گفت ما دو نفر روزی هم‌بند یه سلول زندون میشیم، باورت می‌شد؟»

در نیمهٔ اول سال ۱۳۵۷، هیچ نمی‌توانستم تصور کنم، انقلابی در حال وقوع است، انقلابی که به‌زودی تمام کشور را فراخواهد گرفت و زندگی‌ام را زیر و رو خواهد کرد. در اوایل مهر ۱۳۵۷ به آمریکا رفتم و وقتی نخست‌وزیر وقت، در بحبوحهٔ

آشوب‌ها، حکومت نظامی اعلام کرد، ساده‌لوحانه فکر می‌کردم اوضاع خیلی زود به حالت عادی برخواهد گشت. آن زمان داشتم با گرفتاری‌های شخصی خودم هم دست و پنجه نرم می‌کردم. تازه فهمیده بودم که مدیر برنامه‌ام مخفیانه حساب بانکی‌ام را خالی کرده است. او همه چیزم را دزدیده بود. با وجودی که به نسبت مردان همکارم، یکی از پردرآمدترین هنرمندان ایران بودم، ورشکسته شده بودم. تمام مراکز هنری و سرگرمی، همزمان با شورش‌ها و اعتصابات ضد شاه، تعطیل شدند و من بیکار شده بودم. دنبال راهی بودم تا پول شهریهٔ «لو رُزی» Rosey Le، مدرسهٔ شبانه‌روزی سوئیسی کامبیز را بپردازم. از دو سال پیش کامبیز را به این مدرسه فرستاده بودم با این امید که با پرداخت پولی هنگفت، بهترین فرصت آموزش را برایش فراهم کنم. می‌خواستم به این وسیله او را از دسترس شایعات و خبرسازی‌های رسانه‌های متعددی که در اطرافش بود، دور کنم. این شایعات در پی جدایی از همسر دومم بهروز وثوقی، بیش از هر وقت دیگر بر سر زبان‌ها افتاده بود.

مقداری پس‌انداز در یک حساب بانکی در فرانسه داشتم. شش ماه از رابطهٔ من و همایون گذشته بود. با او به پاریس سفر کردم. از آنجا به تنهایی به مدرسهٔ کامبیز، که در دامنهٔ کوه‌های آلپ بود، سفر کردم. وقتی به پاریس برگشتم، پوران، خوانندهٔ برجستهٔ پاپ/سنتی که با صدایش بزرگ شده بودم، تلفنی با من تماس گرفت و از من خواست در افتتاحیهٔ کاباره‌ٔ جدید ایرانی کلبه در لُس‌آنجلس، برنامه اجرا کنم. این کنسرت می‌توانست اتفاق خوبی باشد: هم بقیهٔ پول شهریه فراهم می‌شد؛ هم آشوب ایران آرام می‌گرفت و هم پلیس مدیر فراری برنامه‌هایم را پیدا می‌کرد.

پیش از پاسخ دادن به مرجان فکر کردم: چقدر در اشتباه و بی خبر بودم. روسری را روی موهایم مرتب کردم و ادامه دادم: «...نه، حتماً ازش می‌پرسیدم چی زده یا کشیده، چون خیلی قوی بوده!»

هر دو با صدای بلند خندیدیم. حس خوبی بود. سپس به مرجان گفتم هفت ماه پیش، چقدر دیدن بسیاری از هنرمندان در زندان اوین، ناراحت کننده بود.

صبح چهارشنبه ۱۴ اسفند ۱۳۵۸ از خواب که بیدار شدم، خبر احضارم به دادگاه انقلاب اسلامی را، در صفحهٔ اول روزنامهٔ اطلاعات شب قبل خواندم. ده نفر بودیم که باید خود را به دفتر زندان اوین معرفی می‌کردیم. در احضاریه آمده بود که سرپیچی از انجام این کار «منجر به دستگیری خوانده‌ها» خواهد شد. حدود یک سال از انقلاب اسلامی گذشته بود و مدت کوتاهی از بازگشت من. از همان اول ترس

از زندانی شدن و اعدام بر زندگی‌ام سایهٔ سنگینی انداخته بود. سعی می‌کردم زیاد به آن فکر نکنم. ولی این وضعیت روز چهارشنبه به پایان رسید.

شب قبل از رفتن به اوین خوابم نبرد. تا طلوع آفتاب شنبه ۱۸ اسفند، بی‌قرار در خانه قدم زدم و مرتب نگران این بودم که قرار است چه اتفاقی پشت آن دیوارهای کلفت سیمانی بیفتد. قبل از انقلاب، زندان اوین به دلیل نگهداری زندانیان سیاسی شاه، از جمله اعضای حزب توده و سازمان مجاهدین خلق، و گزارش‌هایی از شکنجه توسط ساواک، سازمان امنیت دوران شاه، شناخته شده بود. تحت حکومت جدید، زندان اوین، محل نگهداری، شکنجه و اعدام‌های سریع صاحب‌منصبان رژیم شاه، از جمله مقامات عالی‌رتبه، افسران ارتش و نظامیان، اعضای ساواک و دیگر وابستگان دربار شده بود.

چندین بار به کمد لباسم سرزدم. نمی‌دانستم برای رفتن به دادگاه انقلاب، غیر از سر کردن روسری، چه باید بپوشم. در سال ۱۳۵۸، زنان موظف شده بودند در ادارات دولتی و نهادهای عمومی روسری بر سر کنند. چنان فکر اعدام ذهنم را درگیر کرده بود که به تکه پارچه‌ای که باید موهایم را می‌پوشاند، فکر نکردم، چه برسد به قانون نظارت بر بدن زنان. عاقبت یک شلوار تیره‌رنگ گشاد و یک بلوز آستین بلند برای زیر مانتویم انتخاب کردم. تصمیم گرفتم اصلا آرایش نکنم. صورتم را حسابی شستم با این امید که اثر ترس را از آن بزدایم. نمی‌خواستم آنها از حالم باخبر شوند.

همایون اصرار داشت که مرا تا اوین برساند و تلاش فراوان می‌کرد که آرامم کند. او همیشه اعتماد به نفسی از خود نشان می‌داد، که در تضاد شدید با جثهٔ کوچک و لاغرش بود. او فقط چند سانت از من بلندتر بود. اما آن صبح صورتش حتی از من هم رنگ‌پریده‌تر می‌نمود. ساعت هشت صبح به دروازهٔ زندان رسیدیم. هرگز آنجا را از نزدیک ندیده بودم. دیوارهای خاکستری بلند سیمانی، با برج‌های نگهبانی در آن بالا، ترسناک بودند. به‌جز نام زندان، بقیهٔ تابلوها کوچک و ناخوانا بودند و گونه‌ای پنهان‌کاری را در ذهن زنده می‌کردند. ضربان قلبم را در گلویم حس کردم. به سمت ایستگاه بازرسی اصلی رفتم. یک پاسدار که اسلحه‌ای حمل می‌کرد، جلویم را گرفت. مرا شناخته بود.

با پیشانی اخم‌آلود فرمان داد: «سرتو بپوشون!» چون عجله داشتم متوجه نشده بودم یک حلقه مو از زیر روسری‌ام بیرون افتاده.. بعد مرا راهنمایی کرد که از پله‌ها پایین بروم و وارد اتاق دست راستی بشوم.

دادگاه بیشتر شبیه یک کلاس درس بود. چند ردیف میز تحریر و صندلی کوچک را روبه‌روی دو میز بزرگ چیده بودند. نه هیأت منصفه‌ای و نه دادستانی. به‌جای قاضی هم آخوندی میانسال و چاق پشت یکی از میزها نشسته بود. عبایش قهوه‌ای رنگ و عمامه‌اش سفید بود. منشی‌اش با کت و شلوار و بدون کراوات، قلم و کاغذ به‌دست، کنار او منتظر بود. از قرار سرنوشت ما فقط در دست آن آخوند بود.

پشت آخرین میز تحریر نشستم و متوجهٔ همکاران زن و مرد خود شدم، نامداران صنعت سینما و موسیقی: بیک ایمان‌وردی، ناصر ملک‌مطیعی، نوش‌آفرین و پوری بنایی. برخی از کسانی که نام‌شان در لیست بود، را ندیدم، از جمله هایده و مهستی که به خارج فرار کرده بودند. از آغاز انقلاب به بعد، هیچ‌یک از آنها را ندیده بودم. از همان روزی که رادیو و تلویزیون اشغال و برنامه‌های ما قطع شد، همگی یک‌شبه بیکار شدیم و مبدل به غریبه‌هایی در یک دنیای در حال تغییر.

پوری بلافاصله بلند شد، به سویم آمد و گریان مرا در آغوش کشید.

گفت: «ببین چه به سرمون اومده!»

سال‌ها بود با هم حرف نزده بودیم، مخصوصاً بعد از آغاز رابطه‌ام با بهروز. ولی او را تنگ در بغل گرفتم و هر دو فراموش کردیم کجا هستیم. در یک چشم به‌هم زدن، صورت آخوند سرخ شد و فریاد زد: «قرتی‌بازی بسه! اینجا که طویله نیس!»

از هم که جدا شدیم، هر دو می‌لرزیدیم. انعکاس عصبانیت و تحقیر شدنم را در چشمان پوری هم دیدم. پیش‌تر هم چند بار با مقامات انقلابی برخورد کرده بودم، اما هرگز چنین خشن نبودند.

پشت میزها نشستیم. به هر یک از ما یک پرسش‌نامهٔ چند صفحه‌ای مجزا داده بودند که نخست باید به آنها کتباً پاسخ می‌دادیم. دستیار آخوند برگه‌ها را توزیع و جمع‌آوری می‌کرد. نمی‌توانستم ببینم دیگران چه پرسش‌هایی گرفته بودند. آنچه به من داده شد، سیاسی نبود. از من پرسیده بودند چه کسانی را در مهمانی‌های سلطنتی و خصوصی دیده‌ام. نامی از کسی نبردم. حقیقت را نوشتم که همیشه حواسم به اجرای خودم بود، نه به لیست مهمانان. نه می‌خواستم دروغ بگویم و نه کسی را لو بدهم. آنها به دنبال اطلاعاتی دربارهٔ مقامات عالی‌رتبهٔ رژیم شاه، دیگر افراد مشهور و دیپلمات‌های خارجی بودند؛ نام‌هایی که بتوانند از آن برای ساختن پرونده‌ها یا توجیه پاکسازی‌ها استفاده کنند. حقیقت برای‌شان مهم نبود؛ چیزی می‌خواستند که بتوانند از آن برای اعتراف‌گیری یا اثبات خیانت سوءاستفاده کنند.

وقتی ناصر ملک‌مطیعی، بازیگر مشهور ایرانی، دربارهٔ یکی از سوالات توضیح بیشتری خواست، آخوند سرش فریاد کشید که اگر سؤالی را می‌فهمد یا نمی‌فهمد، به او مربوط نیست. ناصر اما، فریادش را بی‌جواب نگذاشت.

با رگ‌های برآمدهٔ گردن اعتراض کرد: «شما یه جوری حرف می‌زنی که انگار با یه مشت جانی روبه‌رو هستی! من به حرفه‌ام که هنرپیشگیه و از عشقی که از مردم می‌گرفتم افتخار می‌کنم. هر وقت و هر جا که برای فیلمبرداری می‌رفتیم، مردم با چنون عشقی از ما استقبال می‌کردن که نگفتنیه. حتی تو دهات کوچیک دورافتاده، مردم برامون گوسفند قربونی می‌کردن و بهمون پیشکشی می‌دادن! منم عاشق این مردمم. اصلاً شما می‌دونین ما برای مردم کی و چی بودیم؟!»

می‌دانستم از چه صحبت می‌کند.

آخوند با عصبانیت فریاد زد: «خفه شو!» و آنچنان با مشت روی میز کوبید که صدای برخورد حلقهٔ انگشتر عقیقش با میز در فضا پیچید. «دیگه کسی برای شماها ترہم خورد نمی‌کنه! سرجات بیشین و جواب سؤالا رو بده!»

ناصر بی‌حرکت ایستاد. بعد اجازه خواست برای چند دقیقه اتاق را ترک کند. آخوند با بی‌رغبتی پذیرفت. وقتی ناصر برگشت، چشمانش قرمز شده بودند.

آخوند، در حالی‌که دستیارش مشغول یادداشت‌برداری بود، با همهٔ ما با همین خشونت برخورد کرد. نوبت من آخر روز رسید، زمانی که همهٔ همکارانم، پس از امضای تعهدنامه، دادگاه را ترک کرده بودند. از من پرسید چرا ترانهٔ ترکی «سکینه دایقزی» را خوانده‌ام و من توضیح دادم که فکر می‌کردم مردم پس از یک روز کار و گرفتاری دوست داشته باشند به چنین ترانه‌ای گوش بدهند و حال کنند.

با نفرت نگاهی به من انداخت و گفت: «آخه تو چه گُهی بودی که بخوای خستگی مردمو در بیاری؟!»

به یاد خود آوردم که در چنین مواقعی چگونه با مونس، هنگامی که روی آن دنده‌اش می‌افتاد، رفتار می‌کردم. گفتم: «شما راست میگین. اصلاً به این موضوع فکر نکرده بودم.»

ادامه داد: «چرا تو فیلم ”در امتداد شب“ بازی کردی؟»

فکر کردم: اگر می‌دانستم یک سال پس از بازی در این فیلم انقلاب اسلامی روی می‌دهد، هرگز حاضر نمی‌شدم در آن صحنهٔ عشقبازی نیمه‌عریان شوم. ولی قبل از اینکه دهان باز کنم او با چشمان از حدقه درآمده ادامه داد: «چرا توی فیلم،

مثل زنای هرزه لخت شدی؟»

برای چند لحظه مکث کرد تا نفس تازه کند.

به عنوان یک شیعهٔ باورمند، تا آن روز با یک روحانی به این دهن‌دریدگی و این اندازه خصومت روبه‌رو نشده بودم، کسی که به‌ظاهر مؤمن به نظر می‌رسید. تصور هم نمی‌کردم موجوداتی مثل او وجود داشته باشند. از طرف دیگر، به عنوان یک زن، برخوردم با ملاها محدود به مراسم سنتی عروسی و خاکسپاری بود. در کودکی، وقتی با دایی ابراهیم و خدیجه خانوم به تکیه می‌رفتم، آخوندها را فقط از دور می‌دیدم، چون همیشه در این اماکن تفکیک جنسیتی وجود داشت. عربده کشید: «چی داری بگی؟»

نگاهم را به زمین دوختم و گفتم: «اشتباه بود حاج‌آقا، اشتباه. اصلاً فکر نکردم.» دستی به ریش کشید و شماتت بار گفت: «دو گرم مغز تو این کلهٔ پوکت نبود؟» طولی نکشید که، با اخطار برای بازگشت در تاریخی دیگر، آزاد شدم.

به مرجان گفتم: «تازه بهترین قسمتش مونده: وقتی خیلی جدی از من پرسید چه ارتباطی با شعبون بی‌مخ دارم!!!!»

مرجان جلوی دهانش را گرفت که صدای قهقههٔ خنده‌اش شنیده نشود. هرچند خیلی بی‌معنی بود ولی خنده‌دار هم بود چون من با شعبان جعفری ارتباطی نداشتم، کسی که به خاطر تمرینات ورزش زورخانه‌ای و به عنوان یک قانون‌شکن شهرت داشت. این پرسش چنان بی‌معنی بود که کسی دربارهٔ رابطه‌ام با شخصیت‌هایی مثل سیلوستر استالونه یا راکی بالبوآ، بپرسد. اما معنای آن پرسش روشن بود: در نظر او، ما هر دو قانون‌شکن بودیم.

هر دو باز هم آرام خندیدیم و اندکی از فشاری که روی قلب‌مان بود، کاستیم. طولی نکشید که از نو، صدای ضجه و ناله در راهرو بالا گرفت و خنده‌های ما هم به‌سرعت قطع شد. تا آن روز چنین فریادهای هولناکی نشنیده بودم. به هیچ صدایی شباهت نداشتند، نه به شیون‌های مادری که فرزندش را به خاک می‌سپارند و نه حتی به صدای شکستن قلبش وقتی با جگرگوشهٔ خود وداع می‌کند. این فریادها از جنس دیگری بودند و خون را در رگ شنونده خشک می‌کردند.

مرجان، که لرزه بر تمام اندامش افتاده بود، گفت: «دارن چی به سرش میارن؟» نمی‌خواستم به آن فکر کنم. به پنجره نگاهی انداختم. سرخی آسمان نشان از طلوع آفتابی می‌داد که انوارش روی برگ‌های رقصان درخت گیلاس رنگ پاشیده

بود. آخرین روزی که به اوین رفتم با تمام جزییات یادم آمد: بعد از ایام نوروز بود. با بازجویم علی تهرانی تنها بودم. در اتاقی در طبقهٔ زیرین دادگاه. پنجره‌اش بزرگ‌تر از پنجرهٔ اتاق بازجویی این بار بود. تهرانی، دنبال پرسش‌های بدون پاسخ بود و پرونده‌ام را با دقتی وسواس‌گونه زیر و رو می‌کرد. چیزی نیافت. هر سؤالی که به فکرشان رسیده بود را مطرح کرده و پاسخش را گرفته بودند. بعضی‌ها را حتی دو بار پرسیده بودند. او داشت با کاغذها ور می‌رفت که از پنجرهٔ پشتی نوری به درون تابید و توجهم را جلب کرد. در آن روز بهاری، آفتاب هنوز روی تهران پهن بود. بوی سنبل‌ها و نرگس‌های تازه هوا را پر کرده بود. زندگی عادی به شهر بازگشته بود. فکر کردم: همین روزها آزاد می‌شوم و زندگی آرامی خواهم داشت.

برگه‌ای را که، دفعات پیشین از دادنش خودداری کرده بودند، به دستم داد. قلم را جلویم گذاشت و گفت: «اینو امضا کن و آزادی بری.»

چهار بار از آن در آهنی عبور کرده بودم، در این اتاق نشسته بودم، به همهٔ پرسش‌ها پاسخ داده بودم و بیهوده منتظر نوبتم مانده بودم تا این کاغذ کذایی را امضا کنم. بالاخره داشت اتفاق می‌افتاد.

کاغذ پر از نوشته بود، کلمات جلوی چشمانم پیچ و تاب می‌خوردند، حروف از هم جدا می‌شدند و به اشکال نامفهومی در می‌آمدند. نمی‌فهمیدم چرا. قلبم به‌شدت می‌زد. کمی طول کشید تا حروف و کلمات از حرکت باز ایستادند و جملات خوانا شدند. نوشته چیزی بود شبیه این:

«من فائقه آتشین، مشهور به گوگوش، اعلام می‌کنم که از امروز به بعد هرگز نخواهم خواند؛ در هیچ کار هنری شرکت نخواهم کرد؛ در هیچ اجتماع سیاسی یا اجتماعی حضور نخواهم یافت و به اصول انقلاب بزرگ اسلامی پایبند خواهم ماند.»

فکر کردم: آنها صدایم را می‌خواهند. برای لحظه‌ای تردید کردم، قلبم در گلویم می‌طپید. سپس نامم را درشت در پایین صفحه امضا کردم.

کمی بعد با این تصور که دیگر دست از سرم برمی‌دارند، زندان اوین را ترک کردم.

فصل ۴

مونس

سعی کردم خیلی به سرنوشت خود در این زیرزمین، زیر سایه روشنی‌های سپیده‌دم تازه فکر نکنم. ترسیده و درمانده بودم، اما از این دگرگونی جدید زندگی‌ام تعجب نمی‌کردم. تاریکی همیشه همزاد من بوده، خیلی زیرپوستی، از همان دوران کودکی، از همان روزی که صاحب نامادری شدیم.

من هفت سالم بود و فری پنج سال و نیم. نمی‌دانم پاپا چطور با او آشنا شده بود. مونس هنرمند نبود. تنها چیزی که می‌دانم این که وقتی پاپا به فری و من گفت ما یک زن‌پدر تازه خواهیم داشت، خیلی خوشحال شدم و فکر کردم: ما هم به‌زودی صاحب آنچه بچه‌های دیگر داشتند می‌شویم: یک خانواده! گرچه پاپا با ماما و همسر دومش نساخت، هنوز امیدوار بودم. برادر ناتنی‌ام عادل حاصل ازدواج پاپا با همسر دومش بود. این زندگی مشترک هم چندان طول نکشید. مدت کوتاهی بعد از این خبر مهم، پاپا من و فری را به خانهٔ دایی ابراهیم برد که، در سال ۱۳۲۵، مادربزرگم به‌به و فرزندانش را، به خانهٔ خود راه داده بود.

پاپا نگفت قرار است چقدر آنجا بمانیم یا خودش به کجا می‌رود. حتماً تازه‌عروس و تازه داماد می‌خواستند با هم تنها باشند. من و برادرم حدود یک سال با دایی ابراهیم و خانواده‌اش زندگی کردیم. پاپا هفته‌ای دو بار می‌آمد تا مرا برای سئانس بعدازظهر در تئاتر و برنامهٔ شبانه در کاباره شکوفه نو ببرد. وقتی ما را به خانه‌ای که تازه اجاره کرده بودند، برگرداند مونس باردار بود و چند ماه با زایمان برادرم، فریبرز، فاصله داشت.

مونس خیلی سریع، من و فری را مجبور به انجام همه کارهای خانه کرد و لبخندهای دلنشینش به اخم‌های ترسناک و رفتار مهربانش به خشونت تبدیل شد. هیچ نافرمانی را برنمی‌تابید. من باید تخت‌ها را مرتب می‌کردم، زمین‌ها را جارو می‌زدم، آشپزخانه، ظرف‌ها و مستراح را تمیز می‌کردم. فری، که آن زمان شش سال و نیمش شده بود، کف‌های سنگی سرد را می‌سابید. من از شستن مستراح به‌اندازهٔ رختشویی متنفر نبودم. ما ماشین لباس‌شویی نداشتیم، در نتیجه لباس‌های کثیف، حوله‌ها و ملافه‌های سنگین، حتی قابلمه‌ها و ماهیتابه‌ها را هم در حوض با دست می‌شستیم. من و فری آن‌قدر کوچک بودیم که مجبور بودیم برای شستن لباس‌ها داخل حوض بایستیم، چون از بیرون نمی‌توانستیم به آنها دسترسی داشته باشیم. وزن پارچه‌ها، وقتی در آب خیس می‌شدند، دو برابر می‌شد. دست‌ها و شانه‌های کوچک ما دو کودک از این همه بلند کردن و فشردن سنگین زود خسته می‌شدند. اوضاع در زمستان، وقتی آب حوض یخ می‌زد، بدتر می‌شد. هرچند از این کار نفرت داشتم، اما سعی می‌کردم تا جایی که توان داشتم، بیشتر کارها را من انجام دهم تا فری کمتر زجر بکشد.

فری مدام سرما می‌خورد و عفونت می‌گرفت. بعدها، در سن سیزده یا چهارده سالگی، در پی سال‌ها درد شدید مفاصل پا، دچار روماتیسم قلبی شد. بارها فکر کرده‌ام اگر مجبور نبود تمام این کف‌های سنگی خیس و سرد را بسابد، یا در حوض یخ‌زده بایستد، شاید مبتلا به این بیماری نمی‌شد. هر وقت می‌دیدم چگونه بدن فری می‌لرزد و نمی‌توانستم کاری برایش انجام دهم، دعا می‌کردم پاپا وارد شود و ما را نجات دهد. خیلی هم می‌ترسیدم، انگار می‌دانستم این سختی‌ها نهایتاً سرنوشت او را بد رقم خواهند زد.

پاپا هرگز هیچ‌کدام از اینها را نمی‌دید. مونس کاری می‌کرد که او را چیزی نبیند، همان‌طور که مطمئن می‌شد ما هم چیزی نگوییم. پاپا بیشتر اوقات با دوستانش بیرون بود و از شخصیت مواج و بدخلقی‌های مونس، که پس از تولد فریبرز (۲۰ فروردین ۱۳۳۸) بدتر هم شده بود، فرار می‌کرد. مونس بیشتر از قبل اشتیاق بیمارگونه‌ای به کتک‌زدن و هل دادن ما پیدا کرده بود. وقتی ما را نمی‌زد یا بر سرمان فریاد نمی‌کشید، خشم و کینه‌اش را متوجه پاپا می‌کرد.

هر روز سر پاپا داد می‌زد و او را «مرتیکهٔ ترک نفهم بیعار» می‌خواند. بعضی روزها هم از بشقاب و لیوان گرفته تا هر آنچه دم دستش بود را به هوا پرتاب می‌کرد. پاپا

انسان آرامی بود، جز یک بار هرگز دست روی من بلند نکرد، ولی صبر و تحملش هم حد و مرز داشت. یک روز، در اتاق نشیمن، با هم دعواشان شد. مونس مرتب سر پاپا داد می‌زد. هر چه فحاشی‌اش بدتر می‌شد و اشیاء بیشتری به طرفش پرتاب می‌کرد، چهرۀ پاپا سرخ‌تر می‌شد تا جایی که گوش‌هایش هم قرمز شدند. بعد ناگهان، از جا در رفت، یک صندلی برداشت و به سر مونس کوبید و من به چشم خود دیدم چگونه خون از سر مونس جاری شد.

یک بار دیگر، دیروقت شب در فولکس‌واگن سفید پاپا بودیم. پاپا ساکت بود و رانندگی می‌کرد ولی مونس هر چه فحش بلد بود را نثار او کرد. تنش بین این دو خیلی محسوس بود. فری و من، دو کودک هشت سال و نیمه و هفت ساله، از صندلی عقب با وحشت آنها را تماشا می‌کردیم، می‌دانستیم امکان داشت هر آن اتفاقی روی دهد. ناگهان پاپا اتومبیل را کنار کشید، محکم روی ترمز زد و اتومبیل را خاموش کرد. بعد سر مونس را گرفت و به دنده کوبید. وقتی مونس آهسته سرش را بلند کرد، دیدم زیر چشم چپش ورم کرده.

یک بار، وقتی نه سالم بود، مونس، چون تختش را آن‌طور که دوست داشت مرتب نکرده بودم، سرم فریاد زد. رفتاری که هیچ تفاوتی با دفعات قبل نداشت. خشم در چشمانش شعله‌ور بود و در بالای راه‌پله مرا با نوک پا هُل داد. سرم در اثر اصابت به لبۀ پلۀ آخر، شکست. مونس مثل همیشه، تهدیدم کرد که چیزی به پاپا نگویم. پاپا کمی بعد به خانه آمد و مرا سریع به بیمارستان رساند. همان عصر، وقتی در شهر قزوین، با سر بخیه‌خورده و باندپیچی شده، روی صحنه برای کودکان یک پرورشگاه محلی آواز می‌خواندم، آن درد وحشتناک معجزه‌آسا ناپدید شد. به بچه‌ها گفتم آن‌قدر برای اجرای این برنامه هیجان‌زده بودم که لیز خوردم و صدمه دیدم. سالن از صدای خنده منفجر شد. چند هفته بعد، بالاخره شجاعت پیدا کردم تا به پاپا بگویم. اول مطمئن شدم که مونس آن اطراف نباشد. پاپا فقط پرسید: «چرا زودتر چیزی نگفتی؟» بعد از آن هم هیچ چیز تغییر نکرد. انگار برای او مهم نبود ولی احساس کردم پاپا به من خیانت کرد.

بعد از رفتن ماما، پاپا همه کس من شد: هم شریک صحنه و هم دوستم. به او اعتماد داشتم، حتی در پرخطرترین حرکات آکروباتیک. او همیشه با شوخی‌ها و داستان‌های بامزۀ ساختگی‌اش مرا به خنده می‌انداخت و غالباً مرا به دریا می‌برد. اما همۀ اینها، وقتی با مونس ازدواج کرد، به پایان رسید.

مونس با پسر خودش فریبرز هم به همان اندازه بی‌حوصله و بی‌رحم بود. من اغلب خودم را روی فریبرز می‌انداختم تا از خشم مادر در امان بماند، درست مثل کاری که برای فری می‌کردم. نمی‌فهمیدم چگونه می‌توانست کودکی به آن کوچکی را کتک بزند. شنیده بودم که مادرش در بخش روانی بیمارستانی بستری بود، ولی من آن زمان نمی‌توانستم سرنخ‌ها را به هم وصل کنم. مادر مونس، یک بار قبل از تولد فریبرز، بین دو دورهٔ بستری شدنش، حدود یک یا دو هفته با ما زندگی کرد. مدام فریاد می‌زد و با شتابی عصبی و به‌تندی صحبت می‌کرد. لهجهٔ گیلکی داشت و من حرف‌هایش را نمی‌فهمیدم. عصبی و نگران به نظر می‌رسید و چشمانش بدون هدف و تمرکز اتاق را دور می‌زدند. مونس تلاش می‌کرد آرامش کند، اما موفق نمی‌شد. او را دوباره به بخش روانی بازگرداندند. وقتی به گذشته فکر می‌کنم، به این نتیجه می‌رسم که شاید مونس اضطراب و ناهنجاری روانی‌اش را از مادرش به ارث برده بود و این می‌توانست رفتارهای غیرمنطقی‌اش را توجیه کند.

یک روز، وقتی فریبرز یک‌ساله شد، پاپا و مونس به ما گفتند منتظر بچهٔ دوم هستند. اصلاً فکرش را هم نمی‌کردم که قصد بچه‌دار شدن داشته باشند. وقتی فرامرز به دنیا آمد، من حدوداً ده سالم شده بودم. از این که ناگهان کارهایم بیشتر شده بود ناراحت نشدم چون عاشق بچه‌داری بودم. همان‌طور که عاشق نگهداری از فریبرز بودم. در آغوش گرفتن یک نوزاد بی‌گناه و عشق دادن به او و بوسیدنش درمان همه دردهایم بود. از بو کردن عطر ملایم پودر بچهٔ زیر گردنش که آمیخته به رایحهٔ شیر بود، سیر نمی‌شدم. دو ماه از او با جان و دل نگهداری کردم. تمام لحظاتی را، که در مدرسه یا سر کار نبودم، با او می‌گذراندم. یک بعدازظهر زودتر از مدرسه به خانه برگشتم. خود را آماده کرده بودم غذای فریبرز را بدهم و او و برادر ناتنی‌ام فرامرز دو ماهه را حمام کنم که متوجه شدم فرامرز نیست. وحشت‌زده همه جای آپارتمان را گشتم. وقتی پاپا دید مثل مرغ سرکنده، به این طرف و آن طرف می‌دوم، برایم توضیح داد که چون من هم به مدرسه می‌رفتم، هم کار می‌کردم و هم از دو برادر نگهداری می‌کردم و انجام همهٔ این کارها از عهدهٔ من خارج بود، او و مونس تصمیم گرفتند فرامرز را به یک خانواده بدهند. توضیح پاپا مثل خنجری در قلبم فرو رفت.

نمی‌فهمیدم چرا چنین کاری کردند. فرزندخواندگی در ایران رایج بود ولی برای خانوادهٔ ما که به دلیل درآمد روزافزون من، وضع خوبی داشتیم، بخشیدن

بچهٔ شیرخواره معنی نمی‌داد. وقتی پاپا را برای شنیدن یک پاسخ معقول زیر فشار گذاشتم، با آرامش توضیح داد: «ببین، این زن و شوهر مهربون نمیتونن خودشون بچه‌دار بشن. مام یکی از بچه‌ها رو به اونا دادیم.» بعدها فهمیدم که پاپا دربارهٔ آن زوج راست می‌گفت. ولی پاپا و مونس چنان انسان‌های از خودگذشته‌ای هم نبودند. برای سال‌های متمادی، هر وقت به دیدار فرامرز می‌رفتیم و او را با نام تازه‌اش مهرداد صدا می‌زدیم، من دهانم را می‌بستم و هیچ نمی‌گفتم. جوری رفتار می‌کردم که گویی همه چیز عادی و طبیعی است، ولی کماکان دوستش داشتم. مهرداد سال‌ها بعد واقعیت را از دهان کس دیگری شنید.

یک یا دو سال بعد، مونس، که خودش تقریباً هیچ کاری انجام نمی‌داد، به پاپا گفت که از نگهداری سه بچه خسته شده است و دستور داد که فری باید برود. فری ۱۰ یا ۱۱ سال بیشتر نداشت. دلیل این دستور را نمی‌فهمیدم. فری بچهٔ آرامی بود، غالباً فریبرز را نگه‌می‌داشت و مرتب به من در انجام کارهای خانه کمک می‌کرد. شاید دلیل واقعی این بود که مونس نمی‌خواست یک ریال دیگر از درآمد من را بیهوده خرج او کند. در این دوره، پاپا اجرای برنامه‌های خودش را کاملاً کنار گذاشت و مدیر برنامه‌ام شده بود. بدنش که زمانی ورزیده بود، از خوردن و نوشیدن زیاد گرد و قلمبه و چاق شده بود. مونس عاشق خرید کردن بود و مرتب برای خودش جدیدترین لباس‌ها، کفش‌ها و زیورآلات را می‌خرید. برای او، فری فقط یک نان‌خور اضافی بود و به همین دلیل مسخره، فری عزیز من را بیرون کرد. از آن پس فری مثل یک توپ فوتبال بین دایی، عمو نادر و ماما دست به دست می‌شد. ماما دوباره ازدواج کرده بود و دو فرزند کوچک داشت: خواهر و برادر ناتنی‌ام رویا و ژوزف الیافان. دلم برای فری خیلی تنگ می‌شد. او بهترین دوست من بود.

من فقط دلتنگ فری نبودم، بلکه دلم برای ماما هم تنگ می‌شد. تنها جایی که جرأت کردم دربارهٔ این موضوع صحبت کنم، دفتر مدیر مدرسه‌ام بود. آن زمان دوازده یا سیزده سالم بودم و در کلاس ششم دبستان دخترانهٔ پیشرو، واقع در خیابان خواجه نصیرالدین طوسی، درس می‌خواندم. دکتر جلالی، مدیر دبستان، یک روانپزشک آزموده بود، غالباً مرا موقع زنگ تفریح به دفترش صدا می‌کرد و از اوضاع خانه، پاپا، زن‌پدر و کارم جویا می‌شد. همه داستان گوگوش، «هنرمند خردسال» و بار سنگین کاری که بر دوش داشت را شنیده بودند. یک آموزگار استثنایی دیگر هم در کلاس سوم دبستان دلشاد واقع در خیابان مولوی داشتم به نام خانم احمدی

که به من اجازه می‌داد در زنگ اول صبح سرم را روی میز کوچک جلویم بگذارم و بخوابم و بعد خودش موقع زنگ تفریح یا ناهار درس را برایم توضیح می‌داد. ولی دکتر جلالی به‌درستی افسردگی را در من تشخیص داده بود.

در جلسات اولیه، بیشتر دربارهٔ همکلاسی‌هایم می‌پرسید. به نظر می‌رسید هرچه معروف‌تر می‌شدم، رفتار دخترهای دیگر با من بدتر می‌شد. فقط یک بار که حدوداً نُه سال داشتم، بدون اینکه فکر عاقبتش را بکنم، وقتی یک دختر بددهن به من و کارم توهین کرد، واکنش نشان دادم و او را به زمین زدم. بعضی از همکلاسی‌ها ما را از هم جدا کردند و به دفتر خانم ناظم بردند. آن دختر زبل به‌قدری خوب نقش قربانی را بازی کرد که خانم ناظم سر صف و جلوی تمام بچه‌های مدرسه، با خط‌کش چوبی روی دستانم کوبید. در نتیجهٔ این بی‌عدالتی، غالباً از همکلاسی‌هایم دوری می‌کردم و تنها بودم. البته اندک دوستانی هم پیدا می‌کردم، اما به دلیل سفرهای متعدد کاری، عوض کردن مداوم مدرسه، این دوستی‌ها هیچ‌وقت عمیق نمی‌شدند. دکتر جلالی بیشتر گوش می‌کرد، اما گاهی هم دلداری‌ام می‌داد که بخشی از دشمنی آنها حسادت با من بود. هرچند این استدلال موجب بهبود رابطهٔ من و همکلاسی‌هایم نشد، اما حالم را کمی بهتر کرد.

در جلسات بعدی، دکتر جلالی دربارهٔ زندگی‌ام در خانه پرسید. تا آن زمان، باور کرده بودم که صحبت کردن هیچ فایده‌ای ندارد. عاقبت یک روز جرأت کردم و گفتم سال‌هاست مادرم را ندیده‌ام و دلم برایش خیلی تنگ شده و آرزو دارم دوباره ببینمش. انگار سخن گفتن این بار به یاری‌ام آمد. همیشه دفتر او را با احساس آرامش ترک می‌کردم، تا آن حد که تصمیم گرفتم در آینده روانشناس بشوم. عاقبت، یک روز پس از زنگ آخر مدرسه، وقتی با عجله وسایلم را جمع کردم تا به خانه بروم، به کارهای باقیماندهٔ آن روز برسم و برای برنامهٔ شب آماده شوم، در آن سوی خیابان شبحی آشنا دیدم. شبح را شناختم. برای اینکه مطمئن شوم، از وسط انبوه شاگردان مدرسه و مادرانی که دنبال‌شان آمده بودند، به جلو زیگزاگ زدم. وقتی از آن جمعیت فاصله گرفتم، ماما را دیدم. از همهٔ این موانع سریع رد شدم و خودم را در آغوشش انداختم.

پنج سال بود که بازوانش را دور خود حس نکرده بودم، پنج سال بود که صدایش را نشنیده بودم، پنج سال بود که پوست لطیف و ابریشمی‌اش را لمس نکرده بودم. زبانم بند آمده بود، فقط گریه سردادم و عقدهٔ دل را در آغوشش خالی کردم. منظره

بی‌شباهت به فیلم‌های هندی نبود. او گریه می‌کرد، من گریه می‌کردم و همهٔ آموزگاران و مسئولان مدرسه، که در آن‌سوی خیابان ایستاده بودند، نیز اشک می‌ریختند. حتماً دکتر جلالی از قبل قضیه را به آنها گفته بود. تا آخر عمر قدردان کوشش او و برای رساندن من و ماما به یکدیگر و توجه ویژه‌اش به زندگی‌ام خواهم بود.

ماما از زندگی کاری و آشفتهٔ من با خبر بود، ولی نمی‌توانست کاری بکند. با همسر دومش مشکل داشت و درگیر دو فرزند کوچک بود. پنهانی از همسر و بدون اجازهٔ او به دیدن من آمده بود. هر دو از این معضلات با خبر بودیم. ولی همهٔ ترس‌ها و دردها در آغوش ماما، که با انگشتان ظریفش موهایم را نوازش می‌کرد، ناپدید شدند. این دیدار پنهانی از آن من و او بود و تنها ما دو نفر طعم شیرین آن را حس می‌کردیم. دیدارهای ما چندین ماه طول کشید. تا اینکه یک روز، مونس بعد از پایان کلاس ششم دبستان، جلوی مدرسه رفتن مرا گرفت. به پاپا گفته بود به اندازهٔ کافی و لازم خواندن و نوشتن یاد گرفته‌ام و وقت آن رسیده که بیشتر روی کارم تمرکز کنم چون من تنها نان‌آور خانه بودم. مونس به همین سادگی ماما را از من گرفت و همراه با آن، رؤیای کوتاه‌مدت روانشناس شدنم را.

مونس از ملاقات‌های من و ماما خبر نداشت. گمانم احساس خطر کرده بود، فکر می‌کرد که ادامهٔ تحصیل من در نهایت منجر به رهایی‌ام از دست او و پاپا خواهد شد. آنها نمی‌توانستند منبع درآمدشان را از دست بدهند. اما مونس اشتباه می‌کرد. این موضوع من را مصمم‌تر کرد تا از جهنمی که برایم ساخته بود، فرار کنم.

تنها راه فرار من از این خانهٔ وحشت صحنه و سینما و کتاب بود. یک روز که سیزده سالم بود، با فریبرز پنج ساله به سینما مولن‌روژ رفتیم تا فیلم «تاراس بولبا» را ببینیم. این فیلم با الهام از کتاب نیکولای گوگول توسط جان لی تامپسون ساخته شده بود و یول براینر و تونی کُرتیس در آن بازی می‌کردند. دلم می‌خواست حتماً این فیلم را ببینم چون عاشق تونی کُرتیس مرد رؤیاهایم بودم. فیلم و کُرتیس هر دو خیلی عالی بودند. می‌دانستم باید کتاب ترجمه به فارسی آن را از دستفروش جلوی سینما بخرم. این نخستین کتابی بود که خریدم. هرچند کسی به من نگفته بود اجازهٔ کتاب خواندن ندارم، ولی قبل از بازگشت به خانه، بی‌اختیار، کتاب را درون شلوارم پنهان کردم.

هر شب، برای چندین هفته و پنهان از همه، کتاب را بارها خواندم. حدود ساعت ۱۰ شب، تا برنامه‌ام در کاباره شکوفه نو تمام می‌شد، مونس و پاپا مرا به

تنهایی با یک تاکسی به خانه می‌فرستادند و خودشان تا نزدیکی‌های صبح با دوستان‌شان می‌ماندند. اول و قبل از اینکه به رختخواب بروم، در اتاق پاپا و مونس، سری به فریبرز که غالباً خواب بود، می‌زدم. تا وقتی فری با ما زندگی می‌کرد، مراقبت از فریبرز وظیفهٔ او بود. تشک مرا کف زمین اتاق نزدیک صندوق‌خانه انداخته بودند. همان‌جا یک شمع روشن می‌کردم و آهسته کتاب را از زیر بالشم در می‌آوردم و می‌خواندم. مطمئن بودم مونس هرگز آنجا را پیدا نخواهد کرد چون هیچ‌وقت رختخواب ما را جمع یا مرتب نمی‌کرد. حدود یک ساعتی در دنیای خیالی گوگول غرق می‌شدم، دنیایی سرشار از عشق، جنگ، وفاداری، خیانت و تبعید. جلوی خودم را می‌گرفتم که کتاب را تند نخوانم و زود به پایان نرسانم. تشنهٔ ماندن در آن فضای دور از این خانه بودم و سیر در جهانی دیگر که، زندگی در آن با آنچه در زیر سقف ما می‌گذشت، بسیار فرق داشت. وقتی به آخرین کلمهٔ صفحهٔ آخر می‌رسیدم، از نو شروع به خواندن می‌کردم. تا یک شب، اشتباهی ناشیانه کردم. اشتباهی وحشتناک!

در خوابی عمیق بودم که کسی محکم به پهلوهایم لگد زد.

مونس بود که با لگد و عصبانیت به قفسهٔ سینه‌ام می‌زد و با صدایی آهسته که پاپا را بیدار نکند، اعتراض کرد: «این چیه؟» بیشتر از آنکه دردم بیاید، غافلگیر شده بودم. درد خیلی شدید بود. مونس زنی متوسط‌قامت بود و بدنی گوشتالود و بسیار قوی‌تر از من دخترک سیزده ساله داشت. بعد فحاشی را شروع کرد: «دخترهٔ احمق! چه غلطی داری می‌کنی؟ شمع هم روشن کردی؟ بی‌شعورِ گُه!»

بعد از یک روز طولانی مدرسه و کار خانه، و قبل از پنهان کردن کتاب، خوابم برده بود و او موفق شده بود سرمایهٔ گرانبهایم را از دستم بقاپد.

پیش از اینکه طوفان بخوابد گفت: «الهی خدا مرگت بده! الهی خدا مرگت بده تا من از دستت یه نفس راحت بکشم!»

پاپا هرگز از این اتفاق با خبر نشد. من هم هرگز نفهمیدم مونس چه بر سر کتابم آورد. نمی‌دانم چرا به آن شدت ناراحت شده بود. هیچ‌وقت نگفته بود نباید کتاب بخوانم. هیچ‌وقت هم مخالفتی با سینما رفتنم نکرده بود. شاید ترسیده بود که شمع موجب آتش‌سوزی شود و فریبرز و من را بکشد. شاید هم از این ناراحت بود که من چیزی از آن خود داشتم که برایم باارزش بود. او که همه چیز و همه کسانی که دوستشان داشتم را از من گرفته بود: ماما، به‌به، پاپا، فرامرز و فری. گرفتن کتاب

دیگر چرا؟

پانزده سالم بود که روزی مونس دنبالم آمد تا مرا از خانهٔ عمو نادر بردارد. آن روز برای ناهار پیش فری و دختر عموهایم رفته بودم. قبل از اینکه اتومبیل را روشن کند، با همان حالت همیشگی‌اش، که سرشار از سوءظن بود، پرسید آیا فامیل پاپا از او بدگویی کرده‌اند، یا دربارهٔ ماما حرفی زده‌اند؟ وقتی جواب دادم نه، مرا به دروغ گفتن متهم کرد و دستش را بالا برد تا مرا بزند که مچش را گرفتم و رها نکردم. جا خورد و چشمانش گرد شد. هرچند با جثه ریزم هنوز از او کوتاه‌تر بودم، اما احساس می‌کردم قوی‌تر از قبل شده‌ام. شاید چون کار می‌کردم اعتماد به نفس بیشتری داشتم؛ هر روز در جایی مشغول کار بودم، یا در کاباره‌ها، یا در عروسی‌ها و یا در حال ایفای نقش در یک فیلم جدید. از زمانی که از مدرسه بیرونم آوردند، به‌ندرت زمانی برای استراحت پیدا می‌کردم. از آن روز به بعد مونس دیگر دست روی من بلند نکرد، ولی پرسش‌هایش تمام شدنی نبودند.

دیگر فهمیده بودم که درآمد قابل توجهی برای پاپا و مونس کسب می‌کنم، هرچند یک ریالش را هم نمی‌دیدم. در آن زمان، علیرغم وجود قوانین ضد کار کردن کودک، اشتغال فرزندان در خانواده‌های غیرمرفه رایج بود. اما کمتر کودکی به اندازهٔ من، که بسیار مورد توجه مردم بودم، درآمد داشت. من نخستین کودک کار هنرمند ایران بودم و طوری بار آمده بودم که فکر می‌کردم نان‌آور خانواده بودنم امری عادی‌ست. از آن پس، دیگر دست به کارهای خانه نزدم. مونس ناچار یک خدمتکار استخدام کرد، چون پذیرفت که این کار کمترین لطفی بود که می‌توانست به من بکند. من هم دیگر نیازی احساس نمی‌کردم که به او و افکار بیمارگونه‌اش اطمینان خاطر بدهم. او روز به روز عصبی‌تر می‌شد و چون نمی‌توانست مرا بترساند، خشمش را سر پاپا خالی می‌کرد و مدام به او فشار می‌آورد. پاپا هم که دیگر نمی‌توانست شکایت‌های بی‌پایان مونس از من را تحمل کند، وقتی شانزده‌ساله شدم، یک آپارتمان کوچک یک اتاق خوابه در طبقهٔ بالای یک گل‌فروشی، برایم اجاره کرد. خیابان بهار محله‌ای پرجنب‌وجوش و مرفه‌نشین بود. آن زمان تنها زندگی کردن یک دختر نوجوان در فرهنگ ما اصلاً عادی نبود. اما در زندگی من هیچ چیز عادی نبود. پاپا شب‌ها، بعد از کار، در را روی من قفل می‌کرد و می‌رفت و صبح برمی‌گشت و در را باز می‌کرد تا با هم سر کار برویم. ولی همهٔ این محدودیت‌ها به ندیدن مونس می‌ارزید.

همان روزی که من در سن هفده سالگی ازدواج کردم، مونس پاپا را ترک کرد. او بارها به پاپا هشدار داده بود که وقتی من از در خانه بروم، او هم از در دیگر خواهد رفت. پاپا تا آن زمان، به دلیل زندگی پرآشوبش، از لحاظ ظاهری از ریخت افتاده بود، بدون مونس و نق زدن‌های مدامش که چه بخورد و بنوشد و چه نخورد و ننوشد، خیلی بدقواره‌تر شد.

هیچ‌وقت درک نکردم چرا پاپا تا آن حد مونس را تحمل می‌کرد. شاید او چهرهٔ دیگری از مونس را می‌دید، چهره‌ای بازیگوش که از من کاملاً پنهان مانده بود. در کاباره شکوفه نو، گاه نگاهی اجمالی و ناباورانه به چهرهٔ خندان مونس در کنار پاپا و دوستانش می‌انداختم. گمانم در تمام این سال‌ها، آن دو تابستان شادترین روزهای زندگی مونس بودند.

طی دو سالی که سیزده و چهارده ساله بودم، پاپا ترتیبی داد تا دو تابستان کامل در متل قو، که متعلق به جمشید جوانشیر بود، برنامه داشته باشم. متل قو نخستین تفرج‌گاه ایرانیان در ساحل دریای خزر به‌شمار می‌رفت. مونس تمام وقت سرگرم مهمانانی بود که تازه با آنها طرح دوستی ریخته بود. خنده‌های بلند و طولانی او موقع ورق‌بازی، شایعه‌پراکنی‌ها و کرکری خواندن‌ها حتی از دور هم به گوش می‌رسید. به‌ندرت فرصت داشت به ما نگاه کند، چه رسد به این که دستوری بدهد. آن دو تابستان برای نخستین بار اجازه یافتم کودک باشم. فری هم بود. خیلی خوشحال بودم که اجازه دادند او هر دو سال با ما باشد چون هیچ هزینه‌ای برای اقامت و غذای او نکردند.

شب‌ها، من در دیسکوتک نپتون، همراه با یک گروه نوازندگان مرد جوان، در کنار عارف، شهرام شب‌پره و سیاوش قمیشی، که همگی بعدها خوانندگان مشهوری شدند، می‌خواندم. بعد از اجرای برنامهٔ شبانه، همه ما جوان‌ها، از جمله اعضای باند موسیقی‌ام، با ترانه‌های راک‌اندرول هنرمندانی مثل چاک بری، الویس پریسلی و لیتل ریچارد می‌رقصیدیم. روزها، سرگرم شنا، توپ‌بازی و پینگ‌پُنگ بودیم. حتی ساقی و امیر دختر و پسر جمشید جوانشیر نیز، که هم‌سن و سال ما بودند، به ما می‌پیوستند. آنها مرا با بیتل‌ها و ترانهٔ "She loves you" آشنا کردند و دوستان واقعی و همیشگی من باقی ماندند. هر روز، فری و من در آب‌های زمردین خزر جست و خیز می‌کردیم، با هم مسابقه می‌دادیم و هر آنچه بر سرمان آمده بود را به باد فراموشی می‌سپردیم.

بارها به این فکر کردم که اگر مونس بخشی از زندگی‌ام نبود، سرنوشتم چه می‌شد. شاید تا این حد نیازی به حضور در صحنه نداشتم. شاید به آن زودی و با عجله ازدواج نمی‌کردم. شاید هم الان در این زیرزمین ننشسته بودم. ولی قطعاً برای چنین روزهای تاریکی تا این حد آماده نمی‌بودم.

فصل ۵
ملاقات با زنان دیگر

روز دوم

بالاخره صبح فرا رسید و زیرزمین همیشه کم‌نور از صدای گریه، داد و فریاد و کوبیدن درهای میله‌ای به هم پر شد. من و مرجان بیدار بودیم. در واقع خواب درستی نرفتیم. آژیرها، از صبح زود به صدا درآمدند و اعلام مکرر حملات احتمالی هوایی، نگذاشتند بخوابیم. خوشبختانه هواپیمایی نیامد. یکی از پاسدارها به‌سرعت تنها چراغ راهروی باریک ما را خاموش کرده بود، انگار خلبان‌های جنگندهٔ عراقی می‌توانستند از آن فاصله، ما را در این زیرزمین پنهان، پیدا کنند.

هنوز سخت بود باور کنم که فقط یک سال و نیم بعد از انقلاب اسلامی، که شاه و سلطنتش را سرنگون کرد، حکومتی دینی را سرکار آورد و موجی از پاکسازی‌های سیاسی و انقلاب فرهنگی را به‌دنبال داشت، در حال جنگ با عراق هستیم. کمتر از یک هفته پیش، در ۳۱ شهریور ۱۳۵۹، ناگهان صدای غرش موتورها در دوردست آسمان‌ها فضای شهر را پر کرد و در پی آن سوت وحشتناک بمب‌های در حال سقوط به گوش رسید. صدای انفجارها هوا را شکافت و امواج تکان‌دهنده در سراسر شهر شنیده شد. در ابتدا درک این که چه اتفاقی در حال وقوع است، سخت بود. صدای بلند آژیرهای حملهٔ هوایی هرج‌ومرج را بیشتر کرد. وقتی در خبرها شنیدیم نیروهای صدام حسین فرودگاه مهرآباد و تأسیسات نظامی اطراف تهران را بمباران

کرده‌اند، ترس و وحشت به‌سرعت گسترش یافت. این بمباران‌ها باعث شعله‌ور شدن اختلافات قدیمی مرزی هم شد. همهٔ ما فرودگاه بین‌المللی مهرآباد مورد حمله را وجب به وجب می‌شناختیم و با وجودی که خسارت فیزیکی به فرودگاه محدود به نظر می‌رسید، ضربهٔ روانی‌اش بسیار سنگین بود.

مردم، ترسیده و گیج، به خیابان‌ها ریختند. آن روز من کامبیز را مستقیم به خانهٔ ماما بردم و همایون پیش والدینش رفت. در یک لحظه، همه چیز تغییر کرد. ما در حال جنگ بودیم. مهم نبود که از رژیم جدید حمایت می‌کردیم یا نه، همه برای ایران متحد شده بودند. به‌همین دلیل احضاریه‌ای را که از منکرات گرفته بودم، جدی نگرفتم. اشتباه کرده بودم. ظاهراً هنوز دشمن اصلی من بودم.

لحظه‌ای بعد از شروع آژیر، فکر ترسناکی از ذهنم عبور کرد: شاید زمان زیادی تا نابودی ایران باقی نمانده باشد. اما صحبت با مرجان کمک کرد تا این افکار سیاه را از خود دور کنم. گمانم به او هم کمک کرد. تمام شب حرف زدیم.

با صدای آرام به مرجان گفتم: «باید بامزه‌ترین داستانو برات تعریف کنم. چند ماه پیش دلارام کشمیری رو تو کمیته دیدم. باور نمی‌کنی بهشون چی گفت!»

مرجان لبخند زد و تشویقم کرد ادامه بدهم.

برایش تعریف کردم که چند ماه بعد از آخرین جلسهٔ بازجویی زندان اوین، به کمیتهٔ محلهٔ هفت حوض نارمک احضار شدم. کمیته عمدتاً از جوانان انقلابی و دانشجویان پرشور تشکیل شده بود. این جوانان در بازجویی‌ها با ولع، خشونت، ارعاب و تهدید مردم به تسلیم، قوانین جدید اسلامی را اجرا می‌کردند. اما با وجود شوق و شور فراوان، فرمان‌برهای ناشی و آموزش‌ندیده‌ای بودند که گاه مثل پاسدارهای نوجوان مسلح راهروی ما عمل می‌کردند. از روزی که به ایران برگشتم، بارها با کسانی برخورد کردم که، مسلح به کلاشنیکف، به بهانه‌های مختلف در خانه‌ام را می‌زدند و همه جا را زیر و رو می‌کردند. گویی می‌خواستند به من یادآوری کنند که همواره گوگوش را زیر نظر دارند. با وجودی که هرگز دست‌شان روی من بلند نشد، ولی همیشه در ترس و با اضطراب زندگی می‌کردم. این یکی از دلایل مهمی بود که تصمیم گرفتم در ماه دی ۱۳۵۹ با همایون ازدواج کنم. من از تنها زندگی کردن خیلی می‌ترسیدم. در عین حال هر دو مطمئن بودیم اگر رژیم جمهوری اسلامی بو می‌برد که ما ازدواج نکرده با هم زندگی می‌کنیم، با تکیه بر قوانین شرعی، مجازاتی سنگین برای هر دو رقم می‌زد.

آن روز و در آن کمیته سه نفر بودیم: من، پوری بنایی و دلارام کشمیری. پوری که چند ماه پیش در زندان اوین، با وجود گذشتهٔ پر تنش‌مان، من را در آغوش گرفت، هنرپیشهٔ زیبا و محبوبی بودکه اولین بار در دههٔ چهل خورشیدی با بازیگری در سینمای ایران به شهرت رسید. دلارام هم محبوب‌ترین مجری و بازیگر تلویزیونی بود که به خاطر نقش یک دستیار شوخ‌طبع، در کنار شخصیت خیالی «مهندس بیلی» در برنامهٔ تلویزیونی پرطرفدار «شبکهٔ صفر» شناخته می‌شد. هیچ‌کدام از اعضای کمیته توضیح نمی‌دادند چرا احضار شده‌ایم. ولی ما دلیلش را می‌دانستیم. آنها هنرمندان، بازیگران و خوانندگان را هدف گرفته بودند، چون از نظرشان ما نماد دوران گذشته و فرهنگ غربی بودیم، آنچه رژیم فساد اخلاقی می‌نامید و می‌خواست از بین ببرد. آنها می‌خواستند گفتمان فرهنگی را تحت کنترل قرار دهند، مخالفان را سرکوب کنند و ارزش‌های اسلامی سختگیرانه را به اجرا بگذارند.

تک‌تک ما را جداگانه و برای چند ساعت بازجویی کردند و دربارهٔ هنرمندان دیگری که می‌شناختیم یا قبلاً با آنها کار کرده بودیم پرسیدند. در واقع دنبال اطلاعات دربارهٔ همکاران‌مان بودند. سرانجام، وقتی همگی را به یک اتاق بردند، رئیس‌شان گفت که اخبار ناجوری دربارهٔ همهٔ ما دریافت کرده‌اند. با اعتماد به نفس عجیبی ادعا کرد که مطلع شده‌اند ما در ازای دریافت یک میلیون تومان (چهل هزار دلار آن زمان) آدم‌ها را قاچاقی از ایران خارج می‌کردیم.

خیلی جدی از مرجان پرسیدم: «حدس بزن دلارام بهش چی گفت؟»

«چی گفت؟»

«راست تو چشاش نگاه کرد و گفت: قربان، با اجازه! اگر من قاچاقچی آدم بودم، فکر نمی‌کنین قبل از هر کس دیگه گوگوش رو قاچاقی می‌فرستادم بیرون؟»

هر دو خندیدیم.

«باید صورت طرف رو می‌دیدی! شوکه شده بود! من لبامو گاز گرفتم تا جلوی خنده‌مو بگیرم...»

از اینکه روی صورتش خنده نشست، خوشحال شدم.

ادامه دادم: «...همه چیز از همون اول عجیب آشفته بود. اول نمی‌خواستن بازجویی رو آغاز کنن تا اینکه لیلا فروهر از راه برسه.»

لیلا، که حدود نه سال از من کوچک‌تر بود، تقریباً یک دهه بعد از من لقب «هنرمند خردسال» گرفت و بعدها یک بازیگر و خوانندهٔ مشهور شد. من می‌دانستم

که لیلا در همان لحظه در حال خروج از ایران و رسیدن به مرز پاکستان بود. خاله‌اش، بدون ترس از خطر شنود مکالمات تلفنی، این خبر را به من داده بود. در نتیجه ممکن بود، درانتظار او، چند روزی آنجا گیر بیفتیم. تمام مدت به این فکر بودم که چطور این موضوع را با پوری و دلارام در میان بگذارم. خوشبختانه رئیس کمیته از انتظار خسته شد.

تمام روزمان آنجا گذشت تا خیلی عادی تصمیم گرفتند همه را مرخص کنند. ولی قبل از اینکه از در خارج شویم، رئیس کمیته پرسید می‌خواهیم بدانیم چه کسی ما را لو داده. در کمال ناباوری متوجه شد که این موضوع برای هیچ‌کدام از ما جذابیتی نداشت. می‌دانستیم مشتی دروغ تحویل‌مان خواهد داد تا بین ما تفرقه بیندازد یا روحیه‌مان را ضعیف کند.

مرجان چشمانش را به دیوار مقابل دوخت و پرسید: «پوری در چه حال بود؟» «شاید یه کم بهتر از تو اوین.»

ما همه داشتیم به زندگی در این وضعیت ترس دائمی عادت می‌کردیم.

در همین لحظه یک پاسدار جلوی در سلول ما ظاهر شد. من و مرجان بلافاصله صاف نشستیم و موها را زیر روسری پنهان کردیم. قلبم به طپش افتاد.

ابوالفضل، همان پاسدار دیروزی بود، کسی که در گوش بازجو پچ‌پچ می‌کرد. جوان‌تر از آن بود که فکر می‌کردم، شاید کمی جوان‌تر از منِ سی ساله. قفل در را باز کرد و پاسدار دیگری را به درون فرستاد. من آن یکی را هم بلافاصله شناختم. همانی بود که دست از روی اسلحه‌اش بر نمی‌داشت. اما حالا با همان دست یک سینی حمل می‌کرد. برای ما غذا آورده بودند.

پاسدار جوان، حتی با ته‌ریش تنکی که روی صورتش روییده بود، به‌زور هجده ساله می‌نمود. وقتی سینی غذا را روی موکت کثیف اتاق، که رنگ اصلی‌اش قابل تشخیص نبود، گذاشت، به این فکر می‌کردم که شاید او هم تنها نان‌آور خانه‌اش باشد و ناچار است، برای بردن نان بر سر سفره، هر کاری که به او پیشنهاد می‌شود را بپذیرد. به احتمال زیاد نباید مدرسه را هم تمام کرده باشد. مرا به یاد اعضای کمیته می‌انداخت، آن جوانان محروم که فرصتی برای قدرت‌نمایی پیدا کرده بودند. جوری نگاهم کرد که گویی دارد افکارم را می‌خواند. لبخندی شیطنت‌آمیز زد و صورت بچگانه‌اش حالتی شهوانی به خود گرفت. پشتم لرزید و نگاهم را از او دزدیدم.

ابوالفضل دستور داد: «زود باش، برو تو اتاقای دیگه. بعدش بخش مردونه!»

پسرک جوان اطاعت کرد، نگاه آخری به ما انداخت و به راهرو رفت. ابوالفضل که بیرون در منتظر ایستاده بود، قدم به داخل اتاق گذاشت. سرش پایین بود و به دو لیوان چای و یک ظرف کوچک خرما روی آن چشم دوخته بود. با صدایی ملایم گفت: «معمولاً زهرا براتون غذا میاره و میبره.»

کمی تأمل کرد و توضیح داد: «هر اتاق ده دیقه وقت استفاده از مستراب و این کارا رو داره. زنا اول میرن بعد مردا. اگه جای شما بودم، غذامو تندتر می‌خوردم.» بعد با چشمان میشی‌اش به ما نظری انداخت، به کنار در اشاره کرد و ادامه داد: «همین بغله.»

به‌سرعت بیرون رفت و در را باز گذاشت.

من و مرجان اول آرام نشستیم و به سینی مسی خیره شدیم. چند دقیقه بعد به طرف دستشویی حرکت کردیم.

راست گفته بود. درست در ابتدای راهرو و بغل سلول ما بود. یک عدد مستراح ایرانی و دو دوش که با پرده‌ای از هم جدا شده بودند. بدبختانه مستراح ایرانی شسته و تمیز نبود. علیرغم بوی تند تهوع‌آور و مگس‌های فراوانی که روی مدفوع‌ها نشسته بودند، راضی بودیم که قبل از بقیه به آنجا رسیدیم.

در بازگشت، هیچ‌کدام اشتهای خوردن نداشتیم، حتی برای خرمای توی سینی. فقط چند جرعه چای نیمه‌گرم سر کشیدیم تا خشکی دهان را برطرف کنیم و منتظر ماندیم تا بیایند در را ببندند. آنگاه زنی که چادر مشکی بر سر داشت وارد شد. اصلاً نگاهی به ما نکرد. سینی و محتویات آن را برداشت، در را قفل کرد و رفت. زهرا بود، همکار ابوالفضل.

زنان اتاق‌های دیگر یک به یک و به نوبت به دستشویی رفتند، مردان نیز همچنین. ما ساکت نشستیم، به صدای گام‌های خسته که آهسته از کنار اتاق رد می‌شدند، گوش دادیم. به دیوار ورودی اتاق پشت کرده بودیم و نمی‌توانستیم کسی را ببینیم. علاوه بر این، ابوالفضل پرده‌ای که بیرون میله آویخته بود را می‌بست تا شاهد رفت و آمد دیگر زندانیان در راهرو نباشیم. سعی کردم قدم‌ها را بشمارم، ولی فکر این که گام‌ها مال چه کسانی‌ست، چه مدتی‌ست آنجا هستند یا چه سرگذشتی بر آنها رفته، نمی‌گذاشت. می‌خواستم بدانم کدامیک تا صبح از درد ضجه می‌کشید. گمانم مرجان هم در چنین فکری بود.

این برنامه چند ساعت بعد برای ناهار هم تکرار شد. زهرا دو سینی دیگر آورد و مثل بار اول، به‌کلی ما را نادیده گرفت. این بار نگاه دقیق‌تری به او کردم. هرچند بلندتر از من بود، نمی‌توانست خیلی از من بزرگتر باشد. رنگی پریده داشت با دو ابروی پرپشت سیاه. ردی از سبیل بالای لبش دیده می‌شد. چشمان میشی و نگاه سردش به او ظاهری خشن داده بود، ولی چهره‌اش نامطبوع نبود.

تا زهرا سلول را ترک کرد، مرجان نیم‌لبخندی زد و گفت: «عدس پلو!»

درون سینی یک بشقاب چلوی سفید بود که رویش ده دوازده عدد عدس ریخته بودند و یک لیوان آب که دیواره‌اش به‌وضوح چرب بود. فقط یک قاشق از پلوی نیمه گرم را خوردیم، که بدون پیاز داغ و کشمش و ادویه اصلاً عدس پلو به حساب نمی‌آمد. ولی مهم نبود چون اشتها نداشتیم. لبهٔ لیوان را با آستین بلوزمان پاک کردیم و کمی آب نوشیدیم.

بعد از ناهار ساعت‌ها به کندی می‌گذشتند. مرجان و من گاه می‌ایستادیم تا عضلات دست و پای‌مان را کش بدهیم و بلافاصله سر جای خود می‌نشستیم. هیچ‌یک از ما دراز نمی‌کشید چون در حالت خوابیده احساس امنیت نمی‌کردیم. تا صدای پا در راهرو می‌پیچید، قلبم از ترس به طپش می‌افتاد ولی بخشی از وجودم آرزو می‌کرد که برای آزاد کردن ما آمده باشند. ولی چنین نشد. انگار پاسدارها خیلی سرگرم اتاق‌های دیگر بودند، چون مرتب صدای باز و بسته شدن درهای میله‌ای شنیده می‌شد.

فکر می‌کردم این اطاق، زمانی که هنوز اطاق مستخدم خانه بود. چه شکلی داشت - اطاقی با یک تخت، میز بغل آن و تهویه مطبوع. به سختی می‌شد باور کرد که این اطاق نمور و تنگ و تاریک روزگاری قابل زیست بوده. حتماً قالی کف آن هم به این کثیفی و کف اطاق پر از پُرز و گرد و خاک نبوده است. داشتم با نوک کفشم آنها را پس می‌زدم که یکباره ساق پای چپم به مورمور افتاد. از ترس اینکه این حالت تبدیل به آن درد کوبنده شود، بلند شدم و عضلات پایم را کش دادم.

سعی می‌کردم تعادلم را نگهدارم تا روی مرجان نیفتم که به خنده افتادم. مرجان جوری نگاهم کرد که انگار دیوانه شده‌ام. پرسید: «چی شده؟...»

نگاه جستجوگر و گیجش خنده‌ام را شدیدتر کرد.

«چیه؟...»

یاد یکی از عجیب‌ترین شایعاتی افتاده بودم که دوران انقلاب بر سر زبان‌ها بود.

من به شایعات مختلف دربارهٔ خودم عادت داشتم، از جمله این که پدرم مرتب مرا کتک می‌زد و به زور روی صحنه می‌برد. ولی این که شایع شده بود من و هایده، در ستاد مرکزی ساواک، شکنجه‌گران آیت‌الله طالقانی بودیم، برایش آواز می‌خواندیم و روی سینهٔ لختش می‌رقصیدیم، خیلی احمقانه بود و به‌قدری باورنکردنی که نمی‌شد جلوی خنده‌ام را بگیرم.

وقتی بالاخره قضیه را به مرجان گفتم، چنان به خنده افتاد که اشک از چشمانش سرازیر شد. خیلی سعی کردیم جلوی خندهٔ بی‌امان خود را بگیریم ولی موفق نمی‌شدیم. گویی به این خنده نیاز داشتیم. گاه تنها کاری که از دست آدم بر می‌آید، خندیدن است. درست همین موقع ابوالفضل دم در اتاق ظاهر شد.

تا در حال چرخاندن کلید در قفل بود، سریع رفتم پهلوی مرجان نشستم و اشک‌هایم را پاک کردم. یک قدم به داخل اتاق گذاشت و ایستاد.

توضیح داد: «ساعت چار بعدازظهره. یه ساعت وقت دارین از دستشویی استفاده کنین و یه کم دست و پاتونو تو راهرو حرکت بدین.»

نیم‌نگاهی آمیخته به شرم به سمت ما انداخت. گیج شده بودم. قبل از انقلاب دیده بودم که مردم در حضور من در خجالتی رفتار کنند، اما باورم نمی‌شد که ابوالفضل طرفدار من باشد. هیچ‌کدام از پاسدارها نبودند. من و مرجان نماد گذشته‌ای بودیم که انقلاب مصمم به حذف آن‌ها بود.

بعد با لحنی محتاط ادامه داد: «ولی مراقب باشین، بعضی از این زنا می‌دونن شما دو نفر اینجا هستین. من همین دور و ورام.»

چه کسی به آنها گفته بود؟ مرجان و من بسیار مواظب بودیم، خیلی آهسته حرف می‌زدیم. نگاهی به مرجان انداختم. او هم چون من، بی‌خبر بود. ابوالفضل مجدداً رفت و در را باز گذاشت. در پی آن در سلول‌های دیگر یکی پس از دیگری باز شدند.

صدای پاهایی که به‌سرعت می‌دویدند تا در صف دستشویی قرار بگیرند، در آمد. من تکان نخوردم. مرجان هم ساکت نشست.

ناگهان زنی که پشت در اتاق ما منتظر ایستاده بود، به داخل آمد و سایه‌ها صاحب چهره شدند.

زن دست‌هایش را روی روسری رنگی‌اش گذاشت و گفت: «باورم نمیشه! راسته! پاسداره دروغ نمی‌گفت!»

یک قدم به طرف ما برداشت، چشمانش،که بین من و مرجان در حال حرکت بودند، برق می‌زد. قبل از اینکه کاری بکنیم، رویش را به طرف در برگرداند و با صدای بلند دیگران را خبر کرد: «خودشونن!»

مرجان و من نگاهی نگران به هم انداختیم. شش هفت نفر به طرف سلول ما حرکت کردند. جوان‌ترها،که تقریباً بیست ساله به نظر می‌رسیدند، داخل سلول شدند. بقیه سعی کردند دنبال‌شان بیایند ولی چون در سلول جا برای همه نبود، بیرون ماندند. یکی از آن میان پرسید: «راستی خود گوگوشه؟»

زن اولی جواب داد: «بله!»

یکی دیگر خود را از بیرون جلو کشاند و گفت: «بذار ببینم!»

روسری مشکی خال‌داری بر سر داشت که موهای انبوه و مواجش را کاملاً نمی‌پوشاند. مژه‌های بلندش با ریمل کلفت شب‌مانده‌ای،که به اطراف چشمانش نشت کرده بود، همراه با خط چشمی سیاه، خطوط چهرهٔ نترسش را قوی‌تر نشان می‌داد.

پُکی به سیگار زد، جلوی ما به حالت چمباتمه نشست و به صورت‌مان خیره شد. صورتش پر از چین و چروک زودرس بود، جای چند زخم هم روی گونه‌اش دیده می‌شد. گویا تیغ خورده بود.

با صدایی خش‌دار و دورگه گفت: «خودشونن!»

زن دیگری از داخل راهرو فریاد زد: «میخوام ببینم!»

یکی دیگر گفت: «هر دو تا رو دوس دارم!»

در این زیرزمین کم‌نور، دیدن این همه زن با روحیه‌های مثبت، عجیب بود، مخصوصاً بعد از آن فریادهای دلخراشی که از زمان بازداشت شنیده بودیم. یاد حرف ابوالفضل افتادم که گفته بود همان اطراف است. از ترس اینکه شاید صدای هیاهو را شنیده باشد و به سمت ما بیاید، ضربان قلبم تندتر شد. شاید هم بدتر، یعنی آن پاسدار جوان را بفرستد، دست روی اسلحه و آمادهٔ شلیک.

یکی از آنان به من نزدیک شد و گفت: «ترانهٔ ”گل بی گلدون“ رو خیلی دوس دارم.»

یکی دیگر به مرجان گفت: «ترانهٔ ”کویر دل“ رو خیلی دوس دارم.»

کسی از توی راهرو گفت: «گوگوش! از بچگی تا حالا، تمام عکساتو نیگر داشتم. چار تا آلبوم ازت دارم!»

زن روسری گلدار هم در کنار زن روسری خالدار چمباتمه زد و پرسید: «اینجا چیکار می‌کنین؟»

صدای دیگری از راهرو گفت: «گوگوش! همهٔ مدل موهاتو کپی کردم...»

همیشه از تغییر مدل و رنگ مویم لذت می‌بردم و موی صاف و سیاهم را به هر شکل جدیدی که می‌شد در می‌آوردم. ولی این اواخر، ترجیح می‌دادم موهای کوتاه و قهوه‌ای داشته باشم چون نگهداری‌اش آسان بود.

زن ادامه داد: «...دوس پسرم مدل گوگوشی رو خیلی دوس داشت! حالا موهاش چه مدلیه؟»

همان نشریاتی که نام گوگوشی بر موهای کوتاه من گذاشتند، در مورد چرایی آن سکوت کردند. موی گوگوشی یک مدل تازه نبود، بلکه نتیجهٔ بی‌چون و چرای دلزدگی و افسردگی من در مدت اقامتم در ایتالیا در سال ۱۳۵۰ بود. یک صبح، از خواب بیدار شدم، سرم را از ته تراشیدم و تکه‌های بلند موهایم را روی زمین ریختم. برایم مصداق مشت کوبیدن به دیوار بود.

«من عاشق شما تو فیلم "همسفر" بودم!»

زن صدا دورگه روبه‌روی من و مرجان نشست و با لهجهٔ غلیظ جنوب شهری داد زد: «بهشون یه کم جا بدین!»

هیچ‌کس به او گوش نداد. ابرویی بالا انداخت و هرچند مثل بقیه هیجان‌زده شده بود، با لوندی سیگاری تعارف کرد. من بدون معطلی یک سیگار برداشتم. مرجان سیگار نمی‌کشید، ولی من که تمام بدنم از کمبود نیکوتین می‌لرزید، پُک محکمی زدم و دود سیگار را تا آنجا که در توانم بود به انتهای ریه‌هایم فرو دادم.

یکی از زنان پرسید: «زری، یکی به من میدی؟»

زری سیگارهایش را شمرد و جعبه را به سوی او پرت کرد.

یکی پرسید: «مجازاتتون چیه؟»

اتاق در سکوت فرو رفت. من و مرجان نمی‌دانستیم چه جوابی به آن هفت زن که به ما زل زده بودند بدهیم.

پرسیدند: «افشون رو دیدین؟»

زری گفت: «منظورشون بازجوئه‌س.»

لقب کنایه‌آمیزی بود چون از واژهٔ افشان معمولاً در متون ادبی یا شاعرانه برای توصیف زیبایی یا پراکندگی مو یا نور استفاده می‌شود.

اما بازجوی طبقهٔ بالا، با آن کت و شلوار لکه‌دار و گشاد، هیچ چیز زیبا یا ظریفی نداشت.

من و مرجان سر تکان دادیم.

هر کدام حرفی برای گفتن از بازجو داشت.

«مرتیکه حال بهم‌زنه!»

«بدتر از همه‌س!»

«کثافت! بو گند میده! فکر می‌کنه گلاب به خودش بزنه، بو گند عرقش در نمیاد!»

«همشون همین فکرو می‌کنن!»

«وقتی رفتین بالا، از دهن نفس بکشین، مثل من!»

زنان یک به یک اظهار نظر می‌کردند ولی زری نامش را زمزمه می‌کرد.

یکی از دخترها گفت: «مواظبش باشین. مثل مار می‌مونه!»

بقیه با علامت سر موافقت خود را نشان دادند.

یکی پرسید: «حاکم شرع چی؟ حاج‌آقا انصاری رو دیدین؟»

یکی از زن‌ها فریاد زد: «منو محکوم به شصت ضربه شلاق کرده!»

لرزشی خفیف بر ستون فقراتم افتاد.

«به من شصت و چارتا داد!»

«به منم!»

همهٔ آنها، از جمله زری، چند هفته پیش دستگیر و بازداشت شده بودند. همگی در محلهٔ بدنام شهرنوی تهران روسپی بودند، اما اندکی بعد از انقلاب، پس از آنکه این محله به آتش کشیده شد، همه چیز خود را از دست دادند و حالا دارند کفارهٔ گناهان خود را می‌دهند.

زنی دیگر نالان گفت: «به من سی و چارتا زدن!» بعد برگشت، کت و ژاکتش را بالا زد و پشت شلاق خورده و کبود و مجروحش را به همه نشان داد.

من حتی لرزش پشتش را حس کردم. شاید او همان کسی است که تمام شب از درد گریه می‌کرد.

نامش فهیمه بود و یک منشی اداری. مجازاتش را چند روز پیش اجرا کرده بودند. تعریف کرد که در زندگی چنین دردی را تجربه نکرده بود، سوزش جانکاهی که روزها در بدن می‌ماند. احساس حقارت از درد شلاق هم بدتر بود. او را به جرم

راه رفتن با یک مرد نامحرم، دستگیر کرده بودند.

یکی از دخترها گفت: «باهاس چن لایه لباس می‌پوشیدی. مگه نه، زری؟ بهت گفتیم شلوار جین بپوش.»

فهیمه به حرف‌های او توجه نکرد. با صدایی آهسته و خفه گفت: «دیگه نمیشه با دوست پسرتم تو خیابون راه بری؟» بعد صدایش اوج گرفت و فریاد زد: «بم گفتن جنده، جلوی همه! چطوری به اینجا رسیدیم؟»

زری لبخندی تمسخرآمیز زد و دود سیگارش را با فشار به هوا فرستاد.

فهیمه با چشمان قرمز شده فریاد زد: «می‌دونستم اون مرتیکه خبرشون کرده بود. شوورمو میگم! همیشه از اینکه دوستای مرد داشتم متنفر بود، حتی مردایی که مثل برادر از بچگی باهاشون بزرگ شده بودم. ولی من دیگه ساکت نمی‌مونم. ازش طلاق می‌گیرم!»

یکی از پشت آهسته گفت: «صداتو پایین بیار.»

اتاق در سکوت فرو رفت.

به یاد آوردم که یک سال پیش، یعنی چند ماه بعد از انقلاب، اوضاع تا این حد بد نبود. اوایل، اگر در لیست دستگیرشدگان نبودی یا با رژیم گذشته ارتباط نداشتی، هنوز می‌توانستی کمی زندگی عادی داشته باشی، به شرطی که در تیررس مأموران پرشور کمیته قرار نمی‌گرفتی. یاد آن مهمانی کنار استخر افتادم، در تابستان ۱۳۵۸، چند ماه پس از بازگشت از آمریکا.

امیر، عزیزترین دوست کودکی‌ام از روزهای گرم تابستان مُتل قو، مرا به یک مهمانی کوچک کنار استخر، در یک ویلای شمال تهران، دعوت کرد. من که از ماندن در خانه و نگرانی از آینده خسته شده بودم، برای تغییر روحیه‌ام، دعوتش را پذیرفتم. زیر آفتاب، کنار استخر دراز کشیده بودم، بچه‌ها درون آب بازی می‌کردند و مسابقهٔ شنا می‌دادند، بزرگترها مشغول ورق‌بازی بودند و دربارهٔ آیندهٔ کشور بحث می‌کردند. مشروب هم به وفور موجود بود و هیجانات را بالا و پایین می‌برد. آخر شب، همه داخل خانه به موسیقی گوش می‌دادیم، بقیه با گیلاسی ودکا لایم در دست (من اهل مشروب نبودم) تظاهر می‌کردند که همه چیز عادی و آرام است. بچه‌ها در اتاق بغلی موقع بازی ادای پلیس و دزد را در می‌آوردند.

وقتی بچه‌ها رفتند بخوابند، یکی از مهمان‌ها به همایون ال‌اس‌دی (اسید) تعارف کرد و همایون هم با خوشحالی پذیرفت. او هیچ‌وقت مواد مخدر را رد

نمی‌کرد. من شاهد بودم که همه نوع مواد را مصرف کرده بود، همه نوع به استثنای هروئین. من هم قبلاً ال‌اس‌دی را امتحان کرده بودم چون کنجکاو بودم ببینم چه تغییری در حالم می‌دهد. ولی پس از تجربه‌ای که با این سنگ‌ریزه‌های زردرنگ در نیویورک داشتم، دیگر نمی‌خواستم دست به ال‌اس‌دی یا هر مادهٔ دیگری بزنم. سی دقیقه بعد، همایون و دوستش، با چشمان گشاد شده، دربارهٔ رنگ‌های شفاف قالی که چگونه در هم تنیده شده بودند و موج می‌زدند، داد سخن دادند. بقیهٔ مهمان‌ها کمی متعجب شدند ولی بلافاصله بحث خود را از سر گرفتند. ولی من نگران شدم که از نو یک مخدر دیگر را تجربه نکند. امیر متوجه نگرانی من شد و از آن‌سوی اتاق آمد تا مرا با شوخ‌طبعی‌اش دلداری بدهد و سریع به نقل یک خاطره پرداخت تا حال و هوا تغییر کند. همیشه سریع‌تر از من عمل می‌کرد.

امیر تعریف کرد که چند شب قبل در متل قو مست کرده بود و برادران کمیته‌ای دم در آمده بودند و تذکر دادند که یک زوج مست را، در ساحل و در حال رابطهٔ جنسی، دستگیر کرده‌اند. امیر هم، مثل بسیاری از مردان دیگر، از ترس مصادرهٔ اموال و دارایی‌اش یا وابستگی به دربار، به کمیتهٔ متل قو پیوسته بود. این تنها راهی بود که می‌توانست این استراحت‌گاه ساحلی خانواده‌اش را حفظ کند، البته فکر می‌کرد که می‌تواند.

امیر ادامه داد: «به لکنت‌زبان افتاده بودم ولی گفتم یه دددددیقه، ثاااااانیه صبر کنین، اجازه بدین من خودم ترتیب این طاغوتیا رو میدم!»

کمیته‌ای‌ها از تصمیم او و برای مقابله با آن زوج مست، غافلگیر شدند.

من از امیر پرسیدم: «تو خودتم با اون زوج مشروب خورده بودی، مگه نه؟»

امیر خندید: «معلومه، خیلی خوش تیپ بودن!»

من از خنده روده‌بر شده بودم که ناگهان صدای اصابت چند تیر به دیوار به گوش رسید.

همه سر جا خشک شدند، همه غیر از همایون. او تصمیم گرفت از پنجره بیرون را نگاه کند. امیر و چند مرد دیگر او را از پنجره به عقب هل دادند و هم‌زمان یک بار دیگر صدای تیراندازی در همان نزدیکی به گوش رسید. همگی از پنجره دور شدیم و به اتاق پشتی رفتیم. وقتی صداها خوابید، مردها به طرف پنجره رفتند و بیرون را نگاه کردند.

یکی از آنها داد زد: «کمیته‌ایا دارن میان!»

امیر و صاحبخانه بازوی مرا گرفتند و روی زمین انداختند و دستور دادند سینه‌خیز به طرف اتاقی که بچه‌ها خوابیده بودند، بروم و در تاریکی میان بچه‌ها پنهان شوم چون با قد کوتاه و اندام ریزی که داشتم می‌توانستم خود را جای یکی از بچه‌ها جا بزنم. آهسته داخل اتاق شدم و روی سرپنجه حرکت کردم که بچه‌ها را بیدار نکنم. جایی لابه‌لای آنها پیدا کردم و روی تشک دراز کشیدم. در همین مدت کمیته‌ای‌ها در جستجوی دو مظنون داخل خانه ریختند. امیر خود را معرفی کرد و اطمینان داد که هیچ شخص مشکوکی وارد خانه نشده است. آنها محل نگذاشتند. مهمان‌ها را یک به یک بررسی کردند و به تمام گوشه و کنار خانه سر زدند. مردان مسلح وارد اتاق خواب شدند و همین که به چند قدمی من رسیدند، قلبم فرو ریخت و به‌شدت به طپش افتاد. ولی به خوشبختانه مرا ندیدند. حتی به حرکات دیوانه‌وار همایون هم توجه نکردند. حواس‌ها بیشتر به مشروب بود و دستگاه پخش موسیقی. آخر کار اسم همه را نوشتند از جمله فائقه آتشین و به همان سرعت که آمده بودند، خانه را ترک کردند. همه گوگوش را می‌شناختند، اما هیچ‌کس فائقه را نمی‌شناخت. حتی اینجا، در این زیرزمین هم کسی فائقه را نمی‌شناسد.

اگر این مهمانی تابستان گذشته برگزار شده بود، با قوانینی که یک‌شبه صادر می‌شدند، همهٔ ما دستگیر می‌شدیم. همه چیز تغییر کرده بود، از ممنوعیت الکل، موسیقی پاپ، قدم زدن عمومی زوج‌های غیرمتأهل، تا اعدام معتادان و همجنس‌گرایان. در کمتر از شش ماه، قوانین شرعی در نظام قضایی و حقوقی کشور گنجانیده شد و همه جنبه‌های زندگی عمومی و خصوصی را تحت تأثیر قرار داد. دیگر از آزادی‌هایی که روزگاری داشتیم و قدرش را نمی‌دانستیم، خبری نبود. تا این حد که امروز به اینجا رسیده‌ایم: اسیر در این زیرزمین، یک زندان غیررسمی که منکرات آن را اداره می‌کرد.

دخترک جوانی زمزمه کرد: «منم محکوم به سی و چارتا ضربه شلاق شدم!» و سپس با صدای بلند زار زد.

کسانی که نزدیک او بودند، سعی کردند آرامش کنند، ولی از چشمان همه وحشتی بیرون می‌زد که پنهان کردنی نبود.

نامش نیلوفر بود. کمی که آرام شد گفت نوزده سال دارد و در رشتهٔ حسابداری درس می‌خواند. او را در یک مهمانی کوچک دستگیر کرده بودند.

در حال صحبت، صدایش مثل دستانش می‌لرزید. گفت: «کمیته ریخت خونهٔ

یکی از هم‌کلاسیا و محاصره‌مون کرد، مثل یه مشت حیوون همه رو زدن! بعد دخترا و پسرا رو از هم جدا کردن، ما رو تو یه اتوبوس ریختن و بردن پاسگاه.» کمی صبر کرد تا گریه‌اش آرام بگیرد: «من اصلاً کاری نکرده بودم. نه مشروب خورده بودم، نه رقصیده بودم...»

زری سخنانش را قطع کرد: «به تخمشونم نیس، اصلاً! فکر می‌کنی خودشون مشروب نمی‌خورن؟ پارتی نمیرن؟» کمی مکث کرد و به جعبهٔ سیگارش، که یک از یک دور دست به دست شدن روی دامنش افتاده بود، نگاهی انداخت، سیگار دیگری با سیگارلای انگشتانش روشن کرد. نیلوفر با نگاهی مات به او چشم دوخته بود.

زری دود سیگار را از دو حفرهٔ بینی بیرون کرد و ادامه داد: «من اینا رو می‌شناسم. وقتی میومدن پهلوی من یا زنای دیگه، دهنشون بو مشروب می‌داد و تنشون بوی گند عرق. پولم نداشتن، تازه ما رو تهدیدم می‌کردن که اگه بغلشون نخوابیم یه کتک مفصل می‌خوریم!»

بعضی از زن‌ها سرشان را به علامت تأیید تکان دادند، ولی گروهی دیگر توجه‌شان به فریادهای انتهای راهرو جلب شد.

زری خاکستر سیگار را زیر فرش ریخت و به تمسخر گفت: «افشون اومد. رئیس منکرات!» و بی‌اعتنا به سرهایی که به آن‌سو چرخیده بود، ادامه داد: «فکر می‌کنه حالا که با اون کت و شلوار قراضهٔ قهوه‌ایش، سیخ نشسته پشت میز، میتونه سرمون کلاه بذاره!...» کمی مکث کرد و بی‌توجه به سر و صدای فزایندهٔ راهرو «...سال‌ها من تو محلمون میدیدمش، همیشه همون گوشه وامیساد، همراه با اون...» وسط جمله متوقف شد، چون فهمید توجه جمعیت کاملاً به طرف صدایی‌ست که از آن‌سوی راهرو می‌آمد.

بعضی دخترها خندیدند. یکی از آنها با لبخند گفت: «باز ناهید رفته تو نخ اینا!»

فریادها همچنان به گوش می‌رسید که یکی دیگر گفت: «همه‌شونو گذاشته سر کار!»

مژگان، زن با روسری گلدار، سعی کرد مرجان و من را آرام کند: «نگران نباشین...» بعد توضیح داد که این برنامه هر روز اتفاق می‌افتد، از همان روزی که دو تا از پاسدارها عاشق ناهید شدند. آنها سعی می‌کردند جلوی دهانش را بگیرند راستی،

یک دختر پانزده ساله اینجا چه می‌کند؟

مژگان دنبالهٔ صحبتش را گرفت: «...تو روشون به خمینی و بقیه فحش میده، اونام جرأت نمی‌کنن یه کلمه جواب بدن!»

خیلی تعجب‌آور بود، چون اگر کسی دربارهٔ آیت‌الله خمینی، رهبر بلامنازع انقلاب، توهین می‌کرد، قتلش واجب بود.

دیگری دنبال صحبت او را گرفت و ادامه داد: «... همه‌رو سر انگشتش می‌چرخونه! حتی حضرت زهرا!!! هم جلوش کم میاره!»

یکی از زنان پچ‌پچ کنان گفت: «پاسدار کوچیکه بدجور گلوش پیش دختره گیر کرده، صبح و ظهر و شب به هر بهانه‌ای میاد اینجا که ببیندش!»

شاید همان پاسداری را می‌گفت که عاشق تفنگش بود.

ناهید به شعار دادن خود ادامه داد، ولی کلماتش در میان صدای زنانی که من و مرجان را آماج پرسش‌های خود قرار داده بودند، نامفهوم بود. نیلوفر اما، همچنان گیج و منگ با چشمانی اشک‌آلود ایستاده بود.

یکی از دختران جوان با انگشت پنجرهٔ کوچک را نشان داد و گفت: «می‌تونم چندتا از اینا رو ببرم. ما دیگه نداریم!» من و مرجان دست او را، که به طرف پنجره دراز شده بود، دنبال کردیم و دیدیم از بالای سر زری رد شد و یک لولهٔ پنبهٔ کثیف را از طاقچهٔ لب پنجره برداشت. از این پنبه‌ها برای عادت ماهانهٔ خود استفاده می‌کردند. سپس ادامه داد: «داداش گفت زهرا برامون میاره ولی دو روزه ازش خبری نیس.»

اولین بار نبود که می‌شنیدم زن‌ها ابوالفضل را داداش صدا می‌زنند که نشان از نزدیکی‌شان به او بود. ابوالفضل را دوست داشتند و می‌گفتند او در گذشته خودش یک زندانی بوده که بعد از انقلاب از زندان آزاد و به این کار گمارده شده بود. شاید به همین دلیل اسلحه حمل نمی‌کرد.

پنبه را در جیب کتش گذاشت و گفت: «حتماً این زهرای جنده برای مصرف خودش برده خونه!»

فهیمه تأکید کرد: «بهت گفتم این مریضت می‌کنه!»

دستش را در جیبش کرد، تکه‌ای پنبه در آورد، ریشه‌های کثیف آن‌را کند، به زمین ریخت و اعتراض کرد: «پس میگی از چی‌چی استفاده کنم؟»

بقیه همچنان از ما دربارهٔ شایعات هنری و زندگی خوانندگان، هنرپیشگان مرد

و زنی که می‌شناختیم، سؤال می‌کردند. دنبال خبرهای داغ ستون شایعات نشریات بودند: «راسته که فلانی زن حامله‌شو به خاطر یه هنرپیشهٔ دیگه ول کرده؟ راسته که اون هنرپیشه معروفه به شوهرش خیانت کرده؟ پدر بچهٔ فلان خوانندهٔ زن کیه؟ راسته که اون هنرپیشه مرده هم‌جنس‌بازه؟» فکر می‌کردند ما جواب همهٔ این پرسش‌ها را داریم و همهٔ هنرمندان خیلی راحت از رازهای زندگی‌شان حرف می‌زنند. من حتی بعضی از شایعاتی که عنوان می‌کردند را، تا آن روز نشنیده بودم. در واقع آنچنان درگیر مشکلات کاری و زندگی خصوصی خود بودم، به‌ویژه مشکلاتی که در صفحات مختلف نشریات برای خوانندگان موشکافی شده بودند، که توان و نیروی پرس و جو کردن در مورد دیگران را نداشتم. البته چندین و چند راز مگو را می‌دانستم ولی به خودم اجازهٔ بازگو کردن‌شان را نمی‌دادم. شوربختانه از همان کودکی یاد گرفته بودم چگونه دهانم را قفل نگه‌دارم. باید چنین می‌بودم. هر بار که برای پرسشی جوابی نداشتیم، برق چشم‌ها کمتر می‌شد. با دیدن حلقه‌های سیاه زیر چشم‌هاشان و حرکات عصبی عضلات صورت‌شان، متوجه شدم که فقط دنبال شایعات نبودند، بلکه می‌خواستند داستانی حواس‌شان را از این چهاردیواری به جای دیگر بکشاند. ولی من و مرجان، چون دو خوانندهٔ تازه‌کار که با رفتن روی صحنه زبان‌شان از ترس بند آمده باشد، سخت ناموفق بودیم. این زنان دنبال مرجان و گوگوش بودند نه شهلا صافی‌ضمیر (نام اصلی مرجان) و فائقهٔ آتشین.

شروع کردیم به تعریف داستان‌های واقعی و خنده‌دار از همکاران خود. من از دعوای کوتاه‌مدت و بی‌مزهٔ خودم با الهه گفتم، زمانی که یک نوجوان بودم: دههٔ چهل خورشیدی بود. الهه در آن زمان از من بزرگ‌تر و بسیار معروف‌تر بود. از قرار بدجوری از دستم شکار بود. دلیلش را هم هرگز ندانستم. متوجه شده بودم هرگاه در برنامه‌ای قرار بر این بود که من بعد از الهه روی صحنه بروم، او مخصوصاً طولش می‌داد و بیشتر می‌خواند تا زمان خواندن من کوتاه‌تر شود. بالاخره یک شب، آن‌چنان از این رفتار او خسته شدم که، به تماشاچیان گفتم نمی‌دانم چرا خانم الهه مرا دوست ندارند. بعد دربارهٔ تفاوت سنی بین‌مان به‌شوخی گفتم او می‌توانست مادر من باشد. الهه برایم پلیس صدا زد، ولی آنها عکس‌العملی نشان ندادند. پس از این ماجرا، جنگ ما خیلی طول نکشید و حتی با یکدیگر کار هم کردیم و سفر هم رفتیم. ولی تعریف این ماجرا زمانی را به یاد آورد که مهم‌ترین نگرانی‌ام این بود که بتوانم روی صحنه، جایی که شایستگی‌اش را دارم، به دست بیاورم.

از نو، خنده روی صورت زنانی که با دقت به داستان گوش می‌دادند، پیدا شد. حتی درد در چشمان نیلوفر هم رنگ باخت.

بعد ماجرای مثل قو را هم تعریف کردم، زمانی که به شوخی پوری بنایی را با لباس توی استخر انداختم. گمانم سال ۱۳۴۴ بود. تا آن روز او را ندیده بودم. پوری، از بیست سالگی، یک هنرپیشهٔ معروف بود و من یک نوجوان پانزده سالهٔ آوازخوان و هنرپیشه. او برای تعطیلات و استراحت به اتفاق خانواده‌اش به متل قو آمده بود و من به‌شدت عاشق ستاره‌های سینما بودم، به‌خصوص که او زیبا، شیک و متواضع هم بود. یک بعدازظهر که من با بچه‌های دیگر در استخر بازی می‌کردیم، پوری سری به استخر زد تا سلامی کند. من او را لب استخر دیدم، با آن لباس زیبا و موهای درست‌شده، یک ستاره سینمای واقعی. وسوسه‌ای به جانم افتاد که نتوانستم جلوی خودم را بگیرم. تا آن روز چند نفر را داخل استخر هُل داده بودم. آهسته رفتم و پشت او ایستادم. وقتش که رسید، کار خودم را کردم.

پاپا زهره‌ترک شده بود که حالا این ستارهٔ مشهور سینما با این دختر کوچولوی استخوانی چه خواهد کرد؟ ولی پوری خانمی خود را نشان داد و همه را متعجب کرد. فقط خندید و خط و نشان کشید که تلافی خواهد کرد. من از او و تواضعش خوشم آمد و این آغاز دوستی ما شد. لزومی نداشت بگویم یک دهه بعد، هنگامی که عاشق بهروز وثوقی شدم، دوستی‌مان چه ترک بزرگی برداشت.

در سال ۱۳۵۱ ازدواجم با محمود قربانی به بن‌بست رسیده بود که بهروز چون یک منجی در زندگی‌ام ظاهر شد. نامزدی او و پوری دو سالی بود به‌هم خورده و راه‌شان از هم جدا شده بود. نشریات غالباً از این دو با عنوان «نامزدهای ابدی» نام می‌بردند. ولی مهم این بود که همه فکر می‌کردند من باعث جدایی آنها شده بودم. من می‌دانستم که پوری نیز احساس می‌کرد من به او خیانت کرده‌ام، هرچند هرگز کلامی در این باب به زبان نیاورد. من قانون نانوشتهٔ خواهری را شکسته و عاشق نامزد سابقش شده بودم. مشکل این بود که من دیوانه‌وار عاشق بهروز شده بودم و هیچ کاری از دستم برنمی‌آمد.

یکی از زنان شهر نویی با همان لهجهٔ غلیظ پایین‌شهری گفت: «من پوستر تو و بهروز وثوقی رو تو اتاق خوابم آویزون کرده بودم!»

نمی‌دانستم چه بگویم. فقط لبخند زدم. ادامه داد: «من پوستر ستار و داریوشم داشتم.»

یک زن دیگر گفت: «من عاشق داریوشم! همهٔ صفحه‌هاشو دارم. هر وقت صدای با احساسشو می‌شنُفم اشکم راه میفته.»

نیلوفر سرش را به علامت موافقت تکان داد.

یکی دیگر از بین جمعیت زنان گفت: «هنرپیشهٔ محبوب من فردینه.»

زن پوستردار ادامه داد: «ولی بهروز یه چیز دیگه‌س! با اون قد و قواره‌ش! من هر فیلمی رو شما دو تا بازی کردین دیدم. عاشق ممل آمریکایی‌ام. حیف شد جدا شدین.»

همه ساکت شدند، انگار منتظر بودند واکنشی، اعترافی، اظهار عشقی از من بشنوند. من دوباره لبخند زدم.

«من عاشق اون صحنهٔ آخر «ممل آمریکایی»ام. چقدر عشقولی بود!» یکی دیگر صحبتش را قطع کرد: «میشه اون ترانه رو بخونی؟ اسمش چی بود؟»

زنی پاسخ داد: ترانهٔ " کمکم کن" تو بدترین روزهای زندگی به دادم رسید، وقتی دوس پسرم عینهو یه قاب دستمال کهنه منو انداخت دورا!»

سرها از نو به سوی راهرو به گردش درآمدند. این بار ناهید نبود. یکی از پاسدارها آمده بود درها را قفل کند. دخترها بلند شدند که اتاق را ترک کنند، با هم آهسته زمزمه کردند «فردا برامون می‌خونیش؟»

فصل ۶

محمود

نمی‌توانستم بگویم چقدر از زمانی که بازدیدکنندگان ما به سلول‌شان بازگشتند، گذشته بود. انگار زمان متوقف شده بود و به نظر می‌رسید جاذبهٔ زمین این اتاقک را عمیق‌تر به درون خود فشار می‌دهد. برای اینکه خودم را مشغول نگه دارم، شروع کردم به تمیز کردن تکه پنبه‌هایی که از لبهٔ پنجره برداشته بودم. واقعاً غیرقابل استفاده بودند، رنگ‌شان خاکستری و قهوه‌ای شده بود و آلودگی به تمام الیاف نفوذ کرده بود. اما من، برای مشغول کردن خود، باید سرم را با هر چیزی گیرم می‌آمد، گرم می‌کردم، حتی اگر دست‌هایم کثیف می‌شدند؛ باید ذهنم را، که در این مکان محبوس شده بود، به جای دیگری می‌بردم.

با مرجان دربارهٔ نخستین باری که عادت ماهانه شدم، حرف زدم. سیزده سالم بود. قرار بود یک روز عادی را شروع کنیم. طبق معمول صبح زود از خواب بیدار می‌شدم، لباس برادرم فریبرز را تنش می‌کردم، صبحانه‌اش را می‌دادم، با عجله راهی مدرسه می‌شدم و چون شب قبلش تا دیر وقت روی صحنه بودم، به زور خود را در کلاس‌های صبح بیدار نگه‌می‌داشتم. سپس با عجله خود را با اتوبوس به تماشاخانهٔ پارس خیابان لاله‌زار می‌رساندم و لابه‌لای اجراهای مختلف، توی یک کمد می‌نشستم تا با نور شمع مشق‌های فردایم را بنویسم. بعد به منزل برمی‌گشتم، غذای برادرم را می‌دادم، کارهای مختلف خانه را می‌کردم، سراغ مشق‌هایم می‌رفتم تا ساعت ۹ یا ۱۰ و زمان روی صحنهٔ کاباره رفتن برسد. در انتها به خانه برمی‌گشتم، روی تشک پایین پای فریبرز می‌افتادم و از خستگی بی‌هوش می‌شدم. ولی آن

بعدازظهر، زندگی معنی خود را برایم از دست داد چون پس از رفتن به دستشویی کشف کردم دارم می‌میرم.

وقتی لکهٔ خون را دیدم، از ترس نزدیک بود قالب تهی کنم. هیچ‌کس با من دربارهٔ دوران بلوغ و قاعدگی حرف نزده بود. در هیچ مدرسه‌ای هم چنین درسی نخوانده بودم. مادری هم نبود تا برایم بگوید. مونس هم جز دستور دادن و پرخاش کردن کار دیگری با من نداشت. باید چه می‌کردم؟ به چه کسی می‌گفتم؟ حتماً مردم با نگاه کردن به من می‌فهمیدند؟ در نهایت یأس سعی کردم آرامش خود را حفظ کنم و به چیز دیگری غیر از مرگ احتمالی‌ام بیندیشم. وقتی خانم هوشمند وارد شد، کمی خیالم راحت شد. این بانوی هنرپیشه که حدود سی سال داشت و گونه‌های برجسته و چانهٔ گردش او را خیلی جذاب می‌کرد، همیشه با من گرم و مهربان بود. داشت کتش را می‌کند که با وحشت به سویش دویدم و بدون هیچ ملاحظه‌ای گفتم که دارم می‌میرم.

یک آستین کت در دستش باقی ماند، چشمانش سرتاپای مرا برانداز کرد و با نگرانی پرسید: «چرا؟ چی چی میگی دختر؟ چی شده؟»

«دارم خون‌ریزی می‌کنم!»

مجدداً همه بدنم را وارسی کرد و از اینکه اثری از ریزش خون نمی‌دید، تعجب‌زده شد.

سعی کردم برایش توضیح بدهم: «نه این‌طوری نمی‌تونین ببینین!»

بعد همه چیز را برایش تعریف کردم. پس از تأملی کوتاه، کتش را درآورد. ناگهان دستش را بلند کرد و یک سیلی محکم به گونهٔ راستم زد و بلافاصله یک سیلی دیگر به گونهٔ چپ.

به گریه افتادم و خانم هوشمند آرام مرا در آغوش کشید و با لبخند گفت: «معذرت می‌خوام جیگرم، مجبور بودم. این رسمه. وقتی دختر واسهٔ دفعهٔ اول قاعده میشه، یعنی یه خانوم بزرگ شده. بهش سیلی می‌زنیم تا لپاش همیشه قرمز و خوشگل بمونه!»

بعد همهٔ قضایا را برایم تعریف کرد و توضیح داد که هر ماه برای حدود یک هفته قاعده می‌شوم و بدنم برای مادر شدن در آیندهٔ دور آماده می‌شود.

او همچنین چگونگی استفاده از نوار بهداشتی را به من یاد داد. من خیالم راحت شد که مردنی نیستم. کمی هم احساس غرور کردم که حالا زن شده‌ام و

گونه‌هایم همیشه سرخ خواهند ماند. به منزل برگشتم و هرگز در این مورد با کسی حرف نزدم. اگرچه همیشه قدردان محبت خانم هوشمند هستم، اما دلم می‌خواست ماما این حرف‌ها و سیلی‌ها را به من می‌زد.

مرجان با لحنی پرعطوفت پرسید: «حتماً خیلی سخت بودکه مادرت پیشت نبود.»

گفتم: «شاید اگه مادری بالای سرم بود، امروز یه روانشناس بودم...»

مرجان به‌سرعت جواب داد: «...اونوخت ما گوگوشو نداشتیم!»

به شوخی گفتم: «شایدم انقد انتخاب‌ای بد نمی‌کردم، یکیش عروسی اولم!...»

سال ۱۳۴۶، وقتی هفده ساله شدم، زندگی‌ام منحصر شده بود به کار و کار و کار. پاپا که احساس بدی می‌کرد، گاه مرا به ته‌دانسان و مهمانی‌های رقص عصرانه به‌سبک غربی، در مکان‌های شیک می‌برد. این مهمانی‌ها شبیه مراسم چای عصرانۀ انگلیسی بودند، اما همراه با موسیقی و رقص و انواع نوشیدنی‌ها و خوراکی‌هایی مثل میوه، کیک و بیسکویت. این مراسم در طبقۀ بالای جامعه رایج بود. حالا که فکرش را می‌کنم، به نظرم پاپا دنبال یک خواستگار مناسب برایم بود. مشکل اینجا بود که هیچ‌کدام از مردان جوان، غیر از محمود، مرا به رقص دعوت نکردند. در آن زمان فکر می‌کردم این خواستگاران مورد نظر پاپا، که متعلق به خانواده‌های ثروتمند بودند، به این دلیل به من نزدیک نمی‌شدند که من یک هنرمند و از طبقۀ اجتماعی پایین‌تر بودم. همۀ آنها می‌دانستند من چه کسی هستم. اما حالا فکر می‌کنم شاید شهرت من باعث شده بود از من بترسند. شاید هم حضور پاپا و عمو نادر، دو بادی‌گارد قوی‌هیکلم، که پسرها را مثل عقاب زیر نظر داشتند، باعث انصراف‌شان می‌شد.

عجیب این که پاپا فقط زمانی نگران امنیت من شد که به سال‌های نوجوانی رسیدم. دیگر شبانه مرا به تنهایی با تاکسی به خانه نمی‌فرستاد، کاری که اغلب در دوران کودکی بدون دلواپسی انجام می‌داد. یادم می‌آید پنج ساله بودم که نیمه‌شب در رختخوابی، در اتاق یک مسافرخانه، و خدا می‌داند در کدام شهر یا دهی، از خواب بیدار شدم. با تروپ در سفر بودیم. نمی‌دانستم کجا هستم یا پاپا کجا رفته. ترسیده بودم. او گاه مرا چند روز نزد آشنایی می‌گذاشت تا به بخش رمانتیک زندگی‌اش برسد. با گریه و فریاد او را صدا کردم که ناگهان یک مرد غریبۀ قد بلند در آستانۀ در اتاق ظاهر شد. نگاهی بسیار غریب داشت که پشتم را به لرزه انداخت. می‌خواستم فریاد بزنم، ولی نمی‌توانستم. او مدتی طولانی همان‌جا ایستاد و به من

خیره شد تا اینکه ناگهان چیزی، مثل تف، از درز جلوی شلوارش بیرون جهید و سریع اتاق را ترک کرد. نفهمیدم چه اتفاقی روی داد، ولی قلبم به طپش افتاده بود و تمام بدنم به‌شدت می‌لرزید. آن‌قدر فریاد زدم تا یکی از اعضای تروپ به کمک منِ وحشت‌زده آمد. هرگز این جریان را به پاپا نگفتم. نمی‌دانستم چه بگویم. فکر می‌کنم که پاپا هرگز به مغزش هم خطور نکرده بود که بزرگسالی بخواهد به کودکی در سن و سال من آسیب بزند.

یک بعدازظهر، دو محافظم، پاپا و عمو نادر، مرا به تِه دالان در هتل میامی بردند. با عمو نادر، که رقصندهٔ فوق‌العاده‌ای بود، مشغول رقص «جیترباگ» jitterbug بودم که متوجه شدم محمود قربانی مستقیم به من نگاه می‌کند. می‌دانستم او کیست. برادرش احمد صاحب این هتل مجلل، کابارهٔ داخل هتل و دیسکوی شیک «۰۰۷» بود؛ جایی که اغلب خوانندگان مشهور بین‌المللی مثل ستارهٔ پاپ ایتالیایی پپینو دی کاپری برنامه داشتند. محمود را قبلاً دیده بودم. او در میانهٔ بیست سالگی بود، قدبلند، خوش‌چهره، با پوستی روشن، چشمانی قهوه‌ای و مژه‌های بلند. در کت و شلوار خوش‌دوختی که پوشیده بود، مرا یاد بازیگر خوش‌قیافهٔ ایتالیایی، ویتوریو گاسمن، می‌انداخت. من و عمو نادر با موسیقی تند راک‌اندرول در پیست رقص می‌چرخیدیم که نگاهم به نگاه محمود گره خورد. پس از پایان آهنگ، به سمت ما آمد.

با لحنی نرم و جذاب گفت: «پدرتان گفت که می‌توانم با شما برقصم.» عمویم کنار رفت.

من غافلگیر شدم، ولی فقط لبخند زدم و سر تکان دادم. نخست خیلی کوشش کردم نگاهم را از نگاهش بدزدم، ولی سنگینی و حرارت آن را روی پوستم حس می‌کردم. متوجه بودم که گونه‌هایم داغ شده‌اند. محمود دربارهٔ موسیقی رقص مورد علاقه‌ام پرسید. صدایش آرام و چشمانش پر از کنجکاوی توأم با مهربانی بود، انگار می‌خواست همهٔ جزئیات وجودم را کشف کند. با هر پرسشی قلبم تندتر می‌تپید. او بلد بود چه کند تا من احساس کنم مهم‌ترین فرد حاضر آنجا هستم. رقصندهٔ بدی نبود، ولی اعتماد به نفسی از خود نشان می‌داد که بیشتر مردان جوان هم‌سن و سالش فاقد آن بودند.

بعد از آن نخستین رقص، محمود چند بار به کابارهٔ مولن‌روژ آمد. شب‌ها که روی صحنه می‌رفتم، او را می‌دیدم که تنها سر یک میز، در معرض دید من، نشسته

است. تنها می‌نشست و نوشابهٔ غیر الکلی سفارش می‌داد. پاپا خیلی با او موافق نبود. در واقع به‌شدت مخالف دیدارهای ما بود و به خود محمود هم گفته بود. چند تن از کارمندان سعی کرده بودند جلوی ورود او را به مولن‌روژ بگیرند و هشدار هم داده بودند که جای او آنجا نیست. ولی محمود هرگز تسلیم نشد. هر شب و مرتب به آنجا می‌آمد. آن‌قدر پافشاری کرد تا پاپا راضی شد دعوتش را بپذیرد تا به اتفاق به رستوران/دیسکوی معروف کوچینی برویم. نمی‌دانم چرا پاپا دعوت را قبول کرد. شاید فکر کرده بود یک ملاقات کاری است. در کوچینی، محمود بار دیگر از پاپا اجازه گرفت که با من برقصد. پاپا با تردید پذیرفت. در وسط رقص، محمود نگاهی به من کرد و پرسید آیا مایلم زنش بشوم. باورم نمی‌شد. همه چیز به سرعت اتفاق افتاد. شاید چند هفته یا حداکثر یک ماه بعد از آن رقص اول.

روز بعد پاپا مرا نشاند و برای نخستین بار از صمیم قلب با من حرف زد. گفت هیچ‌وقت دلش نمی‌خواسته من روی بد زندگی را ببینم و هرگز نخواسته مرا برنجاند و بدون هیچ توضیح اضافی، به من هشدار داد مردی که می‌خواهم با او ازدواج کنم، زیر بار قرض کلانی‌ست و همهٔ اهالی هنر این را می‌دانند. آنچه که چند سال بعد سخت غافلگیرم کرد. نمی‌خواستم حرف پاپا را باور کنم. محمود با کت و شلوارهای شیکی که می‌پوشید و سر و وضع مرتبی که داشت، ثروتمند به نظر می‌رسید. خودش هم هرگز چیزی دربارهٔ مشکلات مالی‌اش نگفت. او خود را مدیر اجرایی پرمشغلهٔ کاباره میامی نشان می‌داد و من چیز زیادی نمی‌فهمیدم، یک نوجوان سادهٔ هفده ساله بودم.

پاپا گفت: «چشماتو وا کن!»

چه می‌شد اگر در این چندین و چند سال، حتی برای یک بار، چشمانش را باز می‌کرد تا ببیند زیر سقف خانهٔ خودش چه بر سر من و فری می‌آمد؟

بغض گلویم را گرفته بود ولی جواب دادم: «من همینو می‌خوام. زنش میشم.»

من محمود را خوب نمی‌شناختم ولی مجذوب او و آینده‌ای شده بودم که فکر می‌کردم، دور از پاپا و مونس، می‌توانیم با هم بسازیم.

مدت کوتاهی پس از آنکه به محمود در کوچینی «بله» را گفتم، محمود و خانواده‌اش برای خواستگاری رسمی به آپارتمانم در خیابان بهار آمدند. شب بعد و پس از پایان کار، با پاپا برای دیدار محمود به هتل میامی رفتیم. او را در حال رقص با یک زن جوان دیدم. خیلی سعی کردم توجیهی برای آنچه دیدم پیدا کنم. شاید

یکی از اقوام نزدیکش باشد. تا مرا دید، همراه با همان زن به طرف من آمد و او را به عنوان همسرش به من معرفی کرد. قلبم در سینه فرو ریخت. زن به‌سرعت اضافه کرد که این ازدواج به اجبار و با فشار پدر خودش و برادر بزرگتر محمود انجام شده و هیچ‌کدام از این وصلت خوشحال نیستند. هر دو تأکید کردند که طلاق‌شان در جریان است.

زن با لبخندی به من گفت: «من نتونستم محمود رو خوشبخت کنم، مطمئنم تو می‌تونی.»

دچار حالت تهوع شدم که بلافاصله جای خود را به عصبانیت داد. وقتی از محمود پرسیدم چرا این قضیه را زودتر به من نگفته بود، پاسخ داد: «میخواسم بگم، ولی وقت مناسب پیدا نکردم.» احساس کردم در تله افتادم. دیگر نمی‌خواستم با او ازدواج کنم، ولی بعد از آنچه به پاپا گفته بودم، نمی‌شد عقب بکشم. آنها، چند هفته بعد و درست دو روز قبل از عروسی ما، قانوناً از هم جدا شدند.

در آغاز زنگ خطرهای زیادی به‌صدا درآمدند که هر کدام می‌توانست مانع تصمیم‌گیری‌ام بشود. ترتیب دادن مراسم عروسی هم مزید بر علت شده بود. چند هفته قبل از عروسی، اتومبیل پاپا را گرفتیم تا کارت‌های دعوت را به مهمان‌ها برسانیم. به محض اینکه اتومبیل را روشن کردم و راه افتادم، اتومبیل به عقب یک تاکسی خورد. خوشبختانه هیچ مسافری در آن نبود. بی‌توجه چراغ قرمز را رد کرده بودم. بعد از لحظه‌ای شوک و ناباوری، رانندهٔ تاکسی از اتومبیلش خارج شد و با عصبانیت به سمت ما آمد. من که گواهینامه رانندگی نداشتم، از محمود که قبلاً گفته بود گواهینامه دارد، خواستم جای من بنشیند.

«برای چی؟ منم تصدیق ندارم!»

یک دروغ دیگر. وقت عصبانی شدن از دست او نبود. هر دو از اتومبیل پاپا پیاده شدیم و پا به فرار گذاشتیم.

این تصادف هشداری بود که من عجولانه وارد این ازدواج شده‌ام. بعد از آن تصادف راننده‌ٔ محتاط‌تری شدم. ای کاش دربارهٔ ارسال دعوت‌نامه‌های عروسی نیز دو بار فکر می‌کردم.

آخرین زنگ خطر در شب جشن عروسی در هتل میامی به صدا درآمد. بیش از هزار مهمان دعوت کرده بودیم، از جمله اقوام، دوستان و چهره‌های برجسته سینما و موسیقی ایران. فری آنجا بود، مونس هم بود، اما ماما نتوانست به شام برسد. قول داده

بود آخر شب، وقتی بچه‌هایش خوابیدند، بیاید.

همه چیز به خوبی می‌گذشت. مهمانان ساعات خوشی داشتند. محمود در تاکسیدوی شیکش برازنده‌تر از همیشه بود. من هم در لباس عروسی غیر متعارفم خیلی خوشحال بودم. لباسم، از یک شیفون بسیار زیبا با گل‌های گیپور رنگی بود و توسط فیروزه که از کودکی برایم لباس می‌دوخت، طراحی و دست‌دوز شده بود. تور و کلاه سرم کار دست پوران درودی بود.

وقتی به رسم غربی‌ها کیک عروسی را بریدیم و لقمه‌ای از آن را در دهان هم گذاشتیم، همهٔ تردیدهایم رنگ باختند و کیک را، با وجودی که شیرینی دوست نداشتم، خوردم. کمی بعد از مراسم کیک، ده دوازده نفری از مهمانان با هم و دوان دوان سالن را ترک کردند. طولی نکشید که چند تن دیگر از مهمان همان خط سیر را دنبال کردند و در پی آنها تعداد زیاد دیگری. با تعجب آنها را نگاه می‌کردم که ناگهان معده‌ام زیر و رو شد و دل‌پیچه و حالت تهوع شدیدی گرفتم. من هم دنبال مهمان‌ها راه افتادم و وارد آخرین دستشویی خالی شدم. چهار دست و پا با لباس عروسی روی زمین نشستم و هر چه خورده بودم را بالا آوردم.

عروسی وقتی من و نیم بیشتری از مهمانان مسموم شدیم، ناغافل به پایان رسید. وضعیت چنان بد بود که پلیس ناچار به دخالت شد. تحقیقات را از همان‌جا شروع کردند و متوجه شدند در یکی از غذاها مواد مسموم‌کننده ریخته شده بود. روز بعد این خبر در تمام نشریات چاپ شد. خوشبختانه مسمومیت هیچ‌یک از مهمانان شدید نبود. پلیس موفق به شناسایی فرد خاطی نشد. برخی انگشت اتهام را به سوی مونس نشانه گرفتند. از قرار او را در محوطهٔ تدارک غذا دیده بودند. به نظر من هم از او بعید نبود. می‌دانستم که مونس نمی‌خواست من ازدواج کنم.

مشکلات من در آن شب به همین ختم نشد. والدین محمود همچنان انتظار داشتند که ما رسم قدیمی حجله را انجام دهیم؛ رسمی که در آن هر دو خانواده بیرون اتاق حجله منتظر می‌مانند تا عروس و داماد رابطه زناشویی برقرار کنند تا مطمئن شوند عروس باکره است. عجیب بود که خانوادهٔ او، که در زندگی شبانهٔ تهران بسیار فعال بودند، اصرار داشتند این سنت قدیمی انجام شود. هر دوی والدین من، از این پیشنهاد بهت‌زده شده بودند. ماما فقط توانسته بود به این بخش از مراسم عروسی برسد، آن هم بعد از اینکه رویا و ژوزف خوابیدند.

من و محمود، به محض ورود به آپارتمان یک خوابهٔ کوچک خود در مرکز تهران،

روی تختخواب از هوش رفتیم. هم‌زمان والدین من، پدر محمود و هر دو همسرانش، عمه و عموی محمود، برادر بزرگتر و یکی دو تن از خواهرانش و بچه‌ها در اتاق نشیمن خالی و سرد منتظر زفاف ما و شنیدن خبر پیروزی شاه‌داماد و تملک عروس باکره بودند. ولی من و محمود حتی تصور داشتن رابطهٔ جنسی را هم نمی‌کردیم. من هنوز از خوردن غذای مسموم بدحال بودم و محمود خسته از مهمان‌داری و مهمان‌نوازی. من حتی نمی‌توانستم بخوابم، بر خلاف محمود که خُرخُرکنان روی تخت کنار من در خواب بود. سر و صدا و خنده و شوخی منتظران در اتاق نشیمن هم هیچ کمکی به وضع موجود نمی‌کرد.

به مرجان گفتم: «بدترینش تقه‌هایی بود که به در اتاقمون می‌زدن!»

هرچند دقیقه یک بار، یکی از زنان خانوادهٔ محمود به در می‌کوبید، و بعضی تقه‌ها اعصاب خوردکن بود. همه منتظر چراغ سبز بودند تا جشن و پاکوبی راه بیندازند. بعد صدای جیغ وحشتناکی شنیدیم، که متوجه شدیم عمه خانوم تصادفاً چای داغ روی پای خود ریخته است.

صبح روز بعد، محمود و من وارد یک میدان جنگ شدیم.

ماما بر سر خانوادهٔ شوهرم فریاد می‌زد: «چطور جرأت می‌کنین ما رو تحقیر کنین و به نجابت دخترمون شک کنین!»

وقتی محمود در مقابل خانواده‌اش، که بکارت مرا زیر سؤال برده بودند، سکوت کرد، قلبم شکست. تا نشانه‌هایی از تردید و شک در چشمانش دیدم، از خشم آتش گرفتم و پیشنهاد کردم همان لحظه همراه با خواهرش نزد پزشک خانوادگی‌شان برویم. نخست همه مخالفت کردند و بهانه آوردند که من هنوز از جریان مسمومیت شب گذشته بیمار و رنگ پریده هستم. ولی من با یک نگاه همه را سر جای خود نشاندم. کیفم را برداشتم و با خواهر شوهرم راهی مطب پزشک شدیم. دکتر خانوادگی پس از معاینات لازم اعلام کرد من باکره هستم و به تقاضای من، نامه‌ای رسمی هم با همین مضمون نوشت، امضا کرد و به دستم داد. محمود و خانواده‌اش خیلی زود قانع شدند و طوری رفتار کردند که انگار هرگز به من در این زمینه شک نداشتند.

امیدوار بودم که این ماجرا فقط یک آغاز سخت برای یک زندگی شاد، که بنا بود با هم بسازیم، باشد. ولی اشتباه کرده بودم و هفت ماه بعد، که شش ماهه باردار پسرم کامبیز بودم، فهمیدم. قرار بود محمود را از سر کار بردارم. او را در لابی هتل و

دفتر کارش پیدا نکردم. پسر برادرش بُزی همراه من آمد تا دنبال محمود بگردیم. پیشنهاد کردم به کاباره سری بزنیم شاید آنجا در حال تنظیم میزها یا کار دیگری برای شب باشد. تا وارد بالکن نیمه‌تاریک روبه‌روی صحنه شدیم، محمود را دیدم که روی کاناپه با زنی مشغول است. قلبم هُری فرو ریخت. وقتی چشمش به من افتاد زن را به حال خود رها کرد تا دامنش را پایین بکشد و خودش به زیر میز پناه برد. با صدایی لرزان به بُزی گفتم کسی آنجا نبود و به‌سرعت از در پشت به بیرون دویدم. هم‌زمان محمود را دیدم که زن را از همان در بیرون کرد. چشم‌هامان مجددا با هم تلاقی کردند. با شکم برآمده‌ام به‌سرعت دنبال‌شان دویدم. محمود با عجله به درون دوید و برادرزادهٔ بیچاره‌اش به زور مرا از آن زن، که زیر مشت و لگدهای من از دست و پا می‌زد، جدا کرد.

خیانت‌های محمود، ادامه داشت. آخرین ضربه پنج سال بعد بر سرم فرود آمد، وقتی در نتیجهٔ یکی دیگر از خیانت‌های محمود، مبتلا به یک بیماری مقاربتی شرم‌آور شدم و کارم به بیمارستان کشیده شد.

به مرجان گفتم: «اگر کامبیز نبود، ازدواج با محمود بزرگ‌ترین پشیمانی زندگی‌ام بود.»

وقتی به گذشته نگاه می‌کنم، تنها در یک زمینه قدردان محمود هستم. او واقعاً به گوگوش و توانایی‌اش برای ستارهٔ بین‌المللی شدن باور داشت. از جمله به عنوان مدیر برنامه‌ام، توانست در سال ۱۳۴۸ برایم با تهیه‌کنندهٔ استثنایی فرانسوی، ادی بارکلی، یک قرارداد ضبط ترانه امضا کند. ادی به کشف و معرفی هنرمندان بزرگی چون دالیدا، شارل آزناوور و ژاک برل شهرت داشت. در دوران همکاری‌ام با «بارکلی رکوردز»، صفحه‌ای ۷ اینچی به نام «گوگوش» ضبط کردم که دو ترانه به زبان فرانسه و به نام‌های «Retour de la Ville» و «J'entends crier je t'aime» بود. در سال ۱۳۴۹، صفحهٔ «گوگوش» برای جایزهٔ صفحهٔ طلایی جشنوارهٔ MIDEM شهر کن انتخاب شد. در جشنوارهٔ آن سال، که هنرمندان جوان دیگری چون آیک و تینا ترنر، التون جان و کت استیونز نیز معرفی شدند، من هر دو ترانه‌ام را خواندم.

در تهران درآمد زیادی داشتم، اما چندین ماه بود که در پاریس یک ریال هم درنیاوردم، زیرا به حد نصاب فروش صفحهٔ مندرج در قراردادم نرسیده بودیم. به تدریج هرچه پول از ایران آورده بودیم برای تأمین هزینه‌های سنگین‌مان، از جمله اقامت در هتل الیزه، از دست دادیم. حتی از شهبانو فرح پهلوی نیز، که همواره

حامی هنر و هنرمندان بودند، یاری خواستم. دستور دادند به Maison De L'Iran مراجعه کنم چون این مرکز یک صندوق اضطراری داشت و به هنرمندان ایرانی که در فرانسه کار می‌کردند، در صورت نیاز کمک می‌کرد. هرچند این یاری کمک‌مان کرد، ولی کافی نبود. محمود چند بار به تهران برگشت تا با قرض و قوله و فروش وسایل منزل، پولی برای مخارج اقامت طولانی من و کامبیز در پاریس را جور کند. کاری که، اگر درآمدهای قبلی مرا درست مدیریت کرده بود، نیازی به انجامش نداشت. وقتی مرا تنها با کامبیز دو ساله رها کرد، پول کافی برای استخدام پرستار نداشتم، به‌ناچار کامبیز را همه جا با خود می‌بردم، حتی به جلسات ضبط، که برای هر دوی ما خیلی خسته‌کننده بود.

یک روز صبح که آمادهٔ رفتن به استودیو بودم، پنج پلیس با هم وارد اتاقم در هتل الیزه شدند. پلیس‌ها که دنبال چیزی می‌گشتند، مشغول زیر و رو کردن لباس و وسایلم شدند، کامبیز از ترس جیغ می‌زد و گریه می‌کرد و من خشکم زده بود. سپس ما را به ادارهٔ پلیس فرانسه (کمیسریا) بردند. من وحشت کرده بودم، فرانسه صحبت نمی‌کردم و متوجه نبودم چه خبر است. همین قدر فهمیدم که دربارهٔ محمود است چون مرتب نامش را می‌شنیدم. در کمیسریا به من گفته شد که در حال تحقیق دربارهٔ محل زندگی یک زن خوانندهٔ فرانسوی هستند که زمانی در کابارهٔ میامی کار می‌کرده است. دنبال محمود بودند تا بفهمند چه رابطه‌ای بین او و آن زن وجود دارد. من با همان اندک فرانسه و مختصر انگلیسی که بلد بودم، مرتب تکرار می‌کردم که من هیچ نمی‌دانم. ما را چند ساعت بعد آزاد کردند.

و این آخرین ضربه بود. من در ایران شهرت، و کمک داشتم، اما در پاریس از نظر مالی در مضیقه بودم و ظاهراً به خاطر روابط نامشروع محمود تحت بازجویی جنایی قرار داشتم. دیگر نمی‌توانستم این وضعیت را تحمل کنم. بلافاصله همهٔ وسایلم را جمع کردم، آیندهٔ هنری‌ام را، بعد از یک سال و خورده‌ای زحمت در فرانسه، رها کردم و به اتفاق کامبیز مستقیم به فرودگاه رفتیم. از دست محمود به‌شدت عصبانی بودم، هرچند چنین قراردادی بی‌نظیری را برای من گرفته بود، اما رفتار غیرمسئولانه و بی‌ملاحظه‌اش من را به نقطهٔ بی‌بازگشت رساند و مجبورم کرد به خانه برگردم.

فصل ۷

بهروز

حدود ساعت ۹ یا ۱۱ شب بود. من و مرجان برای دومین شب متوالی کنار هم روی فرش کثیف دراز کشیده بودیم. هنوز هیچ‌کدام را برای بازجویی بیشتر به بالا نبرده بودند. شب که می‌رسید و راهروها آرام‌تر می‌شدند، صدای جیغ‌های دردناک بلندتر به نظر می‌رسید. این بار به فکر فهیمه، منشی اداری که حالا زندانی غیررسمی شده بود، افتادم. می‌توانستم درد و ورم پشت او را حس کنم، انگار همان شلنگ باغبانی که برای مجازاتش استفاده شده بود، روی پوست من هم فرود آمده بود. چطور کسی می‌تواند چنین کاری بکند؟ به‌عمد پوست بدن کسی را این‌طور بشکافد؟ به فکر افشون و حرف‌هایی که دخترها درباره‌اش زده بودند، افتادم. نمی‌دانستم آیا به پروندۀ زندان اوین من دسترسی پیدا کرده یا نه. اگر داشته، می‌دیده که من قبلاً به همۀ پرسش‌ها جواب داده‌ام و حتی آن فرم آزادی را هم امضا کرده‌ام. اما اگر از همان ابتدا پرونده را داشته و هنوز نمی‌خواهد من را آزاد کند چه؟ سعی کردم به آن فکر نکنم، همان‌طور که سعی کردم وحشت نهفته در چشمان نیلوفر را فراموش کنم. طبق معمول، من و مرجان به گذشته پناه بردیم تا لحظۀ حال را فراموش کنیم.

مرجان هم کمی دربارۀ شکست ازدواج اولش صحبت کرد. او هم خیلی جوان ازدواج کرده بود. تازه دبیرستان را تمام کرده بود. هر چه شهرتش در بازیگری بالا گرفت، مشکلات زندگی زناشویی‌اش بدتر شد. خوب می‌دانستم چه می‌گوید. شهرت و همیشه جلوی چشم مردم قرار داشتن، ایرادها و ناامنی‌ها را بزرگ‌تر می‌کند و اعتماد و حریم خصوصی را از بین می‌برد. در بسیاری از زندگی‌های عاشقانۀ

هنرمندان هم دیده‌ایم که شهرت چه نیروی مخربی‌ست. نمونه‌های معروفش رومی اشنایدر و آلن دلون و مریلین مونرو و جو دیماجیو بودند. من و بهروز وثوقی که تافتهٔ جدا بافته نبودیم! من از سر تا پا نشناخته عاشق او بودم، از همان گونه عشق‌هایی که شعرای بزرگ به زیبایی از آن سروده‌اند.

اولین بار بهروز را در سال ۱۳۴۴، در جشن تولد شانزده سالگی‌ام دیدم. به همه گفته بودم هجده‌ساله می‌شوم، بی‌قرار فرار از دست مونس و ورود به دنیای بزرگسالان بودم. پاپا یک مهمانی بزرگ به سبک هالیوودی ترتیب داده بود و همهٔ افراد معروف، بازیگران و خواننده‌ها را دعوت کرده بود. البته این یک حرکت تبلیغاتی درجهٔ یک هم به‌شمار می‌رفت، اعم از اینکه پاپا چنین قصدی داشت یا نه. پوری بنایی، که بعد از ماجرای استخر با هم صمیمی شده بودیم، همراه با بهروز آمد. آن زمان بهروز بیست و نُه ساله بود، سه سال بزرگ‌تر از پوری. خیلی به هم می‌آمدند. پوری زنی زیبا با چشمان بادامی و بینی ظریف بود، و بهروز قدبلند، چهارشانه و خوش‌چهره. بهروز با وجود ظاهر جدی اولیه‌اش، به نظر آدم خوش‌مشرب و بانمکی می‌آمد. اما چیزی زیادی از او نمی‌دانستم، جز اینکه نامزد پوری و یک بازیگر تازه‌کار است. هنوز در «قیصر» فیلم درخشان مسعود کیمیایی، بازی نکرده بود؛ فیلمی که بازی در نقش قهرمان اصلی آن، جایگاهش را به عنوان اسطورهٔ سینمای ایران تثبیت کرد. برای من پوری مهم بود، کسی که در آن زمان ستاره‌ای مشهور بود. تنها استعداد و ظرافتش نبود که مرا به سویش جذب می‌کرد، بلکه طرز رفتار، اعتماد به نفس و وقارش هم بود. پوری به‌تدریج مثل خواهر بزرگ‌ترم شد، خواهری که خیلی به او تکیه می‌کردم و برای تمام مشکلات زناشویی‌ام بعد از ازدواج با محمود، به او پناه می‌بردم.

یادم می‌آید یک سال و نیم بعد از آن جشن تولد، هنگامی که محمود را در حال رابطه با زنی در کاباره‌ٔ میامی دیدم، شش ماهه باردار بودم. لرزان و آشفته، به خانهٔ پوری رفتم، وقتی محمود به خانهٔ پوری رسید، قسم خورد که اشتباه کرده است و: «اونی که دیدی، اونی که فکر می‌کنی نیست!» وقتی بحث بالا گرفت، بهروز مداخله کرد، او را کنار کشید و سعی کرد اوضاع را آرام کند. محمود اصرار داشت که عاشق من است، و چون فقط من را می‌خواسته، با من ازدواج کرده. آن شب، پریشان و داغان با او به خانه برگشتم. اما زندگی زناشویی ما، مثل آینه‌ای هزار تکه شده باشد، از هم پاشیده شده بود.

در سال ۱۳۴۹، من و بهروز وثوقی در فیلم «پنجره» به کارگردانی جلال مقدم،

هم‌بازی شدیم. این فیلم بر اساس سناریوی «مکانی در آفتاب» اثر جورج استیونز ساخته شده بود. داستان یک مثلث عشقی تراژیک بود و بازتابی از هیجانات نسخهٔ اصلی. شخصیت من، لیلی، یک اشراف‌زادهٔ ثروتمند بود که سهراب، کارگر جوان و فقیری، که بهروز نقش او را بازی می‌کرد، عاشقش می‌شود. من مشتاق همکاری با بهروز بودم، به‌ویژه بعد از دیدن استعداد فوق‌العاده‌اش در فیلم «قیصر». اشتباه نکرده بودم. همکاری با هنرمندی تا این حد توانا و بی‌نهایت حرفه‌ای تجربهٔ فوق‌العاده‌ای بود.

یک سال و نیم بعد، وقتی بهروز و پوری نامزدی‌شان را به هم زدند، من در تیم دوستم پوری بودم. او قبلاً نگرانی‌اش را، دربارهٔ احتمال وجود روابط پنهانی بهروز با برخی از زنان هم‌بازی‌اش، با من در میان گذاشته بود. من از دست بهروز به‌حدی عصبانی بودم که نمی‌توانستم با لحنی مهربان از او با دوستان هنرمند مشترک‌مان صحبت کنم. مسلماً رفتارم بچگانه بود. ولی ۲۱ سال بیشتر نداشتم و زود احساساتی می‌شدم. مدت زیادی از این ماجرا نگذشته بود که او را خیلی غیرمنتظره در کاباره ونک دیدم. علی عباسی تهیه‌کنندهٔ مشهور سینما برای فیلم جدیدش «حسن کچل»، یک مهمانی داده بود و از من نیز دعوت کرده بود. آن شب حتی یک بار هم به بهروز نگاه نکردم. آشکارا او را نادیده می‌گرفتم. وقتی به درخواست علی برای خواندن روی صحنه رفتم، بهروز که ردیف جلو نشسته بود، به سرعت از جا بلند شد و سالن را با عصبانیت ترک کرد. این رفتار او باعث زمزمه‌هایی در میان حضار شد.

من و بهروز دیگر نه با هم صحبت کردیم و نه یکدیگر را دیدیم. تا یک بعدازظهر سال ۱۳۵۱ آن هم خیلی تصادفی و در شهر رم. من بیست و دو ساله بودم و بهروز سی و پنج سال داشت. برای قرارداد ضبط جدیدم باکمپانی ایتالیایی آرسی‌ای به رم رفته بودم. محمود به دلیل قمار، باخت سنگین و نداشتن پول، در پاریس گیر افتاده بود. کامبیز را بغل کرده بودم و داشتم به سوی هتلم در ویاونتو می‌رفتم. ناگهان خسرو پیشکاری نوازندهٔ فلوت ارکسترم که با ما بود، گفت: «اه! نگاه کن! بهروز وثوقی!»

همه در ایران بهروز را دوست داشتند: پدیده‌ای که به خاطر حضور اثرگذارش روی پردهٔ سینما و جذابیت چهرهٔ مردانه‌اش با آن خطوط قوی و گونه‌های برجسته، چشمان تیره و گیرا و موهای پرپشت مشکی و مجعدش مورد توجه همه بود؛ مردان می‌خواستند شبیه او باشند، و زنان می‌طلبیدند که با او باشند.

زیر لب به خسرو گفتم: «روتو سریع برگردون! قبل از اینکه ما رو ببینه!»

من، خسرو و کامبیز به‌سرعت وارد آسانسور هتل شدیم. در اتوماتیک داشت بسته می‌شد که بهروز وارد آسانسور شد.

با لحنی همیشگی و جذابش گفت: «سلام گوگوش جان» و سپس با بوسیدن دستم، احترامش را نشان داد.

گفتم: «سلام بهروز جان» و طوری وانمود کردم که از دیدنش تعجب کرده‌ام، حرکتش را نادیده گرفتم و پرسیدم «اینجا چیکار می‌کنی؟»

خیلی خلاصه توضیح داد که در فاصلهٔ بین دو فیلم، فرصتی یافته تا سفری بکند، سپس مرا برای روز بعد به ناهار دعوت کرد. سعی کردم بهانه‌ای برای رد دعوتش پیدا کنم. کار سختی نبود. هر بهانه‌ای به نتیجه می‌رسید ولی برای یک لحظه بی‌حرکت ایستادم. فکر کردم: چرا این چنین مهربان شده؟ و بدون آن که پاسخی داشته باشم، به دعوت او پاسخ مثبت دادم.

یادم نمی‌آمد کجا رفتیم یا چه خوردیم، ولی می‌دانم که خیلی زود با او راحت و اُخت شدم. بهروز این حسن بزرگ را داشت که با حضورش به همه احساس راحتی و مهم بودن می‌داد. کمی در مورد زیبایی شهر رم حرف زدیم ولی بهروز خیلی اصرار داشت در مورد قطع رابطه‌اش با پوری حرف خود را بزند، که حاصلش انکار خیانت به پوری بود. به او گوش کردم، با توجه به تجربیات خودم از مردانی مثل پاپا و محمود، طرفداری پوری را می‌کردم. وقتی صحبت‌های بهروز تمام شد، من هم گلایه‌هایم از محمود را با او در میان گذاشتم.

من و محمود تازه از اجرای یک کنسرت موفقیت‌آمیز در آمریکا و برای ایرانیان خارج از کشور برگشته بودیم و قبل از رفتن به رم، چند روزی در پاریس توقف کردیم. پس از این تور پردرآمد، حال محمود چنان خوب بود که تصمیم گرفت برای هر یک از اعضای ارکستر اتاقی مجزا در هتل مشهور ژرژ پنج بگیرد.

بعد ادامه دادم: «ولی روز بعد همهٔ درآمد را در یکی از قمارخانه‌های شانزه‌لیزه باخت.»

وقتی هتل متوجه این موضوع شد، همهٔ وسایل شخصی و آلات موسیقی اعضای ارکستر را به عنوان ضمانت برای پرداخت صورت‌حساب‌ها گرفت. محمود و اعضای ارکستر اجازهٔ خروج از هتل را نداشتند، مگر آنکه حساب هتل را تسویه کنند. من ناچار به ترک پاریس شدم چون زمان ضبط با کمپانی آرسی‌ای نزدیک بود. اصلاً نمی‌خواستم شانس خوانندهٔ بین‌المللی شدنم را از دست بدهم.

در نتیجه همراه با کامبیز و خسرو به رم پرواز کردیم. وقتی به رم رسیدم، همان‌طور که محمود خواسته بود به محمدکریم ارباب یکی از آشنایان ثروتمندش زنگ زدم. او به پاریس پرواز کرد تا بدهی‌ها را بپردازد و شوهر و اعضای ارکسترم را آزاد کند. قرار شد در ازایش من در کاباره باکارا برنامه اجرا کنم.

به بهروز از بدهی‌های کسب و کار خانوادگی محمود هم، که مرا تحت فشار گذاشته بود، گفتم. پاپا از همان ابتدا حق داشت. هتل میامی به همه جا و همه کس بدهکار بود و چک‌های او و برادرش یکی پس از دیگری برگشت می‌خورد. در نتیجه حساب بانکی جدیدی به نام من باز کردند و مجبورم کردند چندین چک سفید امضا کنم. شش عدد از آن چک‌ها را به عنوان ضمانت به یک مرغدار ثروتمند به نام حاجی دُرفشان (صاحب مرغداری معروف دُرفشان و ملقب به حاجی مرغی) دادند، تا تمام بدهی‌هاشان را پرداخت کنند. آن زمان، وقتی در رم با بهروز سر میز نشسته بودم، فکرش را هم نمی‌کردم که یک سال بعد، در سال ۱۳۵۱، پس از جدایی از محمود، حاجی دُرفشان یکی از چک‌ها را به مبلغ یک میلیون تومان (حدود ۱۴۵,۰۰۰ دلار در آن زمان) پر کند، به حساب بگذارد و با برگشت خوردن آن، چک را به اجرا بگذارد و مرا به دادگاه بکشاند. در دادگاه، من از پرداخت آن رقم سرباز زدم، چون مطمئن بودم که من هرگز چنین رقم چکی ننوشته بودم. خوشبختانه دادگاه حرفم را پذیرفت و رأی به برائت من داد. از قرار پس از این ماجرا، دادگاه‌ها در رویارویی با چک‌های تقلبی، با استفاده از «قانون گوگوش» به برائت شاکیانی که نوشته و امضای روی چک با خط دارندهٔ حساب متفاوت بود، رأی می‌دادند.

از اینکه بهروز شنونده خوبی بود تعجب کردم. هرچه بیشتر گوش می‌داد، بیشتر دلم می‌خواست صحبت کنم. مهربانی چشمانش ظاهر خشن او را نرم‌تر می‌کرد و رخصت می‌داد هر آنچه در دل داشتم را با او در میان بگذارم. حتی به او اعتراف کردم که بارها از محمود درخواست طلاق کردم، اما او محل نمی‌گذاشت. خیانت‌ها و روابط نامشروع و تصمیم‌های اشتباه مالی‌اش امانم را بریده بود و خشم و سرخودگی‌ام رابطهٔ متزلزلمان را روز به روز بدتر می‌کرد. بهروز چندان متعجب به نظر نمی‌رسید. او از مشکلات زناشویی ما، از زمانی که با پوری بود، آگاه بود. حتی آن شبی که شش ماهه باردار و دل‌شکسته به خانهٔ پوری رفتم را به خاطر داشت.

در طول آن ناهار، صحبت کردن با بهروز خیلی کمکم کرد. تا آن روز، فری

تنها مردی بود که می‌توانستم با خیال راحت با او دردِدل کنم، تنها مردی که واقعاً گوش می‌داد. روبه‌روی بهروز نشسته بودم، احساس می‌کردم باری از دوشم برداشته شده و آرامش بیشتری پیدا کرده‌ام. یادم رفته بود که بهروز بر خلاف ظاهر خشنش، چقدر بامزه و شوخ‌طبع بود. او هم مثل من یک ترک آذری بود. هرچند با هم فارسی صحبت می‌کردیم، ولی زبان مادری، فرهنگ، روایات و طنز مشترک داشتیم. آنجا، من و او تنها نشسته بودیم و برای اولین بار هر دو احساس کردیم سال‌هاست یکدیگر را می‌شناسیم.

ناهار به سرعت تمام شد. بهروز صورت حساب را پرداخت، لبخندی زد و پرسید آیا آن صحنه‌ای که در فیلم «پنجره» به اتفاق در امتداد ساحل رانندگی می‌کردیم را به خاطر دارم. سپس نوشابهٔ نیمه‌تمام و زرد رنگ ایتالیایی‌اش را با نی به هم زد و ادامه داد:

«گوگی، یادت میاد توی ماشینم پر از آب شده بود؟»

یادم آمد که برای فیلمبرداری آن صحنه از اتومبیل او استفاده کردیم. آن زمان تهیه‌کنندگان بودجهٔ زیادی در اختیار نداشتند و ما هنرپیشگان از لباس و زینت‌آلات و وسایل شخصی خود استفاده می‌کردیم. این رویه‌ای رایج بود.

بهروز ادامه داد: «هیچ‌وقت یادم نمیره چطور پریدی جلو و ماشینو خشک کردی.» بعد با شیطنت لبخندی زد، در چشمانم خیره شد و با همان نگاه نافذی که تماشاگران را مجذوب می‌کرد و احساس و اندیشه را، بدون نیاز به کلمات، انتقال می‌داد، پرسید: «چرا این کارو کردی؟»

نگاهم را از چشمان قهوه‌ای‌رنگش دزدیدم، گونه‌هایم سرخ شدند و جواب دادم: «نمی‌دونم، یادم نیست.»

بلند شدیم و او در حال خداحافظی گفت: «وقتی برگشتی تهران، اگه دلت خواست با کسی حرف بزنی، من هستم.»

با آرزوی سفری خوش از او تشکر کردم.

نخستین کار پس از بازگشت به تهران، تلفن به بهروز بود. او من و محمود را برای نمایش خصوصی فیلم «بلوچ» دعوت کرد. محمود مخالفت کرد. رفتار دوستانه‌اش بعد از آن که دربارهٔ دیدارم با بهروز با او صحبت کردم، تغییر کرده بود. من اما، اگر زندگی‌ام تا این حد به‌هم ریخته نبود، حتماً به تنهایی می‌رفتم. همهٔ دارایی‌مان را از دست داده بودیم. محمود آپارتمان کرایه‌ای را پس داده بود و اثاثیه‌اش را فروخته

بود تا قروضش را بپردازد و من با یک چمدان لباس در هتل شرایتون زندگی می‌کردم. بعد از مدتی صبرم به پایان رسید. دیگر تاب دیدار محمود را نداشتم. به او گفتم طلاق می‌خواهم و با کامبیز به خانهٔ مادرم رفتیم. محمود طوری رفتار می‌کرد که گویی هیچ اتفاقی نیفتاده ولی من دیگر توان ادامهٔ آن زندگی را نداشتم. یک شب که مهمان خانهٔ پوران بودم، در اثر یک حمله اضطراب، غش کردم و بلافاصله به بیمارستان منتقل شدم.

اول مرا به بیمارستان جم بردند، جایی که دوست پوران، دکتر صلحی‌زاده، متخصص مشهور اعتیاد، دارویی بسیار قوی برای معالجهٔ درد و اضطرابم تجویز کرد. متأسفانه، وقتی رسانه‌ها گزارش دادند که به دلیل اعتیاد به تریاک در بیمارستان بستری شده‌ام، اضطرابم به سرعت برگشت. تا رضا قطبی، رئیس رادیو و تلویزیون ملی ایران و لیلا فولادوند رئیس دفترش و دوستم، این مطالب را خواندند، به کمکم آمدند و مرا به بیمارستان مهر، که با این سازمان قرارداد داشت، منتقل کردند. از یاری آنها تعجب نکردم. گوگوش بزرگ‌ترین ستارهٔ پاپ ایران بود و با این حجم از شهرت، دیگر حریم خصوصی او معنایی نداشت. زندگی من فقط متعلق به خودم نبود، گوگوش به مردم تعلق داشت.

آقای قطبی، برای پایان دادن به شایعات، دستور داد از من آزمایش مواد مخدر بکنند. هیچ‌کس، حتی پرستاران یا پزشکان، هم مخالفتی نکرد. هیچ‌یک از اطرافیانم هم فکر نمی‌کرد که این کار مشکل‌زا باشد. متأسفانه، وقتی نتیجهٔ آزمایش مثبت از آب درآمد، هیچ‌کس در بیمارستان مهر فکر نکرد با بیمارستان جم تماس بگیرد تا فهرست داروها یا آرام‌بخش‌هایی که دکتر صلحی‌زاده به من داده بود، مورد بررسی قرار گیرد. من هم بیش از آن بیمار و خسته بودم که بتوانم درست فکر کنم، چه رسد به این که نتیجه‌گیری آنها را به چالش بکشم.

نتیجهٔ آزمایش مواد مخدر در بخش خبر همهٔ نشریات منتشر شد. خبرنگاران مرتباً پشت اتاق بیمارستان من اجتماع می‌کردند و دربارهٔ اعتیاد احتمالی‌ام به مواد مخدر اطلاعات بیشتری می‌خواستند. چه زمانی تریاک را شروع کردم؟ چه کسی مرا معتاد کرد؟ آیا هروئین هم مصرف می‌کردم؟ پرستاران سعی می‌کردند آنها را متفرق کنند تا به من امکان استراحت بدهند. این رفتارهای تحقیرآمیز عزم مرا برای طلاق از محمود جزم کرد. اما محمود نمی‌خواست تسلیم شود.

محمود هم مثل خبرنگاران، مدام می‌آمد و التماس می‌کرد که دوباره پیش او

برگردم. از برادرانم خواستم که او را از من از دور نگه دارند، همان کاری که با خبرنگاران می کردند. اما برادرانم همیشه آنجا نبودند. یک روز، نخست وزیر امیرعباس هویدا، که دربارهٔ این جنجال ها شنیده بود، تلفنی با اتاق من تماس گرفت.

هویدا از سال ۱۳۴۳ نخست وزیر بود. من او را، هنگام اجرای برنامه در ضیافت های مختلف دربار، ملاقات کرده بودم. برخلاف برخی دیگر از وزرا یا سران کشورها و با وجود شیک پوشی، ظاهر روشنفکرانه و تیزهوشی اش، خودمانی و فروتن بود. همیشه مرا با مهربانی مورد خطاب قرار می داد. همین منش بود که ارتباط با او را راحت و محترمانه می کرد. وقتی از حالم پرسید، فکر کردم: نکند نتیجهٔ آزمایش مواد مخدر را باور کرده!؟ همه چیز را برایش توضیح دادم، از نتیجهٔ اشتباه آزمایش ها گرفته تا رسانه ها و البته از گرفتاری با محمود. بدون این که خیلی وارد جزئیات شوم، توضیح دادم که محمود از طلاق دادن من خودداری می کند. سپس با ناامیدی پرسیدم که آیا می تواند در این زمینه کمکم کند. کمتر از یک ساعت بعد، یک نگهبان امنیتی جلوی اتاقم سبز شد و محمود و خبرنگاران را عقب راند. نمی دانم هویدا چه کاری کرد یا چه گفت، یا اصولاً دخالتی کرد یا نکرد، ولی محمود خیلی زود با اکراه موافقت کرد که برگه های طلاق را امضا کند.

چند هفته در بیمارستان بستری بودم. هم چنان که روی تخت بیمارستان دراز کشیده بودم، تنها چیزی که با اشتیاق منتظرش بودم دیدار بهروز بود. شب ها به من زنگ می زد که در راه بیمارستان است. من از تخت برمی خاستم و از پشت پنجره بیرون را نگاه می کردم. او را می دیدم که در آن طرف خیابان، زیر تیر چراغ برق ایستاده است. برای یکدیگر دست تکان می دادیم. همین. و این تصویر زیبای یک حکایت عاشقانه بود. بهروز فقط یک گیتار کم داشت.

بعد از مرخص شدن از بیمارستان، برای مدت کوتاهی به خانهٔ ماما برگشتم. احساسم نسبت به بهروز هر روز بیشتر می شد. نام او را که می شنیدم، قلبم به طپش می افتاد. خیلی سعی می کردم خود را خونسرد نشان دهم. محمود که متوجه تغییر حال من شده بود، با وجودی که آخرین بخش های قانونی طلاق مان در جریان بود، فوراً با رسانه ها تماس گرفت و شایعاتی راه انداخت که من دارم به خاطر بهروز او را ترک می کنم. البته هیچ اشاره ای به رابطه اش با زنان متعدد یا این که بیش از یک سال است که از او درخواست طلاق کرده ام، نمی کرد. در نتیجه قبل از اینکه بهروز رسماً وارد زندگی من شود، رسانه ها را به یک جنجال بزرگ کشاند و آنها را قانع کرد

که من یک مادر خودخواه هستم و می‌خواهم پسر پنج ساله‌ام را رها کنم. مجلات عکس‌هایی از کامبیز گریان را، همراه با جملاتی مثل «مامان، منو ترک نکن!»، روی جلد چاپ می‌کردند. حتی نامه‌هایی از مردم (بیشتر مادرهای نگران و گاهی هم پدرها) منتشر می‌کردند که مرا مورد سرزنش قرار می‌دادند. خوانندگان می‌پرسیدند: «چرا گوگوش اشتباهات مادرش را تکرار می‌کند؟ آیا او دوران کودکی خودش را به یاد نمی‌آورد؟»

من در مصاحبه‌های متعددی واکنش نشان دادم. اما هیچ‌کس علاقه‌ای به شنیدن نداشت؛ هیچ‌کس به واقعیت اهمیتی نمی‌داد؛ و هیچ‌کس به این که محمود مرا زیر فشار گذاشته بود که تنها در صورتی حاضر به طلاق دادن من است که حضانت کامل کامبیز را به او بدهم، توجهی نمی‌کرد. من تسلیم شده بودم ولی می‌دانستم او قادر نخواهد بود برای همیشه مرا از فرزندم جدا کند.

به محض اینکه قوایم را به دست آوردم، به پاریس نزد فری رفتم. او چند ماه قبل به آن‌جا نقل مکان کرده بود. نیاز داشتم از همهٔ این جنجال‌ها فاصله بگیرم. از آنچه بین من و بهروز در حال شکل‌گیری بود هم فاصله گرفتم. نمی‌خواستم با وجود این همه فشارها، به او نزدیک‌تر شوم. نمی‌خواستم خوراک بیشتری به خبرنگاران بدهم. تیترهای جنجالی و روایات نادرستی مثل «گوگوش شوهر و فرزند کوچکش را به خاطر بهروز وثوقی رها کرد!» کلافه‌ام کرده بودند. تلفنی به بهروز گفتم برای مدتی می‌روم. لازم نبود توضیح بیشتری بدهم. او هم درک کرد.

یک ماه با فری بودم، یک ماه جادویی. او آن زمان بیست سالش بود. برای یک سال به پاریس نقل مکان کرده بود تا با هزینهٔ خودش هم در مدرسهٔ آلیانس زبان فرانسه یاد بگیرد و هم در زمینهٔ پرورش انگور آموزش عملی ببیند. فری هفته‌ای چند بار، بعد از کلاس، به یک تاکستان محلی خارج از پاریس می‌رفت. در آنجا پاچه‌های شلوارش را بالا می‌زد و ساعت‌ها انگورها را له می‌کرد و ساعتی ۶ فرانک می‌گرفت. من خیلی به او افتخار می‌کردم! او با دوست‌دختر و هم‌اتاقی‌اش در یک اتاق کوچک، که زمانی اتاق خدمتکارهای ساختمانی قدیمی واقع در بلوار سن ژرمن بود، زندگی می‌کرد. هرگز پله‌های باریک آن ساختمان را فراموش نمی‌کنم. آسانسور نداشت و ناچار باید تا طبقهٔ هفتم را با پله بالا می‌رفتیم. چهار نفری مثل ماهی‌های ساردین، ردیف کنار هم، در آن اتاق می‌خوابیدیم و امکان دنده به دنده شدن هم نداشتیم. ولی من، هر شب مثل یک نوزاد، آرام می‌خوابیدم. نه به محمود

فکر می‌کردم، نه به رسانه‌ها و نه به نفرتی که گوگوش با آن مواجه شده بود. به بهروز هم فکر نمی‌کردم. فقط از لحظات بودن با فری لذت می‌بردم. ما دو نفری حتی به یک سفر دور اروپا هم رفتیم.

فری بیش از هر کس دیگری مرا می‌شناخت. اصلاً کنجکاوی نمی‌کرد، فقط می‌گذاشت خودم باشم. با شور و شوق دربارۀ زندگی جدیدی که داشت برای خودش می‌ساخت، صحبت می‌کرد. همیشه خوش‌بین و مقاوم بود و به موانعی که در مسیرش وجود داشت، اهمیت نمی‌داد. من در شادی‌اش شریک شدم و از اینکه می‌دیدم مرد با اعتمادبه‌نفس و بالغی شده، به او افتخار می‌کردم. می‌خواستم برای همیشه در پاریس و با فری بمانم. و ماندم. تا اینکه هژیر داریوش به پاریس آمد و مرا متقاعد کرد به ایران برگردم تا در مراسم جشنوارۀ فیلم سپاس سال ۱۳۵۱ شرکت کنم. من برای ایفای نقش بیتا در فیلم «بیتا» نامزد جایزۀ سپاس شده بودم.

وقتی جایزۀ سپاس را بردم، شگفت‌زده شدم. «بیتا» یک فیلم تاریک (نوآر) و پیشرو (آوانگارد) بود و با همۀ نقش‌های گذشته‌ام فرق داشت. به همین دلیل از بازی خودم مطمئن نبودم. فیلم سیاه و سفید بود و داستان مبارزۀ یک زن جوان با بیماری روانی پدرش، عشقی یک‌طرفه، موانع اجتماعی و خودتخریبی. به دلیلی نامعلوم، هژیر داریوش فیلمبرداری را با صحنۀ بسیار عاطفی پایان داستان شروع کرد. به یاد دارم چقدر قبل از شروع فیلمبرداری آن صحنه دستپاچه بودم. بیتا شخصیت عزادار من، لباس سیاه به تن دارد و به آرامی وارد خانه‌ای خالی می‌شود، یک سفره کف اتاق پذیرایی پهن می‌کند، سه بشقاب خالی می‌چیند و سپس شروع به نوشیدن ودکا می‌کند. این نخستین باری بود که در صحنه‌ای چنین پرقدرت ظاهر می‌شدم. مطمئن نبودم که کارم را به‌درستی انجام داده‌ام. ولی وقتی از سوی هژیر، گلی ترقی نویسندۀ سناریو و هوشنگ بهارلو فیلمبردار مورد تشویق قرار گرفتم، نفسی به راحتی کشیدم. «بیتا» را زمانی که از ازدواجم با محمود دچار ناامیدی کامل شده بودم، فیلمبرداری کردیم. هرچند گوگوش و بیتا دو انسان کاملاً متفاوت با زندگی‌های متفاوت‌تر بودند، گاه احساس می‌کردم فاصلۀ زیادی بین شخصیت افسردۀ او و من نیست. خود را در حال تجربۀ همان احساساتی می‌دیدم، که بیتا داشت و این مرز بین واقعیت و تخیل را کم‌رنگ کرده بود. دریافت جایزۀ سپاس باعث شد برای یک لحظه به این نتیجه برسم که همۀ آن دردها و بدبختی‌ها به دیدن این روز می‌ارزید.

بعد از مراسم اهدای جوایز، به بهروز زنگ زدم. وقتی که برگشتم، متوجه شدم که رسانه‌ها محمود و من را رها کرده بودند. من و بهروز رابطه‌ای عاشقانه و بدون نظارت و دخالت رسانه‌ها را شروع کردیم. به سرعت جدانا‌پذیر شدیم. هر بار که به خانه‌اش در خیابان امیرآباد نزدیک دانشگاه تهران نزدیک می‌شدم، قلبم به‌شدت می‌تپید. او خیلی با محمود فرق داشت: ورزشکار، بازیگوش و شوخ بود و ساعت‌ها مثل بچه‌ها با هم می‌خندیدیم. عاشقش شده بودم. در آن روزهای اول، هرگز نمی‌توانستم تصور کنم که این عشق روزی مثل یک آتش به جان‌مان بیفتد و همه چیز را در مسیرش نابود کند.

چند ماه بیشتر از رابطه‌ام با بهروز نگذشته بود و داشتم در جشن تولد شاهدخت اشرف، خواهر دوقلوی شاه، برنامه اجرا می‌کردم. بهروز هم به عنوان مهمان حضور داشت. شهرت، جذابیت، ظاهر خوش‌تیپ و شوخ‌طبعی‌اش جایگاهی در میان همراهان عمدتاً مرد او به دست آورده بود. به نظرم از دیدن من در آنجا غافلگیر شد. البته ما هر دو روزهای بسیار پرمشغله‌ای داشتیم که اطلاع از همهٔ آنها برای دیگری مشکل بود. بهروز در پایان اجرا به سراغم آمد. یک دست تاکسیدوی شیک و برازنده به‌تن داشت و گفت که دوست ندارد در انظار عمومی آواز بخوانم.

مات و مبهوت شدم. من گوگوش بودم. بهروز بارها مرا در حال خواندن دیده بود، حتی همین چند شب پیش. چرا حالا نظرش عوض شده بود؟ و به عنوان یک هنرمند واقعی، چطور می‌توانست چنین چیزی بگوید؟ محمود، با وجود تمام معایبش، همیشه به گوگوش ایمان داشت و مرا در آواز خواندن تشویق می‌کرد. خیلی عصبانی شدم. شاید بهروز داشت مرا امتحان می‌کرد و می‌خواست ببیند بین او و کار کدام را انتخاب می‌کنم. شاید هم خانواده‌اش او را تحت فشار قرار داده بودند که مرا ترک کند، زنی را که قبلاً ازدواج کرده بود، یک بچه داشت و به زعم آنان مطرب هم بود. نمی‌توانستم آنها را سرزنش کنم. همه این اتفاقات تازگی داشتند. تنها چند دهه پیش زنی به نام قمرالملوک وزیری اولین کسی بود که جرأت کرد بدون حجاب روی صحنه آواز بخواند. اما موسیقی زندگی من بود. قرار نبود برای هیچ‌کس، حتی بهروز، آن را رها کنم. آن شب و شب‌های بعد به آپارتمانش نرفتم.

چند هفته بعد، مهدی مصیبی و شاپور قریب جداگانه با هر دوی ما تماس گرفتند تا در فیلم جدیدشان «ممل آمریکایی» بازی کنیم. داستان فیلم جالب بود، دربارهٔ مردی به نام ممل و مشهور به ممل آمریکایی که بزرگترین آرزویش رفتن به

آمریکا، سرزمین امکانات و هالیوود بود و مرتب در حال نقشه‌کشی برای این سفر. ولی همهٔ برنامه‌ریزی‌های او با دیدن دختری به نام نسرین نقش بر آب می‌شود، دختری که چهرهٔ اصلی‌اش پنهان است. وقتی فهمیدم بهروز نقش ممل را بازی می‌کند، از بازی در فیلم منصرف شدم. از دست او بسیار عصبانی بودم. ولی مهدی، تهیه‌کنندهٔ فیلم خیلی پافشاری کرد و گفت که این دو نقش فقط برای من و بهروز نوشته شده است. بهروز یکی از گران‌ترین هنرپیشگان مرد ایران بود و من تازه جایزهٔ سپاس را برده بودم.

هفته‌ها بود که من و بهروز، خارج از محدودهٔ فیلم، یک کلمه هم با یکدیگر حرف نمی‌زدیم. تا کارگردان دستور «کات» می‌داد، من سریع به خانهٔ پوران برمی‌گشتم. وقتی از پاریس برگشتم به خانهٔ پوران رفتم و آنجا ماندم. محمود تمام پولم را گرفته بود و مردم نمی‌دانستند که گوگوش ورشکسته شده. پوران و شوهرش لطف کرده به من جای ماندن دادند. آنها کم‌کم کردند تا درآمد حاصل از بازی در فیلم و اجرای برنامه‌های شبانه در کاباره میامی و برنامه‌های دیگر را پس‌انداز کنم و کمی نفس راحت بکشم. همهٔ این محبت‌ها باعث شد که خیانت پوران، در سال ۱۳۵۷ در لُس‌آنجلس، از نظر روحی نابودم کند و تراژدی بزرگ زندگی‌ام شود.

سر صحنه‌های فیلمبرداری، من و بهروز، بدون اینکه نگاهی به هم بیندازیم، از کنار هم می‌گذشتیم، و تا کارگردان فرمان «حرکت» می‌داد، در جلد شخصیت‌هایی که عاشق یکدیگر بودند، می‌رفتیم. از دست او عصبانی بودم، و عصبانی‌تر از این که هنوز دوستش داشتم. در آخرین صحنه، از ما خواستند که یکدیگر را گرم در آغوش بگیریم و از شادی گریه کنیم. هنگامی که تصادفاً به چشمان قهوه‌ای‌رنگش نگاه کردم، اشک‌های واقعی از گونه‌های هر دومان جاری شد. من دیگر نسرین نبودم، او هم ممل نبود. تمام گروه فیلمبرداری، از جمله شاپور قریب، بغض کردند. از آن روز به بعد، بهروز دیگر از من نخواست که آواز خواندن را کنار بگذارم.

ماه‌های بعد رؤیایی‌تر بود، زیرا سخت‌کاری من نتیجه داد و از بحران مالی بیرونم کشید. ظرف نه ماه به اندازهٔ کافی پس‌انداز کردم تا یک خانه بخرم. وقتی آقا و خانم تهرانچی، زوج مهربانی که قبلاً ملاقات‌شان کرده بودم، به من دربارهٔ طرح جدید ساخت یک سری ویلا در ولنجک اطلاع دادند، بدون لحظه‌ای تردید تصمیم گرفتم بروم و آنجا را ببینم. ولنجک، معروف به بام تهران، در منطقهٔ مرفه شمیران واقع شده بود، جایی که سفارت‌های خارجی و کاخ‌های نیاوران و سعدآباد

قرار داشتند، و از هر محل دیگری که تا آن زمان زندگی کرده بودم، دورتر بود.

یک بعدازظهر بهاری، پس از نُه ماه زندگی در منزل پوران و سر و سامان دادن به زندگی‌ام، پانزده دقیقه راندم تا به ولنجک رسیدم. در حین رانندگی به سمت خیابان کامبیز (که تصادفاً نام پسرم را داشت) فکر می‌کردم چقدر هوا در دامنهٔ کوه البرز تازه‌تر از نقاط دیگر است. قبل از اینکه خانه‌های لوکس جدید ساخته شوند، مردم تابستان‌ها برای فرار از گرما به این منطقه می‌آمدند.

از خیابان کامبیز، به یک جادهٔ خاکی پیچیدم. در یک طرف چندین ویلای جدید ردیف شده بود که با دیوارهای بلند از هم جدا می‌شدند و طرف دیگر زمین‌های ساخته نشده بود. پشت یکی از این دیوارها و دور از نگاه رهگذران، به یک ویلای دوطبقهٔ مدرن رسیدم که ترکیبی از معماری سنتی و معاصر ایرانی بود. یک باغچهٔ کوچک مرتب و منظم داشت و آب استخرش زیر نور گرم خورشید می‌درخشید.

با قدم زدن به سمت آن ویلا، خنکی هوای دامنه‌های کوه را روی پوستم حس کردم. شلوغی شهر، ترافیک سنگین، بوق اتومبیل‌ها و دعواهای پر سر و صدا کم‌کم جای خود را به ترانه‌خوانی گنجشک‌ها، خش‌خش آرام برگ‌ها و صدای یک‌نواخت جیرجیرک‌ها دادند. احساس آرامش کردم و عاشق آن خانه و آن منطقه شدم.

ویلا تمیز و بی‌نقص بود، نمای سنگی روشنش زیر آفتاب بعدازظهر چنان می‌درخشید که انگار تازه صیقل داده شده بود. هنوز هیچ گیاه چسبنده‌ای روی آن ندویده بود که خطوط صاف و مدرن ساختمان را نرم کند. نرده‌های فلزی منحنی شکلی که تازه روی پنجره‌های بزرگ نصب شده بودند، اشکال هندسی ایرانی را به نمایش گذاشته بودند و نمادی ظریف از ترکیب نقوش سنتی و مدرن بودند. نور خورشید از لابه‌لای نرده‌ها سایه‌های درهمی روی کف سنگی بهارخواب می‌انداخت.

بالای سرم یک ایوان کوچک بود. تصور کردم اگر در یک عصر خنک آنجا بنشینم، نسیم رایحهٔ گل‌های یاس و رز را با خود بیاورد، خورشید را، که پشت درختان ناپدید می‌شود و آسمان را با سایه‌روشن‌های طلایی و نارنجی نقاشی می‌کند، تماشا کنم، شاهد این یک لحظهٔ ناب زیبا خواهم بود. از تصور چنین لحظه‌ای موجی از نشاط سراسر وجودم را در برگرفت.

در ورودی در انتهای یک طاقی قرار داشت. احساس کردم آنچه پشت در است، خانه نیست، یک پناهگاه است. وقتی داخل شدم، گرمای آرام‌بخشی بر من غالب شد. داخل خانه بزرگ و جادار بود. اتاق‌ها، با نور طبیعی که از پنجره‌ها به درون می‌تابید، روشن و دلباز بودند و پنجره‌ها چشم‌انداز باغ را قاب گرفته بودند. در هر پنج اتاق خواب بزرگ طبقهٔ دوم گشتم و همان لحظه یکی را برای خودم (و بهروز)، یکی را برای کامبیز و یکی را برای مهمانان شبانه مثل فری، فریبرز و عادل، یا یک دوست نزدیک انتخاب کردم. همان لحظه تصمیم گرفتم یک اتاق خواب را هم به اتاق نشیمن و تلویزیون تبدیل کنم. تماشای فیلم نه تنها سرگرمی که کلاس درس هم بود تا از بزرگان این هنر بیاموزم، هر حرکت، هر نگاه، و حتی نحوهٔ لرزش لب‌های آنان را با یک دقت بررسی می‌کردم.

ویلا به اندازهٔ عمارت پروانه در فیلم «در امتداد شب» مجلل و باشکوه نبود. نه ستون‌های مرمرین پر زرق و برق داشت و نه از تزئینات طلایی خبری بود. سادگی‌اش آنجا را دلپذیرتر می‌کرد. راحت و در عین حال شیک بود. اصلاً این خانه برای من ساخته شده بود.

می‌دانستم پوران و همسرش برایم خوشحال خواهند شد و بعد از ماه‌ها میزبانی، از رفتن من نفس راحتی خواهند کشید و آرامش خود را از نو پیدا خواهند کرد. قیمت پیشنهادی کمی کمتر از یک میلیون تومان شد (حدود ۱۴۵ هزار دلار در سال ۱۳۵۱) که در حد توان و امکانات مالی‌ام بود. هنگام امضای سند، حال خوبی داشتم و در دل گفتم: «موفق شدم! خودم تنها. بدون پاپا، بدون محمود یا هر مرد دیگری که زندگی‌ام را مدیریت کند!» این موضوع به نوعی باعث شد که قدر بهروز را بیشتر بدانم، چون هیچ‌وقت در تصمیمات مالی من دخالت نمی‌کرد و استقلالی را که برای به‌دست آوردنش سخت تلاش کرده بودم، به من می‌داد.

من و بهروز، قبل از ازدواج، سه سال با هم بودیم. او از وضع موجود راضی بود. با هم در خانهٔ جدیدم در ولنجک زندگی می‌کردیم. وقتی هم کار نداشتیم و آزاد بودیم، به ویلای او در ساحل دریای خزر می‌رفتیم. گاهی اوقات کامبیز را، که بهروز بسیار دوستش داشت، با خود می‌بردیم. بهروز دوست نداشت کسی از رابطهٔ ما باخبر باشد و از من می‌خواست که آن را از خبرنگاران پنهان نگهدارم. اما من در عمق وجودم می‌دانستم که او نمی‌خواست متعهد شود. در سال ۱۳۵۲، یک سال قبل از ازدواج، باردار شدم.

آن روزی که این خبر را به او دادم، خیلی خوب به یاد دارم. یکی از آن روزهای بسیار شلوغ را پشت سر گذاشته بودیم. بهروز برای ساعات طولانی سر صحنه بود و من در حال دویدن بین اجرای برنامه‌های تلویزیونی، رادیویی و خواندن در کاباره‌ها. روی کاناپه در اتاق نشیمن نشسته بودیم و یک لحظهٔ نادر آرام گرفته بودیم. معمولاً برنامه‌های هر دوی ما به‌حدی پر بود که به‌ندرت فرصتی برای استراحت در کنار هم را پیدا می‌کردیم. من دیگر نمی‌توانستم صبر کنم. قلبم با هیجان و اضطراب می‌تپید و آماده بودم خبری به او بدهم که می‌دانستم همه چیز را تغییر خواهد داد. چشمانش از شنیدن خبر و خوشحالی برق زد. از این که همیشه آرزو داشت پدر شود صحبت کرد. او با بچه‌ها، از جمله کامبیز، خیلی خوب بود. دربارهٔ اسم نوزاد صحبت کردیم و این که چه شکلی خواهد شد. آن شب با این احساس که بالاخره همه چیز در زندگی‌ام جا افتاده، به خواب عمیقی رفتم و لبخند بر لب به استقبال آینده‌ای روشن و پر امید شتافتم.

اما صبح روز بعد، ناگهان همه چیز تغییر کرد. شور و شوق بهروز از بین رفته بود. گفت با مادرش صحبت کرده و با هم تصمیم گرفته‌اند که بهترین کار این است که من جنین را سقط کنم. توضیح بیشتری هم نداد. جای هیچ بحثی نبود و هیچ توجهی به خواستهٔ من نشده بود. آن دو، بدون من ولی دربارهٔ من تصمیم گرفته بودند. یکباره فرو ریختم. می‌خواستم گریه کنم و سر او و مادرش فریاد بکشم. اما کلمات در گلویم گیر کردند. ترس از دست دادن بهروز خفه‌ام کرده بود. نه جنگیدم و نه بحث کردم. فقط سری تکان دادم و جلوی ریزش اشک‌هایم را گرفتم.

سعی کردم خود را قانع کنم که تصمیم درستی بود، وگرنه ممکن بود دوباره در تیررس یک کارزار خصمانهٔ رسانه‌ای برای بارداری خارج از ازدواج قرار بگیرم. به مدیر برنامه‌ام زنگ زدم. او مرا برای سقط جنین، به خانهٔ یک زوج در محلهٔ یوسف‌آباد بردکه در طول عمل مرا نیمه‌هوشیار نگهداشتند. تا سال ۱۳۵۵ سقط جنین خودخواسته قانونی نشده بود. من و بهروز دیگر هیچ‌وقت دربارهٔ این موضوع صحبت نکردیم. او طوری رفتار می‌کرد که انگار هیچ اتفاقی نیفتاده و فقط یک تغییر جزئی در برنامه‌های خود ایجاد کرده‌ایم. من سکوت کردم و احساساتم را مثل همیشه، با کار کردن بیشتر، در دل دفن کردم.

بهروز دربارهٔ ازدواج صحبت می‌کرد، ولی واقعاً نمی‌خواست به آن تن بدهد. ناچار او را تحت فشار گذاشتم. نمی‌خواستم به عنوان زنی که آزادانه با مردی زندگی

می‌کند، شهرت پیدا کنم. بدنامی که هرگز به او یا مردان دیگر نمی‌چسبید! هرچند چنین رابطه‌ای غیرقانونی نبود و این نوع زندگی در میان نخبگان رایج بود، عموم مردم هنوز به زنانی که این‌گونه زندگی می‌کردند، نگاه خوبی نداشتند. انتظارات اجتماعی به‌شدت مرا تحت فشار قرار داده بود. داشتم روی طناب باریکی بین مدرنیته، که از طریق سینمای بین‌المللی وارد زندگی ما هنرمندان شده بود و سنت‌های عمیق و ریشه‌دار ایرانی، راه می‌رفتم. شاید برای زنان اروپایی دههٔ پنجاه یا شصت میلادی هم وضع مشابهی وجود داشت، اما در ایران، به عنوان یک کشور مسلمان، لایه‌ای از فشار نیز بر آن اضافه می‌شد.

اما آنچه بیشتر از فشارهای اجتماعی مرا آزار می‌داد، این بودکه او هرگز از رابطهٔ من و خودش با دیگران حرفی نمی‌زد. من جوان بودم و سخت عاشق. ساده‌لوحانه فکر می‌کردم قادر خواهم بود او را تغییر بدهم تا به زنان بی‌شماری که خود را به پایش می‌انداختند، بی‌اعتنایی کند. تا آنجا به او فشار آوردم که در نهایت، آنچه را می‌خواستم به‌دست آوردم.

ما در سال ۱۳۵۴ در خانه‌ام در ولنجک و با حضور حدود دوازده نفر، ازدواج کردیم. حاضران فقط یک آخوند برای اجرای عقد، مهدی مصیبی به عنوان شاهد، چند دوست نزدیک و مادر بهروز بودند. ماما و پاپا، فری یا هیچ‌یک از برادرانم را دعوت نکردم؛ نمی‌خواستم مراسم پر سر و صدایی باشد. من و بهروز سال‌ها بود با هم زندگی می‌کردیم. عقد بسیار ساده‌ای بود، با سفره‌ای بسیار ساده‌تر. هیچ شباهتی به پذیرایی مجلل خانوادهٔ محمود، که چند روز قبل از جشن عروسی هتل میامی، در خانهٔ برادرش برگزار شده بود، نداشت. دوستان در چیدن سفره کمک کردند و وسایل مرسوم مثل آینه، قرآن، شمع، اسپند، نان سنگک، تخم‌مرغ، آجیل، عسل، میوه و شیرینی، سکه‌های طلا، کله‌قند و گلاب را روی آن گذاشتند. همه، از جمله خود من و بهروز، لباس‌های ساده پوشیده بودیم.

مادر بهروز به‌وضوح ناراحت بود و مرتب می‌گفت قرار نبود اولین ازدواج پسرش این گونه با عجله و پنهانی برگزار شود. ولی مشکل اصلی او من بودم: یک عروس مطلقهٔ بچه‌دار. او طی این سال‌ها چندین و چند بار تکرار کرده بود که لیاقت پسرش بیش از اینها بود. من از محل نمی‌گذاشتم، عین روز عقد که بهروز حتی زحمت خریدن حلقهٔ عروس را به خود نداده بود.

وقتی مادرش از او خواست حلقه‌ای را که برای من خریده، نشانش بدهد،

بهروز گفت نمی‌دانسته باید حلقه‌ای به من بدهد. گفتم اشکالی ندارد، انگشتری داشتم که شبیه حلقهٔ ازدواج بود به او دادم تا آن را در جعبه‌ای بگذارد و موقع عقد به انگشتم کند. مادرش هم به‌سرعت اضافه کرد: «ولی منم چیزی برای گوگوش نخریدم.» به او هم گفتم نگران نباشد و از گاو صندوق‌وقم یک گردنبند طلا در آوردم، درون جعبه‌ای گذاشتم و به دستش دادم. اجازه ندادم حرف‌هایش مرا آزار دهد. ولی در پشت لبخندهایی که می‌زدم، با احساس دوگانهٔ خود درگیر بودم. از اینکه بالاخره با عشق بزرگ زندگی‌ام ازدواج می‌کنم، خوشحال بودم، ولی از دست بهروز عصبانی بودم. دو روز قبل، وقتی بهروز از ازدواج پا پس کشید، دعوای مفصلی کردیم و من حلقهٔ عروسی را، که برای او خریده بودم، در سوراخ توالت فرنگی انداختم. بهروز، وقتی صدای برخورد حلقه را در کاسهٔ توالت فرنگی شنید، از جا پرید و هر دو با دست‌مان آن را بیرون آوردیم. طبق معمول دیگر دربارهٔ آن دعوا حرف نزدیم و تظاهر کردیم که هیچ اتفاقی نیفتاده است.

به ماه عسل هم نرفتیم. بهروز بلافاصله پس از عروسی با شاهدخت اشرف پهلوی و همراهانش به آمریکا سفر کرد و من برای فیلمبرداری فیلم «نازنین» به کارگردانی علیرضا داوودنژاد به بندر پهلوی رفتم. در این فیلم کنار برادر شوهر جدیدم، چنگیز وثوقی، بازی می‌کردم. یکی دو هفته‌ای از فیلمبرداری نگذشته بود که متوجه شدم باز هم حامله هستم. بدون اینکه چیزی به بهروز بگویم، مجدداً کورتاژ کردم. می‌دانستم دچار احساسات دوگانه‌ای خواهد شد. علاوه بر این، نشریات شروع به انتشار این شایعه کرده بودند که «گوگوش باردار شده و بهروز وثوقی به این دلیل با او ازدواج کرده است.» شاید هم فهمیده بودم این ازدواج دوام زیادی نخواهد داشت. نیّر زنی که در فیلم «نازنین» نقشش را بازی می‌کردم هم درگیر تصمیم‌گیری برای کورتاژ بود. در واقع، این یکی از بزرگ‌ترین تصمیم‌های زندگی هر زن است. هر دو سقط جنین‌ها سخت دردناک بودند و بر روان و جسمم زخمی عمیق گذاشتند. بارها از خود پرسیده‌ام اگر آن دو کودک را داشتم چه می‌شد! اما در عین حال آگاه بودم که نمی‌توانستم یک زندگی عادی و پایدار برای‌شان فراهم کنم، همان‌طور که برای کامبیز هم نتوانستم. با تمام فشار شهرت و بار عاطفی دوران کودکی‌ام، می‌دانستم که به عنوان یک مادر چه کمبودهایی دارم. با این حال، گاهی به آن دو فکر می‌کنم. وقتی بهروز از آمریکا برگشت، واقعیت را به او گفتم. به نظرم رسید که با این تصمیم هم مشکلی نداشت.

از بیرون، رابطهٔ ما به نظر فوق‌العاده می‌رسید: دو هنرمند جوان و مشهور، هم‌بازی فیلم‌های عاشقانه و عاشق یکدیگر. عکس‌های روی جلد مجلات این را با آب و تاب انعکاس می‌دادند و ما را با زوج‌های رؤیایی هالیوود مثل الیزابت تیلور و ریچارد برتون مقایسه می‌کردند، اما همهٔ قضیه را نمی‌گفتند. مثل بیشتر روابطی که در مرکز توجه قرار دارند، برنامه‌های شلوغ، فاصله‌های طولانی و شایعات دائمی، حال خوب ما را گرفت و بدترین ما را آشکار کرد. مجلات نمی‌دانستند که زنان زیادی دور بهروز را گرفته بودند، از جمله معشوقه‌های سابقش که شایعاتی دربارهٔ آنها بر سر زبان‌ها بود، یا حسادت شدید بهروز به من که گاه بیمارگونه می‌نمود. چندین بار او را در حال بررسی لباس‌هایم دیدم. یا در جیب‌شان دنبال مدرکی می‌گشت یا بوشان می‌کرد شاید بوی اُدوکلن مرد دیگری از آنها به مشامش برسد. این حرکات گاه مرا تا مرز جنون می‌کشاند. من بهروز را بسیار دوست داشتم و برایم قابل درک نبود که چرا به وفاداری من شک می‌کرد. شاید هم این نوعی فرافکنی احساس گناهی بود که خود داشت. شک من دربارهٔ ارتباط او با چندین زن از دوستانش بعد از طلاق آشکار شد. باز همه چیز را در دل خود نگه‌داشتم، چون هنوز و همچنان نمی‌خواستم او را ناراحت کنم، می‌ترسیدم از دستش بدهم.

البته مدتی که با هم بودیم، لحظات خوش زیادی هم داشتیم، بیش از آنچه بتوان شمرد. در آن لحظات، مثل نوجوانان عاشق و بازیگوش، سرخوش و شاد بودیم. اما آن لحظات زودگذر بودند و اغلب در میان دعواها و تنش‌هایی که ما را رها نمی‌کردند، به فراموشی سپرده می‌شدند. آخرین ضربه‌ای که جام گرانبهای زندگی ترک‌خوردهٔ ما را در هم شکست، دوشنبه ۱۹ مهر ۱۳۵۵ اتفاق افتاد. بهروز در ماکوی آذربایجان بود تا در فیلم «ملکوت» ساختهٔ خسرو هریتاش بازی کند و من سرگرم نماز و روزهٔ ماه رمضان بودم. از وقتی که در خانهٔ دایی ابراهیم مناسک مذهبی را یاد گرفتم، نماز بخشی از زندگی من شده بود. وسط خواندن نماز عصر بودم که بهروز زنگ زد. دوستش عاری (مخفف عارف) که در خانهٔ ما بود، تلفن را برداشت. عاری آشکارا همجنس‌گرا بود و طی چند سال گذشته دوست من هم شده بود. بعد از پایان نماز، عاری گفت بهروز زنگ زده بود. همان لحظه فهمیدم که این قضیه دردسر بزرگی برایم ایجاد خواهد کرد. بهروز نیم ساعت بعد زنگ زد. لحنی عصبانی داشت.

بدون سلام و احوالپرسی پرسید: «عاری اونجا چیکار می‌کنه؟!»

نمی‌فهمیدم چرا بهروز به این شدت از عاری احساس خطر می‌کرد، انگار فراموش کرده بود که او همجنسگراست. اما دست خودش نبود چون تا حد جنون شکاک بود.

به آرامی جواب دادم «محبت کرده اومده یه سری به من بزنه و ببینه کاری نداشته باشم.» نمی‌خواستم عاری موضوع را بفهمد.

بهروز بلافاصله به من گفت لباس و وسایلش را ببندم و به منزل مادرش بفرستم. خواهش کردم کمی آرام بگیرد و درست فکر کند.

چند ساعت بعد تلفن کرد و مرا مورد مؤاخذه قرار داد که چرا هنوز وسایل را به خانهٔ مادرش نفرستادم. همان موقع متوجه شدم که به شهر برگشته و از خانهٔ مادرش زنگ می‌زند. مجدداً گوشی را زمین گذاشتم. همهٔ وسایلش را در صندوق عقب اتومبیل مدیر برنامه‌ام ریختم، سوار اتومبیل شدیم و با سرعت به طرف ساختمان رادیو تلویزیون در خیابان پهلوی راندیم تا در استودیویی که قرار بود برنامه اجرا کنم، حاضر شوم. پُک محکمی به سیگارم زدم و فکر کردم: وقت زیادی برای این بچه‌بازی‌ها ندارم! این آخری خیلی برایم سنگین بود.

انگار آوار بر سرم فرود آمده بود. وقتی رسیدیم، با تمام توان در برابر این حس خردکننده ایستادم تا گوگوش بتواند برای دوربین‌ها لبخند بزند و ترانه‌های عاشقانهٔ شاد بخواند.

در حال اجرای شوی تلویزیونی بودم که بهروز به استودیو زنگ زده بود و خواسته بود وقتی برنامه تمام شد، به خانهٔ مادرش بروم. تا پایم به خانهٔ مادرش رسید، دعوا شروع شد و تا زمانی که صدای زنگ تلفن بلند شد ادامه یافت. یکی از دوستان نزدیک بهروز بود، یک ژنرال نیروی هوایی. بهروز جملاتی دربارهٔ دعوا به او گفت و سپس گوشی را به دست من داد.

ژنرال پرسید: «بهروز اونجا چیکار می‌کنه؟»

نمی‌دانستم. آیا از شدت حسادت در وسط فیلمبرداری به تهران پرواز کرده و مستقیم به خانهٔ مادرش رفته بود؟ بهروز یک هنرمند بسیار حرفه‌ای بود و این کار از او بعید می‌نمود. با این حال، به‌قدری عصبانی و خسته بودم که از خودش مستقیم نپرسیدم.

جواب دادم: «من نمی‌دونم تیمسار. چیز میزاشو می‌خواست براش آوردم.» گوشی را به بهروز پس دادم تا خودم را به اتومبیل مدیر برنامه‌ام برسانم و به

اتفاق آنجا را ترک کنیم. ولی قبل از آنکه به در خروجی اتاق برسم، صدای بهروز را شنیدم که با لحنی دراماتیک به دوستش می‌گفت: «باشه تیمسار، هر چی شما امر بفرمایین. فقط بخاطر شما برمی‌گردم.»

می‌دانستم بهروز خیلی مغرورتر از آنست که بگوید دلش می‌خواهد برگردد، ولی این رفتارش بسیار توهین‌آمیز بود. مدیر برنامه‌ام وسایل بهروز را به صندوق عقب اتومبیلش ریخت و من یک کلام حرف نزدم. باید به کاباره ونک می‌رفتم تا شوی شبانه‌ام را، که آخرین برنامهٔ هنری بود، اجرا کنم. خوانندهٔ آخر بودن بسیار مهم بود. آن زمان، کاباره ونک مثل کاباره شکوفه‌نو و باکارا شانه به شانهٔ مولن‌روژ پاریس می‌سایدند. بهروز را در مقابل خانهٔ ولنجک پیاده کردیم و راهی کاباره شدیم.

هنگامی که به ونک رسیدیم، سر درد وحشتناکی سراغم آمد. ولی پاپا، از آن روزی که مونس مرا از پله‌ها به پایین هُل داد و سرم شکست، یادم داده بود: «هر اتفاقی بیفتد، برنامه باید اجرا شود! به هر قیمتی»

قبل از اینکه روی صحنه بروم، اریک تنظیم‌کننده و موزیسین فرانسوی باندم خبر داد که کار تنظیم مجدد موسیقی «خلوت» به پایان رسیده است و پیشنهاد کرد بعد از برنامه مستقیم به استودیو پاپ در خیابان لارستان برویم. هر چند شب از نیمه گذشته بود، موافقت کردم. نمی‌خواستم به خانه بروم.

وقتی تنظیم او را شنیدم، خیلی خوشم آمد. ملودی آن شبیه یک سامبای پر هیجان بود. دقیقاً همانی بود که از او خواسته بودم. در اتاق ضبط، گوشی را گذاشتم و شروع به خواندن کردم. چنان از ته دل می‌خواندم که درد میگرن آرام گرفت و سنگینی آوار از روی شانه‌ام برداشته شد. موسیقی همیشه آلام مرا تسکین می‌داد، مثل آن شبی که با درد آپاندیس در حال ترکیدن، برنامه‌ام را اجرا کردم و بعد در پشت صحنه از هوش رفتم. در آن اتاق ضبط ساعت‌ها خواندم تا ترانه آن‌طور که می‌خواستم از آب درآمد، حوالی ۵ صبح همسر مدیر برنامه‌ام تلفن کرد و گفت بهروز دارد درب‌به‌در دنبال من می‌گردد.

یک ساعت بعد، وقتی به خانه رسیدم، بهروز را دیدم که لباس پوشیده در اتاق نشیمن نشسته بود. تمام وسایلش را جمع کرده در کنارش گذاشته بود. سرش را بالا هم نکرد. از کنارش رد شدم و به اتاق خواب طبقهٔ بالا رفتم. با لباس روی تخت افتادم و از حال رفتم. ناگهان تلفن زنگ زد. هیچ‌یک از دوستان و اقوام صبح‌ها به من زنگ نمی‌زدند. همه می‌دانستند من تا قبل از ظهر قابل دسترسی نیستم. با نیمه

توانی که در بدنم باقی مانده بود، گوشی را برداشتم. زن برادرم بود.

قبل از اینکه دهان باز کند و آنچه را که تمام این سال‌ها از شنیدنش می‌ترسیدم بگوید، قلبم به شدت فرو ریخت.

چند بار پشت سر هم با فریادی جگرخراش گفت: «مُرد! مُرد!»

منظورش فری بود.

نمی‌توانستم باور کنم. فری فقط ۲۵ سال داشت. قرار نبود به این زودی برود! همیشه نگرانش بودم، از همان روزهای تلخ کودکی با مونس. اما هرگز باور نمی‌کردم به این جوانی برود. چهار ماه پیش عروسی‌اش را گرفتیم! در هتل اینترکنتیننتال یک جشن بزرگ برگزار کردم که همهٔ هنرمندان مشهور در آن شرکت داشتند. چطور ممکن بود؟ او نباید قبل از من می‌رفت!

بالاخره وقتی همسر فری آرام شد، توانست توضیح بدهد که به علت نارسایی قلبی در بیمارستان شیراز درگذشته است. فری برای کار جدیدش در یک شرکت پتروشیمی فرانسوی با همسرش به شیراز نقل مکان کرده بودند. ولی روماتیسم قلبی بالاخره او را از پای درآورد. او همچنان صحبت می‌کرد و من حس می‌کردم زمین دارد زیر پایم خالی می‌شود. برادرم رفته بود. اما چگونه؟ وقتی چند روز پیش با او صحبت کردم، به نظر خوب می‌رسید! هیجان را در لحن صدایش، که همچنان به آینده امیدوار بود، حس کردم و نمی‌دانستم این آخرین باریست که صدایش را می‌شنوم. یک سال پیش جراحان به فری گفته بودند که به دلیل خطرات بیهوشی نمی‌توانند دریچه‌های قلبش را ترمیم کنند و او نخواست از جراح مشهوری که در تگزاس چندین بیمار را در همین شرایط با موفقیت عمل کرده بود، کمک بگیرد. اصرار داشت که با دارو مشکلاتش حل خواهد شد. باید بیشتر پافشاری می‌کردم!

بهترین دوستم، برادر کوچکم، فری، تنها شریک همهٔ رنج‌های کودکی‌ام، رفته بود. نمی‌توانستم نفس بکشم. روی تخت افتادم و دنیا روی سرم خراب شد.

دیگر هیچ اهمیتی نداشت که بهروز برود یا بماند. او ماند و برای خاکسپاری فری و هفتم و چهلم در کنارم بود.

چندی بعد، در دی ماه ۱۳۵۵، در یک دورهمی کوچک و صمیمی، که از سوی جمشید آموزگار، نخست وزیر وقت، به افتخار شاهدخت اشرف برگزار شده بود، بهروز به من گفت که از طرف والاحضرت اجازه گرفته است تا از هم جدا شویم. من هیچ اعتراض نکردم، حتی به خودم زحمت ندادم بپرسم چرا به اجازه او نیاز

داشت. دیگر نمی‌خواستم این بازی‌های احمقانه را ادامه دهم. آماده بودم مردی را که زمانی دیوانه‌وار عاشقش بودم، رها کنم. دیگر نمی‌توانستم با حسادت‌ها، دعواها، خیانت‌ها و ناامیدی‌ها کنار بیایم. همه اینها پس از رفتن فری بی‌معنی شده بود. آمادهٔ خداحافظی بودم، حتی اگر به قیمت شکستن دوبارهٔ قلبم تمام می‌شد. روز بعد، یک پنج‌شنبه بعدازظهر که بیشتر ادارات در ایران تعطیل هستند، وزارت دادگستری، که معمولاً به مسائل شخصی مانند طلاق رسیدگی نمی‌کند، درهای خود را برای ما باز کرد. مراحل معمول دادگاه نادیده گرفته شد و طلاق ما صادر گردید.

یک بار دیگر، مدت کوتاهی بعد از طلاق، کورتاژ کردم و باز هم به بهروز هیچ نگفتم. نمی‌خواستم فکر کند برای برگشت او بهانه‌ای جور کرده‌ام، که قطعاً چنین نبود. این سومین و آخرین بار بود. اما این بار متفاوت بود. دفعات قبل با قلبی شکسته و ذهنی پر از تردید به این کار تن داده بودم. اما این بار هیچ احساسی نداشتم. انگار بخشی از وجودم با رفتن فری مرده بود.

غیر از این بی‌تفاوتی، تنها احساس دیگرم خشم بود. از دست بهروز عصبانی بودم، چون زندگی مشترک‌مان این‌گونه پایان یافته بود. از فری عصبانی بودم که چنان زود مرا ترک کرده بود. از ماما عصبانی بودم، که بر سر مزار او گریه می‌کرد، ولی من یادم بود چگونه ما را در دورانی از کودکی رها کرد که حتی قادر نبودیم به او التماس کنیم که نرود. اما بیشتر از همه، از پاپا عصبانی بودم که از ما در مقابل مونس محافظت نکرد. حتی خود مونس، که در مراسم خاکسپاری حاضر شد و همان روز با این ادعا که یک سال پیش از فری طلب بخشش کرده، از من طلب بخشش کرد. به او گفتم او را می‌بخشم، ولی هرگز فراموش نمی‌کنم. در نهایت، خشم جای خود را به یک احساس عمیق پوچی داد. قدرت و توانایی حضوری مفید برای کامبیز را نداشتم و خود را مادر شایسته‌ای نمی‌دیدم. برای خیر خودش، او را به لو اُزی بهترین پانسیون سوئیس فرستادم. در آن دوران روی صحنه رفتن هم نمی‌توانست به یاری‌ام بیاید. مثل یک ماشین کار می‌کردم. زندگی‌ام بی‌معنی، بدون عشق و بی‌هدف شده بود. درست در این شرایط، همایون وارد زندگی من شد.

فصل ۸

همایون

برای اولین بار در کوچینی، رستوران/دیسکوتکی که محمود دو سال بعد در آنجا از من خواستگاری کرد، متوجه همایون شدم. پانزده سال بیشتر نداشتم. از دور مرد جوانی را دیدم که با حرکات رقص مسحورکننده‌اش توجه همه را جلب کرده بود. چند سالی از من بزرگ‌تر به نظر می‌رسید و یکی دو سانتی‌متر بلندتر بود. عضلات بدنش با ضرب‌آهنگ و ریتم موسیقی هماهنگ بود. گمانم ترانهٔ مشهور "I Can't Get No Satisfaction" از گروه رولینگ استونز پخش می‌شد. مجذوب رقصیدنش شدم. در همین حد و بس. از کودکی عاشق رقصیدن بودم، به‌ویژه با موسیقی پاپ که تأثیر زیادی رویم داشت و تا اعماق وجودم را می‌لرزاند. می‌توانستم درد و خشم درونم را روی پیست رقص خالی کنم، جایی که هیچ چیز جز موسیقی اهمیت نداشت. همایون هم دقیقاً همین کار را می‌کرد. بعدها فهمیدم یکی از الگوهایش فرد آستر بود، رقصنده‌ای که با حرکات بی‌نظیر و سبکش روی زمین می‌لغزید و در هر جهش ترکیبی از اعجاز و دقت را می‌آفرید.

طی چند سال، بارها او را در دیسکوهای مختلف دیدم. نمی‌شد او را، با آن حرکات رقص شگفت‌انگیز و سبک لباس پوشیدن منحصر به فردش، نادیده گرفت. گاه به‌جای چکمه یا کفش چرمی مد روز، گیوه به‌پا می‌کرد؛ گاه شلوارهای گل و گشاد می‌پوشید؛ گاه یک طرف پیراهنش را داخل شلوار می‌کرد و طرف دیگر را به حال خود رها می‌کرد؛ یک سرکشی کوچک ولی آشکار که او را از بقیه متمایز می‌کرد.

ده سال بعد، در سال ۱۳۵۷ از نو سر راه هم قرار گرفتیم. آن زمان من بیست و هشت سالم بود، دو ازدواج و دو طلاق را پشت سر گذاشته بودم و به‌شدت دلشکسته. چند ماهی بعد از جدایی من و بهروز، در یک پارتی از دیدن مردی تقریبا ناآشنا که با دو نفر دیگر مشغول کشیدن تریاک بودند، عصبانی شدم. خودم هم علتش را نمی‌دانستم. همایون بود.

سرش داد زدم: «داری خودتو نابود می‌کنی!»

در آن روزها بداخلاق هم شده بودم و حتی با دوستان و خانواده هم به‌تندی رفتار می‌کردم. مرگ فری آستانهٔ صبر و تحملم را پایین آورده بود. به‌علاوه، از آن روزی که در سال ۱۳۵۰ در خانهٔ پوران از هوش رفتم و به اشتباه به عنوان یک معتاد به‌تریاک شناخته شدم، از تریاک و بساط تریاک‌کشی هم نفرت پیدا کرده بودم.

او تعجب کرد چرا گوگوش، زنی که تا آن روز ندیده بودش، دارد در زندگی خصوصی او دخالت می‌کند. با لبخندی تمسخرآمیز پاسخ داد: «باید خودم ترتیب این بدنو بدم! اگه سالم تحویل زمین بدمش، زندگی رو باختم.»

این آدم همایون بود. آن شب از دوستان مشترک بیشتر درباره‌اش شنیدم: از خانوادهٔ بسیار محترمی می‌آمد، شریک یک شرکت معتبر بیمه بود و علاوه بر تسلط به رقص، دی‌جی بااستعدادی هم بود.

چند شب بعد، در خانه‌ام در ولنجک دورهمی کوچکی برگزار کردم. همایون هم با دوستان مشترک‌مان آمد و برایم یک هدیه آورد: یک شیشه عطر "Opium" ایو سن‌لوران. فکر کردم: چه جسورا! شانس آورده بود که من عاشق جمع‌آوری عطر بودم. از اوایل بیست سالگی، عطر Chamade گرلن می‌زدم، اما همیشه دنبال عطرهای جدید بودم. پس از آنکه رایحهٔ تند و دودی عطر را روی پوستم بو کردم. گفتم: «خیلی دوستش دارم.»

چشمانش برق زد و جواب داد: «فکر می‌کردم خوشتون بیاد.»

من معمولاً به سوی مردان باهوش و جذاب جلب می‌شدم، مخصوصاً آن عده‌ای که ترکیب یگانهٔ ظرافت و مردانگی را با هم داشتند. برخلاف آنچه فکر می‌کردم، اغلب این مردان در مقابل من احساس ناامنی می‌کردند، شاید هم مرعوب شهرت گوگوش می‌شدند. همایون اما، این‌گونه نبود.

آن شب، بعد از خداحافظی و بیرون رفتن از در ورودی، در حال رفتن به سوی در باغ، برگشت و با لبخندی شوخ و شیرین گفت: «احساس می‌کنم به‌زودی دوباره

همدیگه رو می‌بینیم.»

جلوی خودم را نگرفتم و لبخند زودگذری روی صورتم نشست. چهره‌ای نداشت که در نظر اول جلب توجه کند. اما جذبه‌ای آرام و زیرپوستی داشت که طرف را به سوی خود می‌کشید. روی‌هم‌رفته فرد متعادلی بود که هرچه بیشتر با او وقت می‌گذراندید، بیشتر از او خوشتان می‌آمد. ولی آن لبخند گرم با صداقت و اعتمادبه‌نفسی که صورتش را همراه با رگه‌ای از جسارت روشن می‌کرد، روی من اثر گذاشت. در همان لحظه چیزی در درونم تکان خورد، کششی که جز آن روزهای نخست آشنایی‌ام با بهروز حس نکرده بودم. نمی‌توانستم از دیدنش صرف نظر کنم.

یک یا دو هفته بعد، با دوستانم به دیزین رفتیم، بزرگ‌ترین پیست اسکی ایران. در دوران کودکی فرصت زیادی برای تفریح یا ورزش نداشتم، بنابراین در بزرگسالی مطمئن شدم برای این نوع تفریحات از جمله اسکی، وقت بگذارم. در اواخر نوجوانی اسکی را یاد گرفتم و عاشق سر خوردن روی برف شدم، چون آنجا می‌توانستم تمام مشکلاتم را پشت سر بگذارم. اغلب کامبیز را هم با خود می‌بردم که در ابتدا از فکر سر خوردن از بلندی کوه به پایین وحشت داشت. دیزین در ۷۰ کیلومتری شمال تهران بود، آن‌قدر نزدیک که می‌شد صبح زود راه افتاد، تمام روز اسکی کرد و شب به خانه برگشت.

هتل مورد علاقهٔ همه، در ارتفاع ۲۶۵۰ متری از سطح دریا در کوه‌های باشکوه البرز قرار داشت. بعد از دو روز اسکی، سرما خوردم و حالم به‌سرعت بدتر شد. قفسه سینه‌ام درد می‌کرد، گلویم به‌شدت ملتهب بود، و حتی نوشیدن آب هم دردناک بود. بی‌وقفه چای با عسل و لیمو می‌نوشیدم، اما هیچ‌کدام اثری نداشت. یک شب، حدود نیمه‌شب، با صدای برخورد چیزی به پنجرهٔ اتاقم بیدار شدم. از پشت پنجره دوستان همراهم را دیدم که در اثر بیماری همه را به حال خود رها کرده بودم. همایون هم با کاپشن چرمی قهوه‌ای‌اش، با آنها بود.

از پایین تپه برایم دست تکان دادند و اشاره کردند که می‌خواهند بیایند بالا. وقتی رسیدند، از دیدن حال خراب، رنگ پریده، موهای ژولیده، و حلقه‌های تیره زیر چشمانم، جا خوردند. گفتم: «نگران نباشین، خوبم. اتفاقاً احتیاج به یه کم حرف زدن دارم.»

به پذیرش هتل زنگ زدم و یک اتاق اضافی و چای بیشتری خواستم. وقتی چای رسید، همایون که موقع گفتگو ساکت نشسته بود، نگران از سرفه‌های سخت

من، بلند شد و گفت برایم یک چای مخصوص برای معالجهٔ سرفه درست می‌کند. نمی‌دانستم چه بگویم. هیچ‌وقت پیش نیامده بود که مردی از من مراقبت کند. همیشه من مراقب دیگران بودم، از پاپا گرفته تا محمود و بهروز. اما حالا همایون داشت فنجان چای را با دقت به دستم می‌داد. لبخند زد و گفت: «خیلی زود حالتون بهتر میشه.»

همایون راست می‌گفت. چای به طرز معجزه‌آسایی سرفه‌ام را درمان کرد. حتی اشتهایم را هم برگرداند. خیلی گرسنه شده بودم. غذا سفارش دادیم و هر چه جلویم بود را خوردم. یادم نمی‌آمد هرگز این اندازه غذا خورده باشم. دوباره زنده شدم و یک ساعت بعد در دیسکوی پایین هتل بودیم و می‌رقصیدیم. وقتی نزدیک به هم و هماهنگ با ریتم موسیقی، روی پیست رقص حرکت می‌کردیم، به همایون نگاه کردم و متوجه شدم چه اشتباهی می‌کردم. عشق فقط شور و هیجان و دلهره و تنانگی نیست؛ عشق شاید یکی شدن دو تن در یک بدن باشد! همایون هیچ شباهتی به بهروز نداشت. قدبلند، مشهور، خوش‌چهره یا جذاب نبود، اما رقصندهٔ فوق‌العاده‌ای بود و بیشتر از آن، به نظر می‌رسید که قلبی بزرگ و بخشنده دارد. بعد از آن شب، ما دیگر از هم جدا نشدیم. چند ماه بعد همایون اعتراف کرد که چای مخصوصش را با شیرهٔ تریاک درست کرده بود.

آن شبی که برای اولین بار همدیگر را دیدیم، همایون خود واقعی‌اش را به من نشان داده بود. باید آنچه را دیده بودم باور می‌کردم و فاصله را نگه‌می‌داشتم. اما سرخوردگی از آنچه می‌پنداشتم عشق واقعی‌ست، چشم واقع‌بینم را کور و خودم را ناامید کرده بود. همایون به بخشی از وجود من که با مرگ فری ضربهٔ سختی خورده بود و هنوز از زخم‌های التیام نیافتهٔ کودکی‌ام رنج می‌برد، دسترسی پیدا کرده بود؛ آن بخشی که در نهایت ناامیدی خواهان تولدی دیگر بود، حتی اگر این جستجو به معنی بازی با نیروهای ویرانگر باشد. ما کمتر از شش ماه با هم بودیم که تمام کشور به حال سقوط و هرج‌ومرج افتاد.

فصل ۹

انقلاب

انقلاب مانند طوفانی خروشان، سرزمین مادری‌ام را فراگرفت و با خود بافت زیبای سرزمینی را که زمانی با سنت، مدرنیته و شعر در هم تنیده شده بود، از هم گسیخت. یک‌شبه مهمانی‌های پر زرق‌وبرق، اکران فیلم‌های جسورانه و مرزشکن، و آوای مسحورکنندهٔ موسیقی و آزادی جای خود را به ترس، نگرانی و تاریکی داد. برای من، که بیشترین روزهای قبل و بعد از انقلاب را هزاران کیلومتر دورتر سپری کردم، این نه تنها پایان یک دوره، بلکه آغاز سقوط دردناکم به قعر تاریکی بود.

هرگز آن شب ماه رمضان اواخر تابستان ۱۳۵۷ را فراموش نمی‌کنم، شبی که خبر وحشتناکی لرزه بر اندامم انداخت. یکشنبه شب ۲۸ مرداد، چهار مرد درهای خروجی سینما رکس آبادان را قفل کردند، دور سینما بنزین ریختند و آنجا را به آتش کشیدند. آن شب، چهارصد و هفتاد نفر زن و مرد و کودک، وحشیانه در آتش سوختند. بیشتر آنها برای تماشای آخرین فیلم مسعود کیمیایی، «گوزن‌ها» با شرکت بهروز وثوقی رفته بودند. مانند میلیون‌ها ایرانی دیگر، از دیدن این صحنهٔ شر مطلق، حالم به‌شدت دگرگون شد.

روزها و هفته‌های بعد، خبر حملات دیگری را شنیدیم، از جمله حمله به رستوران معروف حاتم در خیابان پهلوی تهران و دیسکوی درویش. از دید انقلابیون هر دوی آنها نماد تأثیر فرهنگ غربی و انحطاط به‌شمار می‌رفتند، چون به مردم مشروب می‌دادند و مردان و زنان آزادانه با هم معاشرت می‌کردند و می‌رقصیدند. چه اتفاقی داشت می‌افتاد؟ نمی‌توانستم آن را هضم کنم. پیش از آن، هرگز شاهد

چنین حملاتی نبودم. از کودکی همیشه شاهد نوعی همزیستی مسالمت‌آمیز میان مذهبی‌ها و آنهایی که به سبک مدرن و غربی زندگی می‌کردند، بودم. ایرانی‌ها، چه در تهران و چه در شهرها و روستاها، در کنار هم زندگی می‌کردند.

۵ شهریور، نخست‌وزیر جدید، جعفر شریف امامی، به امید بازگرداندن نظم، دستور تعطیلی بارها، کازینوها، دیسکوها و مغازه‌های مشروب‌فروشی را صادر کرد. اما به‌زودی شورش‌های ضد شاه در تهران و شهرستان‌ها شعله‌ور شد. جشنوارهٔ سالانهٔ هنر شیراز، جشنوارهٔ موسیقی سنتی کرمان و جشنوارهٔ بین‌المللی فیلم تهران، همگی لغو شدند. با تعطیلی کاباره‌ها و اعتصاب‌ها که به توقف برنامه‌های سرگرمی تلویزیون و رادیو منجر شد، من هم مانند تمام همکارانم، بیکار شدم.

همه چیز خیلی سریع رخ داد. یک لحظه از خیانت مدیر برنامهٔ دیرینه‌ام آگاه شدم و لحظهٔ بعد، کل کشور در آشوب بود. نمی‌دانستم چه کنم. هرگز سیاسی نبودم. وقت این کار را نداشتم. البته می‌دانستم که روشنفکران و برخی هنرمندان از شاه و شیوهٔ حکومت مطلقهٔ او انتقاد می‌کردند. همچنین از وجود گروه‌های سیاسی مانند حزب کمونیست توده و مجاهدین خلق که با سیستم مبارزه می‌کردند، اطلاع داشتم. بعدها فهمیدم که حزب تودهٔ طرفدار شوروی بیشتر بر فعالیت‌های زیرزمینی و گسترش آرمان‌های مارکسیستی تمرکز داشت، ولی مجاهدین خلق رویکرد مستقیم‌تر و خشونت‌باری از جمله مقاومت مسلحانه و حمله به اهداف کلیدی دولتی و خارجی در پیش گرفته بود. می‌دانستم زندانیان سیاسی وجود دارند، اما هرگز ندیده بودم چنین جمعیت انبوهی در خیابان فریاد: «مرگ بر شاه!» یا «مرگ بر آمریکا!» سردهند. هرگز چنین خشم فروخورده‌ای را در دیگران احساس نکرده بودم. تمام آن روزهایی که به سراسر کشور، حتی به دورافتاده‌ترین روستاها، سفر می‌کردم یا به دیدن خویشاوندانم در محله‌های محافظه‌کار تهران می‌رفتم، نمی‌دانستم دنیایی که در آن بزرگ شده بودم، به آرامی در حال فروپاشی‌ست.

علیرغم بیکاری و مشکلات مالی، با اضطراب دنبال راهی برای پرداخت باقی‌ماندهٔ شهریهٔ شبانه‌روزی کامبیز می‌گشتم. راحت نبودم از کسی درخواست پول کنم، حتی از همایون. شاید به این دلیل که هرگز چنین پشت‌گرمی نداشتم و همیشه بار مالی خانواده را به‌تنهایی به‌دوش می‌کشیدم. بنابراین برایم عادی نبود که از کسی دیگر بخواهم دستم را بگیرد. قرار هم نبود محمود هزینه‌ای بپردازد چون او درگیر بدهی‌های معمولش بود. بی‌قرار شده بودم نمی‌توانستم بخوابم. علاوه بر این،

از سه سالگی به‌ندرت زمانی برای استراحت داشتم. همایون اصرار کرد که با او فری‌بیس کوکائین را امتحان کنم، چون به گفتهٔ او کمک می‌کرد آرامش پیدا کنم.

چند ماه پیش، فروشنده‌اش در تهران چند سنگ کوچک زردرنگ به اندازهٔ یک دانه ذرت بو‌داده به همایون داده بود و گفته بود این خالص‌ترین نوع کوکائین است (برخلاف کرک کوکائین). فکر نمی‌کنم که همایون برای اولین بار آن را مصرف کرد، بیش از چند نفر در تهران حتی اسم فری‌بیس کوکائین را شنیده بودند. او پس از تجربهٔ عینی سرخوشی ناشی از مصرف، ماه‌های بعدی را صرف یادگیری چگونگی تبدیل پودر سفید به آن سنگ‌های کوچک کرد. من قبلاً کوکائین را امتحان نکرده بودم هرچند در آن روزها در تهران، مثل دیگر شهرهای بزرگ دنیا، به‌سادگی در دسترس همگان قرار داشت و در بعضی محافل مد هم شده بود. به همین دلیل هم برای امتحان فری‌بیس کوکائین مردد بودم. اما این بار نیز، مانند چند سال پیش که ال‌اس‌دی را امتحان کردم، تردیدم تبدیل به کنجکاوی شد و مصرفش کردم. یک روز، همایون که یکی از آن سنگ‌های کوچک را روی تکه‌ای فویل آلومینیومی گذاشته بود و من روی فرش قهوه‌ای‌رنگ خانه‌ام در ولنجک نشسته بودم، یک نی آلومینیومی به دستم داد و گفت وقتی زیر فویل را آتش زد، دودش را بکشم. هرگز چنین چیزی را تجربه نکرده بودم. یک احساس قوی کشش رمانتیک که از مغز سرم شروع شد و به نوک پایم رسید. بعد یک بی‌حسی مطلق و طولانی تمام بدنم را فرا گرفت و مغزم از هر چه دغدغه بود خالی شد. تبدیل به نوزادی شدم در آغوش گرم مادر. همایون راست می‌گفت، این «بهترین نشئگی دنیا» بود. هرچند تمام سلول‌های بدنم فریاد «نه» می‌زدند، و با وجودی که می‌ترسیدم شاید بخشی از وجودم دیگر نخواهد از آن حال بیرون بیاید، چند بار دیگر با او دودکردم.

۱۲ روز بعد، در ۱۶ شهریور ۱۳۵۷، دولت اعلام حکومت نظامی کرد و ممنوعیت رفت‌وآمد بعد از ساعت ۹ شب به بعد را اعمال کرد. وقتی اواخر شهریور ۱۳۵۷، یادم آمد مقداری پس‌انداز در یک بانک فرانسوی در پاریس دارم، همراه با همایون ایران را ترک کردیم، هرگز تصور نمی‌کردم که کمتر از یک سال بعد، به ایران جمهوری اسلامی بازگردم.

لُس‌آنجلس، پاییز ۱۳۵۷

لُس‌آنجلس همیشه مرا به یاد خانه می‌انداخت. شاید به خاطر ترکیبی از تپه‌ها، هوای گرم یا حتی ترافیک سنگین بود. شاید هم نقش بزرگی که هالیوود در شکل‌گیری کودکی‌ام داشت. هالیوود از سینمای فرانسوی و ایتالیایی جذاب‌تر بود چون مرا با دنیایی پر زرق‌وبرق، درام و ماجراجویی‌های پرهیجان آشنا کرد. هرچند فیلم‌های فرانسوی و ایتالیایی هنری بودند و ظرافت خاصی داشتند، ولی داستان‌های باشکوه هالیوود و ستاره‌های بزرگ آن همهٔ ذرات تخیلاتم را تسخیر کرده بودند.

از شش یا هفت سالگی که در تئاترهای خیابان لاله‌زار کار می‌کردم، از وقت‌های آزاد بین اجراهایم برای تماشای فیلم‌های آمریکایی با بازی اسطوره‌هایی مانند چارلی چاپلین، آنتونی کوئین، اُدری هپورن، گریگوری پک و الیزابت تیلور استفاده می‌کردم. نگاتیو فیلم‌هایی که اپراتورهای سینما دور می‌ریختند را جمع می‌کردم، دورشان را می‌بریدم و در آلبوم‌هایی که زیر تشکم پنهان کرده بودم، می‌چسباندم. خوشبختانه مونس هیچ‌وقت به آنها دسترسی پیدا نکرد. کودکان دیگر تمبر و عروسک جمع می‌کردند، من بریدهٔ فیلم. فکر می‌کنم هشت سال و نیم داشتم که برای اولین بار به یک اتاق تدوین سرک کشیدم. در آنجا، گرجی عبادیا را دیدم که در سکوت و با دقت نسخهٔ مثبت یک نگاتیو فیلم «بیم و امید» را برش می‌داد و چسب می‌زد.

در سال ۱۳۴۴، پانزده ساله بودم که برای نخستین بار از لُس‌آنجلس دیدن کردم. اولین بار بود که به خارج از کشور سفر می‌کردم و همراه پاپا و اعضای ارکسترم به لندن، نیویورک، لُس‌آنجلس و سانفرانسیسکو رفتیم و برای دانشجویان ایرانی خارج از کشور برنامه اجرا کردم. وقتی در بزرگراه به سمت لُس‌آنجلس می‌راندیم، از پنجرهٔ اتومبیل آمریکایی به بیرون و خیابان‌های شهر خیره شدم و تمام فیلم‌های هالیوودی را که دوست داشتم، در مغزم مرور می‌کردم. بازیگران و هنرپیشه‌های بزرگی که با هنر بی‌نظیرشان شور و اشتیاقم به سینما را شعله‌ور کردند و ذهنم را مشغول. به آن هنرمندان احترام می‌گذاشتم، از آنها یاد می‌گرفتم و آرزو می‌کردم روزی مانند آنها روی پردهٔ سینما بازی کنم. آیا ممکن بود فرصتی پیدا شود که آنها را از نزدیک ببینم و ازشان امضا بگیرم؟ اما همهٔ آن آرزوها در آن پاییز ۱۳۵۷ نقش بر آب شدند.

یادم می‌آید اولین بار که پوران با من تماس گرفت تا برای افتتاح کابارهٔ جدیدشان کلبه، در لُس‌آنجلس برنامه اجرا کنم، احساس کردم دست نجاتی به سوی من دراز شده است. برنامهٔ شب افتتاح فوق‌العاده بود. انرژی مردم را در تمام سالن احساس می‌کردم. انگار هم ایرانیانی که در آمریکا زندگی می‌کردند، هم کسانی که برای گردش آمده بودند و هم خود من، همه ناآرامی‌ها و آشفتگی‌های کشور را فراموش کرده بودیم. پوران و شرکای تجاری‌اش خوشحال بودند و با دیدن موفقیت شب افتتاح کسب جدید، با چنان شور و شوقی به وجد آمده بودند، که تا از صحنه پایین آمدم، از من خواستند همان هفته یک برنامهٔ دیگر داشته باشم. چون به پول نیاز داشتم موافقت کردم، به‌علاوه هیچ عجله‌ای برای بازگشت به خانه، که علی‌رغم حکومت نظامی همچنان دچار آشفتگی بود، نداشتم.

چند روز بعد، دوباره در کاباره‌ای پر از جمعیت برنامه اجرا کردم. بازگشت به صحنه، منطقهٔ امن من، باعث خوشحالی‌ام بود. انگار که دوباره در تهران هستم، فراموش کرده بودم که خارج از درهای کاباره در آمریکا بودم. چون اوضاع ایران مرتب بدتر می‌شد، یک هفته تبدیل به چند ماه شد. پوران به‌تدریج از من فاصله گرفت و من خود را در یک مسیر تاریک و مبهم گرفتار دیدم.

وقتی پوران در فرودگاه لُس‌آنجلس به استقبال ما آمد و یک بستهٔ کوچک کوکائین در دست همایون گذاشت، قضیه را جدی نگرفتم. از دوست مشترکی دربارهٔ اعتیاد تازهٔ همایون و شیوهٔ تبدیل کوکائین به فری‌بیس شنیده بود. فکر کردم شاید خواسته خوش‌آمدی به دوست پسرم گفته باشد. پوران دوست من بود. من در سال ۱۳۵۱، پس از جدایی از محمود، نه ماه در خانهٔ او زندگی کرده بودم و با یاری همسرش حبیب روشن‌زاده توانسته بودم روی پای خودم بایستم. به پوران اطمینان داشتم. از او خواستم که حلقه و گردنبند زمرد گران‌بهایم را همراه با گذرنامه‌ها در گاوصندوق خانه‌اش در لُس‌آنجلس نگهدارد. وقتی کیسه‌های کوچک کوکائین را مرتب به آپارتمان/هتلی که برای ما تدارک دیده بودند، تحویل می‌دادند، باید متوجه می‌شدم یک جای کار اشکال دارد. مخصوصاً که هر بار از من می‌خواستند یک برنامهٔ دیگر اجرا کنم تا بعد از آن دستمزدم را بپردازند. برای آنها ارزان‌تر بود که به‌جای پرداخت دستمزد، ما را در هتلی اسکان دهند و بسته‌های کوکائین برای‌مان بیاوردند.

همایون تمام محتویات یک کیسه را یک‌جا مصرف می‌کرد و همیشه دنبال بیشتر بود. عاقبت، شرکای کاری پوران تحویل کوکائین را متوقف کردند. در عوض،

هر هفته مقدار کمی پول می‌دادند تا خرج خورد و خوراک کنیم که همایون بیشتر آن را صرف خرید کوکائین می‌کرد. یکی از مهندسان صدا که آپر نام داشت، لطف می‌کرد و برای‌مان غذا می‌آورد. آنها هم دو بار در هفته، مرا از آپارتمان/هتل که به هیچ جا نزدیک نبود، سوار می‌کردند و برای اجرای برنامه به کاباره می‌بردند. باقی زمان را من و همایون در اتاق می‌ماندیم. خیلی زود پوران کاملاً ناپدید شد. از طریق آپر می‌دانستم که در شهر است، اما عمداً از من دوری می‌کرد. هیچ نمی‌دانستم با گذرنامه‌ها و جواهراتم چه کرده. ابتدا سعی می‌کردم سرم را با فال ورق گرم کنم. ساعت‌ها بازی می‌کردم. بُر زدن ورق‌ها، چیدن در هفت ردیف منظم و پشت و رو کردن یکی پس از دیگری، آرام‌بخش بود. اما طولانی شدن روزها، بلاتکلیفی در لُس آنجلس همراه با شورش و ناامنی در وطن، از درون متلاشی‌ام کرده بود.

در اتاق، بی‌وقفه به بی‌بی‌سی فارسی گوش می‌دادیم. متوجه شدیم که، حتی با وجود حکومت نظامی، در تهران شورش‌های خونین بیشتری رخ داده است. حتی بخش‌های خبری رسانه‌های آمریکایی نیز آشفتگی‌ها را از نزدیک دنبال می‌کردند. در ۱۵ آبان ۱۳۵۷ یک دولت نظامی سر کار آمد. حدود دو ماه پس از سفرم به پاریس، هویدا همراه با بسیاری دیگر از مقامات دولتی، دستگیر شد و این خبر به‌شدت غمگینم کرد. باورم نمی‌شد آن مرد مهربان دستگیر شده باشد. گمانم این تلاش از سر ناامیدی رژیم شاه برای این بود که نشان دهند از نارضایتی روزافزون مردم آگاهند و مایل به ایجاد تغییرات اساسی.

کار اهالی هنر از سر گرفته نشده بود و سلسلهٔ اعتصاب‌های عمومی از جمله در بازار، دانشگاه‌ها، بانک‌ها و کارکنان دولت ادامه داشت. تا ماه اکتبر، این اعتصاب‌ها به صنعت نفت ایران، ستون اصلی اقتصاد کشور، گسترش یافت. چند هفته بعد، بی‌بی‌سی فارسی گزارش داد که میلیون‌ها ایرانی پس از دیدن چهرهٔ آیت‌الله خمینی در ماه از شادی گریه کردند. هیچ‌کدام از اینها برایم قابل درک نبود. او را چهرهٔ اصلی مخالف شاه معرفی می‌کردند ولی من نام خمینی را فقط یک بار، آن هم چند سال پیش در یک سفر کاری، در عراق شنیده بودم.

آن سال، یکی از برگزارکنندگان برنامه از من پرسید: «شما نام آیت‌الله خمینی را شنیدید؟ ایشان در تبعید در نجف زندگی می‌کنند.»

مثل بسیاری از ایرانیان که او را نمی‌شناختند، جواب منفی دادم و او به توضیحات تور گردشی در شهر ادامه داد.

هرچه وضعیت نامطمئن‌تر می‌شد، من بیشتر احساس درماندگی و هراس می‌کردم. دیگر فال ورق هم نمی‌توانست مرا از اضطراب و بی‌قراری نفس‌گیرم دور کند. باید از همه چیز فاصله می‌گرفتم. اما در لُس‌آنجلس مثل یک ماهی بیرون از آب بودم. کسی را نداشتم که بتوانم به او برای طلب یاری رو بیاورم. همایون به سختی قادر به حفظ خودش بود. نمی‌دانستم چگونه با پلیس آمریکا تماس بگیرم یا حتی چه بگویم. حتماً فکر می‌کردند دیوانه هستم! بدون پول و گذرنامه، فرار امکان‌پذیر نبود. نمی‌توانستم با برادرانم، پاپا یا ماما تماس بگیرم. آنها نمی‌دانستند چگونه کمک کنند. همهٔ دوستانم هم در ایران درگیر مشکلات خودشان بودند. بیچاره شده بودم. بالاخره یک روز که در اتاق نشیمن آن آپارتمان/هتل دورافتاده با همایون نشسته بودم، ناامید از آنچه پیش رو داشتم، شروع به کشیدن فری‌بیس کوکائین کردم. مدتی بود که برای آرام کردن اعصابم از قرص خواب استفاده می‌کردم، اما فقط فری‌بیس می‌توانست بی‌حسی لازم را به من بدهد و درد و اضطرابم را به‌کلی محو کند. اوایل مراقب بودم در ساعات قبل از اجرای برنامه کوکائین دود نکنم و چون بدنم به کوکائین معتاد نشده بود، می‌توانستم مدت زیادی را بدون آن بگذرانم. علاوه بر این و برخلاف همایون، هرگز به تنهایی نمی‌کشیدم. اما با گذشت زمان و به‌تدریج، روی صحنه بیشتر با حال نشئه می‌خواندم. هر چه بیشتر می‌کشیدم، بیشتر اشتها و میل به خوابیدن را از دست می‌دادم و عمیق‌تر در قعر گرداب فرو می‌رفتم. دیگر به موسیقی گوش نمی‌کردم و برای دل خودم هم آواز نمی‌خواندم، کاری که در تمام عمرم مثل نفس کشیدن همزادم بود. فقط دود می‌کردم و سولیتِر بازی می‌کردم. فقط نیمه‌جانی برایم مانده بود.

یک شب، حدود دو ماه پس از ورود به لُس‌آنجلس، در اتاق پشتی کاباره لباس عوض می‌کردم تا برای اجرای برنامه آماده شوم. نسیم سردی از پنجرهٔ کوچک می‌آمد. تلاش کردم آن را ببندم، راحت بسته نمی‌شد. محکم که فشار دادم، دستم شیشهٔ پنجره را شکست و داخل شکستگی رفت و خون از همه جای دستم جاری شد. قرار بود روی صحنه بروم، سریع یک دستمال سفید را از روی میز برداشتم و دور مچم بستم و رفتم. چند ترانه که خواندم حس کردم زانوهایم دیگر تحمل ندارند. روی لبهٔ صحنه نشستم و به خواندن ادامه دادم، کاری که قبلاً هرگز نکرده بودم. بعد از اینکه یکی از مشتریان لکه‌های بزرگ خون را روی دستمال دید، مرا سریع به بیمارستان رساندند. بعد شایع کردند که قصد خودکشی داشتم. وقتی دوستم

ژاله خواجه‌نوری در نیویورک از این اتفاق باخبر شد، دو تن از دوستانش را برای نجاتم فرستاد. ژاله را از طریق بهروز شناخته بودم، آن دو دوستان خوبی بودند و ما همیشه به خاطر شوخ‌طبعی او با هم راحت کنار می‌آمدیم. دوستانش، بهمن سیف‌الدینی کارآفرین موفق و پرویز کهن صاحب دیسکوی درویش نیویورک، سریع سوار هواپیما شدند و به لُس‌آنجلس آمدند تا مرا نجات دهند. وقت تلف نکرد و از شرکای کاری پوران جویای گذرنامه‌ها و درآمدم شد. آنها که خوب می‌دانستند با چه کسی طرف هستند، بلافاصله مدارک را تحویلش دادند. بهمن حتی موفق شد بخشی از طلبم را از آنها و جواهراتم را از فروشندهٔ کوکائین‌شان پس بگیرد.

روز بعد، در هواپیمایی که به نیویورک پرواز می‌کرد، احساس آرامش بی‌سابقه‌ای کردم. کابوس به پایان رسیده بود، شاید هم فکر می‌کردم.

نیویورک، اواخر آذر ۱۳۵۷

یک صبح سرد زمستان بود. وقتی از اتاق خواب بیرون آمدم، همایون مشغول ترکیب بستهٔ جدید کوکائینش با آمونیاک بود. این روزها کمتر می‌کشیدم و به‌جای آن با فال ورق و سیگار روز را می‌گذراندم. اگرچه هنوز نمی‌دانستم کی به ایران برمی‌گردم، اما در نیویورک حالم کمی بهتر بود. حالا دست‌کم گذرنامه‌ام دستم بود، درآمد ثابتی داشتم و دوستی مثل ژاله کنارم بود که می‌توانستم رویش حساب کنم. به‌محض رسیدن به نیویورک، ژاله و بهمن به ما کمک کردند که یک سوئیت را در طبقهٔ بیستم هتل شرایتون، واقع در خیابان هفتم بین خیابان‌های ۵۵ و ۵۶ رزرو کنیم؛ ژاله نیز در همان هتل اقامت داشت.

سیگار سوم یا چهارم صبحم را روشن کردم و به سمت پنجرهٔ اتاق نشیمن به تماشای دانه‌های برفی که بیست طبقه پایین‌تر روی کف خیابان‌های شلوغ نیویورک می‌نشستند، رفتم. نیویورک، با اولین باری که در پانزده سالگی و در جریان تور جهانی دیده بودم، تغییر چندانی نکرده بود. وقتی در میان آسمان‌خراش‌های بلند شهر قدم می‌زدم، از پارک مرکزی عبور می‌کردم، از بناهای عمومی مختلف می‌گذشتم و نبض تند و فضای باشکوه نیویورک را احساس می‌کردم، همان شهری

را می‌دیدم که در فیلم‌هایی مانند صبحانه در تیفانی با بازی اُدری هپورن، دیده بودم. هر گوشهٔ شهر، همان‌طور که فیلم به خوبی ماجراجویی‌های هالی گولایتلی را در منهتن به تصویر کشیده بود، جادویی و پذیرنده بود. این بار اما نه توان قدم زدن داشتم و نه میل به ترک سوئیت هتل. فقط یک شب در هفته در دیسکوتک درویش برنامه اجرا می‌کردم. پیشنهاد سخاوتمندانهٔ پرویز را برای این قرار پذیرفته بودم و همایون، هر دستمزدی را که بعد از پرداخت صورت‌حساب هتل و نیازهای اولیه باقی می‌ماند، صرف خرید کوکائین می‌کرد.

آن پایین، اتومبیل‌ها به سرعت در خیابان برفی حرکت می‌کردند، چند عابر پیاده هم شجاعانه با وجود سرما در حال رفت و آمد بودند. اینها چه کسانی هستند و چگونه زندگی می‌کنند؟ داشتم به آن پایین و این موجودات کوچک نگاه می‌کردم که ذهنم هزاران کیلومتر دورتر به سرزمینم کشیده شد. با گوش دادن به بی‌بی‌سی فارسی و صحبت با مادرم، می‌دانستم در پی شورش‌های خشونت‌آمیزتر ماه محرم (دی‌ماه ۱۳۵۶) اوضاع بهتر نشده. گزارش‌ها حاکی از این بود که در روزهای تاسوعا و عاشورا، بیش از دو میلیون نفر در خیابان‌های تهران راهپیمایی کردند و خواستار استعفای شاه شدند. برخی حتی ادعا می‌کردند که آیت‌الله خمینی رهبر واقعی‌ست. هیچ‌کس نمی‌دانست چه اتفاقی خواهد افتاد، اما همه می‌دانستند که تنش‌های رو به افزایش از بین نخواهد رفت. هنوز مشخص نبود چه زمانی می‌توانم برگردم و دوباره شروع به کار کنم. اما نمی‌خواستم به آن فکر کنم. قرار بود هواپیمای کامبیز تا چند ساعت دیگر در فرودگاه جان اف کندی فرود بیاید.

کامبیز برای تعطیلات دو هفته‌ای کریسمس پیش من می‌آمد. اوضاع به‌قدری نامشخص بود که نمی‌خواستم او به تهران برود که با پدرش یا پاپا باشد. می‌دانستم این محیط برای او سالم نیست، ولی چارهٔ دیگری نداشتم. خودم را قانع کردم که اگر او را بیشتر بیرون از منزل نگه‌دارم و سرش را مشغول کنم، دست‌کم در معرض مواد مخدر و زندگی پر هرج‌ومرج من و همایون قرار نمی‌گیرد.

همیشه آرزویم بود بهترین مادر برای کامبیز باشم، اما بسیار سخت بود. مثل بسیاری از زنان دیگر در سراسر دنیا، تا ماه نهم بارداری‌ام کار می‌کردم. روزها مجری تلویزیونی بودم و شب‌ها در کاباره برنامه داشتم. وقتی کامبیز در ۲۲ آبان ۱۳۴۷ به دنیا آمد، من هجده سالم بود و در حالی‌که حرفهٔ دشواری داشتم، مثل بسیاری دیگر از زنان، با چالش‌های مادر جوان بودن نیز دست و پنجه نرم می‌کردم. محمود و

برادرش اصرار داشتند که هرچه زودتر کارم را در کاباره میامی از سر بگیرم. حضور من مشتری بیشتری می‌آورد و آنها به درآمد اضافی برای پرداخت بدهی‌های زیادشان نیاز داشتند. چاره‌ای جز سپردن نوزاد دوماهه‌ام را به دست پرستار و مادرشوهرم، نداشتم. چند ماه کامبیز را شیر دادم، تا شیرم خشک شد. بعد از آن، بدون وقفه کار کردم. همه به من وابسته بودند.

در سال اول زندگی کامبیز، بیشتر از هر وقت دیگر، از او دور بودم. من حتی در اولین سالگرد تولدش غایب بودم. محمود و من اغلب با این امید که کار هنری‌ام را در پاریس راه بیندازیم، به این شهر سفر می‌کردیم. در غیاب ما، کل خانواده برای کامبیز در تهران جشن تولد گرفتند و او را با عشق و توجه فراوان خوشحال کردند. همه او را دوست داشتند، مخصوصاً که او اولین نوهٔ والدینم بود. اما هر وقت به عکس‌های آن روز نگاه می‌کردم، ناراحت می‌شدم چون متوجه اخم کوچک روی صورتش می‌شدم. معلوم بود که از نبودن من ناراحت است.

هرگز اولین تجربهٔ ترسناکم به عنوان یک مادر را فراموش نمی‌کنم. اولین پرستار کامبیز زنی مسن و روستایی بود که از طریق یک آشنای مشترک او را شناختیم. وقتی برای چند هفته از پاریس برگشتم، کامبیز ضعیف‌تر از معمول به نظر می‌رسید. به داروخانه رفتم تا دارویی برایش بگیرم. داروساز گفت: «پرستارت هفته پیش اومد و دواتونو گرفت.» نفهمیدم منظورش چه بود.

ادامه داد: «قرصای خواب‌تونو میگم.»

ناگهان قلبم فرو ریخت. پرستار به کامبیز قرص خواب‌آور می‌داد تا برایش دردسری نداشته باشد. به سوی خانه دویدم و فوراً او را اخراج کردم. البته همه چیز را انکار کرد، اما چند هفته بعد، کامبیز به شیطنت‌های کودکانه‌اش بازگشت. پس از آن حادثهٔ وحشتناک، هر وقت از خانه دور بودم فقط به مادرشوهرم اعتماد می‌کردم که از کامبیز مراقبت کند. وقتی قرارداد ضبط با ادی بارکلی در پاریس را گرفتم، کامبیز دو ساله را با خودم بردم.

هرچه کامبیز بزرگ‌تر و بازیگوش‌تر می‌شد، من بیشتر صبوری‌ام را با او از دست می‌دادم؛ حتی بیشتر از وقتی که فریبرز برادر ناتنی‌ام را بزرگ می‌کردم. مشکل این بود که غالباً از کار خسته بودم و از کارهای ناشایست محمود عصبانی. بعد از جدایی از محمود در سال ۱۳۵۰، تمام تلاشم این بود که تا حد ممکن در کنار کامبیز باشم. حتی پیشنهاد محمود را برای اجرای برنامه‌های شبانه در کاباره میامی پذیرفتم، تا

بتوانم کامبیز را قبل از خواب ببینم، هرچند همچنان در رسانه‌ها مرا تخریب می‌کرد. اما آوازخوانی و بازیگری و برنامهٔ شلوغم باعث می‌شد بیشتر اوقات نتوانم برای او حاضر باشم. محمود هم مشغول بود. در نتیجه کامبیز اغلب با ماما و گاه با پاپا، که او را بسیار دوست داشت، وقت می‌گذراند. پاپا کامبیز را می‌خنداند و پسرم را لوس می‌کرد، کاری که هرگز با من یا هیچ‌کدام از خواهر و برادرهایم نکرده بود. گاه احساس می‌کردم کامبیز، با وجود تمام عشقی که از اطرافیان می‌گرفت، نیاز به ثبات بیشتری دارد. وقتی همسایگانم از مدرسهٔ شبانه‌روزی فرزندان‌شان در سوئیس تعریف می‌کردند، می‌دانستم که باید کامبیز را به آنجا بفرستم. از قرار این مدرسه از معتبرترین و گران‌ترین مدارس جهان بود و پادشاهان آینده و رهبران جهان، از جمله شاه خودمان، در آنجا تحصیل کرده بودند. می‌خواستم با پول بهترین آموزش را برایش فراهم کنم. فکر می‌کردم در آنجا و دور از شایعات رسانه‌ای دربارهٔ من و بهروز، فرصت بهتری برای یادگیری خواهد داشت. کامبیز هشت یا نه ساله بود که در مدرسهٔ لو رُزی شروع به تحصیل کرد.

آخرین باری که او را در سوئیس دیدم، کمی پس از خروجم از ایران در ماه سپتامبر و چند هفته قبل از رفتنم به لُس‌آنجلس بود. از دیدن پیشرفت‌هایی که کرده بود، بسیار خوشحال شدم. ده ساله شده بود و با چشمان قهوه‌ای درشت و ابروهای کمانی‌اش خیلی شبیه خودم در همان سن بود. اما خوشبختانه قد بلندی داشت.

با خوشحالی به سمت تختخواب خوابگاهش دوید. گفت: «مامان نگاه کن، این تخت منه! هر صبح خودم مرتبش می‌کنم!»

اتاقی را که مشترکاً با یکی از همکلاسی‌ها داشت، تمیز و مرتب کرده بود، کاری که در خانه هرگز انجام نمی‌داد. در خانه، همیشه کسی بود که همه کار برایش انجام دهد. کامبیز را لوس کرده بودند. او حتی به دلیل دیگری، غیر از پسر من بودن، هم مشهور شده بود. به کامبیز عنوان «تماشاچی خوش‌قدم» تیم فوتبال تاج، که بعدها تبدیل به استقلال شد، داده بودند. هر وقت کامبیز در مسابقات تیم تاج حضور می‌یافت، این تیم برنده می‌شد. به چشم دیدم چقدر در دو سال گذشته رشد کرده و بالغ شده بود. آن روز، به کلاس آشپزی او و همکلاسی‌های کوچکش هم سر زدم. یک سرآشپز حرفه‌ای به آنها درس‌های اولیهٔ آشپزی را آموزش می‌داد و کامبیز دستورالعمل‌ها را دنبال می‌کرد. بغض راه گلویم را بست. هرچند به او افتخار می‌کردم، اما در عین حال پر از احساس گناه بودم، زیرا نمی‌دانستم چگونه باید بقیهٔ

شهریه‌اش را بپردازم. خوشبختانه، درآمد باقی‌مانده از کار در کلبه برای پرداخت شهریهٔ یک سال تحصیلی کافی بود.

قرار بود به‌زودی کامبیز را از فرودگاه جان اف کندی تحویل بگیرم. اما ابتدا باید به سوئیت درهم‌ریخته‌مان رسیدگی می‌کردم. همایون اجازه نمی‌داد نظافتچی هتل وظیفه‌اش را انجام دهد، چون مطمئن بود کوکائینش را می‌دزدد. یکی دو بار، وقتی نظافتچی در می‌زد، خود را در حمام حبس می‌کرد و دچار توهم می‌شد که پلیس برای دستگیری‌اش آمده. یک بار هم، چند هفته پیش از آن، از رفتارش به‌شدت متعجب شدم. هنگامی که یکی از کارکنان هتل صورتحساب را در پاکتی از زیر در به درون اتاق انداخت، همایون ناگهان از روی مبل بالا پرید و گفت:

«اینا کی هستن که میان برامون نامه میارن؟»

پرسیدم: «دربارهٔ کی حرف می‌زنی؟»

گفت: «برو ببین کی هستن!»

او طوری به در خیره شد که انگار می‌توانست از آن عبور کند. پاکت را برداشتم و صورتحساب را نشانش دادم.

گفتم: «ببین، فقط یکی از صورتحساباى ماست.» همایون دوباره روی مبل نشست، اما همچنان با احتیاط به در نگاه می‌کرد.

گفتم: «یکی از کارکنان هتل برامون آورده.»

بعد از آن دیگر دچار توهم نشد.

پس از جمع کردن زباله‌ها و فویل‌های آلومینیومی مچاله‌شده از روی میز نشیمن و پنهان کردن پیپ در اتاق خواب، آپر سر رسید. او همان مهندس صدابردار ارمنی مهربان ساکن لُس‌آنجلس بود که همراه من به فرودگاه جان اف کندی می‌آمد. درست به موقع رسیدیم، همان لحظه‌ای که مهماندار هواپیما، کامبیز را از دروازه رد کرد، کامبیز به طرفم دوید و گریان گفت: «ماما!»

او را محکم در آغوش گرفتم و سعی کردم اشک‌هایم را از او پنهان کنم تا درد مادرش را حس نکند. گفتم: «بذار ببینمت! همقد من شدی! بیا بریم، کلی جا هست که باید با هم ببینیم!»

این اولین سفر کامبیز به آمریکا بود و می‌خواستم از آن لذت ببرد. او در مدرسهٔ بین‌المللی رستم‌آبادیان در تهران انگلیسی یاد گرفته بود و امیدوار بودم در این سفر فرصتی برای تمرین پیدا کند.

چمدانش را به هتل بردیم، و او سریع و برای اولین بار با همایون ملاقات کرد. همایون از او استقبال کرد و سپس به اتاق‌خواب رفت و چهارده روز آینده از آنجا بیرون نیامد. با وجود خستگی، بلافاصله کامبیز را به بیرون بردم.

کامبیز از دیدن شهر، تاکسی‌های زرد شهر که بوق می‌زدند، آسمان‌خراش‌هایی که سر به ابرها می‌کشیدند و نیویورکی‌هایی که به هر سو می‌رفتند، حیرت‌زده شده بود. وقتی در خیابان قدم می‌زدیم، وارد فروشگاه‌های پر از اسباب‌بازی می‌شدیم یا داخل یک رستوران فست‌فود آمریکایی می‌شدیم تا یک برش پیتزا یا هات‌داگ یا همبرگر بخوریم، چشمانش برق می‌زد. این تازه روز اول بود.

کامبیز در طول اقامتش، هیچ حرفی دربارهٔ همایون یا مرد جدید زندگی‌ام نزد. او در بسیاری از جنبه‌ها شبیه من بود؛ همه چیز را در دل نگه‌می‌داشت. احتمالاً تعجب می‌کرد که چرا همایون همیشه در اتاق‌خواب می‌ماند. شاید فهمیده بود که حال این مرد خوب نیست. با وجود تلاش فراوانی که می‌کردم تا عادی رفتار کنم، شاید متوجه شده بود که حال من هم چندان تعریفی ندارد. شاید، همان‌طور که آرام جلوی تلویزیون نشسته بود، نگرانم بود. بچه‌ها، حتی اگر تصمیم بگیرند چیزی نگویند، همه چیز را حس می‌کنند. حتماً فهمیده بود که اوضاع عادی نیست. شاید گاهی که در اتاق خواب باز بود و همایون بی‌اعتنا مواد می‌کشید، نگاهی به او انداخته بود. نمی‌دانستم به او چه بگویم. حتی خودم هم نمی‌توانستم بفهمم چه می‌گذرد. فقط سعی می‌کردم او را تا حد ممکن از سوئیت دور نگه دارم. فقط بعد از شام به سوئیت برمی‌گشتیم. قبل از خواب، هر دوی ما روی تخت کوچک او در اتاق نشیمن دراز می‌کشیدیم و برنامه یا فیلمی مثل «مرد شش میلیون دلاری» یا «هالک شگفت‌انگیز» را در تلویزیون تماشا می‌کردیم. باقی وقت را، در آن روزهای سرد زمستانی، بیرون از خانه می‌گذراندیم، قدم می‌زدیم، در رستوران‌های سرپایی غذا می‌خوردیم و از دیدنی‌ها بازدید می‌کردیم.

یک بعدازظهر، به اتفاق کامبیز و آپر به مرکز راکفلر رفتیم. کامبیز از بازی با دیگر بچه‌ها در پیست اسکیت خیلی خوشحال شد. آپر همراه او رفت و من از کنار پیست یخ، در سرمای شدید، او را تماشا می‌کردم. هر دو خوب بازی می‌کردند و با هیجان و تمرکز روی یخ، همراه دیگر اسکیت‌بازان در یک حرکت دایره‌وار، سر می‌خوردند. من یکی که حتی یک ثانیه هم نمی‌توانستم روی آن یخ دوام بیاورم، و اصلاً وقت شکستن استخوان هم نبود. بخشی از وجودم از دیدن لبخند و بازی

فرزندم در کنار بچه‌های دیگر، خوشحال بود. اما بخش دیگرم احساس می‌کرد در لبهٔ پرتگاهی ایستاده‌ام، به پایین نگاه می‌کنم و هر لحظه ممکن است سقوط کنم. سعی کردم این احساسات را نادیده بگیرم، اما رهایم نمی‌کردند، عین لاشخورهایی که یک حیوان زخمی را دنبال می‌کنند.

کامبیز خیلی دوست داشت فیلم جدید «سوپرمن» با بازی مارلون براندو، جین هکمن و کریستوفر ریو را ببیند. بالاخره یک شب با آپر برای تماشای آن به سینما رفتیم. بیش از دو ساعت در دنیایی خیالی غرق شدیم که در آن یک موجود فضایی، که از سیاره‌ای در حال نابودی به زمین فرستاده شده بود، قدرت‌های فوق‌العاده‌اش را کشف کرده از آنها برای کمک به دیگران استفاده می‌کرد. من هم مثل کامبیز با چشمان گرد، به پردهٔ بزرگ سینما خیره شدم. همراه سوپرمن در آسمان‌ها پرواز کردیم و همه نگرانی‌ها را پشت سر گذاشتیم. از دیدن مارلون براندو در نقش جور-ال، پدر بیولوژیکی سوپرمن نیز لذت بردم. چه بازیگر فوق‌العاده‌ای! کودک درونم، با حیرت کریستوفر ریو را تماشا می‌کرد که بدون هیچ خستگی و در حال پرواز در آسمان با ضدقهرمانان می‌جنگید. فکر کردم: کاش کسی هم می‌توانست مرا نجات دهد. آن شب هیجان‌زده از سینما خارج شدیم، احساسی که مدت‌ها تجربه نکرده بودم.

وقتی دو هفتهٔ ما به پایان رسید، سعی کردم کامبیز را در دروازهٔ پرواز به مهماندار تحویل دهم. اما او دستم را محکم گرفته بود و اشک از چشمان معصومش سرازیر بود.

با هق هق به من گفت: «مامان، تو رو خدا منو نفرس اونجا! می‌خوام با تو بمونم! تو رو خدا مامان!»

بغض راه گلویم را بسته بود و نفسم بالا نمی‌آمد. او نباید با ما در این اتاق، در این جهنم می‌ماند. من هم توانایی مالی که با او به سوئیس بروم را نداشتم.

پیشانی‌اش را بوسیدم و گفتم: «کامبیز جون، باید برگردی به پانسیونت. قول میدم خیلی زود همه چی تموم میشه و من و تو با هم میریم تهرون!»

اما نمی‌دانستم چه زمانی به تهران بازخواهم گشت. همه چیز منجمد شده و در حال تعلیق بود. غم نهفته در چشمانش قلبم را شکست. وقتی بالاخره او را متقاعد کردیم که با مهماندار برود، دردی شدید در بدنم حس کردم، گویی تکه‌ای از وجودم داشت جدا می‌شد. آن بعدازظهر به سوئیت هتل برگشتم و بعد از مدت‌ها و برای اولین بار با همایون دود کردم.

نیویورک، اواخر فروردین ۱۳۵۸

عاقبت همایون روی کاناپهٔ اتاق نشیمن سوئیت هتل، با یک پیپ شیشه‌ای در کنارش، از هوش رفت. فکر کردم: دو شبانه‌روزه چشم رو هم نگذاشته! و از پنجرهٔ طبقهٔ بیستم هتل به خیابان هفتم خیره شدم، و فکری به ذهنم خطور کرد:

بپر!

اولین سفرم به نیویورک را به یاد آوردم که چگونه به‌سرعت عاشق جذابیت این شهر شدم؛ مجذوب شلوغی و جنب‌وجوش منحصر به فردش و همچنین عشق بی‌پروایش به هنر و موسیقی. اما الان هیچ‌کدام از آنها را نمی‌دیدم، نه از ورای این اتاق تاریک و کثیف و جعبه‌های خالی غذاهای سفارشی که پشت در روی هم تلنبار شده بودند، نه از ورای تصویر اندام لاغر و بی‌جان و پوشیده از لکه‌های کبودم و نه از ورای چشمان بی‌روحم که سیاهی دورشان حلقه زده بود. انعکاس همهٔ این تصاویر، روی شیشهٔ پنجره، با نگاهی بی‌رنگ بر من دوخته شده بودند.

چند ماهی از اقامت‌مان در هتل شرایتون می‌گذشت. معلوم نبود کی از آنجا خارج خواهیم شد. در این مدت، تغییرات زیادی روی داده بود. شاه و شهبانو در ۲۶ دی ۱۳۵۷ ایران را ترک کرده بودند. به یاد دارم آن روز، حوالی ظهر بیدار شدم و خبر را از رادیو بی‌بی‌سی فارسی شنیدم.

زوج سلطنتی رسماً به تعطیلات رفته بودند. گزارشگر افزود که میلیون‌ها نفر در خیابان‌های تهران خروج شاه را جشن گرفته‌اند و خواستار بازگشت آیت‌الله خمینی هستند که از عراق بیرون رانده شده به فرانسه پناه برده بود.

موجی از نگرانی وجودم را فرا گرفته بود. در دل گفتم: شاه و شهبانو ایران را ترک کردند! و دلهره گرفتم. نمی‌دانستم چرا، ولی در عمق وجودم احساس می‌کردم آنچه در پیش است برای افرادی مثل من خوب نخواهد بود. شاه و شهبانو رفتند و هرگز بازنگشتند. اما آیت‌الله خمینی در ۱۲ بهمن ۱۳۵۷ به ایران بازگشت.

ظرف مدتی کوتاه، مملکتی که شاه به نخست‌وزیرش شاپور بختیار سپرده بود، سقوط کرد. چند روز بعد در روزنامهٔ کیهان، که تازه توسط انقلابیون مصادره شده بود، خبر اعدام برخی از اعضای رژیم سابق، از جمله ژنرال‌های ارتش شاهنشاهی منتشر شد. روزنامه تصاویر وحشتناکی از سردخانه را منتشر کرد که اجساد برهنه و

بی‌جان این مردان قدرتمند سابق را نشان می‌داد. روز ۱۲ فروردین ایران سلطنتی به «جمهوری اسلامی ایران» تغییر نام و هویت داد و گوگوش، به دلیل عضویت در ساواک، عنصر نامطلوب شناخته شد و خبر در همه جا پخش گردید.

اعلام بی‌طرفی ارتش شاهنشاهی آخرین تیر ترکش بود. هویدا که در یک خانهٔ امن ساواک تحت نظر بود، فرصت فرار داشت. نگهبانانش، پست‌های خود را رها کرده بودند، و قبل از خروج از ساختمان، سوئیچ اتومبیل پیکان خودش و یک تپانچه برای دفاع شخصی به او دادند و درها را باز گذاشتند تا امکان فرار داشته باشد. اما او با این باور که چون کار اشتباهی نکرده، چون دادگاه اسلامی‌ست و حتماً عادلانه محاکمه و آزاد خواهد شد، تصمیم گرفت خود را به دادگاه انقلاب اسلامی معرفی کند. ولی در پی یک محاکمهٔ نمایشی و یک مصاحبهٔ ساختگی که کریستین اوکرنت، خبرنگار بلژیکی، با او در سلولش انجام داد، محکوم به اعدام شد. وقتی به حال او در سلول انفرادی و در انتظار جوخهٔ اعدام فکر کردم، قلبم به درد آمد. این همان مردی بود که در بیمارستان مهر با من تماس گرفت تا حالم را بپرسد، کسی که در یکی از آسیب‌پذیرترین لحظات زندگی‌ام به من کمک کرد. او حتی پس از تولد کامبیز در سال ۱۳۴۷ برایم سبد گل فرستاد. هویدا سزاوار چنین سرنوشتی نبود. به پایین که نگاه می‌کردم، عرق سرد بر پیشانی‌ام می‌نشست.

توده‌های ابر بر فراز منهتن سایه افکنده بودند. باران بی‌وقفه می‌بارید. به خاطر دنده‌های کبودم، به‌سختی می‌توانستم نفس بکشم، چه برسد به اینکه دستم را بلند کنم تا دستگیرهٔ پنجره را بگیرم. همهٔ جانم درد می‌کرد. وقتی با درد قفل را چرخاندم، چشمم به زخم تازه‌ای در آرنج دست چپم، درست بالای مچ، افتاد که آن بریدگی عمیق و از حال رفتن روی صحنهٔ کاباره کلبه در لُس‌آنجلس را به یادم آورد. نفس عمیقی کشیدم. پنجرهٔ بزرگ را باز کردم. قطرات باران روی صورتم و موکت کف اتاق پاشید. ضربات کوبندهٔ درد سراسر بدنم را فرا گرفته بود، ضرباتی که حتی در بن دندان‌هایم هم حس می‌کردم. همایون قادر نبود به یاد بیاورد چه بر سر من آورده. بعدها هم نتوانست. با آن اعتیادی که تمام وجودش را نابود کرده بود، چگونه می‌توانست؟

تازه از اجرای برنامه در درویش به سوئیت برگشته بودم. همایون در اتاق‌خواب فریادهای بی‌معنی می‌زد. من می‌لرزیدم. دود کردن کار شبانه‌روزی‌اش شده بود. با من، به تنهایی و با دیگران مرتب می‌کشید؛ صبح و ظهر و شب، تا آنجا که بدنش

می‌طلبید و پیش از آن که بدن جوابش کند، می‌کشید. می‌دانستم که عاشق پارتی کردن است. ولی در ایران دست‌کم کار می‌کرد، مدیر داخلی بیمهٔ حافظ بود که نیمی از آن به خودش تعلق داشت. به‌علاوه در مقابل خانواده‌اش احساس مسئولیت می‌کرد؛ آنها هرگز چنین زندگی لاابالی و پر از عیاشی را برای پسر خود در آمریکا نمی‌پذیرفتند. مادر او یک بار به من گفت چقدر متأسف است که پسرش با دختری که به او معرفی کرده بود، ازدواج نکرد، دختری از یک خانوادهٔ اشرافی مثل خانوادهٔ خودشان. در عوض پسرش گوگوش را انتخاب کرده بود.

کفش‌ها و پالتویم را کندم و دم در گذاشتم، آرام آشغال‌ها را جمع کردم. همایون همچنان اجازه نمی‌داد نظافتچی‌های هتل به داخل اطاق بیایند. این اواخر باورش شده بود که آنها را استخدام کرده بودند تا او را بکشند. فکر کردم: کاش می‌توانست خودش را به این حال ببیند! و همایونی به یادم آمد که شش ماه پیش با او زندگی می‌کردم، همایونی که از شدت وسواس نظافت، همواره دستمال به دست همه جا را پاک می‌کرد.

سه کیسهٔ پلاستیکی پر شد. برای بقیهٔ آشغال‌ها کیسه کم آوردم. اطراف اتاق را نگاه کردم و یک کیسه در گوشه‌ای یافتم. همایون در اتاق خواب را باز کرد و خود را به داخل نشیمن انداخت. از چشمانش خشمی کوبنده بیرون می‌زد.

هرگز او را در این حال ندیده بودم، قبل از اینکه بتوانم تکان بخورم به طرفم هجوم آورد و با تمام قوا و با مشت و لگد به جانم افتاد. کمربند قهوه‌ای کاراته داشت و ضرباتش می‌توانست کشنده باشد.

سعی کردم خود را از زیر ضرباتش بیرون بکشم، با تمام نیرو فریاد زدم: «منم، گوگوش!»

دست بردار نبود. بدنم دیگر تحمل ضربه‌ها را نداشت. وقتی روی زمین افتادم، از زدن باز ایستاد، نگاهی بی‌رنگ به من انداخت، چرخی خورد، پشتش را به من کرد و از نو همان سخنان بی‌معنی را فریاد زد. روی زمین خزیدم و چشمم به یک قوطی باز نشدهٔ ماهی تُن روی میز نزدیکم افتاد. آن را برداشتم و تا همایون برگشت که خود را برای یک حملهٔ دیگر آماده کند، قوطی را محکم به سرش کوبیدم. صدای تصادم قوطی تُن با استخوان سرش در اتاق طنین انداخت.

بدون اینکه خونی از سرش جاری شده باشد، عقب‌نشینی کرد، آرام روی کاناپه نشست و با نگاهی تهی از هر احساس، بی‌حرکت ماند.

کفش‌ها و پالتویم را برداشتم و برای حفظ جانم، به‌سرعت فرار کردم. بعد از آن تنها چیزی که یادم می‌آید این که در تاریکی روی یکی از نیمکت‌های سنترال پارک نیویورک، منجمد از سرما، نشسته بودم و توان حرکت نداشتم. هر تکانی چنان دردناک بود که حس می‌کردم دارم از نو مشت و لگد می‌خورم. با وجود همهٔ این ماجراها نسبت به همایون عصبانی نبودم. می‌دانستم که با ماندن در کنار من خطر بزرگی را به جان خریده است، آن‌هم زمانی که گوگوش در وطن خویش یک دشمن به‌شمار می‌آمد. او به خاطر من به نیویورک آمده بود، نه برای گوگوش، نه برای شهرت. می‌دانستم دوستم دارد، با وجودی که مواد مخدر گرگ درونش را، که در درون تک‌تک ما نیز زندگی می‌کند، هار کرده بود. از خودم متنفر بودم؛ از این انسانی که تمام شب روی نیمکت نشسته بود؛ از این اندام اسکلت‌مانند که آن دود غلیظ را می‌کشید، منزجر بودم. این انسان ضعیف و قابل ترحم مادر نبود، معشوقه نبود، دوست نبود، هنرمند هم نبود. او من نبود. او گوگوش نبود. او به گرگ درونش باخته بود، گرگی که باید یک بار و برای همیشه از شرش راحت می‌شد:

بپر!

حالا که از طبقهٔ بیستم به شلوغی و هرج‌ومرج خیابان هفتم نگاه می‌کردم، پنجره باز بود و باران به صورتم می‌خورد، احساس کردم بدنم در حال سقوط به کف خیابان است. عطش جهیدن به بیرون و آرامش پس از آن وجودم را در بر گرفته بود، که ناگهان چهرهٔ کامبیز را دیدم.

یادم آمد چگونه از دیدن این شهر و تاکسی و آسمان‌خراش‌ها حیرت کرده بود. یادم آمد، وقتی به مرکز راکفلر و فروشگاه اسباب‌بازی رفتیم، چشمانش چه برقی می‌زد. یادم آمد آن روزی که با هم فیلم جدید «سوپرمن» را دیدیم و همراه سوپرمن در آسمان‌ها پرواز کردیم. یادم آمد شب‌هایی که به سوئیت برمی‌گشتیم و تلویزیون تماشا می‌کردیم، چگونه وانمود می‌کردیم که همه چیز در آن طبقهٔ بیستم و همچنین در ایران، عادی است. آن دو چشم بی‌گناه پسرم را به یاد آوردم که در پایان سفر، چگونه در فرودگاه جان اف کندی پر از اشک شده بودند و آن دست‌های کوچک که دستان مرا محکم گرفته بودند و رها نمی‌کرد و گریه‌کنان می‌گفت: «میخوام با تو بمونم. خواهش می‌کنم ماما!».

همچنان به خیابان هفتم چشم دوخته بودم و یادم آمد وقتی او را به دست مهماندار هواپیما سپردم، چه حس دردناکی بود، انگار تکه‌ای از گوشت تنم را پاره

کردند و بردند. اگر خودم را پرت کنم، در آینده به او چه خواهند گفت؟ که من رهایش کردم؟ که چون معتاد شده بودم، خودم را کشتم؟ که مادرش معتادی بود که نیمه‌شب روی یک نیمکت سانترال پارک خوابیده بود؟

من آن مادری که او آرزویش را داشت نبودم، مادری که در همهٔ شرایط در کنارش بماند، کسی که فرزندش را به کارش ترجیح بدهد و کسی که همیشه او را بالاتر از گرگ درونش بنشاند. ولی کامبیز پسر من بود. با تمام وجود دوستش داشتم و نمی‌توانستم او را وارد چنین باتلاقی بکنم. نمی‌خواستم در جهانی بزرگ شود که مادرش با زبونی و در حالی‌که فقط سایه‌ای ترحم‌برانگیز از آن چهرهٔ مشهور گذشته‌اش باقی مانده بود، از جهان وداع کرده باشد. او باید در جهانی بزرگ می‌شد که مادرش بر همهٔ ترس‌هایش غلبه کرده بود، حتی اگر مفهوم آن ایستادن در مقابل جوخهٔ اعدام بود.

از مقابل پنجره کنار رفتم و روی زمین خیس افتادم. روز بعد به همایون گفتم باید به ایران برگردم، چون ترجیح می‌دهم در کشور خودم به دست انقلابیون دو آتشه کشته شوم تا در غربت این شهر روزی چندبار و به تدریج بمیرم.

ظرف یک هفته نیویورک را ترک کردیم و با شوهر خواهر همایون، موسی صدیقی، مهندس پرواز ایران ایر، به لندن رفتیم. ابتدا برنامه این بود که در بریتانیا بمانیم تا اوضاع آرام بگیرد، اما نمی‌توانستم بیشتر صبر کنم. موسی به همایون قول داد که مرا در گذر از فرودگاه تهران یاری کند و پیشنهاد کرد همایون در لندن بماند چون صلاح نبود خود را به خاطر گوگوش به خطر بیندازد. اگر همه چیز خوب پیش می‌رفت، او با پرواز بعدی می‌آمد.

لباس شطرنجی مورد علاقه‌ام را پوشیدم و کمتر از بیست و چهار ساعت بعد سوار پرواز تهران شدم. هنگام برخاستن قلبم به‌شدت می‌تپید. هیچ یک از مسافران به یکدیگر نگاه نمی‌کردند. سکوت سنگین بود و پر از تنش پنهانی بازگشت به دنیایی تغییر یافته و نامطمئن. وقتی کاپیتان اطلاع داد که در حال فرود هستیم، دلم فرو ریخت. برای یک لحظه چشمانم را بستم. احساس کردم دارم، از روی صندلی‌ام و از ارتفاع دوازده هزار متری، سقوط می‌کنم. احساس کردم هوای سرد و قوهٔ جاذبهٔ در کشاکش پرتاب کردن من به زمین هستند. از پنجره بیرون را نگاه کردم و نفس عمیقی کشیدم.

هواپیما که روی باند نشست، دعا کردم و از خدا خواستم به من توان رویارویی

شجاعانه و با متانت با سرنوشتم را بدهد. آخرین مسافران از هواپیما پیاده می‌شدند، ولی من نشستم و منتظر موسی شدم که هنوز در کابین خلبان بود. از تصور دیدن یک پاسدار اسلحه به‌دست، که پایین پله‌ها و منتظر من باشد، نفسم بند آمده بود. موسی گفت: «دنبالم بیا»

از دور فقط می‌توانستم هیکل چند مسافر کیف یا چمدان به‌دست را، که روی باند باقی مانده بودند، تشخیص بدهم. فکر کردم: حتما باید در داخل ساختمان منتظر من باشند. به‌سرعت به سوی سالن فرودگاه مهرآباد حرکت کردیم، همان فرودگاهی که چندین ماه قبل از آن خارج شده بودم. داخل ساختمان، از نگاه مستقیم به دیگران خودداری کردیم تا به باجهٔ کنترل گذرنامه رسیدیم. مردی، ملبس به پوشش استتاری جنگی و اسلحه‌ای که به بند چرمی دور کمرش بسته بود، آن پشت نشسته بود. یک پاسدار بود. نفس عمیقی کشیدم و زور زدم تا با آرامشی ظاهری گذرنامه را به دستش بدهم. نگاهی به صفحات آن انداخت و سپس نگاهی به من. مکثی کرد و به صورتم خیره شد.

پوزخند شیطنت‌آمیزی زد و گفت: «ببینین کی اینجاس! این که اعدامیه!» طپش قلبم را در گلویم حس کردم. هرچند خودم را برای چنین موقعی آماده کرده بودم، فکر کردم: تمام شد. موسی پیش آمد، جلوی من ایستاد و به پاسدار گفت: «بهرام جان! گوش کن. این خانوم تحت نظر منه. من دستور دارم اونو شخصاً تا خونه‌ش اسکورت کنم.»

پاسدار بی‌اعتنا به موسی، رو به من گفت: «همین جا صبر کن.»

با گذرنامه‌ام محل را ترک کرد. موسی نگاهی عصبی به سویم انداخت و سعی کرد با چشمک معنی‌داری به من اطمینان خاطر بدهد. داشتم مجسم می‌کردم که هم اکنون گروهی پاسدار کلاشنیکف به‌دست حمله خواهند کرد. نمی‌دانستم ماما چگونه از این اوضاع مطلع خواهد شد. به فکر کامبیز افتادم و این قول که خیلی زود برمی‌گردم و به دیدنش خواهم شتافت.

دقیقه‌ای بعد، همان پاسدار بازگشت.

گذرنامه را به دستم داد. صفحه‌ای که روی آن مهر ورودی خورده بود را باز نگهداشته بود.

با لحن مهربان نامتعارفی گفت: «خواهر، شما آزادی بری.»

باورم نمی‌شد. سپس به چمدان‌هایم اشاره کرد و از یک نفر خواست آنها را

برایم تا دم در تاکسی ببرند.

اضافه کرد: «باید روسری سر می‌کردی، صورتتو با ریش و سیبیل مصنوعی یا چیزی می‌پوشوندی!»

با حالتی عصبی پاسخ دادم: «سبیل مصنوعی از کجا می‌آوردم؟»

به گردنم نگاهی انداخت و گفت: «این روسری رو دور سرت بپیچون و صورتتو بپوشون. مردم در حال و هوای انقلابن، شور انقلابی خیلی بالاس، اگه کسی شما رو بشناسه، خدا می‌دونه چه اتفاقی بیفته.»

موسی مرا مستقیم به منزل ماما برد. صبح روز بعد فهمیدم که مأمور مافوق بهرام، شخصی که مجوز ورود مرا امضا کرده بود، مسعود فردمنش بود. همان مسعود فردمنشی که شعر ترانهٔ زیبای «ما به هم نمی‌رسیم» مرا سروده بود. او نمایندهٔ دادستان کل در فرودگاه مهرآباد و فرماندهٔ سپاه پاسداران مستقر در فرودگاه شده بود. می‌دانستم کار خدا بود که فرشته‌ای چون او را برایم فرستاد تا به یاری‌ام بیاید. نمی‌دانم اگر او نبود، چه بر سرم می‌آمد.

اگر می‌دانستم یک سال بعد از آن در این زیرزمین خواهم بود، باز هم با همان پرواز به تهران می‌رفتم؟

فصل ۱۰

ناهید

عصر بود. از پنجرهٔ کوچک اتاق می‌دیدم که باد در درختان می‌پیچید، شاخه‌ها را خم می‌کرد و برگ‌های سبز و زرد را می‌لرزاند. مرجان در کنارم استراحت می‌کرد و من به بادی که شاخه‌ها را بالا و پایین و چپ و راست می‌برد خیره شده بودم. برگ‌ها تسلیم بودند و بی هیچ مقاومتی بر زمین می‌ریختند. سرنوشت خود و پیامدهای آن را پذیرفته بودند. شاید هم می‌دانستند باد زیاد طول نخواهد کشید و واداده بودند.

دو روز گذشت. نه من و نه مرجان را به طبقه بالا نبردند. هیچ‌کدام نمی‌دانستیم از ما چه می‌خواهند. من به همهٔ پرسش‌ها پاسخ داده بودم. هر چه که خواسته بودند را تحویل داده بودم: گذرنامه، قبالهٔ خانه، شغلم و صدایم. تسلیم بودم. من هیچ نداشتم و آنها همه چیز داشتند. بیشتر از این چه می‌خواستند؟

باد کمی فروکش کرد و در پی آن شاخ و برگ‌ها آرام گرفتند.

دیری نگذشت که ابوالفضل پیدایش شد و پردهٔ پشت میله‌های آهنی را کنار زد. فکرش را هم نمی‌کردم که با دیدن او احساس آرامش کنم. گلویش را صاف کرد، کلید را در قفل انداخت و همان دستورهای روز گذشته را تکرار کرد همراه با این یادآوری که همچنان در آن اطراف خواهد بود. بعد وارد سلول شد و بی‌حرکت ایستاد. با شرم نگاهی به ما انداخت و مثل همیشه احتیاط کرد که چشمانش با چشمان ما تلاقی نکند. انگار منتظر چیزی بود، شاید یک پاسخ. من می‌خواستم بدانم آیا می‌توانم به ماما زنگ بزنم و جویای حال او و کامبیز بشوم. به هیچ‌کدام از ما اجازهٔ استفاده از تلفن نداده بودند. هیچ‌کدام از ما با جهان بیرون در تماس نبود،

فقط به گوش‌مان رسیده بود که احتمالاً تانک‌های صدام حسین در فاصلهٔ کمتر از صد کیلومتری تهران بودند. ولی از او در این مورد پرسشی نکردم. در عوض، تا برگشت که اتاق غرق در سکوت را ترک کند، زیر لب گفتم: «ما همه‌مون از کثافت این مستراح مریض میشیم...» و به‌سرعت اضافه کردم: «...پاسدارام همینطور» نگران نبودم که جوابم را چگونه بدهد.

آرام ایستاد و به حرف‌های من دربارهٔ خطرات بهداشتی کثافت و مگس‌های نشسته روی مدفوع گوش داد. تنها چیزی که شنیدم صدای دست‌های مرجان بود که روی زانوانش به هم قفل شدند. نمی‌دانستم دارد فکرمی‌کند یا دارد آماده می‌شود تا با عصبانیت واکنش نشان دهد. او، هم‌چنان خجول، به مرجان نظری انداخت و از سلول خارج شد.

علیرغم همهٔ اینها، من و مرجان به طرف دستشویی دویدیم. در این دو روزه مثانه‌ام به‌سرعت پر می‌شد و فهمیده بودم که فقط روزی چهار بار اجازهٔ رفتن به دستشویی می‌دهند که آخرینش بعد از جمع کردن سینی شام بود.

خیلی سریع برگشتیم. با آن بوی تعفن، امکان نفس کشیدن نبود. بقیهٔ زندانیان زیرزمین هم پس از ما به‌سرعت حرکت کردند. خیلی زود زری، فهیمه، نیلوفر و چندتای دیگر به سلول ما آمدند همه همان لباس‌های روز قبل را بر تن داشتند، درست مثل من و مرجان، و مثل ما به‌شدت دنبال کمی سرگرمی بودند.

زری زیر پنجره، در همان جای دیروزی‌اش نشست و مژگان را در کنارش نشاند. بقیه خود را در هر جا که گیرشان آمد جا دادند. نیلوفر آرام به دیوار بغلی تکیه داد. زری یک سیگار برایم روشن کرد.

یکی از هم سلولی‌هایش آهسته پرسید: «به منم یکی می‌دی؟»

«منم می‌خوام!»

زری سیگارهایش را شمرد. بیشتر از روز قبل بودند. کنجکاو بودم بفهمم آنها را از کجا می‌آورد.

قبل از این که جعبهٔ سیگار را رد کند، گفت: "امروز یکی بیشتر می‌گیرین."

یکی از زنان بی‌مقدمه با لهجهٔ غلیظ شیرازی پرسید: «بالو پهلوی افشون رفتین؟»

زری نیم‌لبخندی زد، یک ابرو را بالا داد و پرسید: «خودت متوجه نشدی؟ این شیرازیا همش خوابن انگار! تنبلی‌شون میاد بیدار شن.»

تهران یک دیگ هفت جوش بزرگ است که مردم از نقاط مختلف کشور به آن

مهاجرت می‌کنند. در فرهنگ ما رایج است که دربارهٔ مردم شهرها و مناطق مختلف شوخی‌های دوستانه بکنیم. این شوخی‌ها همیشه در نزدیک کردن مردم استان‌های مختلف و ایجاد جو مهربانی و گاهی نیز آمیخته به گلایه نقش داشته‌اند. مثلاً، ترک‌های آذری به لجاجت و سرسختی معروف هستند یا مردم شیراز اغلب به آرامش و علاقه به شعر و استراحت شناخته می‌شوند. از سوی دیگر، تهرانی‌ها را ممکن است به خاطر ظاهر شهری و متظاهر بودن‌شان دست بیندازند. البته احتیاط بسیار لازم بود تا جوک تبدیل به توهین نشود. از اشارهٔ نابجای زری برای تحقیر شیرازی‌ها خوشم نیامد. من اغلب جوک‌های توهین‌آمیز آذری را بلد بودم چون مونس مرتب بدترین بخش‌های آن را برای تحقیر پاپا تکرار می‌کرد و من هر بار برای پاپا غصه می‌خوردم.

زن شیرازی خندید: «ها بله. چیکار دیگه می‌تونُسم بکنم؟ همش تو ای گوشه‌او گیرم، نَمی‌تونُسم جُم بُخورم...»

تعداد زنان آن سلول آنقدر زیاد بود که موقع خواب نمی‌توانستند از این دنده به آن دنده شوند، مگر این که همگی هم‌زمان جابجا می‌شدند.

بعد ادامه داد: «...تازه، با ای همه جیغ و فریاد سلول بغلی، هیچی نَمی‌شنُفتم!»

از آن لحظه‌ای که قدم به این زیرزمین گذاشتم، این جیغ و دادها متوقف نشده‌اند. شب و روز پر بود از ضجه‌های مرگبار. به نظر می‌آمد ترکیبی از صدای گریهٔ تعدادی زن و مرد باشند. البته صدای زنان از نزدیک‌تر می‌آمد. در این فکر بودم که آیا این زنان می‌دانند بقیه چه کسانی هستند و چه بر سرشان دارد می‌آید؟! البته روزها این فریادها با صدای پای پاسدارها، صدای رفت و برگشت به دستشویی و فریادهای ناهید در هم می‌آمیختند و کمتر شنیده می‌شدند. ولی همیشه بودند، همهٔ ما آن صداها را می‌شنیدیم.

نیم‌لبخند زری محو شد.

خاکستر سیگار را در کف دست خود ریخت، با عصبانیت و لهجهٔ غلیظ جنوب شهر تهران، پرخاش کرد که: «تو هم اگه جای اقدس بودی مثل سگ زوزه می‌کشیدی، جوری که انداختنش اونجا، با همهٔ بلاهایی که نصفه‌شب تو اون سلول لعنتی سرش آوردن؟! بعدم بهش بگن قراره بکشنش!؟»

اتاق ساکت شد. دربارهٔ چه کسی حرف می‌زدند؟ اقدس که بود؟ یادم آمد شب اول ورودم به این سلول، پاسداری در راهرو و با صدای بلند بر سر یک نفر فریاد

می‌کشید که: «وای نسا، تندتر راه برو، زنیکهٔ گُه! فکر کردی خیلی قلدری؟ همین الان از حلقومت می‌کشم بیرون، کثافت!»

در راهروی سمت ما سه سلول بود. ما اول راهرو و نزدیک دستشویی بودیم؛ بعد زری و هم‌سلولی‌هایش. در سلول سوم، واقع در ته راهرو، همهٔ معتادان، مخصوصاً معتادان به هروئین و تریاک را روی‌هم ریخته بودند. بدون هیچ‌گونه مراقبت پزشکی و امکان استفادهٔ مجاز روزانه از دستشویی، همه را وادار به ترک کرده بودند.

مژگان زمزمه کرد: «چه جهنمیه اونجا!»

برای من و مرجان توضیح دادند که صداها از سلول سومی می‌آیند.

فهیمه آرام گفت: «تمام روز تاریک تاریکه، پاسدارا پرده‌ها رو باز نمی‌کنن. اصلاً هوا ندارن. بدبختا مجبورن رو اَن خودشون بخوابن چون هیچ‌کس برای نظافت نمیاد.»

دلم زیر و رو شد، چشمان فهیمه از عصبانیت سرخ شده بودند و اشک‌های چشمان نیلوفر نمادی از وحشت همهٔ ما بود.

در همین لحظه ناهید، دخترکی ظریف‌اندام با موهای فری بلند که روسری قرمز رنگی بخشی از آن را پوشانده بود، خودش را داخل سلول انداخت.

با همان هیکل کوچک فریاد سر داد: «فکر می‌کنه می‌تونه منو با تهدیداش بترسونه!؟ فکر می‌کنه حرف بابام برام مهمه!؟ هر دوتاشون برن گمشن!!»

دختری با حرکت دست از او خواست داد نزند و با لحنی آرام پرسید: «ناهید! چی شده؟»

زری پرسید: «افشون چیزی گفت؟»

ناهید پاسخ داد: «گفت بابای احمق بی‌همه‌چیزم فقط می‌خواد من بمیرم»

یکی از دخترها گفت: «دروغ میگه والا!»

ناهید روسری‌اش را برداشت و گفت: «نه، دروغ نمیگه، در این مورد که اصلاً دروغ نمیگه. من خودم بابامو دیدم که به کمیته‌ایه التماس می‌کرد منو بکشه. همش آرزوی مرگ منو داره! همیشه می‌گفت خدا غضبش کرده که به‌جای پسر صاب دختر شده! اگه نه چرا می‌خواس منو به یه پیرمرد کثافت شوور بده؟!»

نگاه تندی به من و مرجان انداخت. تازه فهمیدم چرا دل پاسدارها برایش رفته بود. زیبایی معصومانه‌ای داشت و با اندام ریزش خیلی شکننده به نظر می‌رسید؛ یک دخترک زیبای سرگردان که با نگاه جذابش همه را به سوی خود می‌کشاند.

«افشون بهم گفت اگه از بابام طلب بخشش کنم و هر چی میگه و می‌خواد رو گوش کنم، آزادم می‌کنه.»

از او پرسیدند: «تو چی گفتی؟»

با صدای بلندی که پاسدارها هم بشنوند، جواب داد: «بهش گفتم من ترجیح میدم همین جا بمیرم.» ناهید تنها کسی بود که صدایش را کنترل نمی‌کرد. حتی زری گردن‌کلفت بیشتر مواقع صدایش را پایین می‌آورد. کمی تأمل کرد و به روسری نازک مچاله شده بین انگشتانش نگاهی انداخت. سپس چشمان فریبندهٔ عسلی‌اش را به سوی ما چرخاند و گفت: «احتمالاً صدام زودتر از اونا می‌جُنبه و تهرونو بمباران می‌کنه!»

ناهید چند سانتیمتری بلندتر از من بود و مژه‌های برگشته و گونه‌های صورتی داشت. صدایش را که از دور می‌شنیدیم، این چنین تصویرش نمی‌کردیم. فریادهایش صدای یک سردستهٔ باند و گردن‌کلفت محافظ ضعیف‌ترها بود. همان طنین صدا و لهجهٔ جنوب‌شهری را داشت و اصطلاحاتی به‌کار می‌برد که، وقتی در خانهٔ دایی ابراهیم زندگی می‌کردم، از جاهل‌های دوران کودکی‌ام به یادم مانده بود. شاید ناهید هم در کنار مردان پر شر و شور یکی از آن محلات بزرگ شده بود. از قرار معلوم پدرش هم یک مذهبی متعصب بود. شاید هم ادای لات‌های فیلم‌فارسی را در می‌آورد. شاید هم واکنشی تند بود به عشقی که هرگز از پدر نگرفته بود، همان پدر متنفر از دختر و عاشق پسر. حالا او می‌خواست با رفتار خشننش، نقش آن پسر را بازی کند.

نگاهی به مرجان انداخت و از بقیه پرسید: «این مرجانه؟»

هم‌سلولی‌هایش پاسخ دادند: «بله»

و بعد نگاهش به من افتاد و پرسید: «اینم گوگوشه؟»

باز همه جواب دادند: «بله»

چهره‌اش ناگهان نرم شد. بعد در صف جلو و روبه‌روی ما نشست و خود را معرفی کرد. خیلی هیجان داشت که داستان خودش را تعریف کند. هفتهٔ پیش، از سر سفرهٔ عقدی که پدر با یک مرد مسن پولدار برایش تدارک دیده بود، با کمک دوست پسرش فرار کرده و توسط کمیته‌ای‌ها دستگیر و روانهٔ زندان شده بود. شهامتش را ستودم. کمیته که نمی‌دانست با او و پدرش چه کند، ناچار او را به منکرات فرستاده بود.

ناهید تعریف کرد که چقدر دوست پسرش را دوست داشت. پسرک هم‌سن و سال خودش بود و برایش شعر می‌نوشت. گفت که حاضر بود بمیرد و با مردی که پدر برای او انتخاب کرده بود ازدواج نکند. هنگامی که حرف می‌زد، اشک در چشمانش جمع شده بود و اندام ریزش حالتی کودکانه به خود گرفته بود. ناهید یک کودک بود و هرچند شجاع و بی‌پروا، جایش در این زیرزمین نبود.

روسری قرمز مچاله شده‌اش را مرتب و تا کرد و گفت: «ما مثل لیلی و مجنون هستیم.»

من هم در سن او یک عاشق رؤیایی بودم، تا با محمود ازدواج کردم. در آن زمان، با تماشای فیلم‌هایی مثل شکوه علفزار Splendor in the Grass اثر الیا کازان، با تمام وجود به تراژدی عشق ایمان داشتم. وقتی سرنوشت با لبخند پیروزمندانه عاشقان را از هم جدا می‌کرد، اشک‌هایم از سر نوجوانی زود جاری می‌شد. هرگز به ذهنم خطور نمی‌کرد که اعمال خودمان هم می‌تواند باعث شکست عشقی شود. شاید این تنها شباهت من در نوجوانی با ناهید بود. اما هرگز جرأت نکردم مثل او با شجاعت در رویارویی با قدرت ایستادگی کنم، جز همان یک بار که در پانزده سالگی مانع شدم مونس مرا بزند.

ناهید به آرامی گرهٔ روسری را محکم کرد و به آرامی گفت: «ما مثل عاطفه و علی توی "همسفر" هستیم! مام با موتور فرار کردیم»!

سرم را تکان دادم و لبخند زدم. ماجرای آنها با نقش‌هایی که من و بهروز در فیلم «همسفر» مسعود اسداللهی بازی می‌کردیم، شباهتی نداشت. ناهید خیلی باشهامت‌تر از عاطفهٔ فیلم بود. عاطفه (من) دختر لوسی بود که عاشق یک مرد متأهل، مسن، موفق و اغواگر شد و دنبالش راه افتاد و زندگی خودش را به تباهی کشاند. پدر دختر، علی (بهروز وثوقی) یک کارگر بی‌کار را استخدام می‌کند تا بگردد، دخترش را پیدا کند و به خانه برگرداند. عاطفه و علی مصمم بودند موانع اجتماعی و طبقه‌ای را به خاطر عشق‌شان از میان بردارند، ولی ناهید در مقابله با حکومت جمهوری اسلامی، برای حقوق اولیه‌اش، یعنی تعیین سرنوشت خود، می‌جنگید. او داشت در این زیرزمین بهای گرانی برای شجاعت خود می‌پرداخت، بهایی که عاطفه هرگز مجبور نبود در زندگی رؤیایی‌اش، در ایران پیش از انقلاب، بپردازد.

نگران ناهید شدم ولی در عین حال به نترسی او حسودی‌ام شد. به دفاع

جانانه‌ای که از خود و خواسته‌اش می‌کرد، غبطه خوردم. من، حتی در سنین بالاتر هم، همیشه سعی می‌کردم همه را از خود راضی نگه‌دارم: از در اختیار گذاشتن تمام ساعات فراغت خود در جهت منافع شرکای زندگی‌ام گرفته تا ایفای نقش در صحنه‌های از پیش تمرین نشده، هرچند بارها به کارگردان‌هایم گفته بودم چنین شیوه‌ای را دوست ندارم. تنها جایی که در آن بدون ترس و واهمه، احساس آزادی می‌کردم، روی صحنه بود. فقط موسیقی چنین قدرتی به من می‌بخشید؛ فقط موسیقی بود که به من رخصت نشان دادن خود واقعی‌ام، و هر آنچه در درون خویش مدفون کرده بودم را می‌داد.

زن پوستردار با صدای بلند اعلام کرد: «من عاشق اون صحنۀ موتورسواری شما و بهروزم. عجب تیکه‌ایه!!»

مژگان اضافه کرد: «خیلی رمانتیک بود!»

چشمان ناهید برق زد.

آنها داشتند دربارۀ صحنه‌ای حرف می‌زدند که علی عاطفه را با موتورسیکلت خود از جادۀ چالوس به تهران برمی‌گرداند. این صحنه در شمال فیلمبرداری شده بود، در آن جادۀ نسبتاً باریک و پر پیچ دامنۀ البرز، که یک سمت آن کوه بود و در سمت دیگر دره‌ای عمیق که دیدنش دل را می‌لرزاند.

گفتم: «نزدیک بود اونجا کشته بشیم!»

بهروز موتور می‌راند و با شوخی‌ها و بذله‌گویی‌های همیشگی‌اش مرا می‌خنداند و من محکم به پشتش چسبیده بودم. دوربین‌ها روشن بودند، ولی ما دیگر بازی نمی‌کردیم. تا آن زمان دو سال و نیم از رابطۀ ما گذشته بود و این شادترین لحظۀ من بود که بعد از هفته‌ها فیلمبرداری بدون دعوا گذشت، تا آنجا که آرزو می‌کردم این سفر هرگز تمام نشود. وقتی بهروز وارد یکی از آن پیچ‌های تند با دید کم شد، اتوبوسی از روبه‌رو به سمت ما پیچید. فکر کردم: تموم شد! مُردیم! می‌دیدم فضای کمی برای مانور دارد و لبۀ پرتگاه بسیار نزدیک است. بهروز سریع به سمت راست پیچید و معجزه‌آسا از هر دو خطر گریخت. یکی از دو دوربینی که همراه ما بود، این لحظه را ضبط کرد؛ لحظه‌ای که روی پرده درست دیده نمی‌شد. همیشه از خدا و کائنات، شکرگزارم که آن روز از لبۀ پرتگاه سقوط نکردیم.

کسی در آن میان گفت: «من ترانۀ اون صحنه رو خیلی دوس دارم. میشه برامون بخونی؟»

زن پوستردار مجدداً گفت: «"من آمده‌م" رو بخون. عاشق این ترانه‌م.»

زن شیرازی رو به مرجان کرد و گفت: «مرجان، "کویر دل" و رو بوخون! ای ترانه‌او رو خیلی دوس می‌دارم!»

«"سکهٔ خورشید"!»

«گوگوش "پیشکش" رو بخون!»

طنین نام ترانه‌های درخواستی فضا را پر کرد. من و مرجان سعی کردیم به آنها بفهمانیم که پاسدارها و زهرا همان اطراف هستند.

مژگان دنبالهٔ حرفش را گرفت که: «مجبور نیستی بلند بخونی.»

یکی دیگر پیشنهاد کرد: «زیر لبی زمزمه کن.» ولی نمی‌توانستم، یاد سندی افتاده بودم که هفت ماه پیش در اوین امضا کرده بودم:

«من فائقه آتشین، مشهور به گوگوش، اعلام می‌کنم که از امروز به بعد هرگز نخواهم خواند؛ در هیچ کار هنری شرکت نخواهم کرد؛ در هیچ اجتماع سیاسی یا اجتماعی حضور نخواهم یافت و به اصول انقلاب بزرگ اسلامی پایبند خواهم ماند.»

ناهید بیانیه صادر کرد که: «پاسدارا نمی‌تونن هیچ گُهی بخورن. ما خودمون دیدیمشون داشتن از تو گنجه یه مشت کاست می‌دزدیدن.»

مژگان ساکت شد و گوشش را تیز کرد شاید صدای پاسدارها را بشنود، بعد توضیح داد: «بالا، تو راهروی ورودی، یه گنجه هست که هر چی رو مصادره میکنن میذارن اونجا.»

«الکل، کاست، کتاب.»

یکی دیگر گفت: «موادم هست. من خودم یه منقل دیدم اونجا!»

زن پوستردار گفت: «یکیشون همه کاستای هایده‌مو ازم گرفت...» بعد رو به ناهید کرد و ادامه داد: «...تو دیدی، مگه نه؟»

ناهید سرش را به علامت بله تکان داد و زری به زن پوستردار نگاه خشمگینی انداخت به این معنی که: «چن مرتبه اینو میگی؟»

زری پُک محکمی به سیگارش زد و نیلوفر لب زیرینش را گاز گرفت و بچه‌ها با هم دم گرفتند که: «تو رو خدا! خواهش!»

دو نفری با هم گفتیم: «شاید یه وقت دیگه،»

«خواهش، فقط یه دونه!»

بقیه تکرار کردند: «فقط یه دونه!»

نه می‌توانستم برق چشمان ناهید را نادیده بگیرم و نه هیجان را در صورت نیلوفر.

مرجان و من بالاخره تسلیم شدیم: «فقط یه دونه.»

بچه‌ها با ذوق فراوان ادامه دادند: «نفری یکی.»

گذاشتیم آنها ترانه را انتخاب کنند. بعد از مدتی مشورت قرار شد «من آمده‌ام» را بخوانم. این ترانه به لطف فراوان از سوی استاد جلیل زلاند، آهنگساز و شاعر و خواننده، زمانی که برای دیدار پسرش فرید زلاند به ایران آمده بود، به من هدیه شد. بعدها با فرید زلاند هم ترانه‌های ماندگاری ارائه کردیم.

با تردید به مرجان نگاه کردم. خوشحال به نظر می‌رسید. وقت جا زدن نبود. چقدر خوب بود که خنده‌اش را می‌دیدم.

تک تک نت‌ها و کلام این ترانه را حفظ بودم. مشکل اینجا بود که نمی‌دانستم چگونه آنرا بی‌سر و صدا بخوانم. هرگز ناچار به چنین کاری نشده بودم. می‌شد آهسته دم بگیرم ولی باز هم صدا بلند بود. باید راهی پیدا می‌کردم و ترانه را جوری می‌خواندم تا صدایم از آن چهاردیواری بیرون نرود. نمی‌توانستم ترانه را دکلمه کنم چون همه از من انتظار خواندن داشتند. از همه مهم‌تر باید جلوی خودم را می‌گرفتم که جوگیر نشوم. همیشه خواندن با احساس و عواطفم درهم می‌آمیخت. راه دیگری نبود. خوب می‌دانستم که صدای یگانه‌ای ندارم. صدایم خوب بود ولی استثنایی نبود. در نتیجه از همان روزهای نخست درک کردم که خوانندگی آمیخته با احساس، محدودیت‌های تکنیکی‌ام را بی‌رنگ خواهد کرد. یاد گرفته بودم اگر ترانه، داستان و ریتم آن را با تمام وجود احساس کنم، قادر خواهم بود این احساسم را به شنوندگان و تماشاگرانم هم منتقل کنم و آنها را به دنیای خود راه دهم. من هرگز خود را یک خواننده نمی‌دانستم، بازیگری بودم که با ترانه یکی می‌شد، با موزیک یکی می‌شد و با تماشاگر یکی می‌شد.

اتاق در سکوت مطلق فرو رفت و همهٔ چشم‌ها به من خیره شد. تصور کردم کامبیز نوزاد را در آغوش گرفته‌ام و برایش به آرامی لالایی می‌خوانم. امتحان کردنش فکر بدی نبود.

همچنان که کلمات عاشقانه را می‌خواندم و از دل خود به دل آنها پل می‌زدم،

یک احساس خوشبختی، گرما، عطش، کشش و امید در بدنم به حرکت درآمد و همهٔ وجودم را در بر گرفت. در چهرهٔ بقیه هم همان حال را دیدم، چهره‌هایی که با آنچه در این دو روز در زیرزمین دیده بودم، فرق داشتند. توانستم احساس ناهید را، که داشت تجسم می‌کرد در آغوش دوست پسرش نشسته، از حالت چشمانش دریابم. توانستم نخستین باری که فهیمه از دیدن همسرش دل‌ماله گرفت را حس کنم. حتی توانستم صدای قلب زری جوان را بشنوم که با دیدن جوان سر کوچه به طپش تند افتاده بود.

وقتی مرجان ترانهٔ «زندونی» را خواند، همان اتفاق تکرار شد. موکت کثیف و پنجرهٔ کوچک و چهاردیواری تنگ همه یکباره ناپدید شدند. مرجان با وجود صدای مخملین و آرامش، توانست ما را به جایی دیگر و زمانی دیگر بکشاند. این اعجاب موسیقی بود که توانست ما را سوار قالی پرنده کند و کیلومترها بر فراز دریا و خشکی پرواز دهد و به مکانی ورای کوه‌های یخ برساند تا آنجا خود را رها کنی، در صندوق دل بگشایی و هر چه را درون آن مدفون و مهر و موم کرده بودی، دور بریزی تا سبک و سبک‌تر شوی.

مهمانان تقاضای ترانه‌های بیشتری داشتند. حتی من هم می‌خواستم مرجان یک ترانهٔ دیگر بخواند. ولی در حین چک و چانه زدن‌ها، از دم در صدای پچ‌پچی به گوشم خورد. کم‌کم این پچ‌پچ‌ها به من و مرجان رسید. صحبت داداش ابوالفضل بود. او تمام این مدت کنار در ورودی راهروی ما بی‌حرکت و ساکت ایستاده بود.

فصل ۱۱

زندان اوین

اواخر اسفند ۱۳۵۸

کمتر کسی می‌توانست پیش‌بینی کند که در جریان شورش‌های ضد شاه پاییز ۱۳۵۷، ایران به سرعت تبدیل به جمهوری اسلامی شود. در بهمن ۱۳۵۷ و سقوط شاه، تعداد کمی می‌توانستند تصور کنند چه چیزی در انتظارشان است. آیت‌الله خمینی سریع خواستار برگزاری همه‌پرسی برای برقراری رژیم جمهوری اسلامی آزاد و دموکراتیک بر اساس اصول شیعهٔ اثنی عشری شد. رأی‌گیری که با نظارت و محدودیت برگزار شد، توسط تعداد معدودی از تشکل‌های چپ، ملی و قومی تحریم شد یا عمداً از شرکت در آن خودداری کردند. بنا به گزارش‌های خود رژیم، ۹۸ درصد از رأی‌دهندگان واجد شرایط به این همه‌پرسی رأی «آری» دادند.

با توجه به اینکه همهٔ انقلابیون اسلام‌گرا نبودند، کمتر کسی می‌توانست این نتیجه را پیش‌بینی کند. اعضای حزب کمونیست توده، دانشجویان سکولار و نخبگان لیبرال با طرفداران خمینی متحد شدند تا شاه را سرنگون کنند. خمینی بسیاری را متقاعد کرده بود که بعد از براندازی شاه، درآمد نفت میان مردم توزیع می‌شود و خودش از سیاست کناره‌گیری کرده به قم بازخواهد گشت تا به آموزش دروس اسلامی ادامه دهد. آنچه دو سال بعد از همه‌پرسی روی داد، باورنکردنی بود: دانشگاه‌ها به نام انقلاب فرهنگی تعطیل شدند تا سکولارها و چپ‌گرایان حذف

شوند و برنامه‌های درسی اسلامی شوند؛ مخالفان را نیز سرکوب و زنان را به زور زیر حجاب کردند؛ اول مرداد ۱۳۵۸، خمینی فتوایی صادر کرد که در آن موسیقی را ابزار شیطانی نامید و ممنوع اعلام کرد و گفت «هیچ فرقی با تریاک ندارد.»

من اما تعجب نکردم. از همان دقیقه‌ای که رژیم شاه سقوط کرد، نشانه‌ها را دیده بودم. سینماها، کاباره‌ها و تئاترهای خیابان لاله‌زار اولین قربانیان انقلاب اسلامی بودند. همه را همراه با بارها و دیسکوها به آتش کشیدند. تا اواخر دههٔ چهل و پنجاه خورشیدی، لاله‌زار بخش مهمی از جذابیت و پایگاه هنری خود را از دست داده و بیشتر تجاری شده بود. اما برای من این خیابان همچنان مقدس بود. من خود را آنجا پیدا کردم؛ برای اولین بار ردیف‌های مختلف صدا را آزمودم؛ و از ورای موج احساساتی که از سوی تماشاگران برایم می‌آمد، هیجان و سرمستی موسیقی را تجربه کردم. اکنون همه تبدیل به شیشه‌های شکسته، آوار و تل خاک شده بودند و نماد گذشته‌ای رو به نیستی. خانه‌ام و پناهگاهم، زیر خاکستر دوران گذشته مدفون و نابود شده بود. سرزمینی که زمانی بهشت موسیقی، هنر و نمایش بود، اکنون کشوری شده بود که قوانینش همهٔ اینها را حرام و جرم می‌دانست.

نشانه‌های دیگری هم وجود داشت، مثل داستان حمله به یک پیانوی بزرگ در هتل جزیرهٔ کیش. خبر این بود که انقلابیون، چون آلات موسیقی را نماد امپریالیسم غربی می‌دانستند، کلیدهای پیانو را، یک یک، از جا در آوردند و بعد با چکش و باطوم و سنگ یا هر چیز دیگری که دم دست بود، خود پیانو را منهدم کردند.

این‌گونه بود که، وقتی علی تهرانی، اوایل اسفند ۱۳۵۸ و در بازجویی آخر، تمام کاست‌ها و نوارهای ضبط شده‌ام را مصادره کرد، تعجب نکردم. همه را گرفت. البته بعد از آن کلماتی که از دهان علی تهرانی شنیده بودم، هیچ چیز دیگری تعجبم را برنمی‌انگیخت.

هرگز اولین جلسهٔ بازپرسی ما با علی تهرانی را، که چند روز پس از خوانده شدن به دادگاه موقت زندان اوین تشکیل شد، فراموش نمی‌کنم. چهار نفر بودیم: مازیار، ژاله علو، علی تابش و من. به محض ورود به زندان، تا چشمان همگی را بستند، مطمئن شدم این بار مرا به طرف جوخهٔ آتش خواهند برد. در عوض ما را از چند راهرو و چند پیچ کوتاه گذراندند، بعد یک طبقه پایین رفتیم و داخل اتاقی شدیم که مردی منتظر ما بود که خود را علی تهرانی معرفی کرد. تا نوار از چشمانم برداشتند و صورت دراز او را، که بسیار شبیه همفری بوگارت بود، دیدم، شناختمش. نخستین

بار او را در ۱۸ اسفند ۱۳۵۸ در زندان اوین دیده بودم. در گوشه‌ای نشسته بود، فیروزهٔ خواننده را بازجویی می‌کرد و او را چند بار به گریه انداخت. ولی ما چهار نفر را آن آخوند بازجویی می‌کرد.

لحن تهرانی با آخوند خیلی فرق داشت، تا حدی گرم و خودمانی بود. اول از همکارانم شروع کرد. وقتی نوبت من رسید، خیلی غیرمنتظره، به زبان مطربی (زبان رمز متداول بین عملهٔ طرب، برای پنهان کردن حرف‌شان از صاحب‌کار) تغییر کلام داد.

با همان زبان رمزی پرسید: «آلهات اِتوره چیه؟» (حالت چطوره؟)

زبان را خوب بلد بود و من با شنیدنش جا خوردم و مبهوت شدم. نکند یکی از ما اهالی طرب باشد! شیرین و با اعتماد به نفس می‌نمود، می‌توانستم او را بدون این ریش انبوه در حال اجرای نمایش تخته‌حوضی «سلطان و شبان» روی یکی از صحنه‌های لاله‌زار مجسم کنم. آن دوران، از همه طبقه‌ای مطرب داشتیم، از جمله گروهی که هم مشروب می‌خوردند و هم برای نماز جمعه به مسجد می‌رفتند.

ولی چرا با من مطربی حرف می‌زد؟ چه پیامی می‌خواست به من بدهد؟

با دیدن چهرهٔ متعجب و گیج من، لبخند آرامی زد.

من هم با زبان مطربی جواب دادم: «اوبه خوئم.» (خوبم.)

با همان لبخند و زبان پرسید: «آبرصا اوبه خوئه؟» (صابر خوبه؟)

با اعتماد بیشتری جواب دادم: «اوبه خوئه، ممنون.» (خوبه، ممنون.)

واقعیت این بود که این اواخر با پاپا صحبت نکرده بودم. آخرین خبری که از او شنیده بودم این بود که یک سرویس تاکسی زیرزمینی راه انداخته و به مسافران می‌گفته برای کمک به «گوگوش کوچولوی بیچاره‌اش» نیاز به پول دارد.

علی تهرانی، که گوشهٔ لب‌هایش همچنان سربالا مانده بود، پرسید: «هنوز مشروب می‌خوره؟»

قلبم فرو ریخت. مشروب ممنوع بود و مجازات سخت داشت. نمی‌توانستم حقیقت را به او بگویم، نه بعد از اتفاقی که برای گویندهٔ رادیو و مجری محبوب ملت، تقی روحانی افتاده بود.

وقتی تقی روحانی، در شهریور ۱۳۵۸ برای پاسخگویی دربارهٔ پوشش‌های خبری‌اش در دوران شاه بازداشت شد، پاسداران انقلاب دهانش را که مشروب خورده بود، بوییدند. او ناچار اعتراف کرد که شب قبل کمی نوشیده بوده. در نتیجه

به جرم «ضد انقلاب» بودن، به ۵ سال زندان در شهر خاش و به خاطر نوشیدن مشروب، به هشتاد ضربه شلاق محکوم شد. هنگامی که او را برای انتقال به خاش به فرودگاه می‌بردند، افرادی ناشناس او را ربودند و به حوالی بهشت زهرا بردند. در آنجا به‌شدت مورد ضرب و شتم قرار گرفت و بعد در بیابان به حال خود رها شد. هرچند قنداق یک تفنگ بخشی از جمجمه‌اش را خرد کرده بود، معجزه‌آسا زنده ماند، ولی تا آخر عمر فلج و لال ماند.

به زبان فارسی جواب دادم: «نه!»

با چهره‌ای غرورآمیز و زبان مطربی گفت: «چه اوبه خوا!» (چه خوب!) و بلافاصله به زبان فارسی تغییر زبان داد. «چن وقت یه بار شاه رو می‌دیدی؟»

آن شب اجازه یافتم به خانه برگردم، اما با این دستور که پانزده روز دیگر برگردم. در دومین جلسهٔ بازجویی فقط نسرین و من حاضر بودیم که مثل دو شاگرد دبستانی پشت یک میز نشسته بودیم. به‌تناوب از من و نسرین، خوانندهٔ معروف، پرسش‌هایی می‌کرد که بیشتر در خور صفحهٔ شایعات مجله‌ها بود. سؤال اختصاصی‌اش از من این بود که آیا فلانی یا فلانی را در مهمانی‌ها یا در برنامه‌های ویژهٔ دربار دیده‌ام یا نه. دنبال یک سرنخ بود و من به پاسخ می‌دادم چیزی یادم نمی‌آید. از کودکی، در مهمانی‌ها و مراسم بی‌شماری که می‌رفتم، چنان روی خواندن خود متمرکز بودم که به کسی توجه نمی‌کردم. دروغ بزرگی نگفتم. از همان آغاز کار یاد گرفته بودم که خوانندگی نیاز به کار سخت و تمرکز دارد.

با همان لحن نرم و آرام، مثل دوستی که در پایان یک روز کاری طولانی، از تو انتظار دارد از گذران روزت برایش تعریف کنی، پرسید: «قبل از اجرای برنامه چطور؟»

توضیح دادم: «پشت پرده در حال حاضر شدن بودم.»

می‌توانستم به او بگویم که لحظات قبل از رفتن روی صحنه برایم مهم بود، چون تنها وقتی بود که می‌توانستم با خود خلوت کنم و بزرگان موسیقی را به دنیای ذهنی خود راه بدهم. ولی شک داشتم برایش اهمیتی داشت.

پس از گذشت چند ساعت طولانی، علی تهرانی نسرین را مرخص کرد. البته پس از آنکه او را وا داشت، تا مثل پوری، ناصر و بقیه در روز اول و مازیار، ژاله و علی در روز دوم، سندی را امضا کند. وقتی نسرین هنگام خروج درِ را پشت سر خود بست، صدای طپش قلبم را شنیدم. نوبت من شده بود. من و علی تهرانی در

دفتری در زیرزمین زندان اوین با هم تنها ماندیم. چاره‌ای نبود جز اینکه مثل یک کوه محکم بایستم و خود را آرام نشان دهم.

سر فرصت، با سرانگشتی که با آب دهان خیس می‌کرد، اوراق درون پوشه را ورق زد.

با لبخندی بی‌رنگ پرسید: «بگو ببینم، آقا خوبه رو برای کی خوندی؟»

می‌دانستم که این سؤال بالاخره پیش خواهد آمد. بسیاری حدس می‌زدند که این ترانهٔ عاشقانه را، که نام اصلی‌اش «حضرت عشق» بود، برای نشان دادن وفاداری‌ام به خمینی خوانده بودم، ولی برخی دیگر باور داشتند که آن را برای شاه خوانده بودم. از هیچ‌کدام از این شایعات تعجب نمی‌کردم چون این ترانه درست در بحبوحهٔ هیجانات انقلابی بدون آگاهی من به بازار آمد. آن هم زمانی که من در آمریکا بودم و آتش خانمان‌براندازی بر جانم افتاده بود. وقتی این خبر را شنیدم سخت متعجب شدم چون کار ضبط به پایان نرسیده بود. شعر ترانه توسط محمد صالح‌علا ولی از زبان مادرش سروده شده بود و عشق او را به پدرش نشان می‌داد. من هم، در سال ۱۳۵۶، قبل از این‌که ضبط ترانه را شروع کنم، آن را به بیژن صفاری تقدیم کرده بودم. بیژن هنرمند، نقاش و آینده‌نگری استثنایی بود و دوست عزیزی که بسیار تحسینش می‌کردم و پس از فرار از کشور انقلاب‌زده دلتنگش بودم. اما مردم همیشه چیزی را که می‌خواهند، باور می‌کنند.

پاسخ دادم: «برای هیچ کس خاصی نخوندم.»

تعجب کرد. شاید انتظار داشت اعلام کنم «برای خمینی» تا آن سند کذایی را برای امضا به دستم بدهد و آزادم کند.

تهرانی از نو مشغول مطالعهٔ کاغذها شد و من در این فکر بودم که او در تئاترهای لاله‌زار چه نقش‌هایی بازی می‌کرد؟ آیا خواندن هم بلد بود؟ آهنگ صدایش چگونه بود و تا چه حد توان استفاده از تارهای صوتی‌اش را داشت. آیا می‌توانست مثل همفری بوگارت روی صحنه حضوری آرام و مسلط داشته باشد؟ هنرپیشه‌ای که خطوط عمیق روی چهره و دندان‌های نامرتبش راز جذابیت مردانه‌اش بود و او را از دیگر هنرپیشگان مرد نامدار هالیوود متمایز می‌کرد. اما به نظر نمی‌رسید آقای تهرانی حتی ذره‌ای از جذابیت، اصالت، تجربه و ماندگاری بوگارت را داشته باشد.

از نو با لبخندی ملایم پرسید: «"دریغ" رو برای کی خوندی؟»

همه فرض می‌کردند این ترانه را برای بهروز خوانده‌ام، چون دربارهٔ شکستی

دردناک بود. اما واقعیت این نبود. ارتباط من با این ترانه عمیق‌تر و همگانی‌تر از آن بود. درد یک فرد خاص نبود، دردی جهانی بود. من مدت کوتاهی پس از طلاق، برای بهروز ترانهٔ «معشوق» را با اشاراتی مثل «روزی خود درد هستی و روزی مرهمی» خوانده بودم.

جواب دادم: «برای کس خاصی نخوندم...

لبخند آقای تهرانی محو شد و به پایین نگاه کرد. به وضوح از پاسخ من ناامید شده بود.

ادامه دادم: «...من فقط عاشق کلمات شعر بودم و فکر می‌کردم مردمم دوسش دارن. تازه، ترانه شُرا شعرو می‌نویسه و منِ خواننده، فقط اونو اجرا می‌کنم.»

می‌توانستم بیشتر توضیح بدهم؛ می‌توانستم بگویم همیشه در انتخاب ترانه‌ها از احساسم کمک می‌گیرم: می‌توانستم بگویم باید با قصهٔ پشت ترانه ارتباط برقرار می‌کردم؛ می‌توانستم بگویم باید داستان را جوری باور می‌کردم که انگار دارم حکایت خودم را می‌خوانم. شنونده‌ها خیلی باهوش هستند، وقتی روراست نباشی یا ادای چیزی را در آوری، می‌فهمند. من همه جور ترانه‌ای می‌خواندم ولی به این شرط که آن احساس را در من به حرکت درآورد و هنگام خواندن روی صحنه رهایم نکند. توان این را داشتم که یک ترانهٔ ضربی شاد و تند را با نشاطی که سراسر وجودم را فرا گرفته بود بخوانم و بلافاصله، یک ترانهٔ اندوهگین اجرا کنم که درد نهفته در آن را در سینه‌ام حس می‌کردم و اشکی واقعی که از چشمانم جاری می‌کرد. موسیقی همیشه با گشاده‌دستی رخصت اشک ریختن از سر درد و فریاد زدن از سر شوق را به من می‌داد.

تهرانی با نگاهی جدی و چشمانی گرد شده، که قبلاً در او ندیده بودم، مستقیم به من نگاه کرد و پرسید: «اصلاً چرا می‌خوندی؟ نمی‌دونستی خوندن حرومه؟...» صورتم ناگهان گُر گرفت.

با نگاهی که از آن انزجار می‌بارید ادامه داد: «...نمی‌دونستی خوندن زن برای مردا حرومه؟»

خونم به جوش آمد. انگشتانم را مشت کردم و در دامانم گذاشتم که لرزش آنها را نبیند.

سعی کردم خودداری کنم تا اشکم در نیاید. گفتم: «خیر قربان، هیچ‌کس، نه تو مدرسه و نه تو خونه، به من نگفته بود نباید بخونم یا خوندن حرومه. حتی قوم و

خویشای دیندارم هیچی نگفتن. از وقتی یه بچهٔ کوچیک بودم، مردم پول می‌دادن که بیان خوندن منو تو کافه‌ها و کاباره‌ها گوش کنن. بعدم صفحه‌هامو می‌خریدن. همیشه بهم عشق دادن و حمایتم کردن!»

نگاهی ترحم‌آمیز به من انداخت. سرم را برگرداندم تا آن نگاه را نبینم. از هیچ چیز بیشتر از نگاه ترحم‌آمیز نفرت نداشتم.

بعد از یک سکوت طولانی، چشمانش را تنگ کرد تا سؤال دیگری را بخواند.

تا پرسید چرا صحنهٔ لخت فیلم «در امتداد شب» را بازی کردم، از نو به‌هم ریختم، مثل چندین هفته پیش در دادگاه طبقهٔ بالا وقتی آن آخوند عصبانی با همین پرسش آشوب در دلم به پا کرد.

این فیلم پرویز صیاد یک تراژدی/درام رمانتیک بود، مثل «قصهٔ عشق» ساختهٔ آرتور هیلِر. «در امتداد شب» داستان مرد جوانی بود به نام بابک (سعید کنگرانی) که مبتلا به سرطان خون بود ولی مصمم که قلب زنی را که دوست دارد، به دست آورد. پروانه (من) خوانندهٔ مشهوری بود که از وجود این مرد جوان بی‌اطلاع بود.

به نگاهش حالتی نگران داد و از نو تکرار کرد: «نمی‌دونستی این کارم حرومه؟ نمی‌دونستی تو اسلام نشون دادن بدن لخت زن در ملأ عام غیرقانونیه؟»

چند بار باید پاسخ این سؤالات تکراری را بدهم؟ چه می‌توانستم بگویم؟ که آن صحنه فی‌البداهه و چند دقیقه قبل از فیلمبرداری به سناریو اضافه شد؟ که من از همان اول با انجام آن سخت مخالفت کردم؟ که با پرویز صیاد در این مورد بگومگومان هم شد؟ که به من قول داده بودند که پستان‌هایم اصلا معلوم نخواهد شد و در پشت شعله‌های آتش بخاری دیواری پنهان خواهند ماند؟ که این یک صحنهٔ هنری بود نه صور قبیحه؟ که تماشاگران پروانه را می‌بینند نه گوگوش را؟ که برایم استدلال کردند خداوند خالق انسان‌ها و اعضای بدن آنهاست و آفرینش او هرگز آلوده به گناه نیست؟ که متقاعدم کردند که بازی در چنین صحنه‌ای به رشد من به عنوان یک هنرپیشه کمک می‌کند؟

گلویم را صاف کردم و گفتم: «آقای تهرانی، اشتباه بزرگی بود. خیال می‌کردم دارم یه کار حرفه‌ای می‌کنم، ولی حالا می‌فهمم کار غلطی بود.»

زیر لب خندید.

بعد از چند دقیقه سکوتی که با صدای به‌هم خوردن ورق‌های کاغذ شکسته می‌شد، نگاهی به من انداخت و گفت: «حالا می‌تونی بری، ولی...» مکث کوتاهی

کرد و ادامه داد: «فردا با هر چی نوار و کاست و اینایی که داری، برگرد و حکم آزادیتو بگیر.»

گمانم من تنها کسی بودم که بازخوانده شدم. همهٔ همکارانم روز اول و بعد از امضای یک سند که اجازه نیافتم به آن نگاه کنم، آزاد شده بودند. آقای تهرانی به من قول داد روز چهارم آخرین روز بازپرسی من باشد.

همان روز، تا به خانه رسیدم، با عجله همهٔ صفحات، کاست‌ها، نوارهای ریل مادر و حتی نمونه‌هایی که در استودیو ضبط شده بود را در چند کیسه جمع کردم. خیلی زیاد بودند. من دست‌کم بیش از چهل صفحهٔ تک‌ترانه تولید کرده بودم و ترانه‌های بسیاری که برای بیست و هفت فیلم‌های خود خوانده بودم. همه را در کیسه ریختم، چه مال خودم و چه مال دیگران، چه ایرانی و چه خارجی، همه را گذاشتم ببرم. نمی‌خواستم در آینده کوچک‌ترین بهانه‌ای دست کمیته‌ای‌هایی بدهم که گاه و بیگاه به خانه‌ام یورش می‌آوردند. من فقط آرامش فکر می‌خواستم و بس.

روز بعد، چندین کیسهٔ پر به آقای تهرانی دادم و در ازای آن سند آزادی‌ام را برای امضا در مقابلم گذاشت.

همان شب به خانه‌ام تلفن کرد و گفت: «خانوم آتشین، ترانهٔ ”ساحل و دریا“ رو پیدا نکردم.»

هنوز به این که مرا آتشین بخوانند، عادت نکرده بودم.

با نگرانی جواب دادم: «ولی من هر چی داشتمو آوردم.»

از آن طرف پس از سکوتی طولانی، با دلگیری گفت: «حیف شد، زنم خیلی اونو دوس داشت.»

چند ماه بعد از این گفتگوی تلفنی، علی تهرانی در خواب به ضرب یک گلوله، که به مغزش شلیک شده بود، کشته شد. هیچ‌کس نمی‌دانست چرا. شاید تسویه حسابی شخصی بود. شاید هم نمونهٔ دیگری از این واقعیت که انقلاب فرزندان خودش را می‌بلعد. پس از شنیدن این خبر مرتب صورت کشیده‌اش، در سنین جوانی، جلوی چشمانم نمایان می‌شد که منتظر رسیدن نوبت، پشت پرده ایستاده بود تا روی صحنه برود.

فصل ۱۲

طبقهٔ بالا

روز پنجم

دستشویی عمومی با دیوارهای نمناک سیاه و روشویی زنگ‌زدهٔ کثیف، آینه نداشت. ولی من سنگینی چرک روی پوست بدن و چربی موهایم را حس می‌کردم که هر دو نیاز به شستن داشتند. شبیه یک تکه اسفنج شده بودم و همهٔ کثافت‌های اطرافم را جذب می‌کردم. از روزی که پا به این خانهٔ مسکونی قبلی و زندان کنونی گذاشتم و در این زیرزمین محبوس شدم، پنج روز گذشته بود و من نه دوش گرفته بودم و نه دندان‌هایم را مسواک زده بودم.

صورتم را با عجله آب کشیدم تا هر چه سریع‌تر از آن محل متعفن خارج شوم. با وجودی که ابوالفضل کسی را آورده بود تا آنجا را بشویند و لولهٔ گرفتهٔ مستراح را باز کنند، هنوز بوی تعفن برطرف نشده بود. بعد از اینکه از او تقاضا کردم دستشویی را تمیز کنند، بسته‌های پنبهٔ سیاه و کثیفی را هم، که تا حد ممکن پاک کرده بودم، به او نشان دادم و خواهش کردم دستور بدهد برای همه نوارهای بهداشتی بیاورند. ساکت در آستانهٔ در ایستاده بود. برایش توضیح دادم که این پنبه‌های آلوده عفونت‌زا و برای سلامتی خطرناک‌اند. روز بعد، زهرا آمد و با عصبانیت، بدون اینکه حرفی بزند یا به کسی نگاه کند، بسته‌های پنبه را جمع کرد و تعدادی نوار بهداشتی بسته‌بندی شده را در لبهٔ پنجرهٔ سلول ما گذاشت. به مرجان گفتم تصمیم گرفته بودم

از داداش ابوالفضل بخواهم که به خانواده‌ام بگوید یک بسته وسایل گوبلن‌دوزی برایم بیاورند تا سرگرم شوم. اگر ورق‌بازی ممنوع نشده بود، حتماً از او می‌خواستم به‌جای گوبلن یک دست ورق بیاورد تا با آن فال بگیرم.

مرجان با لبخند گفت: «دیگه زیادی توقع داری!»

با عجله از دستشویی بیرون آمدم و دو سه چهرهٔ تازه در صف منتظران پشت در دیدم. بقیه خود را به سلول ما رسانده بودند و در جای همیشگی نشسته بودند تا زمان کوتاه هواخوری خود را با ما بگذرانند. چهره‌ها نسبت به روز قبل گرفته‌تر بود. نیلوفر هم در میان‌شان نبود. انعکاس ترس در چشمان مهربانش را به یاد آوردم و جرأت نکردم احوالش را از دیگران بپرسم.

یکی از تازه‌واردها آهسته زمزمه کرد: «گوگوشه!»

دیگری گفت: «بهمون گفت شمام اینجایین، ولی باور نکردیم!»

مرجان پرسید: «کی؟»

زری با لحنی پوزش‌خواهانه گفت: «اینا جدیدن.»

هر دو را تازه در خیابان دستگیر کرده بودند.

«بازجو! امروز صبح! گفت...»

زری حرفش را قطع کرد و تشر زد: «...ما بهش میگیم افشون»

زن حرف زری را تکرار کرد و گفت: «...افشون...» بعد سرش را به طرف ما چرخاند و گفت: «...بهمون گفت، خانوم رئیستون گوگوش پایین منتظرتونه!»

دلم به‌هم خورد.

دومی گفت: «ما فک کردیم طرف بیق بیقه!» و آن دیگری اضافه کرد: «گوگوش من عاشق ترانهٔ «چوب می‌زنی» توام!»

زری که انگار سخنان آن دو نفر تازه‌وارد هم‌سلولی را نشنیده بود، ادامه داد: «...بازجوی اصل‌کاری!» سپس نگاهی به سیگار نیمه‌سوختهٔ لای انگشتان میخچه‌دارش کرد، پُکی طولانی به آن زد، دود سیگار را به هوا فرستاد و گفت: «جناب نجیب‌الدوله!» و اتاق در سکوتی طولانی فرو رفت. زری ادامه داد: «مادر قحبه فک می‌کنه با اون کت شلوار قراضه و عینک قلابیش می‌تونه ما رو خر کنه!؟ یه جوری واسه ما تریپ می‌زنه انگار یه کسیه!؟ مث کلونترای فیلمای کابویی. ما همه می‌شناسیمش. اون روزا نه عینکی بود، نه کت شلواری. قیافهٔ قزمیتش خوب یادمونه که هر روز کنار خیابون وامیساد تا واسهٔ ما به مردا ژتون بفروشه!»

زری از ژتون‌هایی سخن می‌گفت که مردان در شهرنو برای هم‌خوابی با کارگران جنسی از فروشنده‌اش خریداری می‌کردند.

زن آهسته گفت: «زری، یواش دارن گوش میدن!»

زری پُک آخر را به سیگارش زد و گفت: «بذار گوش بدن، بذار بفهمن که رئیسشونم یکی بوده مثل ما. اگه واسه خاطر ما نبود، یه قرونم در نمی‌آورد!»

یکی دیگر از هم‌سلولی‌ها پرید وسط سخنانش: «ننه‌شم واسه پول می‌فروخت!»

ناگهان صدای ناهید در راهرو پیچید که بی‌محابا به پاسدارها و خمینی فحش می‌داد.

زری سری تکان داد و گفت: «میون همهٔ ما فقط این نیم‌وجبی نجیبه و بس، راستشو از این بشنو!»

فهیمه با نگاهی نگران گفت: «آخرش خودشو به کشتن میده. هیچی غیر از صدای قوی یه زن این قرمساقا رو نمی‌ترسونه.»

اتاق ساکت شد. حتی تازه‌واردها هم بی‌حرکت ماندند.

دو ساعتی بعد داداش ابوالفضل پرده را کنار زد و قفل در را باز کرد. با حجب نگاهی به من انداخت و گفت: «دنبالم بیا!»

طپش قلب شروع شد. مرجان دست‌هایم را میان دست‌هایش گرفت و فشار آرامی داد یعنی موفق باشی.

در راهروی تنگِ نیمه تاریک و مملو از ضجه و ناله، دنبال ابوالفضل راه افتادم. نگاهی سریع به عقب انداختم و در دل با زنانی که پشت پرده‌ها اسیر بودند خداحافظی کردم و آرزوی رهایی و آزادی هر چه زودتر.

بیرون از راهروی ما، صدای ناله و ضجه‌ها انعکاس بیشتری داشت. از راهروی مقابل و بخش مردانهٔ زیرزمین، می‌آمد. ابوالفضل ایستاد و مرا به طرف پلکان هدایت کرد و با اشارهٔ دست نشانم داد که از سمت چپ به طبقهٔ بالا بروم. این همان پلکانی بود که پنج روز پیش برای رفتن به زیرزمین از آن پایین آمدم. پنج روز به نظرم چند هفته می‌آمد. دنبال من تا طبقهٔ بالا آمد ولی همواره سه پله از من عقب‌تر حرکت می‌کرد.

از میانهٔ راه‌پله می‌توانستم چکمه‌های کثیف و بالاپوش‌های سربازی را در هال ورودی ببینم. یادم آمد روز نخست از دیدن پاسدارها در منزل شخصی آقای مصباح‌زاده چه تعجبی کردم. هنوز هم باور نکردنی بود که این ساختمان یک روزی

خانهٔ مسکونی بوده.

روشنایی هال طبقهٔ بالا، در مقایسه با تاریکی زیرزمین، بسیار تند و چشم‌آزار بود. تا چشمانم به این تغییر عادت کرد، نیمرخ آن پاسدار جوان را شناختم. در این چند روز او را ندیده بودم. مشغول حرف زدن با شخص دیگری بود و من نگاهم را از او دزدیدم. سپس با راهنمایی ابوالفضل به سالن قبلی، که حالا تبدیل به اتاق بازجویی شده بود، رفتیم. پنج روز پیش، در همین اتاق، در کنار کامبیز و دایی فرهنگ مقابل افشون نشسته بودیم.

به‌محض ورود به سالن، ماما، همایون، و دایی فرهنگ از جا پریدند.

ماما که اشک در چشمانش جمع شده بود گفت: «خدا رو شکر! اینجایی!» بعد مرا در آغوش کشید. هر دو به لرزه افتاده بودیم.

همایون دستش را روی شانهٔ من گذاشت و پرسید: «اذیتت کردن؟» حتی به عنوان شوهر، اجازه نداشت زنش را در ملأعام ببوسد.

باورم نمی‌شد ماما آنجاست، درست مثل روزی که دختربچه بودم و او را بیرون مدرسه دیدم. باورم نمی‌شد همایون آنجاست. از حلقه‌های سیاه دور چشمانش می‌شد فهمید که چند روزیست خواب به چشمانش نرفته است. البته نه به خاطر فری بیس، چون این روزها دستش به راحتی به کوکائین نمی‌رسید. دایی فرهنگ هم، مثل روز اول که همراهم آمده بود، ترسیده بود.

گفتم: «نه، خوبم.»

اما خوب به نظر نمی‌رسیدم. حس می‌کردم پوست تنم را کثافت گرفته. لباسم از شدت عرق و آلودگی سفت شده بود. موهایم که همیشه نرم و تمیز بود، حالا چرب و ژولیده بود. دهانم هم در اثر نشستن دندان، بدمزه و تلخ شده بود. لب‌هایم خشک و ترک خورده بودند. در دل فکر می‌کردم آیا بوی من به هم به بدی بوی زیرزمین است؟ بوی تند و زنندهٔ مستراح مخلوط با بوی عرق و هوای کپک‌زده.

ابوالفضل اصرار کرد همگی بنشینیم، سپس خودش پشت میز خالی افشون در انتهای دیگر اتاق بزرگ نشست.

وقتی کیف دستی اسباب و وسایلم را نزدیک پای ماما دیدم، فهمیدم آزاد شدنی نیستم.

ماما که به‌ندرت احساسات خود را نشان می‌داد، با صدایی بغض‌آلود گفت: «روز بعد از دستگیری تو زنگ زدن و گفتن تا ۲۴ ساعت دیگه اعدامش می‌کنیم!»

قلبم می‌خواست از درون قفسهٔ سینه بیرون بزند. آن‌وقت رو کرد به طرف ابوالفضل و بلند و خشمگین فریاد زد: «کدوم آدم مریضی به خودش اجازه میده به یه مادر زنگ بزنه و اونو اینطوری بلرزونه!...»

دایی فرهنگ سعی کرد او را آرام کند. رنگش مثل روز اول روز پریده بود. ولی ماما هیچ‌یک از این علائم را نداشت.

با همان عصبانیت ادامه داد «...اونوخ اسم خودشونو گذاشتن منکرات؟!» خیلی نترس بود. اهمیتی نمی‌داد که طرف مسلح بود و می‌توانست همان آن را بدون مجوز دادگاه او را دستگیر کند، همان‌طور که مرا دستگیر کرده بودند. می‌توانست همه اینها را هم به زبان آذری به من بگوید، اما عمداً به فارسی حرف می‌زد تا او بفهمد.

تلاش کردم لرزش صدایم را کنترل کنم و از او پرسیدم: «کامبیز چطوره؟» نمی‌توانستم اجازه بدهم هیچ‌کدام ترسم را ببینند، نه ماما، نه همایون، نه دایی فرهنگ و مخصوصاً نه ابوالفضل.

همایون جواب داد: «خوبه.»

ماما اشک‌هایش را پاک کرد و با لحن آرام‌تری گفت: «دلتنگته. نگرانته. هر روز می‌پرسه کی برمی‌گردی. منم بهش میگم همین روزا!»

از روزی که در پایان سال تحصیلی ۱۳۵۸ کامبیز را از لِه‌روزه بیرون آوردم، بیش از یک سال گذشته بود و او با من زندگی می‌کرد. کار نمی‌کردم و نمی‌توانستم حتی شهریهٔ سرسام‌آور یک هفته‌اش را بپردازم.

«بهش بگو خیلی زود می‌بینمش.»

همایون پرسید: «چ...ی...چ...ی بهت میدن؟ چیزی خوردی؟» هیچ‌وقت او را تا این حد دستپاچه و بی‌دفاع ندیده بودم که چنین به لکنت بیفتد.

جواب دادم: «آره.». بعد لبخندی زورکی زدم و اضافه کردم: «یکی از دخترها مطمئنه که غذای ما ته‌مونده‌های اوینه. وقتی عدس‌پلو به ما می‌رسه، دیگر اثری از مرغ نیست و فقط چندتا دونه عدس توش مونده. یه برنج ساده‌اس!»

همایون خندید. شاید برای خوشحال کردن من. ولی ماما اصلاً در وضعیتی نبود که حتی خندهٔ تصنعی بکند. نگران بودم یک‌باره از سرجایش بلند شود و به طرف ابوالفضل حمله ببرد. ماما اصولاً انسان خشنی نبود. ولی آن حادثهٔ کذایی با اتومبیل همسر سابقش، خلاف این را نشان می‌داد. روزی، شوهر دوم و آخرش همهٔ اسباب و

وسایل خود را جمع‌آوری می‌کند و او و دو فرزند کوچک را به حال خود می‌گذارد تا سراغ معشوقه‌اش برود. شنیدم که ماما، روز بعد، تا در خانهٔ معشوقهٔ شوهرش می‌راند، از اتومبیل پیاده می‌شود، یک پیت بنزین روی مرسدس‌بنز همسرش، که آنجا پارک بود، خالی می‌کند و با خونسردی یک کبریت روشن روی آن می‌اندازد.

دلم می‌خواست برای آنها از دستشویی، دربارهٔ زری، نیلوفر و بقیه، دربارهٔ شلنگ زدن‌ها و فریادها تعریف کنم. می‌خواستم بگویم بعضی زن‌ها افشون را در حال فروش ژتون در شهرنو دیده بودند. می‌خواستم همه چیز را بگویم، ولی با وجود ابوالفضل در چند قدمی خودمان، امکان‌پذیر نبود.

همایون گفت: «با برادرت فریبرز صحبت کردم. از نگرانی مریض شده. بهش میگم تو رو دیدیم.» سپس نگاهی به ابوالفضل، که پشت پوشه‌ها گم شده بود، انداخت و خیلی آهسته خبر داد که: «فریدون هر روز زنگ می‌زنه حالتو می‌پرسه.»

منظور همایون فریدون فرخزاد، شومن محبوب و گاه جنجالی و برادر فروغ فرخزاد بود.

گفتم: «بهش بگو خوبم.»

ماما توضیح داد که منکرات فهرست بالا بلندی از هنرمندان «عنصر نامطلوب» را رسماً منتشر کرده است، از جمله من، فریدون، مرجان، سپیده و سید کریم. می‌دانستیم سید کریم کمدین معروف آنجاست چون صدای او را از بخش مردانهٔ زیرزمین می‌شنیدیم که ناباورانه اذان می‌خواند.

فریدون از ترس پنهان شده بود. منکرات تنها برای شغل هنری گناه‌آلوده او دنبالش نبود. جنسیت هم‌جنس‌گرایانهٔ او چندان راز پوشیده‌ای نبود و در قانون شرع مجازاتش اعدام بود.

ابوالفضل ستون پرونده‌ها را مرتب کرد، هر پرونده را که به دست می‌گرفت، چند بار محکم روی میز می‌زد تا کاغذهای درونش مرتب شوند و بعد سراغ بعدی می‌رفت. اگر واقعاً دنبال کشتن من بودند، باید تا آن روز مرده باشم. حتماً در پی چیز دیگری بودند. چه چیز؟ نمی‌دانستم. من که حاضر بودم هر چه می‌خواهند را به آنها بدهم!

ماما نگران مصادرهٔ خانه و وسایل درون آن توسط پاسدارها، گفت: «من حواسم به ولنجک هست.»

باید به او می‌گفتم که قبالهٔ خانه را به آنها داده‌ام. وزارت جدید اقتصاد و

دارایی آن را، به این بهانه که کل مالیات سال ۱۳۵۶ را پرداخت نکرده‌ام، توقیف کرده بود. مسئولان این نهاد می‌گفتند نمی‌توانند اعتراض‌نامهٔ رسمی من را، مبنی بر این که ۳ میلیون تومان (معادل ۴۳۰ هزار دلار آمریکا در آن زمان) بدهی به رژیم سابق اشتباه است، پیدا کنند. ظاهراً جمهوری اسلامی، بدون رعایت روند قانونی، همچنان علاقه‌مند به مطالبهٔ بدهی‌های دوران شاه بود.

وای که چقدر دلم برای خانه‌ام تنگ شده بود. از بیست و دو سالگی در آن زندگی می‌کردم؛ از ازدواج ناخوشایند با محمود آزاد شده بودم؛ دیوانه‌وار عاشق بهروز بودم؛ و در اوجی از حرفه‌ام بودم که به‌راحتی می‌توانستم همهٔ آرزوهایم را برآورده کنم. قبل از اسباب‌کشی به خانهٔ جدید، چند تغییر کوچک در اتاق تلویزیون دادم و یک سونا هم اضافه کردم، که برادرانم بیش از من از آن استفاده کردند. نُه درخت سرو را برای داشتن حریم بیشتر با همسایگان کنار دیوار کاشتم، و درخت گیلاس، آلبالو و بید مجنون را، که هدیهٔ پدرم بود، در باغچه کاشتم. طی سالیانی که گذشت، به درخت‌ها حسابی رسیدم تا ریشه در خاک محکم کردند. بید مجنون آن‌چنان پر و بلند شده بود که نور خانه را می‌گرفت و ناچار هرچند وقت یک بار هرسش می‌کردیم. گل‌های رز رنگارنگ را در بهارخواب پرورش می‌دادم. حتی چند بتهٔ جوان از هند خریدم که قرار بود رز سیاه باشند ولی قرمز از آب درآمدند. از دیدن غنچه دادن بته‌های رز کیف می‌کردم.

درخت‌ها و گل و گیاهانم را خیلی دوست داشتم، بچه‌های خوشگل من بودند. اگر می‌گذاشتند به خانه نزد گل‌ها و درختانم برگردم، دیگر از من هیچ اثری نمی‌دیدند و هیچ صدایی نمی‌شنیدند.

ابوالفضل دست از مرتب کردن پرونده‌های روی هم تلنبارشده برداشت، از پشت میز شلوغ افشون بلند شد و به طرف ما آمد.

صدایش مثل همیشه محکم اما ملایم بود و اعلام کرد:«وقت خداحافظیه.»

ماما کیفی را که کنار پایش بود برداشت و با آرامش تک‌تک وسایلی که بسته‌بندی کرده بود، از جمله لباس، وسایل بهداشتی و سیگار را نام برد.

با لحن محکم همیشگی‌اش، که به شنیدن آن عادت داشتم، گفت: «تا وقتی ولت کنن، پنج بسته سیگارم برات گذاشتم. بیشتر از این لازم نداری.» ولی در چشمانش سایهٔ ترس را می‌دیدم. گویی نام و خاطرهٔ مادرش که در زندان مرد، برایش زنده شده بود.

بغلش کردم و تا آنجا که زورم می‌رسید به خود فشردمش. همایون دستش را روی شانه‌ام گذاشت.

دایی فرهنگ کیف را به دستم داد و گفت: «من مواظب کامبیز هستم.» و مطمئن بودم که منظورش ماما هم بود.

از او تشکر کردم و برای اینکه اشک‌های جمع شده در چشمانم را نبینند، به‌سرعت برگشتم، کیف به‌دست دنبال ابوالفضل راه افتادم و دیگر به پشتم نگاه نکردم.

تا وارد سلول شدم و برای مرجان دربارهٔ لیست هنرمندان و تلفنی که به ماما کرده بودند، تعریف کردم، میگرن سراغم آمد. مرجان آرام گوش کرد و مثل شب اول ورود به سلول، در چشمان قهوه‌ای رنگش هاله‌ای از ترس، عصبانیت و بهت سایه انداخت. هیچ نگفت. حتی بعد از این‌که حرف‌هایم به پایان رسید. حق داشت. من و او از هر چه که به این زیرزمین ربط داشت، دوری می‌کردیم، فقط از گذشته حرف می‌زدیم و خطر موجود سر راه‌مان را کتمان می‌کردیم تا خورد نشویم.

مرجان ناگهان به گریه افتاد و با خشم و صدای بلند گفت: «گوگوش، دیگه ازمون چی می‌خوان؟ نمی‌فهمم! اینا که برنده شدن! مام که باختیم! همه چیزمونم که گرفتن! بچه‌هام چی میشن؟ چرا پسرخونده‌مو انقد می‌ترسونن؟ ریختن تو خونمون، منو کشون‌کشون جلوی چشمش بردن! طفلک هنوز یه بچه‌اس!...» دیگر اهمیت نمی‌داد صدایش شنیده شود.

یادم آمد چند روز پیش، کامبیز ساعت‌ها در طبقهٔ بالای همین ساختمان، ساکت نشسته منتظر بود تا مرد اخموی کت و شلوار قهوه‌ای پوش مادرش را آزاد کند، ولی در پایان مامانش را نگه‌داشتند و او و دایی فرهنگ را به‌زور و با چشمان گریان بیرون انداختند.

مرجان با صدایی بغض‌آلود ادامه داد: «...همه چیزمونو گرفتن! همه چی! ولی یه جوری رفتار می‌کنن که انگاری ما تو خونهٔ اونا ریختیم و مرتکب جنایت شدیم! کدوم جنایت؟ پناه بر خدا!» با دست‌های لرزانش روسری را روی موهایش جابه‌جا و مرتب کرد و گفت: «اینجا خونه و مملکت مام هست!»

توی کیف را زیر و رو کردم با این امید که ماما قرص میگرنم را آورده باشد که چنین نبود. دنبال جعبهٔ سیگار گشتم شاید نیکوتین آن کمی دردم را التیام بخشد یا دست‌کم ذهنم را مشغول چیز دیگری کند. تا پیدا شد، بازش کردم، به‌سرعت

یک نخ سیگار روشن کردم و ریه‌هایم را با چنان قوتی از دود پر کردم که انگار این دود می‌توانست مرا از دست میگرن و این سلول هر دو یک جا نجات دهد. ولی راه نجاتی نبود.

مدام به یاد مادربزرگ مهربانم، به‌به، می‌افتادم. خیلی دوستش داشتم. پانزده سالم بود که به‌به فوت کرد. سال‌ها بعد، دایی فرهنگ از سختی‌های فراوانی که کشیده بود با من حرف زد. او و خانواده‌اش، نمی‌دانم از کدام منطقهٔ شوروی، فرار کردند و در جمهوری تازه‌تأسیس سکولار دموکراتیک آذربایجان پناه گرفتند؛ کشوری که بعدها در اتحاد جماهیر شوروی جذب شد و به آذربایجان شوروی تغییر نام داد. سال‌ها بعد، سرنوشتش تغییر کرد و با وجود سختی فراوانی که خانواده‌اش از دست کمونیست‌ها تحمل کرده بودند، عاشق پدربزرگم شد و با او ازدواج کرد. پدربزرگ اهل آذربایجان ایران بود و یکی از بسیار هواداران کمونیزم. به‌به با آگاهی از تجربیات زندگی خود، دنبال پدربزرگم و رؤیاهای سیاسی‌اش رفت. با وجودی که هیچ‌کدام از ما سیاسی نبودیم، او را می‌فهمیدم چون من هم مثل او، خراب عشق بودم و زندانی قلب.

مادر بزرگم، پس از اعدام همسرش و تبعید از میاندوآب به تهران، در این شهر زندگی جدیدی برای خود و فرزندانش ساخت. با توجه به پیشینه‌اش، کاری در کادر دندانپزشکی بیمارستان شوروی پیدا کرد و بدون هیچ شکایت و با استفادهٔ بهینه از شرایط موجود، فرزندانش را بزرگ کرد. من جوان‌تر از آن بودم که بفهمم پشت آن لبخند پرشور، چه درد عمیق نهفته بود، دردی از سر دلتنگی که، عظمت آن را تنها تبعیدیان می‌فهمند.

در سال ۱۳۴۲ یا ۱۳۴۳، خاله‌ام فخری و همسرش، در جستجوی رؤیای خیالی اتحاد جماهیر شوروی، تصمیم گرفتند به آذربایجان شوروی مهاجرت کنند. به‌به، که شصت و چند سالش بود، تصمیم شجاعانه‌ای گرفت و آگاه از خطرات دستگیری هنگام عبور از پردهٔ آهنین، از ماما و دایی فرهنگ خداحافظی کرد و دنبال آنها راه افتاد. انگیزه‌اش آرزوی دیرینهٔ بازگشت به سرزمین کودکی‌اش بود. من آن کشش را به‌خوبی می‌فهمیدم و برایم قابل لمس بود. حتی در تاریک‌ترین لحظاتم در آن اتاق طبقهٔ بیستم هتل نیویورک، مدام به کوه البرز و قلهٔ باشکوه دماوند، که بر فراز تهران سایه می‌افکند، فکر می‌کردم. چقدر آرزو داشتم آن غول بلندقامت را یک بار دیگر ببینم. آن که شهرم تهران را، مثل مادری که کودک خود را به سینه‌اش می‌فشارد، در

بر گرفته بود و محافظتش می‌کرد. چه کشش بی‌رحمی! قوی‌تر از ترس و منطق، که حتی وقتی زادگاهت درگیر آشفتگی سیاسی‌ست، یا امکان روبه‌رو شدن با جوخهٔ اعدام وجود دارد، دست از تو برنمی‌کشد. این ارتباط تزلزل‌ناپذیر با میهن، حتی زمانی که تغییر می‌کند، حتی زمانی که به تو خیانت می‌کند، همان چیزی است که تو را به سوی خود می‌کشاند.

هر سه موفق شدند به گونه‌ای معجزه‌آسا و قاچاقی از مرز عبور کنند ولی بلافاصله از سوی نیروهای آذربایجان شوروی، به اتهام به جاسوسی دستگیر و زندانی شدند. خاله فخری و همسرش پس از چندین ماه اسارت آزاد شدند و چند سال بعد، وقتی به‌کلی از اتحاد جماهیر شوروی رویایی سرخوردند و واقعیت‌های تلخ فقر شدید، گرسنگی و تظاهرات روزانه، آرمان و امیدشان را یک‌جا در هم شکست، به ایران فرار کردند. خاله و شوهرش هنوز دربارهٔ قحطی‌های فاجعه‌بار و میلیون‌ها کشته تحت حکومت استالین و مائو چیزی نمی‌دانستند. اما رنج خودشان برای شکستن باورشان کافی بود. به‌به اما نتوانست از بند رها شود و تنها و بی‌کس و بیمار در پشت میله‌های زندان جان داد.

بارها تصویر او را در ذهن مجسم کردم که چشم انتظار یک ناجی نشسته بود. عصبانی بود؟ پشیمان بود؟ امکان داشت با وجود همهٔ موانع هنوز امیدوار مانده باشد؟ شاید در ته دلش احساس رضایت می‌کرده که توانسته، برای چند لحظه هم که شده، با سرانگشتان خود خاک سرزمینش را لمس کند و هوای آنجا را به داخل ریه‌ها بفرستد. فکر کردم: آیا به‌به دارد از آن بالا مرا در این زیرزمین می‌بیند؟

فصل ۱۳

قاضی شرع

روز هفتم

روز هفتم بازداشتم، نیمه‌های روز، حاکم شرع حاج‌آقا انصاری وارد سلول ما شد. همسایه‌ها در مورد او به ما هشدار داده بودند. تشریحی که از او کرده بودند، کاملاً درست به نظر می‌رسید. مردی میانسال با ریش بلند جوگندمی، پشت قوزدار و دهان بدبو که ترکیبی از بوی پیاز و دندان کرم‌خورده از آن بیرون می‌زد. سری کوچک و صورتی گرد داشت که ظاهر کودکانهٔ عجیبی به او می‌داد چون با چین و چروک‌های عمیق پوستش تناقض داشت. از چشمان تیره و ریزش، بی‌احساسی و بی‌تفاوتی خودخواهانه‌ای بیرون می‌زد، که گویی تنها دل‌نگرانی‌اش وجود خودش بود و بس. خیلی لاغرتر از آخوند شکم‌گندهٔ اوین بود ولی مثل او، بوی عرق بدن آمیخته به گلاب از لابه‌لای عبای قهوه‌ای رنگش بیرون می‌زد و دماغ را می‌آزرد. او در عین حال تنها قاضی آن منطقه و مسئول زخم و کبودی‌های پشت فهیمه و ترس نهفته در چشمان نیلوفر هم بود.

پاسدار جوانی که قاضی شرع را به داخل راهنمایی کرد دستور داد: «پاشو!» مرجان و من به‌سرعت فرمان بردیم و مطمئن شدیم موها کاملاً زیر روسری پنهان باشند. وقتی آخوند چهارزانو روی زمین نشست، با احتیاط عمامهٔ سفیدش را با انگشتان لمس کرد تا مطمئن شود روی سرش درست نشسته است. سپس با سر

انگشت سبابه عینکش را که روی بینی سر خورده بود، به بالا راند و با حرکت دست دیگرش پاسدار جوان را مرخص کرد. بعد با همان حرکت دست به ما فرمان داد روی زمین بنشینیم.

با صدایی نازک و بلند آغاز کرد: «بسم‌الله رحمان الرحیم...» و بدون اینکه مستقیم به ما نگاه کند خیلی کتابی ادامه داد: «...لازم نیست از هیچ‌کدام از شما بپرسم چرا اینجا هستید. خودتان می‌دانید، مهم‌تر از آن، خداوند تبارک و تعالی می‌داند.»

ناگهان، از پشت شیشه‌های ته‌استکانی عینکش، به ما خیره شد. در همان حالت عینک آهسته از روی بینی چربش لیز خورد و پایین آمد. در چشمانش خواندم که منتظر است نشان‌های از پذیرش گناه یا اعتراض را از صورت‌مان بخواند. ولی مرجان و من از او زرنگ‌تر بودیم. تا آنجا که توان داشتیم، آرام ماندیم. جای بگو مگو با حاکم شرع نبود، آن هم در آن زیرزمین.

مجدداً عینک را بالا کشید و با انگشت سبابهٔ استخوانی‌اش ما را نشانه گرفت. سپس انگشت را به سوی آسمان تکان داد و گفت: «فقط خداوند رحمان و رحیم است که در روز قیامت تصمیم خواهد گرفت شما را، به جرم گناهانی که کرده‌اید، به قعر جهنم بفرستد.» و با هر نفس بوی تعفن دهانش هوای اتاق را بیشتر و بیشتر آلوده می‌کرد.

فریادهای دردآلود بیرون سکوت اتاق را شکستند. کمی صبر کرد، سپس دستی روی ریشش کشید، بی‌تفاوت به صدای ضجه‌ای که از راهرو می‌آمد، ادامه داد: «باید استغفار کنید.»

هیچ‌کدام تکان نخوردیم. حتی پلک هم نزدیم. می‌دیدم که مرجان هم مثل من دارد با خود می‌جنگد که جوابی ندهد.

با صدایی حق به‌جانب ادامه داد: «کسی چه می‌داند، شاید خداوند تبارک و تعالی بر مشتی زن مغزشویی شده ترحم کند. هر چه باشد، شاه ملعون، آن فاسد آشغال، خوب می‌دانست چگونه عقل ناقص شماها را کنترل کند، شما را از قرآن دور کند و مینی‌جوپ تن‌تان کند!» بعد متوقف شد و نفسی تازه کرد.

دیدم مرجان هم مثل من دندان‌هایش را به هم فشرد.

لبانش را غنچه کرد و گفت: «چقدر خوشبختید شما که من اینجا هستم تا قوانین شیطانی او را باطل کنم و بیماری شما را شفا دهم.»

صدای ضجه‌ها بلندتر شد و بار دیگر عمامه را روی سرش تنظیم کرد. ناگهان به طرف من نشانه رفت، عینکش را بالا کشید و گفت: «اصول دین را شنیدی؟»

با سر اشاره کردم بله.

«بشمار.»

به‌سرعت جواب دادم: «توحید، نبوت، عدل، امامت، معاد.»

«چند بار در روز باید نماز خواند؟»

«پنج بار.»

پرسید: «به کدام سو؟»

«رو به قبله.»

پس از کمی تأمل، گلویش را صاف کرد. با لبخندی موذیانه پرسید: «در نماز عصر چند رکعت واجب داریم؟»

جواب دادم: «چهار تا.»

چینی به نشانی تعجب بر پیشانی انداخت و توی دهانم پرید: «ظهر چطور؟»

«چهار تا.»

«مغرب؟»

«سه تا.»

«صبح؟»

«دو تا.»

با شک ادامه داد: «عشا چطور؟»

«چهار تا.»

حاج‌آقا انصاری بار دیگر گلویش را صاف کرد و پس از کمی تأمل، لبخند کمرنگ از نو روی لبانش نشست.

«کدامیک از نمازها را هنگام سفر می‌توان کوتاه کرد؟»

پاسخ دادم: «میشه نماز ظهر و عصر و عشا رو دو رکعت کرد.»

دهانش باز ماند.

بسیاری نمی‌دانستند که من یک مسلمان باورمند بودم، در ماه رمضان روزه می‌گرفتم و تا آن روز دو بار به حج عمره رفته بودم. هرگز در مورد باور مذهبی‌ام حرف نمی‌زدم. دوست نداشتم حرف بزنم. به کسی هم مربوط نبود. آنچه برای من مهم بود، ارتباط روحی‌ام با خداوند بود، ارتباطی که با خواندن نماز از کودکی و در

منزل دایی در من آغاز به رشد کرده بود.

بعد از یک سکوت طولانی، چین بیشتری به پیشانی‌اش انداخت و از نو شروع کرد: «نماز میت چیست؟»

بدون تأمل جواب دادم: «نمازی که برای مرده میخونن.»

با ناباوری چشمانش را به من دوخت. من سرم را پایین انداختم و به انگشتان دستم نگاه کردم تا چشمم به چشمش نیفتد. باز عمامه را امتحان کرد. وقتی مطمئن شد جایش درست است، به طرف مرجان برگشت و هم‌زمان از گوشهٔ چشم هم مرا زیر نظر گرفت.

هفت ساله بودم که برای نخستین بار با مذهب و خدا آشنا شدم. همان زمانی که پاپا با مونس ازدواج کرده بود و من و فری را نزد دایی‌اش گذاشت. منزل دایی در خیابان مولوی باغ فردوس و جنوب بازار بزرگ تهران قرار داشت و یکی از قدیمی‌ترین خیابان‌های پایتخت به‌شمار می‌رفت. این محلهٔ سنتی و کارگرنشین به نام "هفت کچلون" شناخته می‌شد. از قرار هفت برادر بی‌مو و قوی هیکل که به گردن‌کلفتی و تسلط بر محله معروف بودند در آن منطقه زندگی می‌کردند.

دایی ابراهیم و خدیجه خانوم، مثل بیشتر همسایه‌ها، قبیله‌ای و با سه فرزند و نوه‌هایش در خانه‌ای سنتی و قدیمی، باقی‌مانده از دوران قاجار، زندگی می‌کردند. خانه‌ای با دیوارهای بلند گلی گچ‌مالی و حیاط مرکزی کوچکی که با یک باغچه و حوضچه تزئین شده بود. اتاق‌های اصلی به حیاط باز می‌شدند و تنها از طریق حیاط قابل دسترسی بودند. دیوارهای بلند خانه، مانند یک قلعه ساکنان را در برابر آب و هوای سخت و چشم‌های کنجکاو همسایگان و رهگذران محافظت می‌کردند. هیچ پنجره‌ای رو به خیابان نداشت. در اصلی طوری طراحی شده بود که حتی وقتی باز بود، فضای داخلی خانه دیده نمی‌شد.

من عاشق آن خانهٔ ساده بودم که در زمستان سرد بود و در تابستان بوی خاک می‌داد، اما سرشار از عشق بود. در آن دوران، من هنوز ماما را مرتب می‌دیدم، چون هر دو خانواده بعد از طلاق او و پاپا، همچنان با هم نزدیک بودند. این بهترین سال کودکی من بود. آنها مرا برای اولین بار به مدرسه فرستادند. سال پیش از آن، با وجودی که به سن مدرسه رسیده بودم، پاپا مرا به مدرسه نفرستاده بود. وقتی مدرسه تعطیل می‌شد، به خانه برمی‌گشتم و با فری و سیمین، نوهٔ دایی ابراهیم که هم‌سن فری بود، بازی می‌کردم. آن سال فقط دو بعدازظهر در هفته کار می‌کردم. من

عاشق این بودم که پهلوی خدیجه خانوم باشم چون مثل مادربزرگم به‌به، به من محبت می‌کرد. هر شب، سیمین، فری و من در اتاق نشیمن خانه، روی تشک‌هایی که روی زمین پهن شده بود، کنار او و بهیه پرستار عروس خانواده و مادر سیمین می‌خوابیدیم. من همیشه سعی می‌کردم کنار خدیجه خانوم بخوابم تا بتوانم گردن نرم و چروکیده‌اش را آرام نوازش کنم و عطر یاس بدنش را بو کنم، همان کاری که با به‌به می‌کردم.

دایی ابراهیم و زنش مسلمانان باورمندی بودند، بر عکس پاپا که هرگز نام خدا را هم نمی‌برد، چه رسد به آنکه نماز بخواند. مادرم و خانواده‌اش هم خداناباور بودند. خدیجه خانوم یک زن خانه‌دار بی‌سواد سنتی بود و قلبی به بزرگی دنیا داشت و هم او بود که مرا با ایمان کرد. همیشه، در خانه و بیرون، یک چادر نخی گلدار بر سر می‌کرد. چادر سیاه هم داشت ولی آن را برای ایام عاشورا و دهۀ محرم گذاشته بود. برایم خیلی جالب بود که علیرغم داشتن شوهری غرغرو، همیشه آرامش خود را حفظ می‌کرد. حتماً او را دوست داشت چون به همان اندازه که با ما مهربان بود، از او نیز مراقبت می‌کرد و هوایش را داشت. ولی دایی ابراهیم اصلاً حوصلۀ سر و صدا و خندۀ بچه‌ها را نداشت. پیرمرد بداخلاق یا سرش گرم پنج نوبت نماز روزانه‌اش بود یا در مغازۀ ساعت‌فروشی خود مشغول تعمیر ساعت‌های خراب. ولی خدیجه خانوم کاری به این کارها نداشت. او حتی در آن شب عاشورا که من و سیمین، مثل بچه‌های دیگر، در تکیۀ محل بالا و پایین می‌جهیدیم و اذیت می‌کردیم، یک بار هم اعتراض نکرد. خدیجه خانوم هر روز و روزی پنج بار در خانه نماز می‌خواند. مردها غالباً برای نماز به مسجد می‌رفتند یا اگر می‌رسیدند، در مغازه دور از دید دیگران نماز به‌جا می‌آوردند.

من با شیفتگی او را نگاه می‌کردم که دو زانو روی زمین می‌نشست، به حال سجده پیشانی به زمین می‌گذاشت و این حرکات را چند بار تکرار می‌کرد. در عین حال و با علاقۀ زیاد به صدای آرام خواندن نماز او گوش می‌دادم. به نظرم می‌آمد، در حال رقصی زیباست. بالاخره یک روز همراه با او شروع به نماز خواندن کردم. همۀ حرکاتش را تقلید کردم و به عربی کلماتی زیر لب گفتم که معنایش را نمی‌دانستم. از این کار احساس آرامش می‌کردم چون به فکر خدا می‌افتادم و از قدرت لایزالش نیرو می‌گرفتم. با خدا مثل عضوی از خانواده راز و نیاز می‌کردم. نمازی که در آن دوازده ماه یاد گرفتم، در سال‌های بعد، مخصوصاً در

تاریک‌ترین روزهایم با مونس، بسیار به من کمک کرد. من مثل خدیجه خانوم پنج بار در روز نماز نمی‌خواندم، ولی وقتی نیاز به آرامش داشتم، به نماز پناه می‌بردم. اگر فقط کلاس‌های قرآن مدرسه را دنبال کرده بودم، هرگز نمی‌توانستم چنین ارتباطی را با خدا تجربه کنم. آنجا فقط یاد می‌گرفتید آیات قرآن را به عربی تلاوت کنید، بدون آنکه واقعاً معنای آن کلمات خارجی و سخت را بفهمید، کلماتی که تلفظ کردن‌شان گلوخراش بود. من باید آن نوشته‌ها را با وجودم و در قلبم حس می‌کردم، همان‌طور که باید هر ترانه و ضرب‌آهنگی را احساس می‌کردم تا با آن ارتباط برقرار کنم.

با گذشت سال‌ها، وقتی یاد گرفتم چگونه با زبان خودم، یعنی به فارسی دعا کنم ارتباطم قوی‌تر شد. احساس می‌کردم می‌توانم، بدون حس شرم یا ترس، همه چیز را با خدا در میان بگذارم، ایمان من در بیست و یک یا بیست و دو سالگی، در اولین سفرم به مکه محکم‌تر شد. یادم می‌آید از خدا، برای جدایی از محمود، کمک خواستم. محمود به کلی از گفتگو دربارهٔ طلاق سرباز می‌زد و من پیشاپیش می‌دانستم که اگر محمود با طلاق موافقت کند، با چه واکنش شدیدی مواجه خواهم شد. علی‌رغم تمام پیشرفت‌هایی که برای حقوق زنان صورت گرفته بود، دنیا هنوز بسیار مردانه بود. طلاقم کمتر از یک سال بعد، یعنی در سال ۱۳۵۱، جاری شد.

سفر دوم به مکه در سال ۱۳۵۵، در سن بیست و هفت سالگی، از اولی هم تأثیرگذارتر بود. همه چیز را از دست داده بودم: فری، ازدواجم با بهروز و امید به آینده. تنها چیزی که می‌خواستم، نزدیکی با خدا بود. در آن سفر، مراسم سعی را انجام دادم و مسیر هاجر همسر ابراهیم را طی کردم. مسیری که هاجر درمانده، هفت بار بین تپه‌های صفا و مروه دنبال آب برای نوزادش اسماعیل، پیمود و عاقبت در اثر معجزه‌ای چشمهٔ زمزم را در کنار فرزندش پیدا کرد. پوشیده در احرام و برای انجام فرایض دینی سعی، بین دو تپهٔ صفا و مروه می‌رفتم و برمی‌گشتم و با خود به فارسی زمزمه می‌کردم «راضی‌ام به رضای تو، هر چه تو بخواهی همانست.» احساس کردم شوریدگی وصف‌ناپذیری تمام وجودم را در بر گرفته است؛ آتش بود انگار. به راه رفتن شانه به شانه با خدا، دوست قدیمی عزیزم، ادامه دادم.

گاه دعا هم مثل نماز و موسیقی برایم آرامش می‌آورد. با همهٔ این تفاسیر، الان در این زیرزمین نمی‌توانستم برای دل خودم نماز بخوانم. نمی‌خواستم پاسدارها، حاج آقا انصاری، مرجان یا دیگران فکر کنند برای جلب ترحم یا بخشش این کار را می‌کنم. من کار خطایی نکرده بودم و خداوند شاهد من بود.

فصل ۱۴

افشون

روز دوازدهم

سعی کردم کنار میله‌های در بنشینم تا برای گوبلن‌دوزی کمی نور داشته باشم. ماما بستهٔ گوبلن را به ابوالفضل داده بود و او هم به قولش وفا کرد و آن را توسط یک پاسدار به دستم رساند. ظرف دو روز گذشته تا آنجا که توانستم زیر نور کمی که از پنجره یا از پس پردهٔ نیمه‌باز پشت در میله‌ای به درون می‌تابید، به پارچهٔ گوبلن سوزن زدم. از یک سو این سوزن زدن‌های مداوم و یکنواخت افکاری را، که طی این دوازده روز اسارت در زیرزمین در سرم می‌پیچید، آرام می‌کردند و از سوی دیگر به این آرامش احتیاج داشتم چون اجازه می‌داد به حال دل مرجان برسم. با آنچه حاکم شرع بر سر مرجان می‌آورد، او بیش از هر زمان دیگر احتیاج به همدلی من داشت.

حاج آقا انصاری طی پنج روز گذشته، هر روز به سلول ما سر می‌زد؛ توقفی کوتاه در گشت‌های خودخوانده‌اش برای «درمان بیماری‌ها» در زیرزمین. او مرا به حال خودم گذاشته بود، کاری به کار من نداشت جز این که گهگاه آن نگاه نافذ پرسشگرانهٔ خود را به من بیندازد. او در پی مأموریت خاصی بود: تعلیم و تدریس قرآن به مرجان و زیر فشار گذاشتن او بابت ملک شمال و همچنین پی بردن به زندگی خصوصی‌اش. به نظر می‌رسید و شایعاتی شنیده بود مبنی بر اینکه مرجان

بازیگر و فریدون ژورک کارگردان، بدون ازدواج، با هم در یک خانه زندگی می‌کنند، که جرمی جدی محسوب می‌شد.

مرجان آهسته از من پرسید: «چیکار کنم؟ من با اونو و چندتا پاسدار چار ساعت تنها تو یه ماشین؟ محاله!»

حاج آقا انصاری اصرار داشت که مرجان ملکش را به او نشان بدهد.

با نگرانی ادامه داد: «...اگه فریدون اونجا باشه چی؟»

جواب دادم: «خوب جوابی بهش دادی.»

مرجان حرفم را گوش کرده بود و روز گذشته به او گفته بود که فقط در صورتی می‌تواند برود که بستگان مردش هم همراهش باشند.

با نگرانی بیشتری پرسید: «اما اگه اصرار کنه که تنها باهاش برم چی؟»

دست‌هایش را در دست گرفتم و سعی کردم آرامش کنم. ولی هر دو خوب می‌دانستیم که سرنوشت‌مان در دستان حاکم شرع است. درست در همین لحظه صدای پایی شنیدیم که به سلول ما نزدیک می‌شد. هر دو فکر کردیم شاید کسی حرف‌های ما را شنیده باشد. ولی بعد متوجه شدیم همسایه‌ها داشتند پشت سلول ما، برای رفتن به دستشویی صف می‌بستند. کنجکاو بودم ببینم نیلوفر هم در میان آنها هست یا نه. از پنج روز پیش که نیلوفر را برای سی و چهار ضربه شلاق بردند، هیچ‌کس او را ندیده بود. هیچ‌کس نمی‌دانست آیا، پس از انجام این مجازات، او را آزاد کرده بودند یا به زندانی دیگری یا محلی دیگر منتقل شده بود. پاسدارها حرفی نمی‌زدند. تنها کسی که می‌شد از او پرسید داداش ابوالفضل بود که او هم این اواخر در طبقهٔ بالا بسیار مشغول بود.

مشغول سوزن زدن به گوبلن بودم که صدای گام‌هایی سنگین به گوشم خورد و زنی درشت‌قامت به در سلول ما آورده شد. روسری شُل گلداری روی موهایش را انداخته بود و دنباله‌اش روی شانه‌ها افتاده بود. فقط گونه‌های برجسته‌اش دیده می‌شد که لکه‌های سیاه ریمل شب‌مانده روی آنها خشک شده بود. لنگان لنگان وارد سلول ما شد و با هر قدمی از سر درد ناله‌ای سر داد. من و مرجان به او سلام کردیم. آهسته به دیوار زیر پنجره تکیه داد و لبانش را از درد به هم فشرد. نفسش که آرام گرفت، روسری از سر برداشت و با چشمانی خون‌آلود به من نگاه کرد. زنی میانسال بود، حدود چهل یا پنجاه ساله، با چین عمیقی روی پیشانی و دو کیسهٔ کبود زیر چشمانش. ریشهٔ جوگندمی موهایش نیز از زیر روسری معلوم بود. خودش

را اقدس معرفی کرد.

پشتش را به من کرد، بلوزش را بالا زد و به زبان مادری‌ام آذری گفت: «خانوم گوگوش، ببین چی سرم آوردن!» پشتش یک تخته از گردن تا کمر مثل پوست بادمجان کبود بود.

پشتم لرزید.

به زبان آذری پرسیدم: «یا خدا! چی شده؟!»

با افتخار گفت: «تا پشت زانوهامم رفته!»

گوبلن را زمین گذاشتم و مجدداً پرسیدم: «چی شده؟!»

«دو هفته پیش، چشمامو بستن و بردنم بالا...» صحبتش را قطع کرد، چشمانش را بست و از ته دل آهی بلند کشید و بعد ناله‌ای سر داد شبیه همان ضجه‌هایی که شب اول خواب از چشمانم ربودند و پس از آن، هر دوازده روز و دوازده شب، به تناوب می‌شنیدم.

نفسی تازه کرد، چشمانش را گشود و ادامه داد: «...منو تو یه سولاخی انداختن، بعد شنیدم که تفنگشونو پر کردن!...» سرش را نزدیک من و مرجان آورد. مدتی سکوت کرد و: «...بعد ازم پرسیدن طلاهام کجاس؟ طلاهاتو کجا قایم کردی زنیکه جنده؟! همین الان بگو. اگه نه زبونتو از تو حلقت می‌کشیم بیرون!»

«چی گفتی؟ بهشون گفتی؟»

جواب داد: «نه، هیچی نگفتم. هیچی نگفتم. سه روز تموم هیچی نگفتم. اونام این کارا رو سرم آوردن» و بدن کبودش را بار دیگر نشان داد.

این بار تمام بدنم به لرزه افتاد: «چرا بهشون نگفتی؟ ممکن بود بکُشنت!»

یک قدم دیگر به جلو برداشت و با درد مقابل من نشست. نفسی تازه کرد و آهسته و شمرده گفت: «خانوم گوگوش، چندین و چند سال فقط آبگوشت چند روز مونده خوردم...» مکثی کرد و نگاهش را به میان دو رانش انداخت با کف دست بر نرمگاه خود کوبید و ادامه داد: «...فهمیدی؟ چندین و چند سال اینو دادم و پول گرفتم. بعد پولا رو جمع کردم و باهاش طلا خریدم.» لبخند تلخی زد و یک عدد دندان طلا در دهانش نمایان شد و گفت: «که چی؟ که همشو بدم به اینا؟ طلاهامو که با این بدبختی جمع کردم؟»

«خب، نمی‌تونستی یه چیزی بهشون بدی؟ چرا خودتو انقد اذیت کردی؟»

لبخند از روی لبانش پر زد. ساده‌لوحانه پرسید: «خانوم گوگوش، چرا باید

همچی می‌کردم؟ بهشون گفتم...» صدایش را بلند کرد و ادامه داد: «...بهشون گفتم اگر جنده بودن حرومه، طلاهای منو واسهٔ چی می‌خوان؟ اگه حلاله چرا دارن منو جریمه می‌کنن؟»

«می‌فهمم. ولی فکر نمی‌کنی اگه یه چیزی بهشون می‌دادی، حالا هر چی، آزادت می‌کردن بری زندگیتو بکنی؟»

از جا بلند شد و لبخند زد. با نگاهی که ذره‌ای ترس در آن دیده نمی‌شد، جواب داد: «انقد منو بزنن که جونشون در ره، بعدم تو اون اتاق تاریک حبسم کنن، تفم کف دستشون نمی‌ندازم، عمراً!»

ساعت احتمالاً ده شب یا یک بامداد بود، چندین ساعت از آشنایی‌ام با اقدس گذشته بود. تازه توانسته بودم بخوابم و بدن کبودش را فراموش کنم که زمین زیر پایم به آرامی لرزید. آیا تهران را زده بودند؟ اما جز همان گریه‌های معمول و صدای بلند سلول‌های همسایگان، چیز دیگری شنیده نشد. از نو چشمانم را بستم و نزدیک بود خوابم ببرد که پردهٔ اتاق کنار زده شد، کلیدی در قفل در میله‌ای چرخید و کابوسم مبدل به واقعیت شد.

پاسدار جوان با انگشت مرا نشان داد و گفت: «تو!»

قلبم به طپش افتاد، مرجان با وحشت از خواب پرید.

دستش را روی کُلت کمری‌اش گذاشت و فریاد زد: «پاشو!»

لرزان بلند شدم و دنبال او در راهرو راه افتادم.

در طبقهٔ بالا مرا از کنار پاسدارهای کلاشنیکف به‌دست رد کرد و به سالن بزرگی که ماما و همایون و دایی فرهنگ برای بار سوم به ملاقاتم آمده بودند، هدایت کرد. افشون، با همان اخم همیشگی و همان کت و شلوار گشادی که روز اول به تن داشت، پشت میز بزرگ تحریرش نشسته بود، پاسدار جوان به‌سرعت از اتاق خارج شد.

با لحنی خودمانی، مثل همهٔ دیگران، گفت: «بشین». این ترفند همهٔ آنها برای تحقیر مخاطب بود. چون من از نظر او یکی از «اون زنا» بودم، یعنی یک «فاحشه».

کاملاً بیدار شده بودم. ساکت نشستم تا او همهٔ اسناد دست‌نویسی که روی میزش بود را بررسی کند. نمی‌دانستم نوشته‌ها چه بودند، ولی او زیر بعضی لغات را خط می‌کشید و دور چندین لغت را دایره. چندین دقیقه به همین وضع گذشت. فکرم بین تلفن ماما، لیست نام هنرمندان، حاکم شرع و برق چربی موهای افشون، که

زیر نور چراغ بیشتر به چشم می‌خورد، در حرکت بود. تازه متوجه شدم که نام اصلی او را هم نمی‌دانم.

مثل یک هنرپیشهٔ تازه‌کار که می‌خواهد روی صحنه برود و یک مونولوگ طولانی ارائه کند، گلویش را صاف کرد، قلمش را روی کاغذ زد و با صدایی پرطنین پرسید: «چرا رفتی آمریکا؟ قصدت چی بود؟»

به افشون هم دقیقاً همان پاسخی را دادم که در اوین به آقای تهرانی: «بعد از اینکه مدیر برنامه‌ام همهٔ موجودی حسابم را خالی کرد، بی‌پول شده بودم. ناچار دعوت اجرای برنامه در شب افتتاحیهٔ کابارهٔ کلبه در لُس‌آنجلس را پذیرفتم.»

چشمانش را با حالتی پرسشگرانه به من دوخت و پرسید: «بیرون از کاباره، چه کسایی رو دیدی؟ دروغم نگو که می‌فهمم.» کلماتش هوا را شکافت. به اندازهٔ آخوند اوین صریح و تیز به نظر می‌رسید، ولی مثل آقای تهرانی نرم و آرام صحبت نمی‌کرد و دنبال جلب اعتماد من نبود.

جواب دادم: «هیچ‌کس.»

دستی به ریش پرپشت سیاهش کشید و پرسید: «آمریکایی چطور؟»

«نه.»

«هیچ آمریکایی باهات تماس نگرفت؟»

«هیچ‌کس جز کارکنان هتل شرایتون، اونم وقتی صورتحساب اتاق رو دستم می‌دادن.»

با نگاهی که نشان از دمغ شدنش می‌داد، پرسید: «پس اون تلفنی که تو منزل ولنجکت پیدا کردن، از کجا اومده؟»

به فکر فرو رفتم. گلویش را بار دیگر صاف کرد و غرش‌کنان داد زد: «ادای احمقا رو برام در نیاریا!» و مرا به یاد زن‌پدرم انداخت که هر بار، قبل از کتک زدنم، همین‌طور فریاد می‌کشید.

از این فکر که آن گروه مردان جوان لباس‌شخصی بر تن، با ریش‌های تُنُک و تفنگ به‌دوش، به همه گوشه و کنار خانه‌ام در ولنجک سر کشیده بودند، قلبم به طپش افتاد. چند روزی بیشتر از بازگشتم از آمریکا در ۱۸ اردیبهشت ۱۳۵۸ نگذشته بود. تا آن روز هیچ مأمور کمیته‌ای ندیده بودم. همان مأموران، پس از بررسی وسایل شخصی‌ام، به دستور دادستان انقلاب، کلیدهای خانه را به من باز گرداندند. خانه‌ام در همان بهار توسط آشپزم که فکر کرده بود دیگر برنخواهم گشت اشغال

شده بود. ولی وقتی از تخلیهٔ آن سرباز زد، به لطف مسعود فردمنش، همان دوستی که هنگام بازگشت و در فرودگاه ورودم را ممکن ساخته بود، خانه را پس گرفتم. به توصیهٔ او به دادستانی انقلاب نامه‌ای نوشتم و توضیح دادم که قصد فرار از ایران یا رها کردن خانه‌ام را، برای هفت یا هشت ماه نداشتم. وقتی آن روز مأموران کمیته وسایلم را بررسی می‌کردند، شک کردم اینها باید همان مأمورانی باشند که، وقتی در نیویورک بودم و ماما با وحشت آن تلفن کذایی را کرد، به خانه‌ام رفته بودند و پس از وارسی همهٔ خانه، آن‌را مناسب مصادره برای خوابگاه دانشگاه تشخیص داده بودند. دلم می‌خواست بدانم کدام‌یک از آنها لباس‌های صحنهٔ مرا برده بود و بدون این که بگوید مال گوگوش هستند، آن‌ها را به زن یا نامزد یا خواهر خود داده بود!

افشون داشت دربارهٔ اسپیکرفون من صحبت می‌کرد که باعث شگفتی آن جوان‌ها شده بود. یکی از آنها دستگاه را، از ترس این‌که بمب باشد، از بدنش دور گرفته بود. این تلفن شبیه دستگاهی بود که در سریال مشهور آمریکایی «فرشتگان چارلی» دیده می‌شد و چارلی برای ارتباط با فرشتگان در مأموریت‌های جدید استفاده می‌کرد. دستگاه را به ایستگاه کمیته برده بودند و نتوانستند کارش بیندازند. فکر می‌کردند ساواک آن را به من داده یا یک دستگاه جاسوسی «آمریکایی» ست. حتی وقتی توضیح دادم که اسپیکرفون چیست، کاملاً قانع نشدند. سریع رفتند سراغ پرسش‌هایی مثل این که دستگیره‌های طلایی درهایم را کجا پنهان کرده‌ام یا به قول آنها «با زرنگی» با دستگیره‌های فلزی عوض‌شان کرده بودم.

حالا نوبت افشون بود که مژه بر هم نزند و منتظر جواب بماند.

بالاخره جواب دادم: «قربان، من این تلفن را خودم خریدم، من عاشق این جور اسباب‌بازیا هستم.»

ولی افشون هم، مثل همان کمیته‌ای جوان ژولیده‌مو، بدون توجه به صحبت‌های من، کاغذها را زیر و رو کرد و سراغ پرسش بعدی رفت: «شاه رو هر چن وقت یه بار می‌دیدی؟»

چند بار دیگر باید به این پرسش پاسخ می‌دادم؟ من مرتب و از زمان کودکی در دربار برای محمدرضاشاه و خانوادهٔ سلطنتی برنامه اجرا می‌کردم.

بار اولی که به کاخ مرمر رفتیم، چهار یا پنج سالم بیشتر نبود، کاخی با گنبد پوشیده از کاشی‌های رنگارنگ، سقف‌های بلند و درهای کنده‌کاری شده. من هنوز معنی کلمهٔ «شاه» را نمی‌دانستم، ولی با توجه به هیجان بیش از حد پاپا،

حدس زده بودم باید انسان بسیار مهمی باشد.

در پایان برنامه به شاه و ملکه معرفی شدم. پاپا با خوشحالی و دقت مرا نگاه می‌کرد. آن زمان شاه با ثریا اسفندیاری بختیاری ازدواج کرده بود. من مجذوب زیبایی ثریا و چشمان درشت زمردین و لب‌های قلوه‌ای او شده بودم و بیشتر از آن عاشق لباس سفید پفی چین‌دارش. چنان غرق تماشا بودم که، زیر نگاه نگران پاپا، پشت به شاه، با انگشتانم روی گیپورها دست می‌کشیدم. حتی وقتی شاه و ملکه از من سؤالاتی کردند، که معمولاً از یک کودک همسن و سال من می‌شد، سرم پایین بود. حواسم نبود که پاپا در آستانهٔ در ورودی آن سالن بزرگ، با دلواپسی سعی می‌کرد مرا متوجه کند که باید سرم را بالا بگیرم. درست مثل آن شبی که در یک اجرای هوای آزاد هجوم چندین ملخ به صحنه حواس مرا به خود جلب کرده بود ولی همچنان به خواندن ادامه داده بودم. آن شب، شاهدخت شمس خواهر بزرگ و شاهدخت شهناز دختر شاه هم بودند. آنها هم با من رفتاری گرم و مهربانانه داشتند. شاهدخت شهناز گوشواره‌های براقش را از گوشش در آورد و به من داد تا با خودم به خانه ببرم.

حدود نُه سالم بود که برای بار دوم شاه را دیدم. شاه با فرح دیبا عروسی کرده بود و من هرچند می‌دانستم آنها چه کسانی هستند، ولی هنوز با آداب و رسوم دربار آشنا نبودم. آن شب، تا روی صحنه رفتم، به طرف آنها دویدم و با هیجان دستم را دراز کردم و گفتم: «سلام!» وقتی برنامه‌ام تمام شد، شخص مسئول برنامه‌های هنری با چهره‌ای عصبانی تشری زد: «کی به تو گفت بری بهشون دست بدی؟» ولی به نظرم شاه و شهبانو از کارم ناراحت نشدند.

من دو دهه در موقعیت‌ها و جشن‌های مختلف (عروسی، تولد، سالگرد....) برای خانوادهٔ سلطنتی برنامه اجرا کردم، سالی چند بار. از نزدیک شاهد بزرگ شدن چهار فرزند آنها بودم. هر گاه هم که نیاز به کمک و یاری داشتم، به آنها رجوع می‌کردم، مخصوصاً به شهبانو.

من همیشه دلبستهٔ شهبانو بودم. ایشان حقیقتاً پاسدار هنر و حامی هنرمندان بودند و یکی از مشوقان هنرمندان آوانگارد. شهبانو به نقش هنرمندان در ایجاد تغییر در جامعه باور داشتند. ایشان شیک، با متانت، گرم و مهربان و جذاب و در عین حال متواضع بودند و طنزی جذاب داشتند.

رابطهٔ من با شاه متفاوت بود. بسیار رسمی و با فاصله، در حد سلطان و ملتش.

من تحت تأثیر جذبه و ظاهر جدی و بزرگ‌منشی ایشان بودم ولی، بر خلاف بسیاری از درباریان که از بالا به من نگاه می‌کردند، هیچ‌گاه در حضور شاه احساس کوچکی یا فرودستی نمی‌کردم. البته که دستپاچه می‌شدم! یادم آمد یکی از شب‌های سال ۱۳۴۹ در یک مهمانی منزل نخست‌وزیر سابق و وزیر دربار وقت اسدالله علم، برنامه اجرا می‌کردم. می‌خواستم برای چهار نفر از نوازندگان باندم که مشمول خدمت سربازی بودند، اجازهٔ خروج موقت بگیرم تا با من برای اجرای یک ماه برنامه در طبقهٔ اول برج ایفل به پاریس بیایند. این برنامهٔ بی‌سابقه برای من بسیار با ارزش بود. سهراب محوی، پسر خالهٔ شاه، از من خواست خودم شخصاً از پادشاه ایران تقاضا کنم. وقتی نزدیک شاه رسیدم، صدایم به لرزه درآمد و صورتم قرمز شد. شروع کردم: «آقای شاه، معذرت می‌خواهم اعلیحضرت همایونی، آقای شاه، قربان، اعلیحضرت، والاحضرت...» ایشان خندیدند. حتماً با این نوع دستپاچگی‌ها آشنا بودند، به تقاضای من گوش دادند و اجازه را صادر کردند.

سال‌ها شاه و شهبانو مرا در مسیر هنری‌ام تشویق کردند و برای خواندن در مقابل رهبران جهان به دربار خواندند تا مهمانان عالی‌مقام خود را با موسیقی روز ایران آشنا کنند. من همواره پشتیبانی هر دو را احساس می‌کردم و قدردان حمایت‌شان بودم، با وجودی که گاه ساواک برخی از اشعار انتزاعی ترانه‌هایم، مثل «پل»، «یه نفر یه روز میاد» یا «کتیبه» را که ممکن بود ضد رژیم تفسیر شوند، سانسور می‌کرد، البته اگر کسی اصرار داشت چنین تفسیرهایی پیدا کند.

من زیاد به این شیوهٔ سانسور اهمیت نمی‌دادم. در اجراهای زنده، حتی در دربار و در مقابل خاندان سلطنتی، ابیات سانسور شده را می‌خواندم و هیچ دردسری هم برایم ایجاد نمی‌شد. یک بار هم در عروسی پرویز ثابتی، چهرهٔ صاحب‌نام ساواک، یکی از مأمورین ساواک به نحوهٔ پوشش من ایراد گرفت و دستور داد لباسم را، که جدیدترین مدل شلوار جین وصله‌پینه‌دار بود، عوض کنم. من بدون اجرای برنامه، جشن عروسی را ترک کردم. آن لباس را چند شب بعد در یکی از مهمانی‌های خصوصی دربار پوشیدم و هیچ مشکلی پیش نیامد.

من هرگز اهل سیاست نبودم و هیچ‌وقت هم دنبال یافتن معنای نهفته در استعاره‌های سیاسی نمی‌رفتم. آنچه برایم مهم بود شعر و ترانه و احساس و هیجان نهفته در آن بود که به من اجازه می‌داد وجودم را از آنچه در زوایای قلبم نهفته نگهداشته بودم با خواندن خالی کنم. در عین حال انتخاب بین شلوار جین و

مینی‌ژوپ و کفتان را حق مسلم خودم می‌دانستم.

افشون، عرق شقیقه‌هایش را پاک کرد و پرسید: «آخرین باری که دیدیش کی بود؟»

مجدداً همان پاسخی را که کتباً به تهرانی داده بودم، و در جایی از اوراق پرونده‌ام وجود داشت، به او دادم. من آخرین بار شاه را در تیرماه ۱۳۵۷ در کاخ سعدآباد دیدم.

از من و هایده دعوت شده بود برای خوان کارلوس پادشاه اسپانیا و ملکه سوفیا، مهمانان ویژهٔ دربار برنامه اجرا کنیم.

افشون ادامه داد: «چی‌چی بهت گفت؟»

به دروغ گفتم: «یادم نمیاد.»

آن شب گرم تابستانی را خیلی خوب به یاد داشتم. سن را در باغ کاخ برپا کرده بودند. نخست دو ترانهٔ «کوه» و «حرف» که مورد علاقهٔ شاه و شهبانو بود را به احترام آنان خواندم. سپس سه ترانهٔ اسپانیولی به افتخار مهمانان آن شب اجرا کردم. ارکستر بی‌نظیر بود و پخش صدا بدون نقص و من با تمام توانم را به‌کار بردم تا همهٔ نت‌ها را آن‌گونه که دلم می‌خواست ارائه کنم. وقتی نوبت به هایده رسید، من در کنار صحنه نشستم و به صدای ملکوتی او که ترانه‌های سنتی/پاپ می‌خواند گوش جان دادم. هایده علاوه بر وسعت بی‌همتای صدایش که به او ابهتی حیرت‌انگیز می‌داد، استعداد عجیبی در بیان اشعار نیز داشت که با تک‌تک سلول‌های شنوندهٔ ترانه‌هایش ارتباط برقرار می‌کرد، درست مثل دلکش.

قبل از پایان برنامهٔ هایده، موتور یک هلیکوپتر که روی زمین کاخ پارک بود، به کار افتاد تا آمادهٔ انتقال دو زوج سلطنتی به مقصد بعدی باشد. تا بال‌هایش آغاز به چرخیدن کردند، باد ناشی از آن نت‌های نوازندگان ارکستر را به هوا پرتاب کرد و در دامن هایده هم پیچید. دو زوج سلطنتی از جای برخواستند تا به طرف هلیکوپتر بروند، هایده دامنش را سخت چسبید و نوازندگان دنبال نت‌های خود دویدند. شاه هم‌چنان که از کنار من رد می‌شد، صورتش را برگرداند و با لبخندی کمرنگ گفت: «شانس آوردی اول خوندی!» اینها آخرین کلماتی بودند که من از دهان شاه ایران شنیدم. او ۵ مرداد ۱۳۵۹ در تبعید و در کشور مصر درگذشت.

افشون با نگاهی نافذ و حیوانی، درست مثل همان پاسدار جوان، پرسید: «چرا براشون کار می‌کردی؟»

جواب دادم: «من هیچ‌وقت سیاسی نبودم. از وقتی بچه بودم یادم دادند خدا، شاه، میهن. این تنها چیزیه که یاد گرفته‌ام. هیچ‌وقت غیر از این فکر نکردم و هیچ کسی‌ام بهم چیزی نگفت.»

ناگهان برآشفته شد، با مشت روی میز کوبید و فریاد زد: «خجالت نمی‌کشی؟!...» من خشکم زد.

«...نمی‌دیدی داشتن چی سر ما می‌آوردن؟ سر بزرگترین کشور شیعهٔ دنیا؟...» با همان زبان جنوب شهری صدایش را بلندتر کرد. رگ‌های پیشانی‌اش با هر کلمه‌ای که می‌گفت، برجسته‌تر می‌شد: «...ملت رو با موسیقی غربی و مشروب و فحشا فاسد کرده بودن تا آمریکا، این سگای نجس، یه دستی به سرشون بکشن.»

کمی صبر کرد تا نفس تازه کند: «...ولی تو به فلانتم نبود! بود؟ فقط به فکر ثروت و شهرت بودی! نبودی؟...» دهانش کف کرده بود و با هر کلمه آب دهانش به طرف من پرتاب می‌شد.

«...اصلاً به فلانت نبود! خودتو جلوی دوربین لخت کردی تا پسرا و مردا بیان پول بدن تن و بدنتو ببینن!»

نفس‌نفس می‌زد و صورتش خیس عرق شده بود. سکوت کرد.

ناگهان احساس کردم با نگاهش دارد مرا برهنه می‌کند.

سینه‌اش را جلو داد و غرش کرد: «اون روزا گذشت!! چی داری بگی؟»

با آرامشی ظاهری پاسخ دادم: «قربان اشتباه کردم، اشتباه بزرگی کردم.»

حرفم را تکرار کرد: «اشتباه بزرگ!»

لبانش را به علامت رضایت خاطر غنچه کرد، درست مثل زن‌پدرم که با فریادهای بی‌وقفه‌اش، ما را تنبیه می‌کرد. قلبم به شدت می‌طپید. در دل گفتم: این قیافه رو یادت باشه، شاید روزی لازم شد اونو شناسایی کنی!

فصل ۱۵

خانوم دکتر

روز هجدهم

آخرین رج گوبلن، که نقش یک گل ارکیده بود، را تمام نکرده بودم که پاسدارها دکتر را به سلول ما آوردند. من و مرجان چندین بار به داداش ابوالفضل التماس کرده بودیم «خانوم دکتر» را، آن‌گونه که آنها صدایش می‌زدند، به سلول ما منتقل کند. او بیست و چهار ساعت در سلولی پر از معتاد، در میان آن کثافت‌خانه و تاریک و نمور زندانی شده بود. ما برای او جا داشتیم و داداش این را می‌دانست. خوشبختانه به درخواست ما پاسخ مثبت داد و او را به سلول ما آورد. در این زیرزمین، معلوم نبود در روی چه پاشنه‌ای خواهد چرخید. چند هفته پیش، سپیده، هنرپیشه‌ای که نامش در لیست هنرمندان بود را، به سلول ما آورده بودند و بعد از ۲۴ ساعت آزادش کردند. هرچند من و مرجان از آزادی‌اش خوشحال بودیم ولی معنی آوردن و بردنش را نفهمیدیم. چرا او آزاد شد و من و مرجان، بعد از هجده روز بازداشت، داشتیم اینجا می‌پوسیدیم؟ مگر هر سۀ ما در یک رشته کار نمی‌کردیم؟ علاوه بر این، یک سری آزادی از پیش اعلام نشده و دقیقۀ آخر هم اتفاق افتاد: نخست نیلوفر، بعد ناهید و آخری فهیمه. نشد با هیچ‌کدام خداحافظی کنیم.

خانم دکتر آذرتاش در گوشه‌ای نشست تا پاهای کشیده‌اش را به جلو دراز کند، کاری که به گفتۀ خودش در ۲۴ ساعت گذشته نتوانسته بود بکند. زن قد بلندی

بود و به غایت زیبا. بچه‌ها همه از زیبایی چهرهٔ او صحبت می‌کردند که با چشمان بادامی و گونه‌های برجسته و لب‌های قلوه‌ای شباهت زیادی به ملکه ثریا همسر دوم شاه داشت. چهل ساله می‌نمود. زری و بقیهٔ زنان می‌گفتند تا آن روز ندیده بودند که صورت داداش در مقابل زنی این گونه سرخ شده باشد. داداش که معمولاً صبح‌ها پایین نمی‌آمد، این بار شخصاً او را به سلول ما آورد.

خانوم دکتر که در چشمانش ترس لانه کرده بود، با لبخند گفت: «هرگز فکرشم نمی‌کردم که تو زندان بیفتم چه برسه به اینکه با گوگوش و مرجان هم‌سلولی بشم!»

تعریف کرد که همراه همسرش، که او نیز پزشک بود، زندگی محترم و آرامی داشتند. دوران نوجوانی و جوانی‌اش به درس خواندن در رشتهٔ پزشکی گذشته بود که در آن زمان برای زنان رشتهٔ سختی به‌شمار می‌رفت و جایی برای اشتباه و فرصتی برای تفریح نمی‌گذاشت. خانواده‌اش او را حمایت می‌کردند ولی خوب می‌دانست که برای پیشرفت در این رشته، باید دو برابر مردان هم‌ردیف خود زحمت بکشد. این مشکل برای برادرش، که در ارتش درس می‌خواند، وجود نداشت. هر بار نام برادر را می‌آورد، گریه‌اش می‌گرفت.

برادرش سرگرد هوابرد کوروس آذرتاش در ۲۰ تیرماه ۱۳۵۹، پس از لو رفتن کودتای پایگاه هوایی نوژه برای براندازی رژیم تازه به قدرت‌رسیدهٔ اسلامی، همراه با بیش از صد تن از افسران ارتش دستگیر و اعدام شد. طبق رسم رایج، خانوم دکتر برای مراسم ختم برادر حلوا پخت و در میان همسایگان تقسیم کرد. ولی وقتی یکی از همسایگان فضول جریان را به کمیته گزارش داد، پاسدارها به خانهٔ او ریختند و سرش فریاد زدند که: به چه جرأتی برای یک خائن مراسم ختم گرفته است. مشکل اینجا بود که چون نمی‌توانستند به جرم پخش کردن حلوا او را دستگیر کنند، همهٔ گوشه‌های خانه را برای یافتن مدرک یا سندی دال بر مقصر بودنش، زیر و رو کردند تا بالاخره یک مجموعه بطری‌های کوچک مشروب را پیدا کردند که پزشکی سوئیسی نزدیک به بیست سال پیش، در روز عروسی‌شان به او و همسرش هدیه داده بود. بعد توضیح داد که نه او و نه همسرش مشروب خور نبودند. نهایتاً آن جعبهٔ لیکور که به عنوان یک شیئی زینتی در اتاق نشیمن گذاشته شده بود، برای او مجازات چهل ضربه شلاق به بار آورد.

چشمانش، مثل چشمان نیلوفر، پر از وحشت شد و گفت: «سعی کردم همهٔ اینا رو به حاکم شرع توضیح بدم. حتی بهش گفتم شوهرم به عنوان نمایندهٔ جمهوری

اسلامی رفته سوئد تا دوا وارد کنه، اونم تو این بحبوحهٔ جنگ که دوا بیشتر از هر چیزی به درد کشور می‌خوره و چون مرزها بسته شدن پشت مرز مونده.» کمی مکث کرد، نفسی عمیق کشید و گفت: «اونوقت اینا به برادر من میگن خائن! کوروس می‌دونست چه کارایی از اینا برمیاد....»

من و مرجان فقط گوش می‌دادیم و سعی می‌کردیم همه‌چیز را درک کنیم. فهمیدن این دنیای جدید کار سختی بود. کمی بعد، زری، مژگان، و زنی که به داشتن پوسترهای متعدد از افراد مشهور (از جمله یکی از من و بهروز) می‌بالید، به ما پیوستند و در آستانهٔ در ایستادند. وحشت در چهرهٔ همگی‌شان به‌چشم می‌خورد.

مژگان گرهٔ روسری‌اش را محکم کرد و پچ‌پچ‌کنان گفت: «باورتون نمیشه چی شنیدیم!»

زری سری تکان داد و سیگاری روشن کرد. زن پوستردار با هیجانی بچگانه به زری گفت: «بهشون بگو!»

زری سر فرصت پُک محکمی به سیگار زد، روسری خالدارش را از روی سر عقب کشید و ابروانش را به علامت خوشحالی از شنیدن خبری که قرار بود تعریف کند، بالا برد. بعد از تکان دادن خاکستر سیگار، با صدای خش‌دار و کلفت سیگاری‌اش اعلام کرد: «از قرار دخترک آزاد نشده بوده....»

داشت از ناهید حرف می‌زد. یک روز او را بردند بالا و دیگر بازنگشت، عیناً مثل نیلوفر.

زری ادامه داد: «...از قرار منتقلش کرده بودن به کاخ ثابت پاسال....»

ثابت پاسال، با نام واقعی حبیب‌الله ثابت، یک کارآفرین برجستهٔ بهایی بود که در سال ۱۳۳۶ تلویزیون را به ایران معرفی کرد. به عنوان اقلیت مذهبی، بهایی‌ها دشمنان رژیم جدید محسوب می‌شدند. دارایی‌های ثابت توسط دادگاه انقلاب مصادره شد، و از خانهٔ مجلل او، مثل خانهٔ مصباح‌زاده، به عنوان یک مرکز بازداشت غیررسمی استفاده می‌شد.

«...تازه این همهٔ ماجرا نیس. اصلاً نمی‌تونین حدس بزنین بعدش چی شده!»

زن پوستردار، که نیشش تا بناگوش باز شده بود، پرید وسط حرفش و گفت: «زری بهشون بگو دیگه!»

زری نگاهی به هم‌سلولی هیجان‌زده‌اش انداخت و گفت: «میگن دختره از اونجا در رفته و با دوست پسر موتورسیکلت سوارش فرار کرده!»

ناگهان یاد برق نگاه ناهید افتادم و آن روزی که خود را با عاطفهٔ فیلم «همسفر» مقایسه می‌کرد. احساس شعف زیادی کردم، به اندازهٔ زن پوستردار که نمی‌توانست جلوی شادی خود را بگیرد و دست‌هایش را مرتب به هم می‌کوبید تا هم‌سلولی‌ها هشدار دادند که پاسدارها همان اطراف هستند و ساکتش کردند. قیافهٔ ناهید را مجسم کردم که روی ترک موتور نشسته و عشقش را از پشت در آغوش گرفته است. از این فکر که هر دو با شجاعت به سوی آزادی در حرکت بودند، مو بر اندامم سیخ شد. دخترک پانزده ساله، در مقابل فرمان‌هایی که آزادی را از او سلب می‌کردند، سر تعظیم فرود نیاورد.

مژگان با لبخند گفت: «نمی‌دونم طرف چطور اینو هضم می‌کنه!»

ما هم‌بندها می‌دانستیم منظورش آن پاسدار جوان بود.

مرجان گفت: «امیدوارم دوباره دستگیر نشه.»

زری تکانی خورد، سرش را پایین انداخت تا اشکی که در چشمانش حلقه زده بود از ما پنهان بماند و گفت: «نه، خیلی قلدره!...» بعد گلویش را صاف کرد و ادامه داد: «...اون خانوم جدیدا که دم در وایسادن، خبر دارن شما برای ما خوندین...»

زن پوستردار اضافه کرد: «تازه یه بارم نه، چن بار!»

زری با دلخوری نگاهی به هم‌سلولی‌اش کرد و گفت: «چون یه فضول خانومی نتونس جلوی دهنشو بگیره!...» بعد موضوع را عوض کرد و با لبخند شیطنت‌آمیز همیشگی‌اش ادامه داد: «...حالام دیگه ول‌کن معامله نیستن، اینام دلشون می‌خواد براشون بخونید.»

یکی از تازه‌واردها، لبخند بر لب، وسط حرفش پرید و گفت: «تو رو خدا!...» و در حالی که نگرانی صورتش جای خود را به هیجان سپرد، ادامه داد: «...من عاشق "من آمده‌ام" هستم!»

«مرجان، خواهش، "کویر دل" رو بخون!»

«گوگوش، من عاشق "گهواره"م.»

با خوشحالی متوجه شدم حتی خانوم دکتر هم لبانش به خنده باز شد.

یکی دیگر از تازه‌واردها ذوق‌زده گفت: «من عاشق همهٔ فیلماتونم! هر روز که از مدرسه برمی‌گشتم عکسای شما رو از تو مجله‌ها قیچی می‌کردمو می‌چسبوندم تو آلبوم. انقد که مامانم ازتون متنفر شده بود! یه بارم یکی از پوسترای شما رو از دیوار اتاقم کند و پاره کرد. ولی من که ول‌کن نبودم!»

مرجان و من بار دیگر با درخواست‌های متعدد ترانه‌های مختلف روبه‌رو شدیم و زری ذوق‌کنان بقیه را تشویق می‌کرد. چند روز یا شاید یک هفته از آخرین باری که خواندم، گذشته بود. روزهایی که ضربه‌های چکشی بی‌امان بر جمجمه‌ام می‌کوبید. بعد از مرگ فری دچار میگرن سختی شدم که هفته‌ای سه تا چهار بار به سراغم می‌آمد و فقط با تزریق مسکن قوی کمی آرام می‌گرفت. گاه از تزریقاتی ونک یک نفر را به کاباره ونک می‌آوردند تا قبل از رفتن روی صحنه تزریق را انجام دهد. حالا بدون این داروی تزریقی و با شنیدن صدای ضجه‌هایی که شبانه‌روز در راهرو می‌پیچید، فشار روی شقیقه‌هایم شدیدتر می‌شد. از وقتی با افشون ملاقات کردم و آن خشم را در چشمانش دیدم، درد گریبانم را رها نکرده بود. هیچ قرصی آرامم نمی‌کرد، حتی آسپیرین‌های متعددی که از بالا برایم آوردند. نه می‌توانستم تکان بخورم، نه غذا بخورم، نه حرف بزنم و نه بخوابم. حتی نمی‌توانستم بی‌حرکت و آرام بنشینم. مرجان آن‌چنان نگران شده بود که از داداش ابوالفضل کمک گرفت بلکه کاری بکند.

بالاخره پاسدارها مرا به بیمارستان بردند. پاسدار جوان در تمام مسیر با طعنه و تمسخر مرا آزار می‌داد.

با تمسخر گفت: «بمیرم الهی! شاه‌ماهی هنر ایران سرشون درد می‌کنه؟»

و به این بسنده نکرد و به رنجی که در زیرزمین می‌بردم اشاره کرد و آن را با «کاخ طلایی»ام مقایسه کرد. لحن صدایش بسیار تلخ بود. با نیشخند ادامه داد: «...تنها بودن با مرجان اون پایین حوصله‌سربر نیس؟ دیگه از اون شبای هرزگی پهلویا خبری نیس؟»

منظورش شایعات احمقانه‌ای بود که در مورد ضیافت‌های لهو و لعب‌آلود دربار بر سر زبان‌ها افتاده بود. در آخرین توهینش، به کسی اشاره کرد که می‌شناخت و از سردردی مشابه مرده بود! با وجود این، برداشتش از من چندان آزرده‌ام نکرد؛ از یک پاسدار جوان، که با اتکا به قدرت تازه‌یافته ناامنی‌هایش را پنهان می‌کرد، چنین واکنشی بعید نبود. آنچه بعداً اتفاق افتاد دردناک‌ترین لحظات چند هفتهٔ اخیرم بود.

در اتومبیل، تمام مدت تصور می‌کردم چطور به دکتر دربارهٔ بازداشت غیررسمی‌ام در زیرزمین و شرایط ناگوار آنجا بگویم. تصمیم داشتم از او بپرسم آیا می‌تواند با کسی تماس بگیرد و خبری به بیرون برساند.

دکتر مردی در دههٔ چهل زندگی‌اش بود، موهای جوگندمی مرتب و اصلاح شده و صورت تیغ‌انداخته‌اش نشان از جسارت در مخالفت با ظاهر ریشوی مردان حکومت جدید داشت. کنار میزی ایستاده بود که قاب عکس فرزندانش روی آن گذاشته شده بود. خیلی شبیه مردانی بود که خانواده را به مثل قو یا کاباره‌ها می‌بردند، همان مردانی که خوانندهٔ مراسم عروسی‌شان بودم. شبیه کسی بود که امکان داشت کمکم کند.

وقتی پاسدارها ما را در دفتر تنها گذاشتند و چشمان‌مان با هم تلاقی کرد، قلبم به طپش افتاد. امیدوار بودم مرا بشناسد. نخست نشانی از شناسایی روی صورتش ظاهر شد، لحظه‌ای تردید کرد و بعد به سرعت نگاهش را برگرداند. معاینهٔ پزشکی را ادامه داد و در تضادی آشکار با مأموران رژیم که با تحقیر از «تو» استفاده می‌کردند، در تمام معاینه خیلی رسمی «شما» خطابم کرد و همچنان از شناسایی من سرباز زد.

وقتی به من نزدیک شد و به آرامی گفت: «به من اطلاع دادن آسپیرین درد شما رو تقلیل نداده،»

با سر تأیید کردم.

پرسید: «سابقهٔ میگرن دارین؟»

به او دربارهٔ تزریق نوالژین گفتم. مثل سایر پزشکان، نخست مردمک چشمانم را آزمایش کرد؛ سپس سینوس‌هایم را؛ بعد به شقیقه‌هایم که فشار آورد، چندین ضربهٔ چکشی بر سرم کوبیده شد؛ غدد لنفاوی گلویم را که معاینه کرد، نفسم بند آمد.

به خود نهیب زدم: چیزی بگو، این آخرین فرصت است. اما او در سکوت فشار خونم را اندازه گرفت.

سرانجام و باز هم در آرامش نوالژین را به بازویم تزریق کرد و گفت: «این باید کمک کنه.»

وقتی مرا از دفترش بیرون بردند، سعی کردم اشک‌هایم را پنهان کنم. با چشم خود دیدم که این دکتر هم، مثل بسیاری دیگر، به گوگوش پشت کرده. همیشه باور داشتم که پزشکان در جهت بهبود بیماران خود عمل می‌کنند، اما او بی‌اعتنا به وضعیت من، یک کلام هم نگفت. شاید هم می‌دانست در زیرزمینی تحت شکنجهٔ روحی هستم! با این حال، هیچ نگفت.

در عوض وقتی دیدم زنان زندانی در این زیرزمین، در کنار من هستند و تنهایم نگذاشته‌اند، دلم آرام گرفت. درخواست‌های ترانه همچنان از راه می‌رسید و

خانوم دکتر نیز امیدوار و لبریز از شوق شده بود. حتی مرجان هم همراهی کرد. او هم نیاز به بهانه‌ای داشت تا ذهنش را از بازجویی‌های بی‌پایان قاضی شرع منحرف کند. این‌گونه بود که من و مرجان نوبتی و زمزمه‌وار آواز خواندیم و برای لحظاتی همه را از چاردیواری سلول زیرزمین به دنیایی دیگر بردیم.

روز بیست و دوم

زهرا با سینی صبحانه وارد شد و سکندری کوچکی خورد. چهره‌اش فرق کرده بود. آن حالت انزجار همیشگی روی صورتش دیده نمی‌شد. بچه‌ها به شوخی می‌گفتند «انگار همیشه بوی پنیر گندیده به دماغش خورده!» در عوض نیشش تا بناگوش باز بود. هیچ‌کس تا آن روز لبخند زهرا را ندیده بود. هیچ‌کس متوجه زیباترین عضو صورت او یعنی دندان‌های ردیف سفید و مرتبش نشده بود. با این لبخند چند سال هم جوان‌تر می‌نمود.

زهرا آمده بود تا حکم شلاق خانوم دکتر را اجرا کند. صبح زودتر با این خبر تلخ «که امروز روز موعود است»، وارد شده بود. خانوم دکتر را از ترفند دیگر زندانیان، یعنی پوشیدن چند لایه لباس زیر چادر برای کاهش درد شلاق، مطلع کردیم. طبق قانون شرع محکومان زن باید چادر به سر شلاق می‌خوردند. او اما، با وجودی که بدنش سخت می‌لرزید، اصرار داشت که حالش خوب است.

وقتی زهرا دستور داد خانوم دکتر بلند شود، با دیدن ترس در چشمانش لبخند تمسخرآمیز بزرگ‌تری زد. علتش هم معلوم بود. علاقهٔ زهرا به داداش ابوالفضل کاملاً واضح بود ولی هرچند داداش نیم‌نگاهی هم به او نمی‌انداخت، زهرا نمی‌توانست نگاه مهرآمیز ابوالفضل را به خانوم دکتر زیبا تحمل کند. حالا رقیب عشقی‌اش با حکم شلاق روبه‌رو شده بود و قرار بود زهرا آن را اجرا کند.

خانوم دکتر با تمام توان، بدون اینکه زانو زیر بدن خم کند، دستورات را انجام داد. بدجور دگوگون شدم و مرجان مثل یک روح، رنگ پریده شد.

زهرا دوباره دستور داد: «سرت بکش!» و چادر مشکی را به طرف او پرت کرد. هم‌زمان، ابوالفضل شلنگ باغچه را آورد و، نزدیک در ورودی میله‌ای سلول،

کنار پای زهرا روی زمین گذاشت.

«وسط اتاق، رو شکمت جوری دراز بکش که سرت طرف دیوار باشه!»

خانوم دکتر خشکش زده بود.

مثل سیرک‌بازی که به حیوان دست پرورده‌اش دستور می‌دهد، غرشی کرد که:

«بهت میگم دراز شو، همین الان!»

دکتر فرمان برد. زهرا خم شد و شلنگ را در دست گرفت. تا دکتر روی زمین دراز کشید، متوجه لکه‌های بزرگ خشک قهوه‌ای رنگ روی چادر شدم.

زهرا داشت با لولهٔ سنگین ور می‌رفت تا صافش کند که به ما دستور داد: «شما دوتا! محکم نیگرش دارید!»

هر دو یخ کردیم.

سپس با صدایی آرام گفت: «نمی‌خوام دستاش تکون بخوره. شما که نمی‌خواید شلاق به همه جاش بخوره، می‌خواید؟»

من و مرجان دو طرف خانوم دکتر نشستیم. قبل از این که زهرا چیزی بگوید، سرش را روی دامنم گذاشتم. زهرا همچنان مشغول کش و واکش با شلنگ بود. برای ما آشکار بود که این هم یکی از حیله‌های بیمارگونهٔ شکنجهٔ روانی آنها بود. هر کدام یک دست دکتر را در دست گرفتیم و با سرانگشتان خود به او فهماندیم در کنار او، که این چنین وحشیانه تحت شکنجه قرار دارد، هستیم. برای دومین بار در طول بازداشتم، دست به دعا برداشتم و در دل برای وقوع یک معجزه نیایش کردم.

زهرا بالاخره آماده شد. مثل یک غول بالای سر ما ایستاد و نقطه‌ای در فاصلهٔ یک متر و نیمی سر شلنگ را با دو دست گرفت. برای یکی دو دقیقه بی‌حرکت ایستاد. بعد انگار نیرویی بیرونی به او چراغ سبز نشان داده باشد، دو دست را بالای سرش بلند کرد و دنبالهٔ شلنگ را به پشت سرش انداخت. تا به خود بیاییم شلنگ روی پشت خانوم دکتر فرود آمد. زن با تمام بدن به هوا جهید و با وجودی که او را نگه داشته بودیم، دست‌ها و پاهایش به بالا پرتاب شدند. فریاد جگر خراشی کشید. دست‌های زهرا بدون توقف دوباره بالا رفتند، شلنگ مجدداً بر پشت دکتر فرود آمد و بدنش از نو به هوا جهید. این کار پشت سر هم تکرار شد.

شلاق دوم.

شلاق سوم.

شلاق چهارم.

زهرا صبر کرد تا نفسی تازه کند. با هر ضربهٔ شلنگ، تمام توان و نیروی خود و وزن بدن سنگینش را به کار می‌گرفت. قطرات عرق از پیشانی‌اش روی شقیقه‌ها و ابروان پرپشتش راه افتاده بود.

شلاق پنجم.

شلاق ششم.

شلاق هفتم.

شلاق هشتم.

شلاق نهم.

شلاق دهم.

شلاق یازدهم.

شلاق دوازدهم.

زهرا که به‌وضوح از نفس افتاده بود، از نو توقف کرد. از ضربهٔ یازدهم به بعد، دیگر نمی‌توانست دست‌هایش را به آن بلندی بالا ببرد. کاری که از همان اول نباید می‌کرد. بر اساس قانون شرع خودشان، باید یک جلد قرآن زیر بغلش نگه می‌داشت تا جلوی بالا رفتن زیاد دستِ را بگیرد و ضربات شلاق این چنین کشنده نباشند. زهرا قانون شرع را زیر پا گذاشته بود.

من و مرجان خانوم دکتر را با نگرانی چک کردیم. او دیگر ناله هم نمی‌کرد و

ما ترسیده بودیم که شاید از هوش رفته یا حتی مرده باشد. ولی دکتر مجدداً شروع به ناله کرد.

زهرا به‌سرعت بازگشت. هنوز بیست و هشت شلاق دیگر مانده بود. تا دست به شلنگ برد، من هم دست به دعا بردم. داداش ابوالفضل همچنان با چهره‌ای درهم و بی‌حرکت دم در ایستاده بود. زهرا بلافاصله و در سکوت، شلنگ را تحویل او داد.

من به این خیال که معجزه‌ای شده و کار تمام است، گریه‌ام گرفت. ولی همان آن ابوالفضل دست‌هایش را بلند کرد و شلنگ را بالاتر از زهرا به آسمان برد و با نگاهی مات، محکم بر پشت دکتر فرود آورد.

خانوم دکتر گیج، مبهوت سرش را بلند کرد، نگاهی به چشمان ابوالفضل انداخت و فریاد زد: «داداش! تو چرا؟ تو چرا این کارو با من می‌کنی؟» و اشک از چشمانش راه افتاد.

ضربهٔ دیگری بر پشت دکتر فرود آمد و او ضجه کشید.

زهرا با گماردن یک مرد برای شلاق زدن به یک زن، قانون دیگر شرع خودشان را نقض کرده بود. مرتب دعا می‌کردم که ابوالفضل دست از این کار بکشد و متوجه شود چه دردی بر بدن این زن بیچاره، خانوم دکتر مورد علاقه‌اش، وارد می‌کند. اما او ادامه داد، مثل یک ماشین، بدون هیچ احساس یا واکنشی به فریادها و التماس‌های خانوم دکتر. بالاخره بعد از ضربهٔ هجدهم، خسته شد ولی، توقف نکرد. نقشش را خیلی جدی گرفته بود و حکم را کامل و دقیق اجرا کرد، ضربه پشت ضربه، تا به چهلمین ضربه رسید.

عاقبت این ماجرای تهوع‌آور و وحشیانه به پایان رسید. خانوم دکتر روی زمین افتاده بود و جیغ می‌کشید. چادری که قبلاً لکه‌دار بود، حالا آغشته به رگه‌هایی از خون او نیز شده بود.

روز بیست و ششم

خوابم نمی‌بُرد. افکار آشفته رهایم نمی‌کردند. نمی‌توانستم با مرجان حرف بزنم. با هزار مکافات خوابش برده بود و صدای نفس‌های آرامش نشان از خوابی عمیق می‌داد. دیر وقت بود. شاید ۱۰ یا ۱۲ شب. در این زیرزمین ساعت را هم نمی‌شد حدس زد. اتاق سردتر و کوچک‌تر از چند روز قبل که سه نفر بودیم، می‌نمود. هرچند هر دو بسیار خوشحال بودیم که خانوم دکتر از این جهنم رفته، ولی از نگاه کردن به آن گوشهٔ خالی که او را کز کرده یا چمباتمه‌زده می‌دیدیم، خودداری می‌کردیم. او آخرین روزهای بازداشتش را در میان ما در عذاب کامل گذرانده بود؛ به حال مرگ روی قالی کثیف افتاده بود؛ بی‌اختیار فریاد می‌زد و ضجه می‌کشید و توان حرکت نداشت.

چادر و بالاتنهٔ آستین‌دارش نتوانسته بودند او را حفظ کنند. تکه‌های پارچه به زخم‌های بازش چسبیده بود و هر بار که شلنگ بر پشتش وارد می‌شد، تکهٔ دیگری از پارچه وارد زخم بدنش می‌شد.

تا توان سخن پیدا کرد، گفت: «اون ضربه‌های کشنده بس نبود، هر بار که لوله به تنم می‌خورد، حس می‌کردم لبهٔ تیز یه چاقو تا مغز استخوانم فرو می‌رفت!»

او هم، مثل فهیمه و سایر کسانی که شلاق خورده بودند، از شرمساری این مجازات بیشتر از درد شلاق خوردن رنج می‌برد.

با اعتراض به او گفتیم: «چرا تو؟ اونا باید از خودشون و کارشون شرمنده باشن!»

مرجان با صدای بلندی که دیگران در راهرو بشنوند، اضافه کرد: «اونا هستن که مثل حیووناى وحشی رفتار کردن!»

گمانم ابوالفضل از شدت شرمندگی روی آمدن به زیرزمین را نداشت، چون از آن روز به بعد دیگر ندیدیمش.

ولی خانوم دکتر قبل از آزاد شدن، با صدای خفه و بغض‌آلود به ما گفت: «از کاری که کردم پشیمون نیستم. اصلاً! از کاری که برای برادرم کردم پشیمون نیستم. اگر لازم باشه، بازم حلوا می‌پزم و خیرات می‌کنم، حتی بعد از این همه بلاهایی که سرم آوردن.»

بیست و چهار ساعت از آزادی خانوم دکتر گذشته بود. بیست و چهار ساعتی

که من و مرجان از حرف زدن دربارهٔ آن روز وحشتناک خودداری می‌کردیم. انگار هیچ اتفاقی نیفتاده بود. هرچند صدای تلاقی آن شلنگ با بدن دکتر، همراه با فریادهای جگرخراشش، طوری در سرمان انعکاس پیدا کرده بود که برای همیشه در گوشهٔ نهانی از حافظه‌ام خانه کرد و تا امروز از آن رهایی نیافته‌ام. امکان نداشت بشود این خطوط را از صفحهٔ حافظه پاک کرد. سعی می‌کردیم همه چیز را عادی نشان دهیم، کاری که در بیست و شش روز گذشته بر اثر تمرین یاد گرفته بودیم. با هم از خاطرات گذشته حرف زدیم، من به گوبلن‌دوزی ادامه دادم، غذای همیشگی روزانه را خوردیم، روزی سه بار به نوبت به دستشویی رفتیم، روزی یک ساعت را با بقیه هم‌بندان گذراندیم. من حتی ماما و همایون را بار دیگر دیدم که برایم لباس تمیز و سیگار آوردند و اطمینان دادند کامبیز حالش خوبست.

صدای به هم خوردن چند کلید از خواب بیدارم کرد. حتی در آن خواب آلودگی می‌دانستم این صدا چه معنایی می‌دهد. این سومین باری بود که با من چنین می‌کردند؛ سومین باری که مرا با سر و صدا از خواب بیدار می‌کردند؛ و سومین باری که آمده بودند مرا به طبقهٔ بالا ببرند. این بخشی از مجازاتم بود، هر کاری برای از پا درآوردنم می‌کردند تا گیج و بی‌دفاع شوم، هر کاری که از دست‌شان ساخته بود می‌کردند تا کوچک و تحقیرم کنند و هویتم را از من بگیرند.

برای سومین بار ظرف پانزده روز مرا به جلوی میز بزرگ افشون هدایت کردند. پشت میز نشسته بود، با نگاهی بی‌احساس که گویی مرا جلوی رویش نمی‌بیند. نمی‌دانم بین او و حاکم شرع حاج آقا انصاری، کدامیک وقیح‌تر بودند. حاکم شرع، با آن عبا و عمامه که هر چند دقیقه یک بار مرتبش می‌کرد، از خودراضی بود و دلیل هم داشت چون فکر می‌کرد برای معالجهٔ بیماران و گناهکاران به دنیا آمده است. ولی آنچه در مورد افشون آزاردهنده بود، نحوهٔ برخوردش بود. همه رفتار این مرد غلوآمیز بود: از اخم پیشانی گرفته تا حرکات سریع دست‌ها، صدای تحکم‌آمیزش و کلماتی که از دهانش خارج می‌شد. عیناً مثل کت و شلوار بی‌قواره و گل و گشادش.

بالاخره صدایش درآمد. سر از روی اوراق داخل پرونده بلند نکرد و گفت: «بشین!»

در حین نشستن متوجه شدم، عینک به چشم ندارد. تا آن روز او را بدون آن عینک کذایی با شیشه‌های ته‌استکانی که مرتب به نوک دماغش سر می‌خورد،

ندیده بودم. به نظر نمی‌رسید برای خواندن بدون عینک مشکلی داشته باشد. باید نزدیک‌بین باشد. ناگهان حرف زری یادم آمد که می‌گفت «عینکش هم قلابیه!» شاید داشت سعی می‌کرد زنان شهرنو او را نشناسند.

روی میزش شلوغ‌تر از بار پیش بود، کاغذ و پرونده روی هم تلنبار شده بودند. گمانم ابوالفضل نبوده تا میز را مرتب کند. شاید هم بعد از آن روز وحشتناک، دیگر سر کار نیامده باشد. باید در مورد آنچه زهرا کرده بود با افشون صحبت می‌کردم. باید از خانوم دکتر می‌گفتم. حالا بهترین زمان برای این کار بود.

آهسته گلویم را صاف کردم و گفتم: «آقای افشون!»

چشمان تیره‌رنگش را بدون هیچ حرکتی به من دوخت. وقتی ماجرای نبودن قرآن در زمان اجرای حکم شلاق خانوم دکتر و اجرای حکم توسط یک مرد (نام ابوالفضل را نبردم) را شنید، چشمانش گرد شد. حرفم که تمام شد، او همچنان قلم در دست به سقف اتاق خیره مانده بود، گویی داشت اطلاعات تازه را هضم می‌کرد.

با لحن نرم و غیرمنتظره‌ای، که مرا یاد تهرانی انداخت، گفت: «نگران نباش...» بعد به‌سرعت گوشه‌های لبش را بالا برد و آهسته ادامه داد: «...به همین زودی خودتم مزه‌شو می‌چشی.»

قلبم خود را به قفسهٔ سینه کوبید.

دستور داد: «حالا خانوم آتشین، این سؤالا رو جواب بده...»

همان پرسش‌های تکراری ساعتی طول کشید، سؤالاتی که بیشتر به درد ستون شایعات نشریات می‌خورد: «دو ماهی» رو برای کی خوندی؟ «وقتشه» رو چی؟ «آقا خوبه» رو؟ فلان خواننده رو با فلان ارتشی تو کدوم مهمونی دیدی؟ اون هنرپیشه رو با شاه چطور؟ چه کسایی از دور و وریای اشرف فاسد بودن؟ بهمن فرمان‌آرا از کجا پول آورد فیلم «در امتداد شب» رو بسازه؟ فلانی در جشن هنر شیراز با کی اومده بود؟ انور سادات غیر از شاه با چه کسای دیگه دیدار داشت؟»

یک‌باره و بی هیچ دلیلی مدادش را چنان محکم روی میز زد که شکست.

چشمانش از حدقه بیرون زده بود و فریاد زد: «تو فکر می‌کنی کی هستی که اون بالای تپه نشستی و باورت شده همه‌کارهٔ این شهر بی‌صاحاب هستی؟...»

خون در رگ‌های صورتم در جریان افتاد و چهره‌ام سرخ شد.

مشت به میز کوبید و عربده کشید: «...که در انظار می‌خونی و می‌رقصی

تا مغز بچه‌های بیگناهو با کثافت‌کاریات پر کنی؟! با اون صدا و اداهای لوند و معصیت‌بارت؟!»

بلند شد ایستاد. تمام بدنم از خشم به لرزه افتاد.

به هن و هن افتاده بود ولی همچنان فریاد می‌زد: «ده بگو! فکر می‌کنی کی هستی؟ با چه جرأتی برای مردم تصمیم می‌گیری، زنیکهٔ گه؟!»

چقدر دلم می‌خواست جوابش را با فریاد بدهم. می‌خواستم بگویم من هیچ‌وقت نخواستم گوگوش بشوم. می‌خواستم بگویم وقتی پاپا فهمید من هنری دارم، مرا بر خلاف میلم در سه سالگی روی صحنه برد تا برایش پول بسازم! می‌خواستم بگویم ولی وقتی بزرگ می‌شدم کف‌زدن‌های مردم، حمایت مردم، عشق مردم مرا به ادامهٔ کارم تشویق کرد! می‌خواستم بگویم طرفداران من از همه طبقه، از همه جای ایران، از همه سن و سال و حتی فراتر از مرزهای کشور بودند و سال‌ها مرا در شهر و ده و خانه‌های خود پذیرا شدند! می‌خواستم بگویم حتی پاسدارهای خودش هم کاست‌های مرا که با صدای قدغن من پر شده بود قاچاق می‌کردند و ابوالفضل یواشکی در گوشهٔ راهرو قایم می‌شد تا صدای مرجان و من را بشنود! می‌خواستم بگویم هیچ نوعی از موسیقی حرام نیست! موسیقی به من آرامشی می‌دهد که نوشته‌های کتاب‌های آسمانی نمی‌دهند! می‌خواستم بگویم که در همهٔ این سال‌ها تنها چیزی که مرا حفظ کرده، به من سلامت روان داده، زخم‌های مرا، از سر شکسته تا قلب شکسته، ترمیم کرده، موسیقی بوده و بس! نه پول! نه شهرت! نه قدرت! نه دارو! فقط و فقط موسیقی!

در عوض بغضم را فرو خوردم و گفتم: «شما درست میگید، من هیشکی نیستم! من اشتباه بزرگی کردم! من هیشکی نیستم...»

افشون گلویش را صاف کرد تا برای حمله‌ای دیگر آماده شود، ولی در عوض روی صندلی نشست، خودش را مرتب کرد، قلم در دست گرفت و گفت: «همهٔ املاک و منابع درآمدتو یکی یکی بشمار.»

جواب دادم: «من هیچ درآمدی ندارم، من ممنوع‌الکار هستم.»

بعد از تمام اتهاماتی که به من وارد کرد و تمام توهین‌هایی که به من، به گوگوش، کرد، هنوز به درآمدی که از کار حرام به دست آورده بودم، علاقه‌مند بود. اگر از درون نمی‌لرزیدم تناقض خنده‌داری بود.

روز بیست و هشتم

افشون با عصبانیت گفت: «آزادی، برو» این اتفاق دو روز بعد از بازجویی آخر افتاد، بیست و هشت روز پس از بازداشتم.

چند دقیقه قبل از آن فکر می‌کردم برای سپردنم به جوخهٔ آتش آمده‌اند. اگر چنین نبود، چرا صبح به این زودی و قبل از طلوع آفتاب، سراغم آمده بودند؟

زیر لب گفتم: «ولی قربان نمی‌فهمم! نمی‌فهمم چرا اولش منو بدون حکم رسمی گرفتین! و چرا حالام یهو و بی هیچ توضیحی دارید آزادم می‌کنید!؟»

تا نشانه‌هایی از پشیمانی در چشمانم دید، لبانش را غنچه کرد و گفت: «نکنه ترجیح میدی پهلو رفقات بمونی؟» بعد لبخندی تهوع‌آور زد.

قبل از آزاد کردنم، نگاه دیگری به پرونده‌ام انداخت و گفت: «باید فقط خمس مال بدی.»

سعی کردم به او یادآوری کنم که من درآمدی ندارم، ولی گوش شنوا نداشت.

به من اجازه دادند پایین بروم و وسایلم را جمع کنم. جعبهٔ گوبلن‌دوزی، جعبه سیگار و لباس‌هایم برایم مهم نبودند. می‌خواستم با مرجان خداحافظی کنم.

کنار او چمباتمه زدم و گفتم: «منو ول کردن برم.»

چشمانش را به نشان دقت تنگ کرد، درست مثل آن روزی که دکتر را به طبقهٔ بالا می‌بردند.

پرسید: «چی گفتن؟»

«هیچی...»

کارشان اصلاً قابل توجیه نبود.

به‌زور لبخندی زدم و ادامه دادم: «...حتماً فهمیدن چقدر وضع مالی خرابه و فکر کردن اگه بیشتر نگرش داریم باید یه چیزی هم کف دستش بذاریم و بفرسیمش خونه‌ش.»

هر دو هرهری کردیم ولی خوب می‌دانستیم که بعد از رفتن من، این سلول فسقلی چقدر خالی خواهد شد. من، بدون صدای آرام و گرم مرجان؛ بدون آن گفتگوهای طولانی؛ بدون آن خنده‌های بی‌دلیل؛ و حتی بدون آن زمزمه کردن‌های پنهانی؛ توان ادامه دادن را پیدا نمی‌کردم.

در آغوشش گرفتم تا رویش را برای خداحافظی ببوسم. خیلی سعی کردم جلوی اشکم را بگیرم و در گوشش گفتم: «تا آزاد شدی، بهم زنگ بزن.»

برگشتم، کیفم را در دست گرفتم و بدون نگاهی به عقب، از سلول خارج شدم.

مرجان تنها کسی بود که با او خداحافظی کردم. نشد با زری، مژگان، زن پوستردار و زنان سلول شمارۀ ۳ خداحافظی کنم. همان‌طور که نشد با نیلوفر، فهیمه و ناهید، وقتی آنها آزاد شدند، خداحافظی کنم. هرگز نفهمیدم بر سر آنها یا مردانی که صدا یا آوازشان را از آن‌سوی راهرو می‌شنیدم، از جمله سید کریم، چه آمد. مرجان پس از مدتی کوتاه آزاد شد. یک روز، ماه‌ها پس از آزادی‌ام در روزنامه‌های کیهان و اطلاعات خواندم که یک زندان غیرقانونی در خیابان وزرا بسته شده است. تازه یاد روزی افتادم که اعظم طالقانی، یکی از نمایندگان تازه انتخاب‌شده مجلس و دختر آیت‌الله طالقانی، همان آیت‌اللهی که شایعه شده بود من و هایده او را شکنجه کرده‌ایم، وارد سلول ما شد. او آمده بود تا دربارۀ شرایط زندگی زندانیان در زیرزمین تحقیق کند. هرچند در تمام مدت حضور در سلول، عامدانه به من و مرجان نیم‌نگاهی هم نینداخت، یک ساعت بعد از ترک محل، دستیارش تلفن زد و مرا خواست. یکی از پاسدارها مرا به سمت تلفن در پایین پله اسکورت کرد. اعظم طالقانی از من دعوت کرده بود تا به مجلس بروم و دربارۀ حال و روز زندانیان در آن زیرزمین شهادت بدهم. من دعوتش را رد کردم. نمی‌توانستم به او اطمینان کنم و علاوه بر آن شک نداشتم که نمایندگان مجلس شورای اسلامی اهمیتی به نظر گوگوش نخواهند داد.

اما اقدس دندان طلایی به قولش عمل کرد و گزارش مفصلی دربارۀ آنچه بر سرش آمده بود به اعظم طالقانی داد: از نشان دادن عکس ضرباتی که بر او وارد شده بود تا وضع زنان هم‌سلولی‌اش؛ از دستشویی کثیف پر مگس تا سایر شرایط غیر انسانی که زندانیان در آن بسر می‌بردند.

او گفته بود: «اونا نمی‌تونن هیچی بگیرن، عمراً!»

و به آنها هیچ نداد. محکم ایستاد تا زندان زیرزمین منزل مصباح‌زاده را بستند. شک ندارم که صدای ضجه و نالۀ زندانی‌ها تا همیشه در راهروی آن خانه طنین خواهد افکند. در شرایطی که بسیاری از ما نتوانستیم کاری بکنیم، یک زن کارگر جنسی توانست چنین کار مهمی انجام دهد. به او خیلی احترام می‌گذارم. من یک ذره از جسارت او را نداشتم. بعد از آزاد شدن، وقتی در اتومبیل همایون نشستم،

هق‌هق‌کنان به گریه افتادم، درست مثل روزی که فری را از دست دادم. اشکم بند نمی‌آمد. بر خلاف اقدس، من همه چیزم را به آنها دادم، کارم، اعتبارم و صدایم را. من گوگوش را به آنها دادم.

بخش دوم

فصل ۱۶

پاپا

تلفن زنگ زد، ولی هیچ‌کدام از جا تکان نخوردیم. من و همایون تازه به رختخواب رفته بودیم. تمام شب بیدار به تماشای دو فیلم تازهٔ «تاپ‌گان» ساختهٔ تونی اسکات و «پلاتون» ساختهٔ اولیور ستون نشسته بودیم. هر شب، به استثنای شب‌هایی که با دوستان گرد هم جمع می‌شدیم، کار ما تماشای فیلم‌های خارجی جدیدی بود که از سفارت‌خانه‌های کشورهای خارجی در تهران می‌گرفتیم یا خودمان از بازار سیاه تهران تهیه می‌کردیم. بیشتر فیلم‌های خارجی ممنوع بودند و فیلم‌های داخلی هم معمولاً از وزارت ارشاد جواز نمی‌گرفتند. با نخستین جیک جیک پرندگان بامدادی به رختخواب می‌رفتیم ولی من تا وقتی قرص خواب چشمانم را سنگین کند، بیدار می‌ماندم. از هفت سال پیش، یعنی از زمان آزادی از زندان اوین، بدون قرص خواب‌آور چشمانم روی هم نمی‌آمدند.

ما به این سرگرمی‌ها نیاز داشتیم، به‌خصوص این نُه روز اخیر که حملات موشکی و بمباران‌های هوایی شهر را لرزاند. این تازه‌ترین سری از حملات هوایی عراق به تهران به‌شمار می‌رفت که از بهار ۱۳۶۳ آغاز شده بود. برخلاف بیشتر مردم، من و همایون، با شنیدن صدای آژیرها، در زیرزمین پنهان نمی‌شدیم. زیرزمین نداشتیم. در عوض، موقع خاموشی‌ها، روی زمین و دور از پنجره‌ها دراز می‌کشیدیم، نفس را در

سینه حبس می‌کردیم و منتظر می‌ماندیم تا شاید جان سالم در ببریم.

تلفن بار دیگر زنگ زد. نگاهی به ساعت بالای سرم انداختم. ساعت نه صبح بود. این بار زنگ تلفن قطع نشد که هیچ بلندتر توی مغزم پیچید. در آن گیجی آغاز خواب، می‌دانستم تا کسی گوشی را برندارد صدای زنگ خاموش نمی‌شود. همایون که در همان دقایق اول به خواب رفته بود.

با لهجه‌ای شهرستانی و صدایی کلفت و خراش‌دار، راه حلی که مدت‌ها بود برای فرار از دست مزاحمان تلفنی و کمیته‌ای پیدا کرده بودم، گفتم: «آلوو»

«گوگی!»

صدا را نشناختم. از نو با همان صدا تکرار کردم: «آلوو!»

طرف به زبان آذری و با صدایی لرزان گفت: «گوگی جون منم، عمو نادر.» عمو نادر هم مثل پاپا با من به زبان آذری صحبت می‌کرد.

«چی شده؟»

بغض در گلویش گرفت و گفت: «راجع به صابره! صابر...»

صدایش گرفته بود.

عمو نادر مکث کرد و من دلواپس شدم. چه اتفاقی برایش افتاده؟ آیا دوباره سکته کرده؟! طی ده سال گذشته پاپا دو بار سکتهٔ قلبی کرده بود. مضطرب شدم. این بار نمی‌توانم در بیمارستان به ملاقاتش بروم. پاپا آن‌سوی مرز، در استانبول بود. کمتر از یک ماه پیش اجازهٔ سفر به ترکیه پیدا کرده بود.

باز صدایش لرزید و گفت: «او...» دوباره مکث کرد.

قلبم فشرده شد و پرسیدم: «مُرد؟»

گفت: «دیشب ما رو ترک کرد،» و هق‌هق گریه سرداد.

وقتی توانست نفس تازه کند، توضیح داد که پاپا شنبه، ۴ بهمن ۱۳۶۵، بر اثر سکتهٔ قلبی از دنیا رفت. قرار شده بود برادرم، عادل، که آن زمان همراهش بود، جنازه‌اش را به ایران برگرداند.

اثر قرص‌های خواب‌آور به‌سرعت از بین رفت و از جا پریدم. با عجله در جادهٔ پرپیچ‌وخم پارک‌وی به سمت خانهٔ عمو نادر در گیشا راندم. تنها بودم. زحمت بیدار کردن همایون را به خود ندادم. او هیچ‌وقت پاپا را ندیده بود و غیر از فریبرز و مهرداد، به هیچ‌کدام از اقوامم اهمیتی نمی‌داد. هوای سرد زمستان از پنجرهٔ نیمه‌باز اتومبیلم، تویوتای سلیکا کبالت ۱۹۷۴، به داخل آمد و من حرف‌های عمو نادر را

در ذهن تکرار کردم. مدتی بود که مأموران کمیته و پاسداران انقلاب از دور اتومبیل جیپ قهوه‌ای‌رنگ مورد علاقه‌ام را شناسایی کرده بودند و بدون هیچ بهانه‌ای متوقفم می‌کردند. من هم آن را فروختم.

دیشب ما رو ترک کرد.

نمی‌توانستم باور کنم. به‌سرعت در بزرگراه پارک‌وی رانندگی می‌کردم و به فکر آخرین ناهاری که، یک ماه پیش و قبل از سفرش به ترکیه با هم خوردیم، افتادم. به یاد آوردم که آن روز خودم را مجبور کردم تا مطابق معمول در خانهٔ عمو نادر به دیدنش بروم. این اواخر، تا جایی که می‌توانستم از پاپا دوری می‌کردم.

رابطهٔ ما بعد از آن سال‌هایی که با مونس بود، هرگز بهبود نیافت و بعد از طلاقم از محمود هم بدتر شد. یک شب که، بیست و دو یا بیست و سه سال بیشتر نداشتم و برنامه‌ام تازه تمام شده بود، پاپا وارد کاباره میامی شد. محمود علیرغم جدایی‌مان این برنامه را به من داده بود چون نام گوگوش برای کاباره درآمدزا بود. لباسم را عوض کرده بودم تا به دوستانی که مهمانم بودند بپیوندم که دیدم پاپا نزدیک پلکان خروجی تلوتلو می‌خورد و برای این که نیفتد محکم دستگیره‌های پله را گرفته است. چشمانش نیمه بسته بود و بوی تند ودکا می‌دهد. به روی خودم نیاوردم ولی فکر کردم: وای خدایا، دیگه چی شده؟ این دفعه چقدر پول لازم داره؟ از وقتی مونس رفته بود، مشروب‌خوری بی‌حدش شکافی بین ما ایجاد کرده بود که هر روز عمیق‌تر می‌شد. او قبلاً هم در این کار زیاده‌روی می‌کرد، اما بعد از رفتن مونس، دیگر هیچ‌کس جلودارش نبود. پاپا فقط زمانی سراغ من می‌آمد که به چیزی نیاز داشت. تازه یک ماه قبل برایش یک اتومبیل نو خریده بودم، اما می‌دانستم که احتمالاً آن را فروخته و همه پولش را به باد داده، درست مثل همه هدایا و کمک‌های دیگر. هر چه پول داشت را، با همان سرعتی که بطری‌های مشروب را خالی می‌کرد، از بین می‌برد.

همین که به او نزدیک شدم، به زبان آذری و با لکنت پرسید: «کجا میری؟»

گفتم: «مهمون دارم پاپا.» و به دوستانم اشاره کردم. آنها همراه با بقیهٔ مشتریان کاباره در حال بالا رفتن از پله‌ها بودند. سعی کردم مؤدبانه به او بفهمانم که زمان و مکان درستی را انتخاب نکرده است.

تا خواستم توضیح بدهم که با دوستانم قرار گذاشتیم به منزل یکی از آنها برویم، فریاد زد: «چرا از من تو مجلهٔ زن روز بد گفتی، هان؟»

سعی کردم عصبانیتم را پنهان کنم و جواب دادم: «من از تو حرف نزدم. از

زندگی خودم گفتم، از زمان بچگی و مونس.»

ناگهان سیلی محکمی به صورتم زد. پاپا مرد درشت‌هیکلی بود و شدت ضربهٔ آن سیلی مرا به زمین انداخت. شوکه شدم. تا آن روز هرگز دست روی من بلند نکرده بود. یکی از دوستانم به سوی من دوید و از زمین بلندم کرد. هر دوی ما را از وسط جمعیتی متحیر به دفتر محمود بردند.

قبل از اینکه به گریه بیفتد گفت: «می‌دونم کجا میری دود کنی!»

منظورش خانهٔ پوران بود. مدت زیادی از حملهٔ عصبی‌ام و جنجال‌های رسانه‌ای که در پی آن رخ داد، نگذشته بود. از قرار گول شایعات مربوط به من را خورده بود که علت بستری شدنم در بیمارستان مهر را زیاده‌روی در مصرف تریاک عنوان کرده بودند. در عین حال شک کردم که شاید محمود ذهن او را مشوش کرده باشد. این دو نفر، طی چند سال گذشته، برخلاف ماه‌های اول مخالفت پاپا، با هم دوست شده بودند و پس از جدایی من از محمود باز هم هر هفته یکدیگر را می‌دیدند چون پاپا خیلی به کامبیز وابسته بود.

همچنان که اشک از چشمانش جاری بود، با لحنی مستانه شروع به صحبت کرد و گفت: «قربونت برم گوگی جون، من هیچی ازت نمی‌خوام. من ... من فقط مراقبت هستم و می‌خوام امنیت داشته باشی!»

بدنم از عصبانیت می‌لرزید. به گریه افتادم و با هق‌هق داد زدم: «پاپا! توی همهٔ این سالایی که باهات زیر یه سقف زندگی می‌کردم، کی به فکر مراقبت از من بودی؟...»

تا آن روز هرگز صدایم را روی پاپا بلند نکرده بودم. ادامه دادم: «...اما حالا، حالا که یه زن طلاق گرفته‌ام و با یه بچه تو بغلم زندگی می‌کنم، حالا می‌خوای از من محافظت کنی؟!»

ولی پاپا خیلی مست بود و مرا نمی‌شنید، شاید هم نمی‌خواست بشنود.

داد زد: «من تمام فکر و ذکرم اینه که مراقب تو باشم!»

به او گفتم که خیلی دیر شده. واقعیت این بود که من عمیقاً پاپا را مسئول همهٔ مشکلات می‌دانستم و گاه بخش کودکانهٔ وجودم آرزوی مرگ او را می‌کرد. او بود که مونس را وارد زندگی ما می‌کرد. گاهی هم این فکر به سرم می‌زد که اگر مونس آن همه بر بدن شکنندهٔ فری فشار نمی‌آورد تا کاشی‌های سرد را تمیز کند یا در هوای یخبندان در آب سرد حوض بایستد، شاید در جوانی از دنیا نمی‌رفت. ولی در عین حال

می‌دانستم که مونس یک مشکل اساسی روانی داشت و دلم برایش می‌سوخت. پاپا موظف بود از ما حمایت کند. آیا این مراقبت حق ما نبود؟ به همین دلایل همیشه احساس عدم امنیت می‌کردم: از همان دوران کودکی گرفته تا زمانی که بزرگترین خوانندهٔ پاپ ایران شدم؛ از روزی که از بهروز جدا شدم تا همین امروز که در خارج زندگی می‌کنم و در سرزمین مادری‌ام «عنصر نامطلوب» شناخته شده‌ام.

بعد از آن شب، تا حد ممکن از پاپا دوری کردم. همچنان به او پول می‌دادم، برایش اتومبیل یا هر چه لازم داشت می‌خریدم، اما تا جایی که می‌توانستم فاصله‌ام را حفظ می‌کردم. فقط چند بار در سال او را می‌دیدم، آن هم خیلی کوتاه، ولی او از طریق محمود مرتب کامبیز را می‌دید.

پاپا نوهٔ اولش کامبیز را بسیار دوست داشت. از طرز نگاه کردنش به او معلوم بود. علیرغم تنش‌های بین من و او، حضور دائمی و پر از عشق پاپا در زندگی پسرم، بسیار پررنگ بود. من و پاپا دربارهٔ تربیت کامبیز با هم اختلاف نظر داشتیم. در آخرین ناهارمان گفت: «دلم برای کامبیز تنگ شده.»

دل من هم برای او تنگ شده بود. دو سال بود که پسرم را ندیده بودم.

در تابستان ۱۳۶۲ کامبیز یک نوجوان شانزده سالهٔ معمولی بود که عاشق پوشیدن لباس‌های پانک و راک مد روز، شوخی و معاشرت با دخترهای مورد علاقه‌اش و گذراندن بعدازظهرها به تمرین رقص بریک بود. اما در ایران، همه این کارها غیرقانونی بود و او نمی‌توانست هیچ‌کدام از این کارها را به طور علنی انجام دهد. همان سال، و در بامداد یک روز ۱۳۶۳، وقتی خانهٔ من بود، درگیر یکی از بحث‌های همیشگی شدیم و کامبیز بی‌خبر خانه را ترک کرد. مشکل یا مربوط به همایون بود یا برخورد اخیرش با مأموران کمیته. چندی پیش به خاطر شرکت در یک مهمانی زیرزمینی با دخترها و پسرهای هم‌سنش، ۴۵ ضربه شلاق خورده بود که بعد از دهمین ضربه از شدت درد بیهوش شده بود. از یک سو کامبیز نمی‌توانست همایون را در خانه‌ام تحمل کند، مخصوصاً پس از دیدن او در حال خماری ناشی از مصرف ال‌اس‌دی یا کراک، که گاه دوستانش برایش می‌آوردند. از سوی دیگر، همایون نیز کامبیز را بچه‌ای لوس و ننر می‌دانست. این تنش دائمی باعث شده بود که کامبیز نوبتی با ما زندگی کند؛ چند ماهی پیش ما می‌ماند و چند ماه هم به خانهٔ پدرش یا پاپا برمی‌گشت. آن روز پاپا با من تماس گرفت و گفت نگران نباشم چون کامبیز پیش او بود.

چند روز بعد، برادرم فریبرز تلفن کرد و گفت محمود، که به خاطر مسائل مالی خانوادگی‌اش در خفا زندگی می‌کرد، کامبیز را از خانهٔ پاپا برداشته تا به اتفاق او و با کمک گروهی قاچاقچی انسان، از مرز ترکیه رد شوند. برای یک لحظه حس کردم قلبم دارد از حرکت می‌ایستد. چند هفته را به سختی و با دلهره‌ای وصف‌ناپذیر به سر بردم تا کامبیز از ترکیه با من تماس تلفنی گرفت و گفت خیلی پشیمان است و دلش می‌خواهد به ایران برگردد. به او گفتم از جایش تکان نخورد و به حرف پدرش گوش کند. این تنها کاری بود که از دستم برمی‌آمد. بدون گذرنامه، دستم از همه جا کوتاه بود.

در واقع این بهترین اتفاقی بود که برای کامبیز افتاد، چون ظرف دو سال بعد و در بحبوحهٔ آن جنگ خونین، به سن خدمت سربازی می‌رسید، و اگر تنها فرزند نبود، می‌توانست حتی از سن سیزده سالگی مشمول شود. کامبیز هجده ساله شده بود و دیگر نمی‌توانست برگردد وگرنه بلافاصله به خط مقدم فرستاده می‌شد. با این‌حال، از محمود عصبانی بودم که برنامه‌اش را با من در میان نگذاشته بود و از پاپا دلخور که وقتی این اتفاق افتاد، حتی به خودش زحمت نداد یک تماس کوتاه هم با من بگیرد. اگر می‌دانستم، بی‌شک آن روز صبح سخت‌گیری را کنار می‌گذاشتم و یک بار دیگر کامبیز را محکم در آغوش می‌گرفتم. تنها خدا می‌دانست دوباره چه زمانی، پسرم را خواهم دید.

وقتی پاپا، در آخرین ناهاری که با هم خوردیم، دربارهٔ کامبیز صحبت کرد و برای من و عمو نادر از پیشنهاد محمود برای پیوستن به آنها در استانبول گفت، سعی کردم شدت خشمم را نشان ندهم. او خوشحال بود که نه‌تنها می‌توانست نوه‌هایش، کامبیز و کیمیا (دختر عادل) را ببیند، بلکه در افتتاحیه کاباره جدید محمود هم برنامه اجرا کند. تا آن زمان، تعداد زیادی از پناهندگان ایرانی در پایتخت ترکیه ساکن شده بودند. پاپا که گذرنامهٔ معتبر داشت، نخواست و نتوانست این پیشنهاد را رد کند.

اشک در چشمانش حلقه زد و به من و عمو نادر گفت: «نُه سال تو خونه موندم و نُه سال رنگ صحنه رو ندیدم.»

در سال‌های منتهی به انقلاب، من برای پاپا کارهای کوچکی جور می‌کردم، مثل نقش‌های کوتاه در فیلم‌هایی که بازی می‌کردم، تا احتمال پیدا کردن کار برایش بیشتر شود. متأسفانه او بیشتر وقتش را در بارهای کوچک و شلوغی که مشروب

فراوان در دسترس بود می‌گذراند و برنامه‌هایی اجرا می‌کرد که در شأن خودش و هنرش نبود.

پرسید: «باورت میشه نُه سال گذشته؟»

من باورم می‌شد. من هم از هشت سال پیش خانه‌نشین شده بودم.

به او گفتم: «حتماً همه چی عالی میشه پاپا.»

چشمانش برق زد. «من دارم پیر میشم گوگی. اگه حالا نرم دیگه دیر میشه.»

در استانبول، پاپا توانست دوباره روی صحنه برود. وقتی که مقابل خانه عمو نادر پارک کردم، فکر کردم: یک ماه هم نشد که رفت!

همه، از جمله ماما، در اتاق نشیمن نشسته بودند. دایی ابراهیم چند سال پیش فوت کرده بود و خدیجه خانوم، سیمین و بهیه، که بعد از درگذشت او به گیشا و روبه‌روی خانهٔ عمو نادر نقل مکان کرده بودند، قبل از ماما رسیده بودند. دیدن چهرهٔ گریان آنها و مخصوصاً اشک ماما، مرا هم دگرگون کرد و گریه‌ام گرفت. ولی دیدن گریهٔ عمو نادر حکایت دیگری بود. او و پاپا خیلی به هم نزدیک بودند؛ نزدیک‌تر از بسیاری برادران دیگر؛ عین من و فری.

پاپا مدت‌ها قبل از تولد من، عمو نادر را با دنیای آکروباتیک و رقص آشنا کرده بود. وقتی من خیلی کوچک بودم، آن دو با هم روی صحنه رقص‌های فولکلور مختلف، مثل رقص‌های سنتی آذربایجانی، اجرا می‌کردند. بعدها من و پاپا هم به اتفاق لزگی و قفقازی می‌رقصیدیم، که اجرایش در آن سن و سال خیلی سخت بود. هر دوی این رقص‌ها قدرت زیادی لازم داشتند تا بتوانم حرکات سریع، تکراری و طولانی پا را تکرار کنم. دو برادر، در نتیجهٔ سال‌ها تمرین خستگی‌ناپذیر، هماهنگی فوق‌العاده‌ای داشتند که رقصیدن‌شان را خیلی روان و آسان نشان می‌داد. اما یک روز، در سال ۱۳۳۲ یا ۱۳۳۳، عمو نادر پیشنهاد خوبی دریافت کرد که نخواست رد کند و به گروه رقص وزارت فرهنگ و هنر پیوست. از آن پس، او و گروهش مرتب به سراسر ایران سفر می‌کردند و برنامه روی صحنه می‌بردند. پاپا که تنها مانده بود، تصمیم گرفت مدیر برنامه‌ام شود و به مرور زمان به پشت صحنه رفت. پاپا و عمو، حتی بعد از جدا شدن مسیرشان، همیشه هوای یکدیگر را داشتند. آن سالی را به یاد دارم که پاپا و فری و من جایی برای ماندن نداشتیم و با عمو نادر و همسر و پنج فرزندشان، هم‌خانه شدیم. گمانم همان سالی بود که پاپا، بین تورهای هنری، مونس را ملاقات کرد.

هر بار که یکی از بستگان غمزده به خانهٔ عمو نادر می‌آمد، هر بار که از مرگ ناگهانی پاپا ابراز تأسف می‌کردند، اشک در چشمانم جمع می‌شد. پاپا فقط شصت سالش بود. آنها از خاطرات قدیمی خود با پاپا می‌گفتند و از شیطنت‌های شیرین و خاص او یاد می‌کردند. می‌توانستم پاپایی را که آنها می‌شناختند و دوست داشتند مجسم کنم: مردی شاد و سخاوتمند که همیشه همه را می‌خنداند و سعی می‌کرد به همه خوش بگذرد. او فوق‌العاده شوخ و شیرین بود، کسی که همیشه می‌شد رویش برای سرگرمی ناب حساب کرد. همه می‌گفتند دیگر هرگز کسی مثل صابر آتشین پیدا نخواهد شد. با این حال، در پس خاطرات‌شان، ناامیدی عمیق‌تری را احساس می‌کردم که فقط برای از دست دادن یک عزیز نبود. در چشمان‌شان غمی عمیق نهفته بود؛ برای زندگی‌هایی که از دست رفته بود: با هر بازداشت، هر اعدام، هر بمباران و برای تلفات غیرنظامیان و مرگ‌های بی‌معنی کودکان دوازده/سیزده ساله‌ای که مجبور بودند روی میدان‌های مین راه بروند تا راه را برای تانک‌های ارتش باز کنند.

تهران، مانند بقیهٔ کشور، از فشار شدید جنگ رنج می‌برد. شهرهای غربی به‌کلی ویران شده بودند، ولی مردم این فشار را تاب می‌آوردند. تورم به‌شدت افزایش یافته بود و گرانی خرید کالاهای ضروری و روزمره را برای میلیون‌ها ایرانی دشوار کرده بود. کوپن‌های جنگی برای تأمین کالاهای ضروری مثل غذا و سوخت از طریق سهمیه‌بندی ضروری شدند، اما با وجود این، کمبودها روزافزون بود و در تضادی شدید با نُه سال پیش، زمانی که فروشگاه‌ها پر بود و زندگی‌ها محدود نبود. ساعت‌ها در صف‌های طولانی خرید کالاهای اساسی منتظر می‌ماندیم. اگر بدشانسی می‌آوردیم و کمی دیر می‌جنبیدیم، نوبت‌مان که می‌رسید، قفسه‌ها خالی شده بودند، مخصوصاً برای اجناسی مثل شکلات و نوار بهداشتی، که حالا کالاهای لوکس محسوب می‌شدند.

طی هفت سال گذشته شهر، به خاطر آژیرهای هشداردهنده و خاموشی‌ها، در حالت اضطراب دائمی بود. ترس دائمی و گاه فلج‌کننده از ندانستن زمان و مکان حملهٔ بعدی، نابودمان کرده بود. بسیاری از خانواده‌ها عزادار از دست دادن بی‌شمار عزیزان‌شان بودند، جوانانی که، بدون احتمال بازگشت، به خط مقدم فرستاده می‌شدند. هوای اتاق نشیمن عمو نادر ناگهان خفقان‌آور و سنگین شد.

یکی از دوستان پاپا بی‌مقدمه گفت: «گوگوش خانوم، پاپات شما رو خیلی

دوس داشت...» سپس آهی کشید و با لبخندی کم‌رنگ ادامه داد: «...خیلی بهتون افتخار می‌کرد. همیشه عکساتونو نشونمون می‌داد.»

می‌دانستم دربارهٔ کدام عکس‌ها حرف می‌زند. چند سال قبل از انقلاب، پاپا وقت و بی‌وقت سری به پشت صحنهٔ کاباره باکارا می‌زد و از من می‌خواست با او عکس بگیرم. سپس مثل همیشه، عکس‌های چاپ شدهٔ دفعات قبل را از جیب بغل کتش در می‌آورد تا برایش امضا کنم.

چندبار از او پرسیدم: «واسهٔ چی؟ من که دخترتم، گوگی؟ من که مال خودتم؟»

و او هر بار با لهجهٔ غلیظ آذری خود جواب می‌داد: «قربونت برم، دوست دارم این عکسا رو تو جیبم داشته باشم.»

بعضی وقت‌ها فکر می‌کردم این عکس گرفتن‌ها هم وسیله‌ای دیگر برای گول زدن من بود تا چیزی طلب کند. شاید هم تله‌ای برای به دام انداختن زنانی که نظرش را جلب می‌کردند، مثل هدیه دادن لباس‌ها و جواهرات یا به قول خودش «چیزای گوگوش» به آنها. در همهٔ آن سال‌ها در عجب بودم که چرا چنین می‌کرد و چه در مغزش می‌گذشت. ولی پاپا غیر از شوخی و جوک حرف دیگری نداشت بزند. مردی کم حرف که هرگز از احساساتش، از گذشته‌اش، از سختی‌هایش و از رؤیاهایش کلامی بر زبان نمی‌آورد.

به زور لبخندی زدم و مؤدبانه از دوست پاپا عذرخواهی کردم و به بهانهٔ رفتن نزد سیمین از آنجا برخاستم.

همچنان که در میان چهره‌های مغموم دوستان و اقوام صابر رفت و آمد می‌کردم، یاد آن روزی افتادم که پاپا، در سال ۱۳۶۲ و در پی دومین سکتهٔ قلبی‌اش، در بیمارستان بستری شده بود. یادم آمد چقدر از دیدن ریش سفید و سیاهش اذیت شدم. او از ریش متنفر بود و همیشه صورتش را چهار تیغه می‌کرد. آن روز با دیدن پاپا در چنان حالی، ناگهان متوجه شدم چقدر پیر شده! او دیگر آن ورزشکاری نبود که به راحتی دو صندلی حامل مرا روی چانهٔ خود می‌گذاشت؛ دیگر آن جوانی نبود که با لبخند جذاب خود نظر زنان بی‌شماری را جلب می‌کرد؛ تبدیل به مردی میانسال و چاق شده بود که اعضای بدنش علیه او قیام کرده بودند. یادم آمد وقتی چشمانش را باز کرد، دیدم علیرغم همهٔ آنچه بر او رفته، هنوز مرد جذابی است. آن روز هم وقتی نگاه‌مان در سکوت با یکدیگر تلاقی کرد، نفهمیدم چه فکری در سرش می‌گذشت. آیا تفکرات من اصلاً برای پاپا اهمیتی هم داشت؟ وقتی با

نگرانی از پنجره بیرون را نگاه کرد، فکر کردم: شاید این آخرین روزهای زندگی او باشد! شاید بیماری‌اش جدی‌ست و نگران زندگی خویش است. ولی ناگهان همهٔ احساس نگرانی و مهری که در آن لحظه به پاپا پیدا کرده بودم، با شنیدن یک جمله از او به‌کلی از بین رفت؛ وقتی با همان لحن درماندهٔ آشنا، که هنگام خواستن چیزی به کلماتش می‌داد، گفت: «گوگی، ببین چه به سر پاپای بدبخت تو اومده...» خوب می‌دانستم این نگاه و این لحن سخن گفتن از کجا می‌آید. باز هم چیزی می‌خواست. یک مقدمه‌چینی ماهرانه بود برای درخواست پول بیشتر یا خرید یک اتومبیل نو. حالا دیگر چه می‌خواست؟ من که چیزی برای بخشیدن نداشتم.

کوشش کردم عصبانیتم را بروز ندهم و گفتم: «بسه پاپا، دیگه از این چیزا نگو. فعلاً باید استراحت کنی و به دستور دکترا گوش بدی.»

گفت: «گوش میدم گوگی، ولی این دفعه فرق می‌کنه. قلب پاپات خیلی درد می‌کنه...»

حرفش را قطع کردم چون هر چه بیشتر سعی می‌کرد ترحم مرا برانگیزد، من بیشتر عصبانی می‌شدم. با وجود این، تا از اتاق بیرون رفتم، از دیدن مردی که روزی تکیه‌گاه من بود و حالا این چنین نزار و تنها روی تخت بیمارستان افتاده بود، دلم به درد آمد. از اینکه در گذشته چندبار آرزوی مرگ او را کرده بودم و هنوز قادر نبودم او را ببخشم، حالم بد شد.

به طرف خانهٔ پاپا در خیابان فرح جنوبی منشعب از تخت طاووس می‌راندم، و کارهایی را که باید انجام می‌دادم در ذهنم مرور می‌کردم. خانهٔ پاپا از پنج روز پیش مرکز عملیات ما شده بود و هر روز با توجه به پخش شدن خبر فوت او، جمعیت بیشتری در آنجا جمع می‌شدند. خانه‌اش در این مدت خالی نماند چون همواره دوستان، آشنایان و اقوام در رفت و آمد بودند. حتی سه زن سابق او در کنار آخرین همسرش زیر یک سقف نشسته بودند. مونس هم مثل همیشه کوشش می‌کرد همه را زیر نظر بگیرد و با نگاه‌های معنی‌دارش توجه حاضران را به طرف خود جلب کند.

هنوز خیلی کار داشتیم. چندین روز طول کشید تا بتوانم توسط سفارت جمهوری اسلامی در ترکیه، ترتیب بازگرداندن جنازهٔ او را از غسال‌خانهٔ استانبول به تهران بدهم. چند روز هم طول کشید تا بتوانم با کمک مالی دوستان و اقوام، ترتیب بقیهٔ کارها را بدهم. واقعیت این بود که من و همایون به سختی روزگار می‌گذراندیم چون تنها منبع درآمد ما بهرهٔ ناچیز ماهیانهٔ پول همایون از فروش کمپانی بیمه‌اش

بود که در یک حساب پس‌انداز گذاشته بودیم. کوپن‌های جنگ نیز خرج مواد خوراکی و بنزین و مواد لازم خانگی می‌شد. فروش خانهٔ من هم ممکن نبود چون وزارت اقتصاد و دارایی هنوز دست از توقیف قبالهٔ خانه برنداشته بود و همچنان ادعا می‌کرد که اعتراض‌نامهٔ رسمی من را پیدا نمی‌کند.

در یک جمله وضع اقتصادی خراب بود. هیچ چیز کمک نمی‌کرد چون نیمی از بودجهٔ ماهانهٔ ما صرف خرید سیگار و تریاک می‌شد. من روزی یک بار بیشتر نمی‌کشیدم، آن هم با همایون. ولی او تمام روزش را پای منقل می‌گذراند. روزهایی هم بود که من نمی‌توانستم بدون یک پُک عمیق به وافور همایون از تخت بلند شوم.

آخرین کار خرید یک قبر جدید برای پاپا در بهشت زهرا بود. ماما اجازه نداد صابر را در قبری که پس از مرگ فری برای خودم در کنار برادر خریده بودم، بگذاریم.

از ته دل فریاد می‌کشید که: «فری پسر خودمه! من اونو زاییدم! من باید کنارش بخوابم!»

تا صدای فریاد ماما بلند شد، یادم آمد وقتی یازده سال پیش، در خانهٔ من خبر مرگ فری را شنید، چگونه مثل همهٔ مادران داغ‌دیده، به سر و سینهٔ خود می‌کوبید و ضجه می‌کشید. همان روز رو به ماما کردم و فریاد زدم: «وقتی بیش از همیشه احتیاج به مادر داشت کجا بودی؟ وقتی مثل توپ فوتبال به این‌طرف و اون‌طرف پرتاب می‌شد! حالا معرکه گرفتی؟ یا تمومش کن یا از اینجا برو!» گفتن چنین سخنانی به یک مادر سوگوار بسیار تند بود، می‌دانم. ولی روز مرگ فری زخم خشم‌های فرو خوردهٔ سالیان دراز ناگهان سرباز کرده بود. این بار اما می‌توانستم با ماما همدلی کنم. عاقبت یکی از دوستان پاپا در همان نزدیکی قبری برای پاپا خرید.

علاوه بر همهٔ این دردسرها، موفق شدم جواز برگزاری مجلس ختم پاپا را در خانقاه صفی‌علیشاه نزدیک میدان بهارستان بگیرم. از نو در مسیر پر پیچ و خم قوانین اداری افتادم، همان قوانینی که برای بازگرداندن جنازهٔ پاپا به تهران مانع انجام کارها شده بودند. به چند اداره در نقاط مختلف شهر حواله داده شدم. هر بار هم مجبور بودم با چهره‌های نفرت‌آور و تحقیر کنندهٔ مسئولان روبه‌رو شوم. نهایتاً وقتی جواز را به دستم دادند، کارمند مسئول هشدار داد که داشتن این جواز یک شرط مهم دارد: من اجازه نداشتم آگهی درگذشت و ختم پاپا را در هیچ‌یک از نشریات منتشر کنم و نشانی محل برگزاری ختم را بدهم.

کارمند با لحنی بی‌ادبانه و متفرعن، که اغلب وابستگان به حکومت داشتند، گفت: «متوجه هستی که ما در این موقعیت نمی‌تونیم اجازه بدیم گوگوش هیاهو راه بندازه. ما تا پیروزی راه زیادی نداریم!» حس کردم گونه‌هایم داغ شدند.

چه هیاهویی برای هیچ؟ مردم که دیگر اهمیتی به گوگوش نمی‌دادند! اگر اسمش را می‌آوردند فقط برای دامن زدن به یک شایعه بود و بس. مثل شایعهٔ ازدواجم با یک آخوند ثروتمند و زندگی پنهانی اشرافی در یک کاخ که دیوارهای داخل آن با طلا تزئین شده بود. مردم واقعیت‌ها را نمی‌دانستند، چون رسانه‌ها، در پی بخشی از تلاش رژیم برای پاک کردن ما هنرمندان از ذهن آنها، از گزارش دادن دربارهٔ گوگوش و دیگر نمادهای هنری پیش از انقلاب ممنوع شده بودند. منظورش کدام پیروزی بود؟ با صدها هزار کشته از دو طرف به‌ویژه زنان و کودکان بی‌گناه، با بمب‌هایی که در گوشه و کنار شهر و در همسایگی ما ساختمان‌ها را با خاک یکسان کرده بودند؟! کدام پیروزی وقتی که نه خمینی و نه صدام برای صلح ابراز آمادگی نمی‌کردند؟!

فریاد زد: «فهمیدی؟»

با سر علامت دادم بله و مطمئنش کردم که ختم روز بعد از خاکسپاری و بی سر و صدا برگزار خواهد شد.

وقتی که اتومبیل را جلوی خانهٔ پاپا پارک کردم، مطمئن بودم همه چیز آماده است. پنج روز از درگذشتش گذشته بود. تنها چیزی که کم بود کالبد او بود، که قرار بود عادل آن را از استانبول تا سردخانه تهران همراهی کند.

کالبد پاپا بود، خودش بود. هنوز غیرواقعی به نظر می‌رسید.

وقتی عادل از غسال‌خانه به منزل پاپا رسید، همه استقبال گرمی از او کردند. او دو سال پیش به ترکیه مهاجرت کرده بود. همه عادل را دوست داشتند چون برخلاف ظاهر جدی‌اش، به غایت مهربان و شیرین بود. او شش سال از من کوچک‌تر بود. ما با هم بزرگ نشدیم چون عادل موقع جدایی پاپا و مادرش کمتر از یک سال داشت و مادرش بعد از جدایی او را با خود برد. علیرغم این دوری من و او در سال‌های بعد خیلی به هم نزدیک شدیم. او دومین عضو قابل اعتماد طایفهٔ آتشین بود، کسی که همیشه می‌توانستی رویش حساب کنی. عادل، از نظر احترام به ارزش‌های خانوادگی و مسئولیت‌پذیری، به مادرش رفته بود. حتی بعد از این همه سال، مادرش همچنان بانویی باوقار و مهربان باقی مانده بود. وقتی هم خبر درگذشت همسر سابقش را شنید، با وجودی که پسرش هنوز در استانبول بود، به تنهایی به خانهٔ عمو نادر آمد.

بعد از فروکش کردن هیجانات دیدار عادل، دو نفری به گوشه‌ای خزیدیم و او برایم از آنچه شب سرنوشت‌ساز اتفاق افتاده بود، صحبت کرد. در نتیجهٔ بی‌خوابی، زیر چشمانش دو حلقهٔ بزرگ افتاده بود. تعریف کرد:

«خیلی اتفاق عجیبی بود گوگی. پاپا به نظر خوب میومد، مثل همیشه، خودش بود....» بعد با لبخندی کمرنگ و آلوده به خستگی ادامه داد: «...قبل از اینکه روی صحنه بره، یه بشقاب کله‌پاچه خورد و پشتش ودکا رو سرکشید. بعد شروع کرد به اجرای کاراکتر مست خودش، می‌دونی دیگه؟!»

عادل به یک برنامهٔ الهام‌گرفته از فیلم «ولگرد» چارلی چاپلین اشاره می‌کرد. پاپا عاشق چاپلین بود و نقشی را که به تقلید از او بازی می‌کرد، دیروقت شب وارد یک بار می‌شود و قبل از اینکه صاحبش بخواهد بار را تعطیل کند، لیوان مشروب در دست، روی چهارپایهٔ بار می‌نشیند و از بارمن می‌خواهد برایش آواز بخواند. سپس همان‌طور که بارمن آواز می‌خواند، آن‌قدر می‌خندد که از چهارپایه‌اش می‌افتد. پاپا همیشه حضار را با خنده‌های بی‌پایانش سر ذوق می‌آورد.

عادل گریه‌اش گرفت و با بغض ادامه داد: «باید صورتشو می‌دیدی، گوگی! هر دو شب! انقد خوشحال بود که نگو! چندین سال بود اینطوری ندیده بودمش...» گلوی من هم از بغض گرفت.

«...همهٔ کاراشو درست و کامل انجام داد، از وارد شدن بگیر تا افتادن روی زمین. مردم از خنده روده‌بر شده بودن. ولی این دفعه وقتی افتاد دیگه بلند نشد....» عادل ساکت شد و اشکی که از چشمانش جاری شده بود را پاک کرد.

«...همه داشتن می‌خندیدن. منم همینطور، درست مثل شب قبل...» اشک همچنان روی گونه‌هایش جاری بود. لبخندی تلخ زد و ادامه داد: «...ولی وقتی زبونشو دیدم، فهمیدم یه اتفاقی افتاده....» باز سکوت کرد «...همونجا روی صحنه که افتاد، مرد.»

از این فکر که پاپا روی صحنه، جایی که بیشتر از همهٔ دنیا دوست داشت جان داده بود، حیرت کردم و اشکم سرازیر شد. لحظهٔ پایانی زندگی‌اش به طرز غریبی با روزهایی که سپری کرده بود همخوانی داشت.

عادل اشک‌هایش را با آستین پیراهنش پاک کرد و پرسید: «میدونی چی عجیبه گوگی؟ پاپا تو مردنشم مردمو خندوند.»

پاپا تو مردنشم مردمو خندوند

چهل و هشت ساعت بعد، اتومبیلم را یک خیابان بالاتر از خانقاه صفی‌علیشاه پارک کردم. رفتم مطمئن شوم به اندازهٔ کافی صندلی گذاشته باشند. اگر تعداد شرکت‌کنندگان مجلس ختم به اندازهٔ شرکت‌کنندگان مراسم خاکسپاری بود، جای نگرانی نداشت. روز قبل در بهشت زهرا جمعاً سی نفر بودیم. پوری بنایی تنها کسی بود که حضورش برایم غیر منتظره بود. او و من به اتفاق ماجراهای زیادی را پشت سر گذاشته بودیم. پوری در زمان رابطهٔ پرتنش من با محمود، شانه‌ای برای گریه کردنم بود و بعدها، در یک پیچش غیرمنتظره، مدت‌ها پس از جدایی آنها، من عاشق بهروز، نامزد سابقش شدم. با وجود همهٔ این ماجراها، در لحظات سخت همیشه راهی برای بازگشت به یکدیگر پیدا می‌کردیم، حتی زمانی که هدف رژیم جدید قرار گرفتیم. و حالا، دوباره در کنارم بود.

قبل از دیدن او و در برابر حفرهٔ بزرگی که در زمین کنده شده بود، نسبت به همدردی‌هایی که به سویم جاری بود، بی‌احساس شده بودم. انگار چیزی در درونم مانع از ابراز احساساتم شده بود و نمی‌فهمیدم چرا. فعلاً آنچه جریان داشت، مراسم خاکسپاری پاپای من بود، مردی که بخش اعظم زندگی‌ام را، چه خوب و چه بد، شکل داده بود. با وجود این احساس می‌کردم از همه چیز بسیار فاصله گرفته‌ام. از خود پرسیدم: چته؟ مشکل چیه؟ تا پوری مرا در آغوش گرفت، اشک روی گونه‌هایم جاری شد. وقتی بدن پاپا، پیچیده در کفن سفید، به خاک سپرده شد، بیشتر از آن که به چگونگی برگزاری مراسم خاکسپاری بپردازم، به محبت و وفاداری پوری فکر می‌کردم. حضور و ادای احترامش به پاپا، به عنوان یک هنرمند هم‌صنف، مرا بسیار تحت تأثیر قرار داده بود.

داشتم پیاده راه می‌رفتم و به دیروز فکر می‌کردم که به ورودی خانقاه نزدیک شدم. تابلوی سازمان اوقاف و امور خیریه روی دروازه نصب شده بود. نوشته‌ای با حروف بزرگ و پررنگ مشکی نظرم را جلب کرد:«مراسم امروز لغو شده است» وسط راه ایستادم و با حیرت به تابلو خیره شدم. مسئولان رژیم مراسم یادبود پاپا را لغو کرده بودند. از دیدن اعلان، به‌شدت عصبانی شدم و ناباوری‌ام به‌سرعت به خشم تبدیل شد. آخرین فرصت برای ادای احترام به پاپا و خداحافظی با او، به همین سادگی از من گرفته شده بود. نمی‌توانستند این فضا را به من بدهند؛ نمی‌توانستند بگذارند گوگوش برای پدرش در آرامش عزاداری کند! اجازه نمی‌دادند سرم به کار خودم باشد.

به خانهٔ خواهر ناتنی‌ام رویا رفتم. تلاش کردم از طریق تلفن به کسانی که می‌توانستم اطلاع بدهم. اما بسیاری طبق برنامه به خانقاه رفتند و در آنجا با پاسداران مسلح سپاه روبه‌رو شدند که کل خیابان را محاصره کرده بودند. مدت زیادی در خانهٔ خواهرم نماندم؛ سرم به‌شدت درد می‌کرد و درد سیاتیکم هم شروع شده بود. به رویا و مادرم گفتم که نیاز به استراحت دارم و به‌سرعت به خانه رفتم.

با وجود درد و خستگی، در میان جعبه‌های کاست خاک گرفته، در اتاق نشیمن طبقهٔ بالای خانه‌ام شروع به جستجوکردم. نمی‌توانستم علت این کار را برای خودم توجیه کنم، اما باید همان لحظه آن ترانه را پیدا می‌کردم. جعبه را روی زمین اتاق خالی کردم. پر بود از کاست‌هایی که دوستانم از اقصی نقاط جهان برایم فرستاده بودند، از جمله کاست‌های خبری و کاست‌های خوانندگان ایرانی در غربت. می‌دانستم کاست آن ترانه باید بین اینها باشد. یادم آمد مثل همهٔ کاست‌های تازه‌ای که به دستم می‌رسید، آن را منزل دوستی برده بودم تا با هم گوش کنیم. از روزی که همهٔ کاست‌هایم را تحویل آقای تهرانی دادم، دیگر در خانه نه تنها موسیقی گوش نمی‌دادم که برای دل خودم هم نه می‌خواندم و نه زمزمه می‌کردم. گاهی در جمع کوچک خانهٔ یکی از دوستان و به خواهش یکی از آنان به تنهایی و آهسته زمزمه‌ای می‌کردم یا با همراهی هارمونیوم سُلی، خواننده‌ای که مثل من ممنوع‌الصدا بود، چیزکی می‌خواندیم. همایون نمی‌فهمید چرا من اصرار داشتم پیانوی گران‌قیمتم را بفروشم (او تصاویر پاسدارهایی که در لابی گراند هتل کیش کلیدهای پیانو را با ته تفنگ خورد کرده بودند، ندیده بود.) با توجه به یورش گاه و بی‌گاه کمیته به خانه‌ام یا کنجکاوی همسایه‌ها، نمی‌خواستم هیچ ریسکی بکنم و پیانو را نگهدارم. ولی امشب به آنچه اهمیت نمی‌دادم، این که چه کسی در خانه‌ام را بکوبد. باید آن ترانه را گوش می‌کردم.

از نو کاست‌ها را زیر و رو کردم و دنبال نوشتهٔ ترکی روی کاست گشتم. دو بار روی تمام کاست‌ها را خواندم تا بالاخره کاست مورد نظر را پیدا کردم. مثل دوران بچگی چهار زانو روی زمین نشستم، کاست را درون دستگاه فشار دادم و با جلو و عقب کردن آن، دنبال ترانه گشتم. خیلی زود نوای غم‌انگیز پیانو و ویولون در فضا پخش شد. قلبم به طپش افتاد و راه گلویم بسته شد. تا صدای خوانندهٔ مشهور ترکیه ابراهیم تاتلیسس را شنیدم، اشک از چشمانم سرازیر شد.

از آن لحظه‌ای که عادل در مورد چگونگی مرگ پاپا صحبت کرد، فقط به ترانهٔ

ترکی «تنهایم» می‌اندیشیدم. ابراهیم تاتلیسس این ترانه را در فیلم «آیسم» خوانده بود، در صحنه‌ای که کاراکتر او با احساس پشیمانی و تنهایی مطلق، هنگام خواندن روی صحنه می‌میرد. ترانه به جانم نشست و هم‌زمان پاپا را دیدم که روی چهارپایهٔ بار نشسته و با هیجانی بی‌سابقه لبخند می‌زد. خوشبختی‌اش را احساس کردم. پاپا حتی در مرگش هم مردم را خنداند.

روزی را یادم آمد که برای نخستین بار، پس از اصابت یک تیر به شکمش روی صحنه رفت. من چهار یا پنج سال بیشتر نداشتم. با یک تروپ در حال سفر و اجرای برنامه در شهرهای مختلف استان‌های مازندران، گیلان و آذربایجان ایران بودیم. در یکی از روزهای تعطیل در آذربایجان شرقی، پاپا مثل همیشه تنها برای گردش به شهر رفت و مرا به یکی از اعضای تروپ سپرد. ولی این بار مدت چند روز بازنگشت. هیچ‌یک از اعضای تروپ قادر نبود مرا که به‌شدت بی‌تابی می‌کردم، آرام کند. بالاخره یکی از آنها گفت پاپا حالش خوبست، ولی به شکار رفته بوده و اشتباهاً به خود شلیک کرده. ولی پاپا شکار نمی‌کرد! وقتی پس از چند روز برگشت، از سر شوق و عصبانیت به گریه افتادم. پاپا هرگز نگفت چه اتفاقی برایش افتاده بود (شاید در یک بار بر سر زنی با یک مست دیگر درگیر شده بود) ولی چند هفته بعد روی صحنه رفت و همراه من و با تمام نیرو چند رقص سخت محلی آذری را اجرا کرد. پاپا شکست‌ناپذیر بود و هیچ اتفاقی جلویش را نمی‌گرفت. با وجودی که بخیه‌هایش را تازه برداشته بودند، تند و نرم می‌رقصید، پاهای کشیده و بالاتنهٔ قوی‌اش را حرکت می‌داد و اعتنا به خونی که از محل زخم راه افتاده بود و پانسمان را رنگین کرده بود، نداشت. اجرای برنامه‌های هنری همهٔ زندگی او بود. پاپا بدون صحنه تنها بود و دور از صحنه رنج می‌کشید.

همانطور که موسیقی تاتلیسس بر جانم می‌نشست، بی‌اختیار و به‌شدت به گریه افتادم. نمی‌توانستم جلوی خودم را بگیرم. تازه مرگ پاپا باورم شده بود. پاپای من رفته بود؛ کسی که روزگاری چون کوه پشت من بود؛ کسی که استعداد مرا کشف کرد؛ کسی که مرا با موسیقی آشنا کرد؛ کسی که گوگوش را خلق کرد، و بالاخره کسی که بارها آرزوی مرگش را کرده بودم رفته بود. او هرگز نتوانست از من عذرخواهی کند و من هرگز نتوانستم دست‌هایم را دور گردنش بیندازم و بگویم او را بخشیده‌ام. اشک‌ها و دردهای سالیان دراز از درونم فوران کرده بود.

پاپا تا روزی که با مونس ازدواج کرد، همه چیز من بود: همکارم روی صحنه و

دوست و همراهم خارج از صحنه. اگر فقط یک بار دیده بود که مونس چه بر سر ما می‌آورد؛ اگر من همه چیز را به او گفته بودم؛ اگر عشق مونس او را کور نکرده بود؛ شاید ما هم می‌توانستیم مثل بسیاری از خانواده‌های دیگر، که صبح‌های جمعه از پشت صحنهٔ سینما رویال و از فاصلهٔ دور نگاه‌شان می‌کردم، کنار هم بنشینیم و به فیلم‌های جری لوئیس، نورمن ویزدوم یا جکی گلیسون بخندیم؛ شاید وقتی دبیرستان را به پایان می‌رساندم و به دانشگاه می‌رفتم، او هم به من افتخار می‌کرد؛ شاید من هم در روابطم انتخاب‌های بهتری می‌کردم؛ شاید مادر بهتری برای کامبیز می‌شدم؛ شاید فری را به این زودی از دست نمی‌دادیم؛ شاید فرصت‌هایی برای مرهم گذاردن روی زخم‌های‌مان پیدا می‌کردیم؛ شاید آن زمان که زمین زیر پای همگی خالی شد، پشت به هم می‌دادیم و کنار هم می‌ماندیم؛ شاید هیچ‌یک از ما آن همه تصمیم‌های غلط نمی‌گرفتیم و به‌تدریج خود را نابود نمی‌کردیم؛ شاید!

کاش پاپا را سال‌ها پیش بخشیده بودم. آن‌وقت بخشیدن مونس برایم آسان‌تر می‌شد. او بیمار بود و کارها و رفتارش بیشتر از ما خودش را رنج می‌داد. در خاکسپاری فری به او گفتم که بخشیدمش ولی هرگز کارهایش را فراموش نخواهم کرد. من باید به دلایل مختلف از او سپاسگزار هم می‌بودم. او مرا قوی‌تر کرد. نوسان‌های رفتارش به من فرصت داد تا به موسیقی پناه ببرم. مشت و لگدهای محکم او موجب شد من دردهایم را با خواندن فریاد بزنم. عصبانیت‌های او آتش عشقم را به اجرا و بهتر شدن شعله‌ورتر می‌کرد. او ناخودآگاه مرا برای مقابله با چالش‌های بی‌شماری، که از آن زمان به بعد برایم پیش آمد، آماده کرد. شاید تقدیر او را به زندگی ما آورد؛ شاید بدون این انتخاب‌ها و اشتباهات هرگز گوگوشی به وجود نمی‌آمد.

ترانه که تمام شد، چند نفس عمیق کشیدم و بار دیگر آن را گوش کردم. روی زمین دراز کشیدم و چشمانم را بستم. روزهای خوش و خوبی را به یاد آوردم که در گوشه‌ای از قلبم مدفون کرده بودم: نخستین باری که روی صندلی نشستم و پایهٔ صندلی را روی چانهٔ پاپا دیدم و فکر کردم پاپایم چه مرد قوی و زورمندی است؛ روزی که از روی صندلی به پایین سرازیر شدم و پاپا مرا در میان راه گرفت؛ آن روزی که با هم اپرت کمدی/درام آرشین مالالان را اجرا می‌کردیم و پای او لای درز چوب کف صحنه گیر کرد و من با مکافات جلوی خنده‌ام را گرفتم؛ زمانی که در شیراز برنامه داشتیم و پاپا تصمیم گرفت مرا هم با خود به یکی از روزهای گردشگری‌اش ببرد تا برای نخستین بار تخت جمشید را ببینم؛ آن لودگی‌ها و شوخی‌هایش که

وقتی تاریخ هخامنشی را با لهجهٔ خودش برایم تعریف می‌کرد و مرا می‌خنداند و یکی از بهترین روزهای زندگی‌ام بود؛ تولد شانزده سالگی‌ام و پارتی مجللی شبیه فیلم‌های هالیوودی برایم گرفته بود و اغلب هنرمندان مشهور مورد علاقه‌ام در آن حضور داشتند و پاپا با غرور مرا نگاه می‌کرد؛ اولین باری که کامبیز را دید، لبخند زد و اشک در چشمانش جمع شد و به شوخی گفت: «گربونت برم»؛ و لهجهٔ غلیظ آذری‌اش که عدد شصت و شش را صصست و سش تلفظ می‌کرد؛ یادم آمد وقتی برایش یک نقش کوچک در فیلم «همسفر» جور کردم چقدر خوشحال شد؛ یا آن روزی که پس از بازگشت از بیمارستان، مرا برای یک ناهار دونفره به خانه‌اش دعوت کرد و برایم دلمه پخت چون می‌دانست دلمه یکی از غذاهای مورد علاقه‌ام است؛ یادم آمد که هنگام صرف ناهار به من گفت چقدر دلش برای حضور روی صحنه تنگ شده؛ یادم آمد چقدر احساس من هم با او در همین زمینه یکسان بود، ولی من قادر به پذیرفتن آن نبودم؛ یادم آمد وقتی کودکی نوپا بودم چقدر به من رشوه می‌داد تا با او روی صحنه بروم و با این کار خود ارزنده‌ترین هدیه را پیشکشم کرد: موسیقی.

بی‌شک دلم برایش تنگ خواهد شد. همه درست می‌گفتند: هرگز صابر آتشین دیگری نخواهد آمد. تنها دلخوشی‌ام این بود که آخرین نفس‌هایش را روی صحنه کشید، در کنار مردم و با مردمی که دوستش داشتند. می‌دانستم که او هیچ جای دیگر را به اندازهٔ صحنه دوست نداشت، چون بذر همین عشق را در دل من نیز کاشته بود. هر چند در آن لحظه باورم این بود که من هم دیگر روی صحنه را نخواهم دید، ولی همهٔ عمر برای لحظاتی که میکروفون به‌دست خواندم، قدردان او خواهم ماند.

اشک‌هایم نهایتاً آرام گرفتند. دستگاه کاست در حال پخش ترانه بود که همان‌جا روی زمین خوابم برد.

برای برگزاری روز هفتم، برای سی نفر حلوا و شیرینی و چای تدارک دیده بودم، برای همان تعدادی که در خاکسپاری حضور داشتند. ولی بسیاری از هنرمندان و پیشکسوتان صحنهٔ هنر به میل خودشان و برای ادای احترام به صابر آتشین به خانه‌ام آمدند. هنرپیشگان، خوانندگان، آهنگسازان، شخصیت‌های رادیویی و تهیه‌کنندگان فیلم، از جمله پوری بنایی، فردین، مرضیه، جبلی، علی تابش، شاهرخ نادری، علی عباسی، مهدی سهیلی، دلکش، منوچهر نوذری و مهدی مصیبی.

این حضور برای قدردانی از هم‌قبیلهٔ خودشان می‌توانست برای برخی از آنان

مشکل‌زا باشد، ولی مانع آمدن‌شان نشد. مطمئن بودم پاپا داشت از آن بالا، لبخند بر لب، با همان چشمانی که همیشه برق شادی می‌زد، به آنها نگاه می‌کرد.

تا دیدار بعدی پاپا، قربونت برم. امیدوارم در جایگاه تازه‌ات، در نهایت آرامش روی صحنه بدرخشی.

فصل ۱۷

نوروز

اول فروردین ۱۳۶۷

بخار سبزی پلوی توی سینی نقره مرا به سوی خود می‌خواند. این اولین سبزی پلو ماهی نوروزی بود که بعد از فوت پاپا می‌خوردم. عطر شوید و گشنیز و سیر تازهٔ پلو همراه با بوی ماهی سفید سرخ‌شده در روغن و زعفران بزاقم را تحریک کرده بود و امانم نبود خود را سر میز برسانم. مریم و حسین خرازی شب قبل تلفنی مطمئن شده بودند که برای صرف ناهارِ دیر حتماً به منزل‌شان می‌رویم. تعدادی از مهمانان، به این بهانه که با بچه‌ها و خانواده از تهران خارج خواهند شد، همان شب از آمدن انصراف داده بودند، مثل یک سوم جمعیت تهران و جای گله نبود. من و همایون و سه مهمان دیگر تصمیم گرفته بودیم در تهران بمانیم. در راه خانهٔ میزبان، احساس می‌کردیم کسی جز ما در شهر نمانده است. خیابان‌ها خلوت و همه جا ساکت و آرام بود. برخلاف سالیان پیش که ساکنان تهران برای مقابله با رژیمی که مخالف هر نوع شادی و جشن بود، برای تدارک نوروز به خیابان‌ها می‌ریختند، به‌ویژه اگر سابقهٔ تاریخی داشت و به دوران پیش از اسلام می‌رسید. ولی امسال نه نشانی از آتش چهارشنبه‌سوری بود، نه از سفرهٔ هفت‌سین و نه برنامه‌ای برای سیزده‌بدری که از راه می‌رسید.

هیچ کس نمی‌توانست بمباران سال قبل ارتش صدام را فراموش کند، آن هم روی

سر ساکنان شهرهای بزرگ، که هنگام سال تحویل با دوستان و اقوام در خانه‌های خود گرد هم آمده بودند. هفت سال از جنگ ایران و عراق گذشته بود که حاصل آن هزاران کشتهٔ غیرنظامی در دو سوی مرز شد. برخی رقم کشته‌شدگان را چندین صد هزارتن تخمین می‌زدند، به علاوهٔ چندین برابر مجروح و معلول. با هر که صحبت می‌کردی کس یا کسانی را می‌شناخت که شهید یا معلول و زخمی شده بودند.

تا این تاریخ، مرگ دو بار از بغل گوشم رد شده بود. اولین بار بهمن ۱۳۶۲، که من و همایون برای دیدار دوستان‌مان و نوزادشان به خانهٔ آنها در خیابان ظفر رفته بودیم. بیست دقیقه‌ای از برگشت ما به خانهٔ ولنجک نگذشته بود که در و پنجره‌ها به شدت لرزیدند. اول فکر کردیم زلزله آمده. از قرار نخستین بمب عراقی در حوالی خانهٔ آنها افتاده بود. پنجرهٔ اتاق خواب نوزادشان خورد شده بود و تکه‌های شیشه درون اتاق ریخته بود. خدا را شکر که بچه فقط چند زخم سطحی برداشته بود! بعدها شنیدیم که یک ساختمان با فاصلهٔ کمی از آپارتمان آنها، روبه‌روی بیمارستان کودکان علی‌اصغر، در اثر اصابت بمب به کلی نابود شده بود. این همان ساختمانی بود که دوستان نزدیک دیگرمان، زهره و جمشید، قبلاً در آن زندگی می‌کردند و با فشار صاحب‌خانه، آنجا را تخلیه کرده بودند تا پسر تازه‌داماد مالک همراه با عروسش به آنجا نقل مکان کنند. من و همایون ساعات بی‌شماری در آن خانه بودیم. زهره چند هفته‌ای نک و نال می‌کرد که چقدر خانهٔ جدید پیدا کردن و اسباب‌کشی برایش سخت بود. هر چه تاریخ خالی کردن خانه نزدیک‌تر می‌شد، فشار و آزار مالک بیشتر کلافه‌اش می‌کرد. مالک خانه، همسر، پسر و نوعروس جوان زیر آوار خرابی‌های آن روز کشته شدند.

بار دوم ماه گذشته بود که با مریم و حسین برای اسکی به دیزین رفته بودیم. در پی آخرین حملات هوایی، چندتن از دوستان پیشنهاد کردند برای یک روز از شهر دور شویم. نخست دعوت را رد کردم چون تصمیم داشتم ساعاتی از همایون و مادرش دور باشم و به خانه‌ام در ولنجک سر بزنم، کمی نظافت کنم، درخت و گل‌ها را آب بدهم، کتابی بخوانم و به نامه‌های صندوق پست رسیدگی کنم. ولی با اصرار دوستان قبول کردم. پس از سال‌ها و برای نخستین بار، وقتی از سراشیبی پیست با اسکی پایین می‌آمدم، احساس کردم زنده‌ام. کمردردم را حس نمی‌کردم، به همایون یا مادرشوهرم فکر نمی‌کردم. جنگ را هم فراموش کرده بودم. زندگی عادی در جریان بود. پاسدارها هم، سوار بر خودروهای برف‌روب، پیست‌ها را

نگهبانی می‌کردند که مبادا یکی از زنان اسکی‌باز لباس نامناسب یا تنگ بر تن داشته باشد. البته جنگ را تا وقتی از یاد بردم که با دوستی برخورد کردیم و او با لحنی عادی خبر داد بعضی از مناطق شمال تهران از جمله ولنجک را زده‌اند. دیر وقت شب، پس از بازگشت، دیدم خانه‌ام آسیب زیادی ندیده، فقط مقداری خورده سنگ و شیشه در حیاط ریخته بود و در ورودی و یکی از پنجره‌ها در اثر فشار امواج انفجار به طرف بیرون کج شده بودند. صدمات انفجار در پشت خانه بیشتر از جلوی آن بود. اغلب شیشهٔ پنجره‌ها شکسته شده بودند.

مثل بسیاری از اطرافیانم، یاد گرفته بودم به همهٔ این اتفاقات بی‌اعتنا شوم. شاید، وقتی مرتب روی طناب باریک بین زندگی و مرگ بندبازی می‌کنی، بی‌اعتنایی می‌تواند ترفندی برای بقا باشد. در اعماق وجودم ایمان داشتم خدا هوایم را دارد و هر بار جانم را نجات می‌دهد، اما دلیلش برایم روشن نبود. چرا وقتی این همه انسان کشته شدند، من نجات پیدا کردم؟ هشت سال ماندنم در ایران به چه دردی می‌خورد؟ شاید سرنوشتم این بود که زنده بمانم و با زندگی در این برزخ ابدی، چنین روزهایی را تجربه کنم. شاید هم روزی می‌رسید که بدن بی‌جانم مانند بسیاری دیگر از زیر آوار بیرون کشیده شود. همهٔ ما می‌دانستیم که هر لحظه ممکن است نوبت ما هم برسد، حتی هم اکنون که دور این میز در خانهٔ خرازی‌ها با میزبانان و سه مهمان دیگر نشسته بودیم و تلاش می‌کردیم نوروز را در میان این همه اضطراب جشن بگیریم. بخشی از وجودم با این وضعیت کنار آمده بود. هرچند دیگر مثل قبل از انقلاب، مذهبی نبودم، اما همچنان به خدا و ارادهٔ الهی که زندگی هر یک از ما را هدایت می‌کند، ایمان داشتم.

اولین لقمه را که در دهان گذاشتم به مریم گفتم: «اوه!! راستی خیلی خوشمزه‌اس!»

علیرضا، یکی دیگر از مهمانان، اضافه کرد: «به‌به! راستی محشره! بعد از خوردن این، من میتونم با خیال راحت برم اون دنیا.»

روشنک، زن علیرضا گفت: «راست میگه مریم جون، محشره!»

مریم با نارضایتی، بخشی از موهای مرتب و منظمش را به پشت گوش برد و جواب داد: «نه بابا! ماهی زیادی پخته!»

علیرضا سریع پرید وسط که: «این یه موقعیت استثناییه! اگر امروز آخرزمان باشه، همه‌مون در حالی میریم که یه غذای فوق‌العاده خوردیم، اونم با دوستای نازنین...»

فریفته، یکی دیگر از دوستان مریم و حسین، بر خلاف همیشه که شاد و خندان بود، ناگهان برآشفت و گفت: «علیرضا چرا با همچی فاجعه‌ای شوخی می‌کنی؟»

روشنک مادرانه دستی به پشت او کشید و گفت: «فریفته، بهش گوش نکن»

علیرضا با پوزخند جواب داد: «من فقط میگم همه چی عالیه. مریم جون برامون این همه تدارک دیده، داریم با دوستای درجهٔ یک به موسیقی عالی گوش می‌کنیم. خداییش! با گوگوش جون نشستیم. حالا اگه بدترین اتفاقم بیفته، می‌دونی چه تیترایی تو روزنامه‌ها چاپ میشه؟ اصابت یک موشک عراقی گوگوش و دوستانش را کشت! شنیدی! دوستانش؟ ماییم دیگه! مشاهیرالشهدا!» و غش‌غش زد زیر خنده.

رسانه‌های دولتی همهٔ کشته‌شدگان غیرنظامی را شهدای انقلاب اسلامی اعلام می‌کردند و در لیست قربانیان شرافتمند مورد ستایش قرار می‌دادند. رژیم این فجایع را خوراک تبلیغاتی کرده بود، از هر فقدان بی‌معنی برای برانگیختن احساسات ملی‌گرایانه سود می‌برد و جنگ با عراق را یک مبارزهٔ مقدس بزرگ جلوه می‌داد. شاید این روش در ابتدا مؤثر بود، اما هشت سال بعد، این تیترها اغلب با خشم و ناامیدی مردم مواجه می‌شد، زیرا با هر ضربهٔ تازه امید به صلح در آیندهٔ نزدیک از بین می‌رفت. دیگر هیچ‌کس به این جنگ که بی‌محابا جان‌ها، خانواده‌ها و خانه‌های بسیاری را نابود کرده بود، ایمان نداشت. نمی‌شد کسی این ویرانی‌ها را، که یادآور وعده‌های پوچ رژیم بود، ببیند و نفرت سراسر وجودش را نگیرد.

همه خندیدیم. حتی فریفته هم اخمش را باز کرد.

من هم با خنده گفتم: «علیرضا، راستی دیوونه شدی!»

ولی مرگ بخشی از زندگی روزمرهٔ ما شده بود، تا حدی که شوخی کردن با آن آسان می‌نمود.

همایون پرید وسط و با خنده‌ای تمسخرآمیز گفت: «هه‌هه! علیرضا خیلی خوش‌خیالی! حتماً اون زیر میرا می‌نویسن گوگوش همراه با شوهرش شهید شد. اینو به من مدیونند، منی که تموم این سالها از بغلش تکون نخوردم!»

حسین بلافاصله و قبل از این که بقیه عکس‌العملی عصبی نشان دهند، گفت: «نه بابا! اشکم برات در اومد! تمام این سالها؟! کنار گوگوش؟! بیچاره همایون!!!»

هر دو با هم خندیدند.

لبخندی مصنوعی زدم، درد سیاتیک از نو شروع شده بود.

حسین موضوع را عوض کرد. می‌خواستم بحث را دنبال کنم، ولی مغزم بین درد

و دو صدای درونی‌ام که با هم بگومگو داشتند گیر کرده بود.

راست میگه. همهٔ این سال‌ها چسبیده بود به من...

کسی مجبورش نکرده بود بمونه!

این دو صدای درونی از هشت سال پیش، وقتی آن زیرزمین کذایی را ترک کردم، راه‌شان از هم جدا شده بود. از یک سو فائقه و از سوی دیگر گوگوش. دیوانه نشده بودم. می‌دانستم هر دو خود من هستند. ولی برخی اوقات احساس می‌کردم شبیه یکی از این شخصیت‌های کارتونی شده‌ام و شاهد آتش‌افروزی دو موجود ریزنقشی بودم که هرکدام روی یک شانه‌ام نشسته بود. فائقه می‌خواست گوگوش و شهرتش را در مقابل دنیای خارج محافظت کند و گوگوش توقع داشت فائقه مراقب خودش باشد. هر دو حق داشتند.

می‌دانستم زندگی در سایهٔ گوگوش برای همایون آسان نبود. اما زندگی با او هم برای من آسان نبود. هیچ‌کس نمی‌دانست قبل از نقل مکان به خانهٔ مادرشوهرم، او تحت تأثیر استفاده از فری‌بیس کوکائین، یک حملهٔ خشونت‌آمیز دیگر را تجربه کرده بود. آن روز نفهمیدم وقتی دچار توهم شده بود، دقیقاً چه دید که شروع به بحث و درگیری با شوهر خواهرش، موسی، کرد. وقتی سعی کردم، تا دعوا به زد و خورد نرسیده، مداخله کنم، همایون در وسط دعوا مرا از پله‌ها به پایین پرت کرد.

منصور خان، نگهبان پیر و مهربان کوچهٔ ما، به‌سرعت مرا به بیمارستان رساند. به همه گفتم در اثر لغزش پایم از پله افتاده‌ام و دنده‌هایم شکسته است. نمی‌توانستم واقعیت را بگویم. می‌دانستم همه خواهند گفت رهایش کنم، ولی من هنوز برای این اقدام آمادگی نداشتم. همچنان که برای تنها شدن آمادگی نداشتم.

از خوردن که دست کشیدیم، برای چای و سیگار بعد از غذا، به اتاق نشیمن رفتیم تا به موسیقی بلندی که در آنجا پخش می‌شد گوش کنیم. آن روزها، شهرها چنان زیر بمباران سنگین بودند که کسی نگران پاسدارها و مأموران منکرات نبود. وقتی مریم از حسین خواست کمی موسیقی پخش کند، حسین به طرف دستگاه استریوی نقره‌ای خود پرید تا دست کسی به آن و حتی پیچ صدایش نخورد. حق داشت. این دستگاه سوئیسی قاچاق را جدیداً و خیلی گران خریده بود. تا حسین کاست ترانهٔ "Smooth Operator" شَده (Sade) را گذاشت، بی‌اختیار شروع به زمزمهٔ آن کردم. مریم اصرار کرد یک ترانه بخوانم، بقیه هم دنبالش را گرفتند و وسوسه را ادامه دادند. همایون اما، با وسواس و احتیاط سرگرم پاک کردن خورده‌نان‌هایی

شد که روی شلوار جین پاره‌اش ریخته بود. بعد بدون اینکه سرش را بلند کند پرسید: «چرا "زمستان" رو نمی‌خونی؟»

هیچ‌کس دیگر جز شُلی و زنش گیتی، که در پی خرابی اوضاع و ممنوع‌الصدا بودن، به خارج مهاجرت کرده بودند، نمی‌دانست همایون چه می‌گوید. قول دادم وقتی ترانه به پایان برسد، خواهم خواند. حسین همچنان کنار دستگاه استریو به حالت آماده‌باش ماند تا با اشارهٔ من، دستگاه را خاموش کند.

به صدای زیبایی که در فضا پخش می‌شد، گوش می‌دادم و یاد سال‌های اول جنگ افتادم و شب‌هایی که تا طلوع آفتاب در آپارتمان زیرزمینی شُلی و گیتی می‌گذراندیم. شُلی خوانندهٔ پاپ و نوازنده بود و به خاطر ریتم‌های افغانی که در موسیقی‌اش به کار می‌برد، هواخواهان زیادی داشت. سال‌ها پیش او را سر ضبط برنامه‌های تلویزیونی دیده بودم. شُلی آهنگ تک آلبوم «ما به هم نمی‌رسیم» را ساخته بود. همان آهنگی که اشعارش از آن مسعود فردمنش بود، ترانه‌سُرایی که بعداً فرماندهٔ سپاه انقلاب در فرودگاه شد. شُلی نیز پس از انقلاب، مثل من و بقیه همکارانم، ممنوع‌الکار شد و شغلش را از دست داد.

مدت پنج یا شش سال، در آن چاردیواری، تنها جایی که می‌توانستیم بدون ترس از شکایت همسایگان ناراضی به کمیته، همه نوع موسیقی گوش می‌دادیم: از سنتی گرفته تا پاپ و راک و عرفانی. وقتی به همهٔ کاست‌ها گوش می‌کردیم، با هم ترانه‌هایی می‌خواندیم که یادآور روزهای گرم و خوش گذشته در ساحل دریای خزر بود. اشعار متقدمانی چون مولوی و رودکی یا معاصرانی چون سهراب سپهری و اخوان‌ثالث را دکلمه می‌کردیم و همراه با آن کلمات موزون، غم درون خود را ابراز می‌کردیم و اشک می‌ریختیم.

یکی از همین شب‌ها که شُلی با هارمونیوم خود نوایی تازه کوک کرده بود، یکی از ما برای چندمین بار با دکلمهٔ شعر «زمستان» اخوان‌ثالث او را همراهی کرد و از «هوا بس ناجوانمردانه سرد است» و «سرها در گریبان» و «سلامت را نمی‌خواهند پاسخ گفت» خواند، همگی احوالات خود را در تک‌تک این کلمات یافتیم. گویی این شعر نه برای سی سال پیش که برای همین روزها سروده شده بود. من که از همان ابتدا شیفتهٔ ملودی ساختهٔ شُلی شده بودم، بلافاصله و با صدای یواش شروع به خواندن کردم، درست همان‌گونه که در زیرزمین منزل دکتر مصباح‌زاده همراه با مرجان برای زنان زندانی می‌خواندیم. خواندن این ترانه همیشه حالم را بهتر می‌کرد.

کم‌کم شعر «زمستان» سرود گردهمایی ما شد. شُلی هر بار تأکید می‌کرد که بالاخره یک روز آن را با هم ضبط خواهیم کرد و من هر بار از سر ناامیدی لبخندی می‌زدم به این معنی که چنین اتفاقی هرگز نخواهد افتاد، مخصوصاً برای گوگوش.

تا حدود سال ۱۳۶۵، از حلقهٔ دوستان قدیمی‌ام، فقط شُلی و همسرش برایم باقی مانده بودند. مریم را از طریق همایون شناختم. بقیهٔ دوستانم، از نزدیک‌ترین تا دورترین‌شان، ظرف یکی دو سال پس از انقلاب، از ایران فرار کردند و به اروپا یا آمریکای شمالی رفتند. همهٔ آنها مانند من به دلیل تعلق به جامعهٔ هنری، ارتباط با رژیم سابق یا موفقیت در تجارت، ممنوع الخروج بودند. بسیاری از شرکت‌ها و اموال، مانند خانه‌های متروکه، به نام «صندوق شهدا» مصادره شدند، هرچند بسیاری از خانواده‌های شهدا حتی یک ریال هم از آن صندوق دریافت نکردند.

بسیارانی هم، چه ثروتمند و چه فقیر، مثل محمود و کامبیز، با کمی پول برای مخارج یک سفر خطرناک، پای پیاده از طریق مرز ترکیه فرار کردند. عده‌ای، از جمله کارمندان ارشد شرکت هواپیمایی ملی، توانستند با پارتی‌بازی از خط بازرسی فرودگاه عبور کنند و سوار بر پروازهای بین‌المللی از کشور خارج شوند. با گذشت زمان، متوجه شدم که بسیاری فقط با لباس‌های تن‌شان کشور را ترک کردند و خانه و زندگی و اموال گران‌بها، از جمله آلبوم‌های عکس خانوادگی را وانهادند و با دلی اندوهگین، حیوانات خانگی خود را نیز پشت سر گذاشتند. چهار سال قبل، وقتی شُلی و همسرش به من گفتند که قصد دارند کشور را ترک کنند، هم‌زمان خوشحال و دل‌شکسته شدم؛ خوشحال که می‌توانستند به امید و آرزوی خود برای زندگی بهتر در یک کشور آزاد برسند، اما دل‌شکسته از این که از آنها دور می‌شدم. هر بار که کسی از نزدیکانم می‌رفت، همین احساس را داشتم. این فکر که شاید دیگر آنها را نبینم، قلبم را به درد می‌آورد. تنها راهی که می‌توانستم با این جدایی‌ها کنار بیایم این بود که به خودم بگویم اگر درگذشته بودند، چگونه با این حقیقت کنار می‌آمدم.

وقتی حسین دستگاه استریو را متوقف کرد، چشمانم را بستم و شروع به خواندن کردم. همهٔ کلمات شعر را با تمام وجود احساس می‌کردم، انگار با تک‌تک سلول‌های بدنم گره خورده بودند. ترانه برای من همواره مرکبی بود تا در لحظهٔ اجرا، از خود بی‌خود، همهٔ وجودم کلام شود.

به پایان ترانه که رسیدم، همایون خاکستر سیگارش را در زیرسیگاری تکان داد و گفت: «جی‌جی، (این‌گونه مرا صدا می‌کرد) تصور کن ارکستر داره آهنگ این ترانه

رو می‌زنه و تو داری وارد صحنه میشی. فکرشو بکن! تا شروع به خوندنش بکنی، مردم چه قیامتی راه بندازن...»

خوشم نمی‌آمد در این بازی شرکت کنم. خیلی دردناک بود. اغلب پاسخی در این مایه می‌دادم که: «گوگوش کاری را که باید انجام می‌داد، انجام داد، کارش را کرد، ترانه‌هایش را خواند. اگر کسی می‌خواهد ترانه‌های من را بشنود، می‌تواند به صفحات قدیمی‌ام گوش دهد.»

فریفته از جا بلند شد و گفت: «من باید برم، مامان تنهاس!»

فریفته با مادر پیرش در خیابان فرمانیه زندگی می‌کرد، در همان ساختمانی که پری و مظفر زندگی می‌کردند. ولی آنها به آمریکا رفته بودند تا با دخترشان زندگی کنند.

علیرضا گفت: «نگران نباش، امروز نمی‌زنن.»

فریفته با حالتی عصبی گفت: «از کجا می‌دونی؟»

علیرضا جواب داد: «اینا همش جنگ روانیه! وقتی که اصلاً انتظارشو نداریم حمله می‌کنن.»

حسین زیر لب گفت: «آخه چند نفر دیگه باید بمیرن تا این لعنتی رو امضا کنن؟!»

او به قطعنامهٔ ۵۹۸ شورای امنیت سازمان ملل اشاره می‌کرد که سال گذشته، در ۲۰ ژوئیه ۱۹۸۷ (۲۹ تیر ۱۳۶۶)، تصویب شده بود و خواستار آتش‌بس فوری بین ایران و عراق و بازگشت به مرزهای پیش از جنگ بود. خدا می‌دانست چند جان بی‌گناه دیگر باید فدای این جنگ بی‌معنی بشوند. به نظر نمی‌رسید هیچ‌کدام از رهبران آمادهٔ امضای این قطعنامه باشند.

همایون اظهار نظر کرد که: «اگه فقط دست از سر این ”جهاد مقدس“ بازیشون وردارن!» و از نو سکوت اتاق را در برگرفت.

ما کمی بعد از فریفته آنجا را ترک کردیم. همایون نیز نگران مادرش بود و تا رسیدیم به سراغ او رفت. ولی من یک‌راست به طبقهٔ بالا رفتم. اوایل زندگی در خانهٔ مادرشوهرم برایم بد نبود چون آپارتمان‌های جداگانه‌ای داشتیم؛ او در آپارتمان طبقهٔ زیرین ما زندگی می‌کرد. سعی می‌کردم کمک او باشم. برایش خرید می‌کردم، غذا می‌پختم و خانه‌اش را تمیز می‌کردم، حتی سعی می‌کردم با او گفت‌وگو کنم. اما بی‌نتیجه بود. از همان روز اول هم سعی نکرد احساساتش را نسبت به من پنهان

کند. در نتیجه من هم ترجیح دادم، آن‌گونه که خودش خواسته بود، فاصله را حفظ کنم. پاکت‌های خرید را پشت درش می‌گذاشتم و به طبقهٔ بالا می‌رفتم. تنها حرفی که بین ما رد و بدل می‌شد دربارهٔ همایون بود. بعضی روزها مرا از پایین صدا می‌زد و بدون اینکه نگاهم کند، یک بشقاب غذا به دستم می‌داد و می‌گفت: «اینو برای همایون درست کردم، بهش بگو من گفتم حتماً بخوره.»

یاد گرفته بودم به این کارهای او اهمیتی ندهم. ولی رفتار پسرش برایم مهم بود. همایون در این خانه بیشتر حساس شده بود. از همه کارم ایراد می‌گرفت، مخصوصاً اگر کمترین صدایی می‌کردم. می‌گفت: «با کفش تو خونه راه نرو، مامان اذیت میشه.» شب‌ها مجبورم می‌کرد فلاش توالت را نزنم چون «صداش مامانو می‌ترسونه.» تمام مدت پابرهنه و روی نوک پا راه می‌رفتم. ولی وقتی همایون در خانهٔ من بود، به او آزادی کامل داده بودم که هر کار دوست دارد بکند.

هرچند من مادر سخت‌گیر و گاهی اوقات بداخلاقی برای کامبیز بودم، ولی وقتی همایون از دست کامبیز ناراحت می‌شد و به او بی‌احترامی می‌کرد، اصلاً برایم قابل قبول نبود. هرگز به او چیزی نمی‌گفتم و شکایتی هم نمی‌کردم که چرا هیچ تلاشی نمی‌کند تا کامبیز در خانهٔ خودش راحت باشد. از این رفتار همایون دلخور بودم و هر بار که با کامبیز تلفنی صحبت می‌کردم، این احساس از نو در من زنده می‌شد. سه سال بود که کامبیز را ندیده بودم، و خیلی دلم برایش تنگ شده بود. نوزده ساله شده بود، همچنان با پدرش در استانبول زندگی می‌کرد و به عنوان راهنما برای ایرانیانی که به ترکیه فرار می‌کردند، تا راهی برای مهاجرت به آمریکا پیدا کنند، کار می‌کرد.

در همهٔ این سال‌ها به همایون هیچ نمی‌گفتم، چون می‌ترسیدم مرا ترک کند. از تنها بودن نمی‌ترسیدم، اما حضورش به من اطمینان می‌داد، مخصوصاً که مأموران کمیته مرتب به در خانه‌ام می‌آمدند. احتمالاً همایون هم در عمق وجودش می‌دانست که من او را برای محافظت نگه‌داشته‌ام. هر دو داشتیم به‌تدریج و از نظر عاطفی از یکدیگر دور می‌شدیم.

از دیدن همایون که روی زمین اتاق خواب جلوی منقل ولو شده بود، تعجب کردم. صدای آمدنش به اتاق را نشنیده بودم، گوشی‌های واکمن را گذاشته بودم و به موسیقی گوش می‌کردم. عاشق واکمن بودم چون به من اجازه می‌داد، دور از خانه و دور از همهٔ حرف‌های بی‌معنی، در دنیای خود غرق شوم. بسیار قدردان مژده راسخ

(دختر دکتر مهری راسخ) بودم که این هدیه را از سوئیس برایم فرستاده بود. او آن کت اسکی را، که روز رفتن به دیزین تن کرده بودم، همراه با چندین جفت جوراب و لباس زیر برایم فرستاده بود. از او و سایر دوستانم خیلی سپاسگزار بودم که توسط آشنایان یا اقوامی که به ایران سفر می‌کردند، برایم لباس نو و کاست می‌فرستادند. به ادارهٔ پست اعتمادی نبود چون کتاب‌ها، نوارها و کاست‌های موسیقی را مصادره می‌کردند. تنها راهی که برای سپاسگزاری از مژده داشتم بافتن دو ژاکت پشمی بود.

همه می‌دانستند وضع مالی ما تا چه حد بد بود. همه می‌دانستند زندگی کردن با ماهی بیست هزار تومان (معادل ۱۷۷ دلار آن زمان) چه کار مشکلی بود. خیلی زود فهمیدم که کار کردن من تقریباً غیرممکن است. فقط چند بار دست به کاری در رشتهٔ مد و لباس زدم که ناچار، بعد از دست و پا زدن‌های فراوان و درگیری‌های متعدد، رهایش کردم. بعد از همکاری با چند طراح مشهور، استخدام خیاط و مانکن و برگزاری سه شوی خصوصی لباس در سه فصل و تحمل مخارج سنگین، تازه متوجه شدم خانم‌ها برای دیدن گوگوش می‌آمدند نه برای خرید لباس. در هر شو فقط مخارجم را درآوردم. در نتیجه عطای کار را به لقایش بخشیدم.

هرچند بسیاری می‌دانستند که من و همایون کار نمی‌کردیم، ولی اغلب نمی‌دانستند تریاک می‌کشیدیم. دوستانی هم که در خارج زندگی می‌کردند نمی‌دانستند که بعد از انقلاب و چند سال جنگ، کشیدن تریاک داخل خانه‌ها بسیار رایج شده بود. مادر همایون با تمسخر می‌گفت که قبل از انقلاب تریاک را در خفا می‌کشیدند و رقص را در انظار انجام می‌دادند و بعد از انقلاب قضیه وارونه شده بود.

همایون در حال دود کردن سومین یا چهارمین پُک تریاکش بود، و من لابه‌لای صفحات مجله دنبال جدول می‌گشتم، که صدای آژیر بلند شد. قلبم به طپش افتاد و خودم را به‌سرعت روی زمین کنار همایون و دور از پنجره انداختم.

من و همایون، برخلاف دستور اکید دولت، از خیلی وقت پیش رفتن به زیرزمین را وانهاده بودیم. چه فایده‌ای داشت؟ زیرزمین ساختمان‌های تهران که برای استفاده به عنوان پناهگاه ساخته نشده بودند. اگر بمبی به ساختمانی می‌خورد، آوار بر سر همهٔ آنهایی که در زیرزمین پناه گرفته بودند، می‌ریخت و در همان‌جا مدفون می‌شدند.

دقایقی بعد بجای صدای بلند آژیر، صدای انفجار وحشتناکی هر دوی ما

و همهٔ اتاق را سخت تکان داد. یکی دو دقیقه به همان حالت جنینی روی زمین ماندیم. همایون مرا سخت در آغوش گرفت و منتظر انفجار بعدی ماندیم. تا مطمئن شدیم خبری نخواهد شد، از جا پریدیم و با سرعت به طبقهٔ پایین رفتیم که از حال مادرشوهرم مطلع شویم. خوشبختانه، حالش خوب بود ولی از ترس مات شده بود. فوری گوشی را برداشتم و بدون یک لحظه فکر، به فریفته زنگ زدم. معمولاً در چنین مواردی نخست به ماما تلفن می‌کردم. ولی ماما به لُس‌آنجلس رفته بود تا با رویا و ژوزف باشد. آنها امکانات بهتری برای پرستاری از او پس از عمل قلب بازش را داشتند. باید صدای فریفته را می‌شنیدم، هرچند چندان به او نزدیک نبودم.

تا فریفته گوشی را برداشت، پرسیدم: «شماها خوبین؟»

فریفته با لحنی آمیخته به ترس سه بار فریاد زد: «ما رو زدن! ما رو زدن! ما رو زدن!» و تلفن را قطع کرد.

من و همایون درون اتومبیل نشستیم و چنان با سرعت به سوی خانهٔ آنها در خیابان فرمانیه راندیم، که قبل از آمبولانس‌ها و پاسدارها رسیدیم. سرتاسر خیابان را دودی غلیظ فرا گرفته بود. همهٔ ساختمان‌ها به گونه‌ای صدمه دیده بودند. مردم اطراف به آنجا ریخته بودند، مبهوت در مقابل خرابه‌ها ایستاده بودند و نمی‌دانستند چه کنند یا از کجا شروع کنند. تعدادی مصدوم خون‌آلود بی‌توجه به آنچه سرشان آمده بود، اسامی گمشده‌های خود را فریاد می‌زدند. فریفته و مادرش هم پریشان‌احوال جلوی خانه ایستاده بودند.

بدن فریفته می‌لرزید. زبانش به سختی در دهان می‌چرخید، ولی تعریف کرد که وقتی صدای آژیر بلند شد، با مادرش به گوشه‌ای از راهروی خانه و دور از پنجره پناه بردند. شیشهٔ پنجره‌های خانه‌اش همه خورد شده بودند و سقف ایوان هم ریخته بود. برخلاف همسایه‌های بغلی که بدنی خون‌آلود داشتند، فریفته و مادرش ظاهراً صدمهٔ فیزیکی نخورده بودند. اعضای بدن تکه‌تکه شدهٔ حیوانات مختلف کف خیابان را پوشانده بود. از قرار بمب نزدیک یک قطعه زمین خالی افتاده بود که صاحبش در آنجا گوسفند و مرغ نگهداری می‌کرد. حیوانات بیچاره هم بهای این جنگ بی‌معنی را با جان خود پرداخته بودند.

خبر رسید که بمب روی یک ساختمان سه‌طبقه، که پشت خانهٔ فریفته و آن‌سوی کوچهٔ باریک پشتی قرار داشت، افتاده و همهٔ ساکنانش غیر از یک نفر کشته شده‌اند. می‌گفتند پدر خانواده هفتهٔ قبل یک اتوبوس کرایه کرده بود تا همسر،

همهٔ فرزندان و عروس و داماد و نوه‌ها و والدین خودش و همسرش را از تهران به شهر امنی ببرد. ولی هرگز معلوم نشد چرا تصمیم گرفتند سفر را یک هفته به تأخیر بیندازند. وقتی صدای آژیرها بلند شده بود، همه به استثنای پسر بزرگ خانواده به زیرزمین می‌روند. از قرار او که از این فرارها و پناه گرفتن‌ها کلافه شده بود، اعلام می‌کند که دیگر به زیرزمین نمی‌رود و ترجیح می‌دهد همان‌جا روی تختش بمیرد.

وقتی موشک به ساختمان اصابت کرد، پسر جوان از اتاقش به خارج پرت شد ولی علیرغم زخم‌هایی که برداشته بود، معجزه‌آسا جان به‌در برد، ولی تمام افراد خانواده‌اش و تمام دنیایش را از دست داده بود.

فریفته و مادرش را ترک کردیم و با اتومبیل از مقابل ساختمان خراب شده رد شدیم. پسرک روی خرابه‌ها افتاده بود، زار می‌زد و با فریادهای جگرخراش می‌گفت: «من می‌خواسم بمیرم نه اونا، من قرار بود بمیرم نه اونا، خداااااا چرا!!!!؟ چرا اونا!!!!؟ میگی من چیکار کنم حالا!!!!؟» و همسایه‌ها سعی می‌کردند آرامش کنند.

چرا اونا؟ چرا من نه ؟

فصل ۱۸

یک نامه

اردیبهشت ۱۳۶۷

برگ‌های ریخته و حشرات مرده بی‌اعتنا به عطر شکوفه‌های گل سرخ، در گودی ته استخر دور هم می‌چرخیدند و من داشتم ترجمهٔ کتاب پرفروش لوئیز هی «بدنتان را بهبود ببخشید Heal your Body» را می‌خواندم. تازگی‌ها از خواندن بی‌وقفهٔ کتاب‌های تاریخی دست کشیده بودم و به کتاب‌هایی که به شناخت روان انسان می‌پرداختند جلب شده بودم، از کتاب روانشناسی کودکان گرفته تا سخنان بودا. این کتاب را یک بار دیگر خوانده بودم و آگاهی از ارتباط نزدیک جسم و روان و این نظریه که افکار ناسالم یا فشار زیاد روانی می‌توانند منشأ بیماری‌های گوناگون جسمی شوند، برایم جذاب شده بود. امیدوار بودم که با افکار مثبت و تلقین درست بتوانم از درد مزمن و آزاردهندهٔ کمر و میگرنم بکاهم. اولین بار، پس از پایان کتاب حس کردم دردم کمتر شده، ولی در حال حاضر، که روی موکت قهوه‌ای رنگ کف اتاق نشیمن ولنجک چمباتمه زده بودم و سعی می‌کردم افکارم را متمرکز کنم، همان سوزش دردآور از بالای ران به پایین پای چپم می‌زد، درست مثل هشت سال پیش در آن زیرزمین لعنتی. هنوز و پس از دیدن منظرهٔ فریاد آن پسر جوان روی آواری که همهٔ خانواده‌اش را در خود بلعیده بود، هیچ دارو و معالجه‌ای درد سیاتیک را آرام نمی‌کرد، نه تلقین مثبت، نه داروی ضد درد و نه حتی چند پُک بیشتر به وافور به

همایون، هیچ‌کدام چاره‌ساز نبودند. تا مدت‌ها نمی‌توانستم فکر پسرک را از صفحهٔ مغزم پاک کنم.

بینوا در یک چشم به هم زدن همهٔ افراد خانواده‌اش را از دست داده بود. دیگر آغوش گرم مادر را نداشت تا به آن پناه ببرد، پدری نبود که دستی از مهر روی شانه‌اش بگذارد، خواهر و برادری نبودند که با هم شوخی و خنده و دعوا کنند. وقتی او فریاد زد «چرا آنها؟ چرا من نه؟!». درماندگی و سردرگمی‌اش را احساس کردم. مدت‌ها بود که همین سؤال را از خودم می‌پرسیدم. چرا جان من دو بار نجات یافته بود؟ چرا آنها؟ چرا من نه؟

چرا خدا مرا نجات داده بود؟ نزدیک به چهل سال داشتم و حدود یک دهه بود که هیچ کاری در زندگی نکرده بودم. روزهایم را در خانه با خواندن، ورق بازی، سولیتر، موسیقی گوش کردن با واکمن، آشپزی و نظافت، کشیدن سیگار و تریاک هدر می‌دادم. احساس می‌کردم مثل پرنده‌ای در انتظار رهایی در قفس گیر افتاده‌ام.

چرا آنها؟ چرا من نه؟

دلم برای کامبیز به‌شدت تنگ شده بود. آخرین باری که با او تلفنی صحبت کردم، در راه آمریکا بود، جایی که امیدوار بود در میان دیاسپورای ایرانی مشغول به کار هنری شود. آیا او را دوباره خواهم دید؟ خدا می‌دانست و بس!

چرا آنها؟ چرا من نه؟

ازدواجم بی‌معنی شده بود و تهی از عشق. وابستگی‌ام به همایون، با هر کلمه کنایه‌آمیزی که می‌گفت، کمتر می‌شد. چیزی برای از دست دادن نداشتم. هیچ هدف و هیچ آینده‌ای نداشتم، هیچ. دیگر خدا هم از من محافظت نمی‌کرد!

در این هشت سال، خودم را متقاعد کرده بودم که با ماندن در ایران، همبستگی‌ام را با هم‌وطنانم نشان می‌دهم و این که در این دوران تاریک تنها نیستند. با بازخوانی یک جمله از نامه‌ای که دوست عزیز ترانه‌سُرایم اردلان سرفراز از تبعید برایم نوشته بود، خودم را تسلی می‌دادم.

او نوشته بود: «گوگوش عزیز، تو در این سال‌ها، با سکوتت، بلندترین فریاد را سر داده‌ای.»

اما این کلمات دیگر آرامم نمی‌کردند. سکوتی که او بدان اشاره کرده بود، داشت دیوانه‌ام می‌کرد. چه می‌توانستم بگویم که به این سکوت پایان دهم؟ با

گذشت هر روز، کشور برایم غریبه‌تر می‌شد. قلبم از دیدن جوانان و کودکانی که به جبهه‌های این جنگ خونین اعزام و به کام مرگ فرستاده می‌شدند، از دیدن اجساد خانواده‌هایی که دسته‌جمعی از زیر آوار خانه‌های خود بیرون کشیده می‌شدند، به درد آمده بود. دیگر گوگوشی وجود نداشت. نمی‌دانستم کیستم. حتی در خانهٔ خود و در تنهایی، از ترس همسایگان، جرأت نمی‌کردم بخوانم. حتی نمی‌توانستم از بلندگو موسیقی مورد علاقه‌م را بشنوم تا روحم تازه شود. نه اردلان عزیز، هیچ چیز در مورد من و سکوتم استثنایی نبود.

کتاب را کنار گذاشتم و به طبقهٔ بالا رفتم تا یک قرص ضد درد دیگر بخورم. آنجا بود که چشمم به ساعت افتاد و متوجه شدم دیر وقت است؛ نوارچسب‌های پنجره‌ها،که برای جلوگیری از متلاشی شدن‌شان روی شیشه‌ها چسبانده بودیم، جلوی دید غروب آفتاب را گرفته بودند. قرص را با یک لیوان آب از گلو پایین دادم،کتاب لوئیز هی را زیر بغلم زدم و علیرغم دردی که آرام نشده بود، سریع از خانه خارج شدم. همایون در خانهٔ مادرش منتظرم بود.

در حیاط، وقتی خواستم در آهنی را برای عبور اتومبیل باز کنم، متوجه شدم منصور خان با مهربانی همیشگی‌اش، تعدادی نامه را از زیر در به داخل حیاط انداخته است تا باران خیس‌شان نکند و کنجکاوی همسایه‌ها هم برانگیخته نشود. یک هفته‌ای می‌شد که نامه‌ها را برنداشته بودم. می‌دانستم باید صورت حساب آب و برق و چند نامه از دوستان و اقوام مقیم خارج باشد. نامه‌ها را جمع کردم و با خود به داخل اتومبیل بردم تا در خانهٔ مادرشوهر به آنها رسیدگی کنم. ولی همچنان که منتظر گرم شدن موتور اتومبیل بودم، پاکتی توجهم را جلب کرد. رویش نوشته بود «گوگوش». نه نشانی از گیرنده، نه تمبری، نه آدرس برگشتی! به نظرم عجیب آمد. در طول سال، فقط ۱۸ بهمن روز تولدم، سبدهای گل، بسته‌های شکلات و کارت‌های تبریک با عنوان «گوگوش» از سوی طرفداران وفادارم به دستم می‌رسیدند. هرچند تولدم در شناسنامه‌ام ۱۸ بهمن ۱۳۲۹ ثبت شده، ولی ماما بعدها به من گفت که تاریخ واقعی تولدم ۱۵ اردیبهشت ۱۳۲۹ است. گاه این کارت‌ها حاوی اشعاری هم بودند که فرستنده، با این امید که من از آنها برای ترانه‌هایم استفاده کنم، سروده بود. ولی از روز تولدم بیش از دو ماه گذشته بود. ناگهان دلشوره گرفتم که نکند باز آن زن چیزی برایم فرستاده باشد.

سال‌ها بود، از یکی دو سال بعد از انقلاب، زن جوانی پشت در خانهٔ من

می‌ایستاد، یادداشت‌های مرموزی می‌گذاشت و گاه نیز با اتومبیل مرا که از خانه خارج می‌شدم، دنبال می‌کرد. به نظر همسن خودم می‌آمد. لباس پوشیدنش هم عجیب و غریب بود، شلخته و کثیف. ابتدا نگران نبودم، فکر می‌کردم که فقط یکی دیگر از طرفداران وفادار است که شعرها و نامه‌هایی را به منصورخان می‌سپارد. اما بعد، ماه‌ها پس از اولین بار دیدنش، رفتارهای عجیبی از او سرزد.

هرگاه به او لبخند محبت‌آمیزی می‌زدم، سکوت می‌کرد و با چشمان درشتش نگاهی تند به من می‌انداخت و پاسخی نمی‌داد. حضورش آزاردهنده بود، مخصوصاً بعد از اتفاقی که در مهرماه ۱۳۵۵ برای داریوش اقبالی افتاده بود. یکی از زنان طرفدارش به او اسید پاشید و داریوش خیلی خوش اقبال بود که اسید روی همهٔ صورتش نریخت، فقط به یکی از گوش‌هایش صدمه زد و از آن حادثه جان سالم به‌در برد. علاوه بر آن، فاجعهٔ کشته شدن جان لنون در ۱۷ آذر ۱۳۵۹ هم مرا بیشتر ترسانده بود. بعد از انقلاب، طرفدارانم دیگر دنبالم نمی‌کردند، به استثنای او، دختر دیگری به نام سیمین هم بود، که مشکلات روانی و جسمانی داشت و والدینش هر بار که در بحران بود، با من تماس می‌گرفتند و می‌خواستند او را پیش من بیاورند. من هر بار با خوشحالی او را می‌پذیرفتم، تا با صدایم و نوازش ملایم صورتش او را آرام کنم. اما این زن فرق می‌کرد، او یک مزاحم بود. پس از اتفاقی که برای جان لنون افتاد، فاصله‌ام را حفظ کردم. در نهایت، شش ماه پیش، همایون کاری کرد که مجبور شد مرا رها کند؛ بر سرش چند فریاد بلند کشید و بدون این‌که به او دست بزند، به‌شدت ترساندش. از آن به بعد دیگر نه او را دیدیم و نه از او شنیدیم.

پاکت را باز کردم و سه ورق کاغذ، که پشت و روی هر سه پر از نوشته بود، بیرون کشیدم. تاریخ نداشت، دست‌خط نامرتب و لرزان را نمی‌شناختم، خطوط کج و معوج بودند، انگار نامه با عجله نوشته ولی خوانا بود. در انتهای آخرین صفحه، نام احمدرضا امضا شده بود، اسمی که نمی‌شناختم.

«خانم گوگوش عزیز،

چندین و چند بار از پرستار خواستم به من قلم و کاغذ بدهد تا برای شما نامه بنویسم. دلم می‌خواست همه چیز را به شما بگویم، همهٔ فجایعی که شاهدشان بودم، شب‌های بی‌خوابی، برادرانی که

از دست دادم، دل‌شکستگی‌ها و این آرزو که بتوانم به شما بگویم چگونه در مصاف با تمام این مصائب، صدای شما در گوشم بود و همین صدا بود که مرا از لب پرتگاه به عقب راند.»

در ادامهٔ نامه، احمدرضا توضیح داده بود که سربازی بیست و هفت ساله از دهکده‌ای نزدیک بابل، شهر بهار نارنج است، که تازگی پایش در اثر اصابت ترکش به‌شدت صدمه دیده و در بیمارستان بستری است. نوشته بود که چند نسل خانوادهٔ او در سرزمین سبز مازندران به کار در مزارع پرتقال یا شالیزارهای برنج مشغول بوده‌اند. احمدرضا نیز در کنار پدر و مادر و دو برادر و دو خواهرش همین کار را می‌کرد. از روزهای خوشی که با خانواده داشته نوشته بود و از عشقی که به مهتاب دختر همسایه‌اش داشت و قرار ازدواجی که با او داشت.

از اوضاع مالی خانواده نوشته بود که زمین‌شان کرایه‌ای بود و روزگارشان به سختی می‌گذشت. از پدر و مادری گفته بود که سواد خواندن و نوشتن نداشتند، ولی فداکاری و از خودگذشتگی کردند تا سه پسرشان به مدرسه بروند و با سواد شوند و از آن مهمتر با پس‌انداز خود هر دو پدربزرگ و مادربزرگ‌ها را به حج فرستاده بودند.

در ادامه نوشته بود: «...با وجودی که بسیار مذهبی بودند، جلوی ما راکه عاشق شنیدن موسیقی بودیم، نمی‌گرفتند...» احمدرضا فقط با شنیدن ترانه‌های من از رادیوی خانه بزرگ شده بود.

وقتی جنگ درمی‌گیرد، او و دو برادرش را به جبههٔ جنگ در خرمشهر می‌فرستند. احمدرضا هشت سال در جبهه می‌جنگد و هر شب سالم به پادگان باز می‌گردد. ولی بسیاری از هم‌قطارانش در اثر اصابت بمب، برخورد با سلاح شیمیایی یا گذر از روی مین کشته، معلول جنگی، موجی یا شیمیایی می‌شوند. آن خوش‌اقبال‌هایی هم، که چون احمدرضا، جان سالم به‌در می‌برند، برای همهٔ عمر از دیدن فجایع جنگ و اجساد کشته شدهٔ هم‌رزمان خود، که در میان‌شان کودکان بسیجی دوازده/سیزده ساله هم وجود داشت، دچار بیماری‌های روانی می‌شوند.

احمدرضا به یاد می‌آورد که شب‌ها گرد هم جمع می‌شدند و با جوک و شوخی و موسیقی به یکدیگر روحیه می‌دادند. موسیقی صدای نفیر انفجارهایی را، که در گوش بسیاری ماندگار شده بود، می‌پوشاند و برای لحظاتی به آنان آرامش می‌بخشید.

در جای دیگر نامه خواندم: «...اوایل خیلی مراقب بودیم که صدا بلند نباشد. ولی صبح بعد که مجدداً به جبهه می‌رفتیم، متوجه می‌شدیم هیچ‌یک از مافوق‌ها به آن سر و صداها اعتراضی نمی‌کرد. بیشتر مواقع از رادیو کویت به ترانه‌های شما گوش می‌دادیم. شنوندگان تلفن می‌کردند، درخواست ترانه‌های شما را داشتند....»

بیشتر سربازان پادگان با شنیدن بعضی ترانه‌ها، خاطرات شیرین دوران مدرسه و روزهای خوش گذشته را به یاد می‌آوردند و با هیجان برای بقیه تعریف می‌کردند، خاطراتی که آنها را از آن منطقهٔ سرد و نمناک جبهه و از روی تشک‌های خاک‌آلود به سرزمین رؤیاها می‌برد.

«...صدای شما و نوای موسیقی ترانه‌ها ذهن مشوش ما را آرام می‌کرد، مخصوصاً من یکی را، در آن روزهایی که خبرهای دردناک چون آوار بر سرم فرود می‌آمدند....»

هر دو برادر احمدرضا به فاصلهٔ یک سال در جبهه کشته می‌شوند.

نوشته بود: «...از دست دادن دو برادر فاجعه بود. ولی قلبم یک سال پیش از آن، هنگامی که از مادر شنیدم که مهتاب را در غیبت من شوهر دادند، سخت شکست....» به باور احمدرضا تنها کلماتی که در آن زمان گویای احساسات او بود، ترانهٔ «دو پنجره» سرودهٔ اردلان سرفراز بود.

اردلان سرفراز این ترانهٔ سوزناک را دربارهٔ عشق ممنوع دو پنجره به هم سروده بود که اسیر یک دیوار سنگی بودند و تنها امیدشان این بود که با هم بمیرند تا در دنیای دیگر دست یکدیگر را بگیرند. نخستین باری که این شعر اردلان را خواندم، سخت گریستم: «کاشکی این دیوار خراب شه/ من و تو با هم بمیریم/ توی یک دنیای دیگه / دستای همو بگیریم.» و درد پنجره‌ها، تنهایی و درماندگی‌شان را احساس کردم. این زمانی بود که در دام یک ازدواج بدون عشق با محمود اسیر بودم. حتی چند سال بعد هم، در خوش‌ترین روزهای زندگی‌ام با بهروز، وقتی این ترانه را می‌خواندم خیلی به خود فشار می‌آوردم تا بغض راه گلویم را نگیرد.

احمدرضا نوشته بود: «...شما درد مرا احساس کرده بودید، صدای شما پژواک طپش دل شکستهٔ من بود، و به این دلیل احساس تنهایی نمی‌کردم. در حالی که می‌دانستم بالاخره از این مهلکه هم جان به‌در خواهم برد، با شما گریه و سوگواری می‌کردم...»

موتور روشن اتومبیل به سر و صدا در آمد و من به گریه افتادم. پس از مرگ پاپا، چنین طولانی و شدید گریه نکرده بودم.

احمدرضا تنها سربازی نبود که برایم نامه نوشته بود. طی سالیان طولانی جنگ، چندین ده نامه با نوشته‌های سخت غم‌انگیز به دستم رسیده بود و هر بار در عجب بودم که چرا آنها برای من می‌نویسند، برای گوگوش. نشانی‌ام را از کجا پیدا کرده بودند؟ چگونه این نامه‌ها در پستخانه سانسور نشده بودند؟ مگر این سربازان پیروان خمینی نبودند؟ پیروان خمینی و گوش دادن به موسیقی؟ نمی‌دانستند که صدای گوگوش قدغن است؟ که خواندن یک زن حرام است؟

هر بار که این نامه‌ها را می‌خواندم، به فکر اوین می‌افتادم، به فکر آن زیرزمین. به یاد علی تهرانی، یا صورت چرب و پر عرق افشون، کسی که موفق شده بود به من بقبولاند که تمام سال‌های خوانندگی‌ام اشتباه محض بود. یاد آن آخوند عصبانی زندان اوین افتادم که به خاطر خواندن یک ترانهٔ شاد بر سرم فریاد کشید: «با چه جرأتی برای مردم تصمیم می‌گیری، زنیکهٔ گه!؟» حرف او باورم شده بود و پذیرفته بودم که مردم و فرهنگ کشورمان را نشناخته بودم. پس این نامه‌ها چه می‌گفتند؟ آیا این سربازان هم اشتباه می‌کردند؟

پاسخی برای این افکار درهم خود نداشتم.

چرا خواندن حرام بود؟ اگر حرام بود چرا هنگامی که یک دختر کوچک بودم، هیچ‌کس قبلاً چیزی به من نگفته بود؟ چرا مردم هنوز کاست‌های مرا می‌خریدند؟ چرا به ترانه‌های من در رادیو گوش می‌دادند؟ چرا به کاباره‌ها می‌آمدند؟ من که تنها زن خواننده نبودم؟ قمرالملوک وزیری، چند دهه پیش، با شهامت این جاده را برای من و دیگر خوانندگان زن باز کرده بود.

در طول زندگی‌ام و در سفرهایی که به نقاط مختلف ایران کردم، همه نوع انسانی دیده بودم و با بسیارانی آشنا شدم. در آن دوران، همه تفاوت‌های بارز بین ایرانیان را می‌دیدند، حتی در فیلم‌های سینمایی هم این تضادها وجود داشت. در یک صحنه از فیلم فارسی یک زن چادری را می‌دیدیم که از کنار دختری مینی‌ژوپ پوشیده رد می‌شود. در بخش میانی این طیف وسیع، زنانی هم بودند که برای گذران زندگی خود کار می‌کردند. کسی را با کسی کاری نبود، همه به انتخاب دیگری احترام می‌گذاشتند. در دوران کودکی‌ام و زندگی با دایی ابراهیم و خدیجه خانوم، بارها با آنان به تکیه‌های گوناگون رفته بودم و شاهد مراسم مختلف مذهبی بودم، دیدن زنان چادری و زندگی سنتی آنان برایم عادی بود. سال‌ها بعد که مشهور شده بودم و به آن محله بازگشتم، مورد مهر و پذیرش همان مردم قرار گرفتم و هرگز

آن حس بدی را که افشون به من داد، با آنها تجربه نکردم. همان مردم، به احتمال زیاد، با بعضی از انتخاب‌هایم مخالف بودند، مثل صحنهٔ عشقبازی در فیلم «در امتداد شب» یا جدایی‌ام از محمود، ولی هرگز آن نگاه تحقیرآمیز افشون را به من نینداختند.

دزدی کاست‌هایم را، توسط پاسداران منزل دکتر مصباح‌زاده و بردنشان به خانه، چگونه توجیه کنم؟ یا ابوالفضل را، که وقتی من و مرجان برای زنان می‌خواندیم، در انتهای راهرو پنهان از چشم دیگران به شنیدن صدای ما می‌ایستاد؟ کیسهٔ کاست‌هایی که علی تهرانی برای همسرش به خانه برد را چطور؟ یعنی همهٔ این جماعت از فرهنگ و سنت‌ها بی‌خبر بودند؟ اقوام خمینی چطور؟ همان کسانی که به موسیقی من گوش می‌دادند؟ یک بار نوهٔ آیت‌الله پسندیده، برادر خمینی، و همسرش مرا برای شام به منزل‌شان دعوت کردند تا، به این بهانه که می‌توانند سند مالکیت منزل و گذرنامه‌ام را برایم پس بگیرند، گوگوش را ببینند. آنها حتی گفتند ترانه‌هایم مورد علاقهٔ تمام زنان خانوادهٔ گستردهٔ خمینی بود. آنها هم ناآگاه بودند؟

چرا خواندن، که در همه جای طبیعت حضوری شفاف دارد، باید حرام باشد؟ مگر می‌شود جلوی جیک‌جیک پرندگان و خواندن حیوانات را گرفت؟ نخستین صداهایی که در دوران کودکی شنیده‌ایم را چطور؟ طنین اذان که از مناره‌های مساجد، در سراسر جهان، جماعت را به نماز فرا می‌خواند چه؟ اصلاً چرا صدای زن حرام است؟ چرا به موسیقی جنسیت داده‌اند؟ موسیقی که جنسیت و سن و سال و قومیت نمی‌شناسد! موسیقی و نت و ضرب و ریتم و ملودی و هارمونی، روح انسان را به پرواز درمی‌آورند و با همهٔ حس‌های انسانی آشنا هستند؛ همان حس‌هایی که همه تجربه می‌کنیم ولی نمی‌دانیم چگونه با کلام توجیه کنیم.

به آخر نامه رسیده بودم. چه زیباست که موسیقی می‌تواند دردهای ما را از بین ببرد و امید را جایگزینش کند!

«خانم گوگوش گرامی، تنها امید من این است که روزی، هر قدر هم دور، بتوانم اشعاری بنویسم که قابل صدای شما باشند.»

پنج ماه بعد، در ۲۰ اوت ۱۹۸۸ (۲۹ مرداد ۱۳۶۷) هر دو کشور قطعنامهٔ ۵۹۸ شورای امنیت سازمان ملل را امضا کردند. خمینی پذیرش آتش‌بس را با جملهٔ

معروف « جام زهر قبول قطعنامه را سر کشیده‌ام» توصیف کرد و این‌گونه جنگ خونین هشت سالهٔ میان دو ملت پایان یافت؛ جنگی که جان صدها هزار تن را و در دو سوی مرز گرفت و خاطرات و زخم‌هایی هولناک بر روان و جسم بسیاری برای همیشه جا گذاشت. برخی خاطرات چندان بد نبودند، مثل از خواب پریدن‌های نیمه‌شب با صدای گوش خراش آژیرها برای رفتن به پناهگاه، ولی برخی دیگر وحشتناک و مرگ‌زا بودند...

وقتی خبر امضای آتش‌بس را شنیدم، با قلبی اندوهگین به یاد همهٔ آن سربازان هم‌سن و سال احمدرضا، که برایم نامه نوشته بودند، افتادم. آیا هنوز زنده‌اند؟ به یاد آن نوجوانی که در خیابان فرمانیه، دیوانه‌وار، برای خانواده‌اش که زیر آوار دفن شده بودند، فریاد می‌کشید، افتادم. به یاد همهٔ آن مادرانی که پسران کوچک دوازده/ سیزده ساله‌شان هرگز از میدان‌های مین بازنگشتند، افتادم.

ملت هنوز از زخم عمیق جنگ التیام نیافته بود که رویداد مهم دیگری همه را لرزاند. ۱۴ خرداد ۱۳۶۸، کمتر از یک سال پس از آتش‌بس، روح‌الله خمینی، رهبر عالی و بنیان‌گذار جمهوری اسلامی ایران، در سن هشتاد و شش سالگی بر اثر سکتهٔ قلبی درگذشت. به محض اینکه خبر منتشر شد، عزاداران به خانهٔ او هجوم بردند و فرمان دولت برای آرامش را نادیده گرفتند. دوربین‌ها صحنه‌هایی از عزاداران را ثبت کردند که در خیابان‌ها چنان ضجه می‌زدند و به سر و سینه خود می‌کوبیدند، که گویی عزیزشان را از دست داده باشند. بعضی فریاد می‌زدند: «کاش ما مرده بودیم تا امام عزیزمان را مرده نبینیم!» تمام کانال‌های تلویزیون صحنه‌های مشابهی را از سراسر کشور پخش می‌کردند.

هر بار که تلویزیون چهرهٔ او را با آن عمامهٔ سیاه، آن ابروهای پرپشت که همیشه در حال اخم بودند، آن نگاه تهدیدآمیزش و آن ریش بلند و سفیدش نشان می‌داد، گریه کردم، گریه کردم و باز هم گریه کردم. این وضعیت چند روز ادامه داشت. کارهای روزمره‌ام را انجام می‌دادم و هم‌زمان اشک بر گونه‌هایم جاری بود؛ ظرف‌ها را می‌شستم و ناگهان بغض می‌کردم؛ کتاب می‌خواندم و در تلویزیون تصویر سوگواران را می‌دیدم و می‌گریستم؛ با گریه بیدار می‌شدم. با گریه به خواب می‌رفتم. زیر دوش گریه می‌کردم. هر بار که آهنگ‌های عزاداری سنتی از تلویزیون پخش می‌شد، انگار تیری در سینه‌ام فرو رفته، با هق‌هق گریه می‌کردم. مثل وفادارترین پیروانش هیجانی شده بودم و شبانه‌روز گریه می‌کردم. عجیب این بود که برخلاف

آن پیروان، احساس نمی‌کردم کس عزیزی را از دست داده‌ام. طرف همانی‌ست که از امضا کردن قرارداد آتش‌بس، که می‌توانست جان صدها هزار انسان بی‌گناه را نجات دهد، خودداری کرده بود؛ همان کسی که دستور کشتار دسته‌جمعی هزاران زندانی سیاسی را صادر کرده بود. بر اساس گزارش عفو بین‌الملل حدود سی هزار نفر، یک ماه قبل از پایان جنگ، اعدام شده بودند. فقط غم عمیقی حس می‌کردم، همان غمی که در مرگ فری حس کرده بودم.

همایون پرسید: «چته؟ قیافهٔ خودتو نگاه کن! برای پدرت هم انقد گریه نکردی!»

همه اطرافیانم، همایون، دوستان و عزیزانم، چه در اینجا و چه در خارج، برخلاف آن عزاداران، از خبر مرگ او جشن گرفته بودند. مدتی طول کشید تا توانستم برای خودم و همایون توضیح بدهم که چه در مغزم می‌گذشت. فهمیده بودم داشتم برای همه چیز و همه کسانی که این شخص از من گرفته بود، سوگواری می‌کردم. برای خودم، عزیزانم و کشورم عزاداری می‌کردم. نُه سال همهٔ این اندوه سنگین را در دل نگه‌داشته بودم و خودم را مجبور کرده بودم هیچ احساسی نداشته باشم، حتی با کمک تریاک و قرص‌های خواب‌آور. اکنون او رفته بود و من همه چیز را از دست داده بودم. دیگر نمی‌توانستم بیش از این خودداری کنم.

بخشی از وجودم نیز ترسیده بود. تازه بعد از هشت سال جنگ، وضعیتی نزدیک به ثبات پیدا کرده بودیم. اما حالا چه؟ از نو آشفتگی سر خواهد رسید؟ چه کسی جای او را خواهد گرفت؟ چه بر سر کشور خواهد آمد؟ دولت؟ مجلس؟ مردم؟ گوگوش؟

تا به احساس خود رخصت روبه‌رویی با این همه درد و رنج را دادم، حالم بهتر شد، حتی احساس سبکی هم کردم.

یک روز، حدود یک ماه بعد، کامبیز تلفنی تماس گرفت. سه ماه بود که با هم صحبت نکرده بودیم، چون او مشغول خوانندگی برای ایرانیان مقیم لُس‌آنجلس شده بود. کامبیز به اتفاق پدرش به این شهر نقل مکان کرده بودند. صدای خوبی داشت و مثل پاپا، ضرب‌آهنگ موسیقی را می‌شناخت.

کامبیز داشت دربارهٔ استیون سپیلبرگ و «ایندیانا جونز و واپسین نبرد»، آخرین فیلمی که در سینما دیده بود، صحبت می‌کرد: «خیلی خوشت میاد مامان. نمی‌دونی تصویر و صدا چه کیفیت بالایی داشت! یه تجربهٔ کاملاً تازه بود!»

بله نمی‌دانستم چون مدت‌ها بود پا به درون یک سینما نگذاشته بودم. همایون

به سمتی که من روی تختخواب دراز کشیده بودم، آمد و آن‌قدر نزدیک شد که بتواند صدای کامبیز را بشنود. بعد ناگهان و با صدای بلند، که او هم بشنود، فریاد زد: «این بچه سوسول چی میگه؟»

به‌شدت عصبانی شدم، مخصوصاً که می‌دانستم کامبیز سخنان او را شنیده. گوشی را زمین زدم و سیلی محکمی به صورتش زدم. حیرت کرد و گونه‌اش سرخ شد. فریاد زد: «گمشو بیرون از اینجا...» سپس صورتش را نزدیک صورت من آورد و بلندتر فریاد کشید: «...گفتم گمشو، همین الان!» همه چیزم را همان‌جا رها کردم و از خانهٔ مادرش بیرون زدم. نمی‌دانستم دارم برای همیشه او را ترک می‌کنم. فقط خیلی خشمگین بودم. اما با گذشت روزها، شعله‌های آن خشم فروکش کرد و جای خود را به آرامشی غیرمنتظره داد.

سال‌ها بود درگیر و وابسته به هم بودیم. عشق جای خود را به وابستگی داده بود و هیچ‌کدام نمی‌خواستیم این را بپذیریم، چه رسد به این که کاری در موردش انجام دهیم. آن سال آخر بدترین سال زندگی مشترک ما بود؛ از زمانی که به آپارتمان والدینش نقل مکان کرده بودیم، دیگر هیچ حسی جز کینه‌ای فزاینده و تنشی آشکار، باقی نمانده بود. اگر چنین نمی‌کردم، گرگ‌های درون‌مان دیر یا زود ما را از بین می‌بردند. هیچ آگاه نبودم که داشتم یک بار دیگر خود را نجات می‌دادم. درست مثل همان شب کذایی در طبقهٔ بیستم آن هتل منهتن.

انگار تازه از خوابی گران، و عطشی برای زندگی بهتر و طولانی‌تر، برخاسته باشم. دیگر از تنها بودن نمی‌ترسیدم. شاید نامه‌هایی از جنس نامهٔ احمدرضا مرا به این آگاهی رسانده بودند. شاید هم با جان سالم به‌در بردن از جنگ ارتباط داشت، آن‌هم در دوره‌ای که بسیارانی این بخت‌یاری را نداشتند. شاید هم مرگ خمینی که پایان یک دوره را رقم زده بود، وادارم کرده بود خود را از قعر چاهی که در آن افتاده بودم بیرون بکشم و از گوگوش مراقبت کنم.

فصل ۱۹

آغازی نوین

بهار ۱۳۶۹

باید بیش از چهل هزار بیت را مرور می‌کردم، یک جایی در آن میان بود. می‌دانستم باید در دیوان کبیر باشد. بارها در زیرزمین خانهٔ سُلی خوانده بودیمش. یک بار دیگر صفحات را ورق زدم چون مطمئن بودم از زیر چشمم در رفته است. تلفن زنگ زد. دیر شده بود، تمام صبح، کتاب به‌دست، غزل‌ها را زیر و رو کرده بودم و متوجه گذر زمان نشده بودم.

به مریم در آن سوی خط، گفتم: «الان حاضر میشم»

پانزده دقیقه بعد زنگ آپارتمان به صدا درآمد. شلوار و تیشرت گشاد پیاده‌روی تن کرده بودم؛ روی آنها یک مانتوی نازک پوشیدم؛ روسری سر کردم و راکت تنیس را از کنار دیوار هال ورودی برداشتم تا برای بازی به منزل دوستی که زمین تنیس داشت برویم و محرم خدایی مربی تنیس به ما آموزش بدهد. این منزل از مجتمع ورزشی زنان خیلی بهتر بود چون مجبور نبودیم، در آن گرمای اواخر بهار، با مانتو و حجاب اجباری بازی کنیم.

چهل و یک سالم شده بودم و خود را نیرومندتر از سی سالگی‌ام احساس می‌کردم. هفته‌ای سه بار تنیس بازی می‌کردم و پنج بار شنا. سیگارم را خیلی کم کرده بودم. این برنامه را از دو سال قبل شروع کرده بودم، هم‌زمان با جدایی از

همایون. از همه مهمتر این بود که دو سال کاملاً پاک ماندم و از آن شبی که همایون مرا از خانهٔ مادرش بیرون کرد، تریاک نکشیده بودم. در واقع، هرگز بدون او تریاک نکشیده بودم، همان‌طور که هرگز بدون او فری‌بیس کوکائین هم دود نکرده بودم. بدون همایون دست به هیچ موادی نمی‌زدم.

مریم بازرگانی یکی از معدود حاضران موجود در حلقهٔ دوستان مشترک من و همایون بود که، بعد از جدایی هم، دوستی‌مان ادامه یافت. مریم، در پی آن خروج طوفانی، هر آنچه را که در آن خانه جا گذاشته بودم از همایون برایم پس گرفت.

در ترافیک سنگین ونک و در حال رانندگی پرسید: «چه خبر؟»

«هیچی.»

«بعد از این همه سال، هنوز می‌ترسن؟»

«از چی می‌ترسن؟ که خونه‌ام رو بفروشم، پول خودم رو هدر بدم و توی خیابون‌ها سرگردون بشم؟» خندیدم.

بعد از ترک همایون، به وزارت اقتصاد و دارایی مراجعه کردم، شاید سند خانه‌ام را از آنان پس بگیرم. آه در بساط نداشتم و تصمیم گرفته بودم خانهٔ ولنجک را بفروشم. باز و از نو مرا از این اداره به ادارهٔ دیگری پاس دادند، عیناً مثل زمانی که دنبال گذرنامه‌ام بودم. وقتی متوجه شدم هیچ تغییر مطلوبی روی نخواهد داد، تصمیم گرفتم خانه را کرایه بدهم و با پول کرایه مخارج زندگی‌ام را بپردازم. این تنها راه حل موجود بود چون برای کرایه دادن نیازی به قباله نبود.

به مریم گفتم: «هیچ‌وقت تسلیم نمیشم...»

در واقع قرار بود بعد از بازی تنیس به دیدار دوست قدیمی‌ام یونس صباحی بروم که از برادر به من نزدیک‌تر بود. می‌خواستم با یاری او نامهٔ جدیدی به وزارت اقتصاد و دارایی بنویسیم دومین نامه ظرف یک ماه.

ادامه دادم: «...همین حالاشم وقتی منو از دور می‌بینن، دادشون در میاد که دوباره پیداش شد!»

مریم خندهٔ بلندی کرد.

برای کرایه دادن خانه، باید دستی به سر و روی آن می‌کشیدم. ناچار گوشوارهٔ برلیانم را به بهای نازلی فروختم تا از محل فروش آن مخارج تعمیر خانه را تأمین کنم. نوسازی سقف ریختهٔ حیاط خلوت، تعویض شیشهٔ شکستهٔ پنجره‌ها و درست کردن در ورودی، همه از خسارات جنگ لعنتی ایران و عراق بودند. با کمک برادر

ناتنی‌ام مهرداد یک مقاطعه‌کار درست پیدا کردم و دست به کار شدیم.

وقتی خانه حاضر شد، مستأجری از کارکنان سفارت آلمان پیدا شد که کرایه را به دلار می‌داد. با همین مبلغ موفق شدم یک آپارتمان سه اتاق خوابه در خیابان فرمانیه پیدا کنم. بعد از پایان تعمیرات، هنوز مقداری پول از فروش گوشواره برایم مانده بود. مثل هر انسان دیگری که پس از مدت‌ها به پول رسیده باشد، با ولع شروع به خرید کردم. یازده سال از آخرین باری که به چنین خریدی رفته بودم می‌گذشت. تعدادی لباس نو و مد روز، مثل شلوارهای فاق بلند، بلوزهای ابریشمی رنگی و کت‌های چهارشانه، همراه با مقداری ظرف و وسایل آشپزخانه و برای نخستین بار هم یک تخته فرش ایرانی خریدم! مهرداد با مهربانی برای چیدمان خانه کمکم کرد. به شوخی به او گفتم: «احساس می‌کنم یه نوعروسم که داره خونه‌شو می‌چینه!» البته موقعیت ایده‌آلی نبود، چون ترجیح می‌دادم در خانهٔ خودم، که بسیار دوستش داشتم، بودم. ولی چون زندگی جدیدی را آغاز کرده بودم، ذوق داشتم.

دو ساعت بعد از بازی تنیس، مریم مرا به خانه برگرداند. وقت دوش گرفتن و تغییر لباس نداشتم. سریع سوار اتومبیل جدید دووی سورمه‌ای رنگم شدم. خودروی گران‌قیمت یا زیبایی نبود ولی چون دندهٔ اتوماتیک داشت، رانندگی با آن درد سیاتیکم را بدتر نمی‌کرد. خوشبختانه ظرف دو سال گذشته کمتر دچار حملات سیاتیک می‌شدم که علتش از دید خودم زندگی آرام و احساس رضایتی بود که از زندگی پیدا کرده بودم. سریع به سوی استودیوی هدایت فیلم، محل کار یونس، راندم. یونس آخرین نامهٔ وزارتخانه را خواند و گفت: «گوگوش جان. اینا دست‌بردار نیستن! تا شاهی آخر مطالباتشونو نگیرن سندو آزاد نمی‌کنن.»

وزارتخانه حالا ادعا می‌کرد که ۶ میلیون تومان (بیش از ۸۵۰,۰۰۰ دلار آمریکا) به آنها بدهکارم. یعنی دو برابر مبلغی که پیش از انقلاب ادعا کرده بودند. سال‌ها به کارمندان توضیح داده بودم که اگر پرونده‌ام را بررسی کنند، تمام قراردادهای کاری و صورت‌حساب‌های بانکی‌ام را پیدا می‌کنند که مرا تبرئه می‌کند. اما به حرفم گوش نمی‌دادند و هر بار از این کار امتناع می‌کردند. می‌گفتند چنین مدارکی وجود ندارد و اصرار داشتند همان مدارکی را ارائه کنم که مطمئن بودم در اختیارشان هست. تهدید هم می‌کردند که اگر مدارک را نبرم به دادگاه انقلاب ارجاعم می‌دهند. در آن زمان دادگاه انقلاب برای ما مترادف با جوخهٔ مرگ بود. همان زمان فهمیده بودم که همهٔ این حرف‌ها بهانه‌ای بود تا دست و بالم را ببندند و وادار به سکوتم کنند.

گونه‌هایم از عصبانیت داغ شدند. به یونس گفتم: «چند دفعهٔ دیگه باید برای اونا نامه بنویسم و توضیح بدم که تمام اسناد رو قبل از انقلاب تحویل مراجع صالح دادم؟! مزخرف میگن! همهٔ اسناد تو دستشونه و جلوی چشماشونه!! تازه اگه فکر می‌کنن خوندن یه زن حرومه، چرا مالیات بر درآمد گرفتن از گوگوش بابت خوانندگی برای اونا حلاله؟!» هنوز و بعد از ده سال، سخنان اقدس آن کارگر جنسی آذری را، که در زیرزمین مصباح‌زاده گفت، فراموش نکرده بودم.

یونس گفت: «انقد بی‌خودی جوش نزن! می‌دونی این کارا وقت می‌گیرن، ولی همه چی بالاخره حل میشه، خودت می‌بینی...»

من به اندازهٔ یونس خوش‌بین نبودم. نمی‌توانستم باشم. متجاوز از ده سال درگیر این مشکل بودم. یونس از نو شروع به مطالعهٔ اسناد کرد که تلفن آبی‌رنگ روی میزش زنگ زد. گوشی را برداشت و با تلفن‌کننده به صحبت پرداخت: «سلام مسعود جان...من خوبم...شما چطورین؟...»

چشمکی به من زد به این نشانی که صحبتش طولانی نخواهد بود.

«...من الان با گوگوش هستم. می‌تونم بهتون زنگ بزنم؟» کمی تأمل کرد و ادامه داد: «...یه دقیقه صبر کن.» سپس رو به من کرد و گفت: «گوگوش جون، مسعود کیمیاییه، گیتی هم پهلوشه. می‌خواد باهات صحبت کنه.»

گیتی پاشایی همسر مسعود، از خوانندگان مشهور قبل از انقلاب بود. هرچند ما دو نفر دوستان نزدیکی نبودیم ولی در چند برنامه با هم و خیلی راحت کار کرده بودیم. ولی حکایت بین من و همسرش داستان دیگری بود. مسعود کیمیایی یکی از صاحب‌نام‌ترین فیلمسازان (اگر نگوییم مشهورترین) قبل از انقلاب بود، فیلم‌نامه‌نویس و کارگردانی پیشرو که با فیلم‌هایی چون «قیصر» راه را برای موج نو در سینمای ایران هموار کرده بود، و از من هم خوشش نمی‌آمد.

از صحبت با گیتی خوشحال شدم؛ بعد از انقلاب ما فقط دو بار یکدیگر را دیده بودیم. او مدتی بعد از انقلاب به آلمان رفته و پناهندهٔ آن کشور شده بود. گیتی با محبت گفت: «گوگوش جون، یه سری بیا اینجا. من دو روز دیگه دارم برمی‌گردم آلمان. دلم می‌خواد قبل از رفتنم ببینمت.»

«از خدا می‌خوام گیتی جون. ولی من هنوز تو لباس ورزشم. تا این کارا و این نامه تموم بشه، من برم خونه دوش بگیرم و لباس عوض کنم...»

«نمی‌خواد لباس عوض کنی. کارت که با یونس تموم شد بیا اینجا. فقط

خودمون هستیم.»

تردید کردم. دلم نمی‌خواست با مسعود روبه‌رو شوم. یاد آن روز سال ۱۳۵۳ افتادم که هنگام فیلمبرداری «گوزن‌ها»، به دیدن بهروز رفته بودم. «گوزن‌ها» یکی از فیلم‌های پر سر و صدای کیمیایی بود که بهروز در آن نقش اول را بازی می‌کرد. در آنجا چند بار متوجه نگاه مسعود شدم که گویی دارد می‌پرسد: «این دیگه اینجا چیکار می‌کنه؟!» چند هفته بعد از این برخورد سرد، وقتی بهروز او را به خانهٔ ولنجک دعوت کرد، مسعود چنان بی‌اعتنا رفتار کرد که گویی من در خانهٔ خود وجود و حضور ندارم. من هم به او اعتنایی نکردم. البته فقط او چنین رفتاری نداشت. روشنفکرانی مثل مسعود از هنرمندان پاپ مثل من خوش‌شان نمی‌آمد. از بالا به من نگاه می‌کردند، درست مثل برخی از اعضای خودخواه دربار شاهنشاهی. مسعود، مانند دیگر روشنفکران، انسانی سیاسی و ضد شاه و ضد سلطنت بود. احتمالاً گوگوش را نماد هرآنچه مخالفش بود، می‌دانست. گمان می‌کردم، مثل بیشتر روشنفکران، خود را باهوش‌تر از من می‌دانست و باور داشت فرهیخته‌تر از یک خوانندهٔ پاپ، با تحصیلات کلاس ششم ابتدایی است. این طرز فکر، بسیار کوته‌بینانه بود، انگار که هوش فقط از طریق آموزش رسمی به دست می‌آید. اما وقتی به دور و برم نگاه می‌کردم، می‌دیدم فهم واقعی تنها به تحصیلات محدود نمی‌شود؛ شعور توانایی پرسیدن و جستجو، آگاهی از دیدگاه‌های مختلف و کتاب‌خوانی‌ست. هرچند همیشه دلم می‌خواست یک مدرک دانشگاهی داشتم، ولی تجربیاتم در دنیای هنر و پشت سر گذاشتن آشفتگی‌های زندگی شخصی و سیاسی، درک عمیق‌تری از چگونگی گردش دنیا به من داده بود، که خودبه‌خود با کسب یک مدرک دانشگاهی به دست نمی‌آید.

گیتی مجدداً تأکید کرد: «بیا دیگه!»

وقتی برای چندمین بار، با کمک یونس، آن نامهٔ کذایی را ویراستاری کردیم، راه افتادم، سر راه دسته‌گلی خریدم و به در خانهٔ آنها رفتم. کسی منزل نبود. من هم خوشحال شدم، گل را به نگهبان ساختمان دادم و یادداشتی روی آن گذاشتم که: «من آمدم، چقدر پس از سال‌ها از شنیدن صدایت خوشحال شدم. مشتاق دیدارت در سفر بعدی هستم.»

به خانه بازگشتم، یک فنجان چای برای خودم ریختم و قلم به‌دست به جهان پر رمز و راز مولانا بازگشتم. مصمم بودم غزل ۲۲۱۴ را پیدا کنم. همهٔ این ماجرا شبی

در بحبوحهٔ جنگ و در زیرزمین خانهٔ سُلی شروع شد. وقتی آن اشعار زیبا را، که حکایت رابطهٔ دو انسان عاشق بود خواندم. چه آهنگین بود این غزل! من حتی قادر بودم طنین موسیقی اشعار را با ضرب‌آهنگی آشنا در مغزم بشنوم: OOXX OOXXOOXX (O به نشانهٔ هجای کوتاه و X به نشانهٔ هجای بلند) یک ملودی برانگیزاننده که قبل از آن نشنیده بودم. معمولاً خوانندگان اشعار متقدمین را با موسیقی سنتی هماهنگ می‌کردند. از صبح آن روز، وقتی از خواب بیدار شدم، دلم می‌خواست آهنگی برای آن غزل بسازم، هرچند در زندگی نه آهنگی ساخته بودم و نه آهنگی تنظیم کرده بودم. مهم نبود. می‌دانستم باید این آهنگ را بسازم. به خودم با تردید و به شوخی قول داده بودم که اگر روزی توانستم از نو بخوانم، این آهنگ را خواهم خواند.

یکی از چیزهایی که با پول باقی‌مانده از فروش گوشواره‌های برلیانم خریده بودم، یک کیبورد/پیانو بود. خوشبختانه خمینی کمی پس از امضای آتش‌بس سازمان ملل، ممنوعیت فروش آلات موسیقی را لغو کرده بود، احتمالاً برای تقویت روحیهٔ پس از جنگ. این کیبورد هیچ شباهتی به آن گراند پیانویی که در زمان جنگ از دست داده بودم نداشت؛ آن پیانو بیشتر جنبه تزئینی داشت تا کاربردی. اما این کیبورد ساده مناسب یک مبتدی مثل من بود که باید خواندن نت‌های موسیقی و پیدا کردن کلیدهای پیانو را یاد بگیرد. به همین دلیل یک معلم خصوصی پیانو هم گرفتم.

اولین بار در سن سیزده یا چهارده سالگی در خدمت استاد برجستهٔ پیانو انوشیروان روحانی، آغاز به نواختن پیانو کردم. اما به دلیل برنامهٔ شلوغم، که وقت کافی حتی برای خوردن و خوابیدن هم نمی‌گذاشت، نتوانستم بیش از چهار جلسه آموزش را ادامه بدهم. در سال ۱۳۵۸، پس از بازگشت از نیویورک، از نو برای مدت کوتاهی با یک معلم محلی پیانو، شروع به کار کردم، اما این بار به اوین احضار شدم.

پیانو نواختن را بسیار دوست داشتم، ولی بیشتر شوقم فراگیری فنون آهنگسازی بود. خوب می‌دانستم که اصلاً برای ترانه‌سُرایی ساخته نشده‌ام. من هم مثل پاپا با کلمات مشکل داشتم ولی ریتم را خوب می‌شناختم. پس از دو سال آموزش توانستم با یاری نت‌خوانی، چندین ترانهٔ کلاسیک را روی کیبورد/پیانو بنوازم و با همین تعداد محدود، انگشتانم برای بازی با ملودی‌های مختلف روان شدند.

عاقبت پافشاری در یافتن غزل ۲۲۱۴ به نتیجه رسید و نخستین بیت آن لرزه بر اندامم انداخت:

خُنک آن دم که نشینیم در ایوان من و تو   به دو نقش و به دو صورت به یکی جان من و تو

تازه پشت کیبورد/پیانو نشسته بودم تا به نواختن نوایی که در ذهن داشتم بپردازم، که اف‌اف خانه به صدا درآمد.

گیتی پشت در ایستاده بود. در را باز کردم، به داخل آمد و علت نبودنش را توضیح داد: برای خرید کمی میوه از خانه خارج شده بود. اصرار کرد با او به خانه‌اش بروم. امتناع کردم و گفتم: «ساعت ۹ شبه، دیر میشه دیگه!»

قبول نکرد و با اصرار گفت: «منزلامون که دو دقیقه بیشتر با هم فاصله ندارن، خودم برت می‌گردونم.» کیفم را برداشت، به دستم داد و به طرف در خانه هدایتم کرد.

در آشپزخانهٔ آپارتمان گیتی، ساعتی کنار هم نشستیم و حرف زدیم. گیتی مثل همهٔ ما ممنوع‌الکار شده بود، ولی چون در جوانی در رشتهٔ موسیقی فیلم تحصیل کرده بود، تصمیم گرفت ذوق هنری خود را در این زمینه بیازماید. در آن دوران نوشتن موسیقی برای زنان ممنوع نبود، چون صدای‌شان شنیده نمی‌شد. گیتی با استفاده از این فرصت، موسیقی متن چندین فیلم مسعود، از جمله «گروهبان»، «سرب» و «تیغ و ابریشم» را نوشت.

صحبت که به اینجا کشید، گیتی عصبی شد و گفت: «من درس آهنگسازی خوندم و تمام وجود و استعدادمو تو این کشور و در این راه به‌کار بردم. برای چی؟ نتیجه‌اش چی شد؟ اینا از هنر هیچی نمی‌فهمن!...»

علت دلگیری‌اش این بود که یکی از کارهایش در جشنوارهٔ فیلم فجر، با بی‌اعتنایی و تبعیض هیأت داوران مواجه شده بود در حالی که خود فیلم مورد ستایش داوران و نقدنویسان قرار گرفته بود.

«...من همهٔ وجودمو تو این کار ریختم و با گوشت و پوست و خونم طرح رو تمام کردم. بعدش هیچی؟ چرا؟ چون یه زنم!؟»

هشت سال جنگ بی‌رحمانه، اعدام‌های گروهی زندانیان سیاسی، اقتصاد ویران شده و عدم قطعیت پس از مرگ خمینی، روحیهٔ ملت را به‌شدت تضعیف کرده بود. رژیم از نارضایتی گسترده مردم که پیش‌درآمد ناآرامی‌های مدنی بود، آگاهی داشت و دو سال گذشته سعی کرده بود با کاهش برخی محدودیت‌های اجتماعی، مثل اجازهٔ شرکت زنان در رویدادهای فرهنگی مثل جشنوارهٔ فیلم فجر،

لغو ممنوعیت موسیقی با سازهای سنتی ایرانی، آزادی آوازهای مردانه با مضامین افتخارات ملی و مذهبی، روحیه عمومی را تقویت کند. همهٔ این اقدامات جنبهٔ مدیریت بحران داشت. اما علی‌رغم این تغییرات کوچک و ظاهری، سیستم همچنان و عمیقاً ضد زن بود.

پس از نادیده گرفته شدن در جشنواره، گیتی همراه با پسرش پولاد به آلمان مهاجرت کرد، پناهندگی سیاسی گرفت و به آهنگسازی ادامه داد. ولی مسعود علاقه و زندگی‌اش در ایران بود. گیتی در این باره هم توضیح داد که اصلاً قرار نیست مسعود به آنها ملحق شود. در نتیجه او گاه برای کارهای خودش و سر زدن به املاک و دارایی‌هایش به ایران می‌آمد و برمی‌گشت. از ظاهر خانه می‌شد حدس زد که این چاردیواری مدت زیادیست روی زن به خود ندیده. بیشتر شبیه آپارتمان یک مرد مجرد بود. لباس و کتاب و کاغذ در گوشه و کنار روی هم تلنبار شده بودند.

گیتی در پایان اعتراف کرد: «هر دفعه که برای دیدن به اینجا برمی‌گردم، بیشتر به انتخابی که کرده‌ام مطمئن میشم.»

گیتی همچنین از روند معالجهٔ سرطان پستانش صحبت کرد که پس از مدتی اقامت در هامبورگ تشخیص داده شده بود. در پی این تشخیص، گیتی بلافاصله مورد عمل جراحی قرار گرفت. او سخت مصمم بود که سرطان را شکست دهد، به همان اندازه که مصمم بود کار مورد علاقه‌اش را در آن کشور دنبال کند و مورد پذیرشی درخور قرار گیرد. روحیهٔ قوی و قدرت مبارزه‌اش را تحسین کردم. همهٔ بیماران سرطانی مثل او چنین روحیهٔ و توانی را ندارند.

همایون در پاییز ۱۳۶۷، کمتر از سه ماه بعد از جدایی از من، به نوعی سرطان غدد لنفاوی مبتلا شد. وقتی خبر را شنیدم، بسیار غمگین شدم؛ هنوز و بعد از همهٔ آنچه بین ما گذشته بود، در عمق وجودم نگران او بودم. هر چه بود، ما نزدیک به سیزده سال با هم زندگی کرده بودیم. او و گیتی با نبردهای مشابهی روبه‌رو بودند.

برای گیتی تعریف کردم که چند ماه قبل از آن، همایون را منزل مریم و حسین دیده بودم. به نظر لاغرتر و خسته می‌آمد و مرتب سرفه می‌کرد، ولی رفتار و روحیه‌اش فرقی نکرده بود. مثل همیشه گیوه پایش بود و دست از شوخی و جوک‌هایش برنمی‌داشت. از او پرسیدم آیا قبل از شیمی‌درمانی برای پرتودرمانی رفته است یا نه. می‌خواستم اگر لازم باشد، او را به یکی از بهترین متخصصان معرفی کنم. همایون به‌سرعت پاسخ منفی داد. قبل از اینکه چیزی بگویم، باید می‌دانستم که دیگر

اجازهٔ پرسش‌های خصوصی از او را ندارم و در نتیجه سکوت کردم. آن شب، با وجود رفتار محبت‌آمیز و متمدنانهٔ من و همایون در مقابل هم، غیر ممکن بود بتوانیم احساسات دو عاشق قدیمی را، که پس از مدتی دوری همدیگر را ملاقات کرده‌اند، پنهان کنیم؛ همان احساساتی که نشان از نزدیکی جسم و روح آن دو داشت و آگاهی از ویژگی‌های خصوصی یکدیگر؛ همان احساساتی که رخصت می‌داد با نگریستن در چشمان معشوق قدیمی یا شنیدن لرزش صدای او، به همهٔ معانی و مفاهیم دست بیابی. ولی همهٔ اینها دیگر هیچ مفهومی نداشت چون برای یکدیگر غریبه شده بودیم و خاطرات مشترک‌مان هر روز کمرنگ‌تر می‌شد.

مسعود در آپارتمان را باز کرد، وارد شد و صدا زد: «گیتی؟»

من بلافاصله بلند شدم و گفتم: «من باید برم، ساعت یازدهه!»

«خودتو لوس نکن. یه چیزی درست می‌کنم با هم می‌خوریم. مسعود! ما اینجاییم!»

مسعود به آشپزخانه آمد. کیفی چرمی در یک دست، تعدادی کتاب زیر بغل داشت. قدش متوسط بود و کلاهی سیاه بر سر داشت که بخشی از موهای فلفل‌نمکی‌اش را می‌پوشاند. موی ریشش از موی سرش سفیدتر بود. عینکش که روی نوک بینی نشسته بود، ظاهری روشنفکرانه به او می‌داد، شبیه یک استاد پرکار که همیشه در حال تفکر است. شبیه نسخهٔ ایرانی فیلمساز برجستهٔ آمریکایی، فرانسیس فورد کاپولای جوان بود. غیر از شال کتانی قرمزی که از دو طرف گردنش آویزان بود، لباس تیره به تن داشت. ظاهر کلی او نمادی از طبیعت هنری‌اش بود. همان حالت جدی همیشگی که بارها دیده بودم. تعجب نکردم.

از جا بلند شدم تا سلامی بکنم و طبق معمول گونه‌های یکدیگر را ببوسیم، با لحنی گرم و غیرمنتظره گفت: «به‌به! خانوم گوگوش! چه عجب! چند وقته همدیگه رو ندیدیم؟»

من هم به تقلید از او و با پنهان کردن احساس درونی‌ام جواب دادم: «مسعود کیمیایی! چند سالی میشه!»

گیتی گفت: «اسباباتو بذار زمین و بیا. می‌خوام برای سه‌تامون کباب درست کنم.»

مسعود به اتاق کارش رفت و من در آشپزخانه‌ای ماندم که روی تمام پیشخوان‌ها پر از بشقاب و دیگ و ماهی‌تابه بود. علیرغم همهٔ این ریخت و پاش‌ها، گیتی

سیخ‌های کباب را پیدا کرد و گوشت کبابی آماده را به سیخ کشید. سیخ‌ها هم مثل بقیهٔ وسایل آشپزخانه درست شسته و تمیز نشده بودند. هنوز تکه‌های سوخته و خشک‌شدهٔ کباب قبلی به آنها چسبیده بود. فکر کردم: کاش بیشتر اصرار می‌کردم که گرسنه نیستم.

طولی نکشید که مسعود به ما ملحق شد، بدون کتاب و کلاه و کیف دستی چرمی. غیر از موهای سر و ریشش که جوگندمی‌تر شده بودند، خیلی با گذشته فرق نکرده بود. مسعود صندلی‌اش را نزدیک من کشید و نشست. با لحنی دوستانه جویای حالم شد و این که این روزها چه می‌کنم. از پسرم پرسید و از این که تازگی‌ها کدام‌یک از دوستان را دیده‌ام. از رفتار و توجه و گرم گرفتنش تعجب کردم. حتی گاه لبخندی هم می‌زد، آنچه که هرگز از او ندیده بودم. لبخندش او را جوان‌تر از آن دورانی نشان می‌داد که در سال ۱۳۵۳ به خانه‌ام در ولنجک می‌آمد. چشمان قهوه‌ای رنگش مهربان‌تر شده بودند. کسی که در کنار من نشسته بود، مسعود کیمیایی کاملاً متفاوتی بود.

فکر کردم: گیتی حتماً با او صحبت کرده. از من پرسید آیا ترانهٔ جدیدی خوانده‌ام؟

با تعجب و به‌سرعت جواب دادم: «نه! از انقلاب تا امروز هیچی!» همه می‌دانستند که من و سایر خوانندگان زن قبل از انقلاب ممنوع‌الکار بودیم و فقط تنی چند از مردان سنتی‌خوان اجازهٔ ادامهٔ کار یافته بودند.

مدتی دودل ماندم تا بالاخره به آن دو گفتم چقدر دلم می‌خواهد برای «غزل ۲۲۱۴» مولانا یک آهنگ بسازم. نگران بودم مسعود در دلش بگوید: «یک خوانندهٔ پاپ را چه به اشعار حضرت مولانا استاد سخن!»

ولی او بلافاصله جواب داد: «وقتی آهنگو ساختین، دوست دارم بشنومش.» و مرا از نو با لحن دوستانه‌اش متعجب کرد.

گیتی هم اضافه کرد: «بله حتماً.»

موضوع صحبت را عوض کردم و پرسیدم: «مسعود جان، شما چطور؟ این روزا روی چی کار می‌کنید؟»

چشمانش برق زد. مسعود بعد از انقلاب همچنان سناریو می‌نوشت و فیلم می‌ساخت. او استاد این کار بود. هم سناریو می‌نوشت و هم فیلم را کارگردانی می‌کرد. می‌دانست به عنوان یک روشنفکر ضد شاه ناچار نیست کفارهٔ کارهای قبل

از انقلابش را بدهد. لابه‌لای محدودیت‌های دولتی و با دور زدن خطوط ممنوعه کارش را انجام می‌داد. قبل از انقلاب هم چنین می‌کرد.

آنچنان با هیجان و علاقه طرح تازه‌اش را تشریح کرد که من هم به هیجان آمدم. همیشه می‌دانستم انسان بسیار آگاهی است، ولی تا آن روز با یکدیگر هم کلام نشده بودیم، فقط تعارف‌های رایج بین‌مان رد و بدل می‌شد. در نتیجه از عشق وافر او به سینما و احاطه‌اش به فلسفه و تاریخ و جامعه‌شناسی سیاسی بی‌اطلاع بودم. سخنانش جذاب و شنیدنی بود.

وقتی برای خوردن شام سر میز نشستیم، من مشکل سیخ کباب‌ها را فراموش کرده بودم. هر سه غرق گفتن و شنیدن خاطرات دوران گذشته شده بودیم. هرگز به فکرم هم نرسیده بود چنین شبی را با حضور مسعود کیمیایی داشته باشم. شاید ده سال گذشته همهٔ ما را عوض کرده بود.

هنگامی که عقربهٔ ساعت به ۱ بامداد رسید، بلند شدم و اصرار کردم که با تاکسی به خانه بروم.

گیتی بدون اینکه نظر او را بپرسد، گفت: «لوس نشو! مسعود تو رو می‌رسونه.» اعتراض کردم، اما بی‌فایده بود. او مثل همیشه حرف خودش را پیش برد.

وقتی برای خداحافظی یکدیگر را بوسیدیم، گیتی گفت: «گوگوش، گاهی اوقات بیا و به مسعود سر بزن. وقتی من به آلمان برمی‌گردم، خیلی تنها میشه.» مؤدبانه پاسخ دادم: «حتماً.» اما دیگر به آن فکر نکردم.

در مسیر کوتاه و درون اتومبیل، ادامهٔ گفت‌وگوی سر شام بود. مسعود داشت دربارهٔ پروژه‌های آینده‌اش توضیح می‌داد، من در این فکر بودم که کاش گوگوش جوان می‌توانست ببیند که در حال صحبت با مسعود کیمیایی هستم.

ساعت ۲ بامداد به خانه رسیدم. پشت کیبورد/پیانو نشستم و به «غزل ۲۲۱۴» مولانا که روی زمین باز بود، چشم دوختم. تصویری در ذهنم جان گرفت: شب است. دو موجود، یکی در عراق و دیگری در خراسان زیر آسمان در حال رقص سماع و چرخیدن هستند. نت‌ها به‌سرعت و با فشار سرانگشتانم روی کلیدهای پیانو به یکدیگر وصل شدند. طولی نکشید که آکوردها و هارمونی‌هایی را که در زیرزمین خانهٔ شُلی شنیده بودم، به یاد آوردم. وقتی آخرین نت را هم یافتم، قلبم در سینه فشرده شد چون تازه با این واقعیت روبه‌رو شدم که هرگز این ترانه «بی من و تو» را نخواهم خواند.

فصل ۲۰

استودیوی ضبط لاچینی

یک هفته پس از آن شام برنامه‌ریزی نشده با گیتی و مسعود، یک بعدازظهر در راه بازگشت از تنیس، پاکت قهوه‌ای رنگی را کنار پادری ورودی خانه دیدم. یک یادداشت روی آن بود: «فکر کردم از اینها خوشت بیاید. تماشا کن و بخوان و نظرت را بگو – مسعود کیمیایی»

درون پاکت چند ویدیوی فیلم‌های جان فورد، چند ویدیوی فیلم‌های خودش و چند کتاب بود. تعجب کردم چگونه یادش مانده بود که از فیلم‌های قدیمی خوشم می‌آید، و بیشتر از آن، از زحمتی که برای رساندن آنها به من کشیده بود.

چند روز بعد، وقتی مسعود تلفن کرد تا برداشت و نظرم را بپرسد، گیتی به آلمان برگشته بود. آرام به حرف‌هایم گوش داد، هرچند گاه‌گاه صدای دست کشیدن روی ریشش را از گوشی تلفن می‌شنیدم. بعدها فهمیدم همیشه هنگام دقت و تمرکز روی یک موضوع، همین کار را می‌کند. غیر از زمانی که با همایون و سُلی از عشقم به شعر فارسی حرف زده بودم، هرگز دربارهٔ هیچ موضوع دیگری با صدای بلند اظهار نظر نکرده بودم. شاید به این دلیل که هرگز کسی نظرم را نپرسیده بود. مثل اکثر افراد مشهور، مردم بیشتر به ظاهر و زندگی شخصی گوگوش علاقه داشتند تا به فکر و نظرهای او. مسعود، پس از گوش کردن به سخنانم، با هیجان نقطه‌نظرهای خودش را با من در میان گذاشت، مثل همان شبی که از مهمترین منبع الهام خود سخن گفت. طوری حرف می‌زد که می‌توانستم برق زدن چشمانش را از ورای لحنش، حتی از پشت گوشی تلفن، حس کنم. گفتگو با او برایم جذابیت عجیبی داشت: تبادل

نظری بود بین کسی که سال‌ها پشت دوربین نشسته و کسی که در مقابل دوربین قرار گرفته. به بیان دیگر، مسعود مرا به دنیای جادویی سینما باز گردانده بود، دنیایی که در آن بزرگ شده و رشد کرده بودم، دنیایی که می‌شناختم و می‌فهمیدم. از این صحبت‌ها سیر نمی‌شدم.

پس از سه گفت‌وگوی طولانی تلفنی، مسعود در عوض تلفن کردن، بعدازظهرها به خانه‌ام می‌آمد. گاه ساعت‌ها در اتاق نشیمن می‌نشستیم و یک سکانس چندین ثانیه‌ای را کالبد شکافی می‌کردیم. دربارهٔ همه چیز حرف می‌زدیم: نورپردازی، زوایای دوربین، دکور صحنه و دیالوگ‌ها. همهٔ اینها به نظرم پر از رمز و راز بودند. همیشه دربارهٔ جریان ساخت یک فیلم کنجکاو بودم.

یک بعدازظهر، حدود یک هفته بعد، وقتی مسعود یکی از تفسیرهای جذابش دربارهٔ صحنه‌ای از یک فیلم را تمام کرد، ناگهان به طرفم برگشت و نگاهش با نگاه من گره خورد و به آرامی گفت: «تو یک زیبایی استثنایی داری!» کلماتی که در فضای میان ما معلق ماند. نگاه از او برگرداندم، به آشپزخانه رفتم و استکان چایش را پر کردم. نخست با این موضوع شروع کرد که او و گیتی زندگی جداگانه‌ای دارند و هر یک برای خود در کشوری زندگی می‌کند. بعد این توضیح را اضافه کرد که آن دو فقط روی کاغذ زن و شوهر هستند. سرم را تکان دادم و موضوع صحبت را عوض کردم. من تنها دنبال دوستی با او بودم، هرچند بخشی از وجودم در دام جذابیت جادویی او افتاده بود.

همان لحظه تصمیم گرفتم که بر این ماجرا نقطهٔ پایان بگذارم. البته چند بار موفق شدم جلوی ملاقات با او را بگیرم. ولی مسعود رفتنی نبود. یک روز تلفن کرد و به نرمی کسی که می‌خواهد ترا «عزیزم» خطاب کند گفت: «خانوم، دارم به استودیوی لاچینی میرم تا موسیقی تازه‌شو گوش کنم. دلم می‌خواد تو هم بیایی.»

فریبرز لاچینی آهنگساز مشهور را می‌شناختم. او اخیراً با مسعود در ساخت موسیقی متن فیلم «دندان مار» همکاری کرده بود و در حال ساخت موسیقی متن تازه‌ترین فیلم مسعود «رد پای گرگ» بود، فیلمی دربارهٔ دوستی و خیانت.

قلبم تپید. نه به خاطر بازیگوشی ظریفی که در لحن مسعود احساس کردم و نیتی که در آن نهفته بود، بلکه به این دلیل که از پاییز ۱۳۵۸، که همراه مرتضی کفایی نوازندهٔ فلوت ارکسترم دزدانه به یک استودیو رفتیم تا ترانهٔ «صحنه خالی» زویا زاکاریان را ضبط کنیم، تا این لحظه پا به استودیوی ضبط نگذاشته بودم. آن

شب تصمیم گرفتم در عوض خواندن ترانه، آن را روی یک موسیقی اسپانیولی دکلمه کنم و برای تهیه‌کنندگان نوار زیرزمینی «شبانه»، که در مخالفت با رژیم اسلامی ساخته می‌شد، بفرستم.

پاسخ دادم: «مسعود جان، خیلی دلم می‌خواد، ولی امشب تولد مهرداد برادرمه و براش جشن گرفتیم.» که عین حقیقت بود و من هم خوشحال که مجبور نبودم بهانه‌ای غیرواقعی بتراشم.

«فردا چطور؟»

«فردا؟» مردد شدم.

می‌توانستم نگرانی فائقه را در پرسشی که از گوگوش داشت، حس کنم: «اگه تو استودیوی ضبط بگیرنت چی؟ دستگیری حتماً رو شاخشه!» ولی گوگوش بیشتر حواسش به حال و احوال احساسی فائقه بود. سال‌ها بود که مورد اتهام غیرعادلانۀ جدا کردن بهروز و پوری از هم قرار گرفته بودم. آیا می‌خواستم بار دیگر همین ماجرا را تکرار کنم؟

او اصرار کرد: «می‌تونم ساعت ۸:۳۰ بیام دنبالت.»

عاقبت پاسخ دادم: «باشه.»

فکر بازگشت به یک استودیو چیزی را درونم به حرکت درآورد. اما سریعاً سعی کردم آن را سرکوب کنم. می‌دانستم برای آواز خواندن به آنجا نمی‌روم. جادوی اتاق ضبط و میکروفون و هیجان شنیدن صدای خودم از گوشی، بخش‌هایی از زندگی گذشته‌ام بودند و غیر قابل برگشت.

فردای آن روز، در اتومبیل مسعود نشسته بودم و مدام به خود می‌گفتم: خیلی درگیر نشو. این فقط یک بازدید ساده‌ست، همین و بس۱‌! با طپش قلبی منتظر و قبل از پیاده شدن، روسری را آنچنان محکم پیچیدم که صورتم از دید رهگذران احتمالی پنهان بماند. هرچند بیرون تاریک بود، ولی نمی‌خواستم بی‌احتیاطی بکنم. به سمت خانه‌ای در خیابانی آرام در گیشا قدم می‌زدیم و مسعود ساکت بود. تا زنگ در را زد، مردی سفیدرو با ریش مرتب در را باز کرد و ما را به داخل برد. خود فریبرز لاچینی بود. نمی‌دانم چرا به نظر پنجاه ساله و هم‌سن و سال مسعود می‌آمد، ولی بعد متوجه شدم که در آغاز چهل سالگی و هم‌سن و سال من است. ما را از پلکان به طبقۀ دوم هدایت کرد و من در حال بالا رفتن مانتو و روسری‌ام را درآوردم. استودیوی ضبط در واقع یک استودیوی خانگی و احتمالاً یک اتاق خواب

قدیمی، در طبقهٔ دوم منزل فریبرز بود. خیلی کوچک‌تر از استودیوهایی که در گذشته در آنها ضبط می‌کردم، ولی تمام دستگاه‌ها و وسایلش کامل بود. بسیاری از دستگاه‌ها را می‌شناختم ولی بعضی‌ها برایم تازگی داشتند. تعداد زیادی آلات موسیقی بر در و دیوار آویزان بود و تعدادی هم در گوشه و کنار پخش و پلا، که حرکت در آن فضای کوچک را سخت می‌کردند. فضا بوی بهشت می‌داد! فریبرز لاچینی که در میان دوستانش به لاچینی شهرت داشت، از کمبود جا و شلوغی اتاق معذرت‌خواهی کرد. به او گفتم مثل بچه‌هایی که به زمین بازی جدیدی قدم گذاشته باشند، ذوق‌زده‌ام. کمی خیالش آسوده شد و برای‌مان چای ریخت. در آن فضای کوچک، وقتی پایم با پای مسعود برخورد کرد، نگاهی به او انداختم. در جا چشمانش با چشمانم تلاقی کرد و لبخندی کم‌رنگ و مطمئن زد، به این معنی که از این نزدیکی به‌وضوح لذت می‌برد. رایحهٔ تازهٔ ادکلن تنش که تا حدی باقی‌ماندهٔ بوی تنباکوی پیپ را می‌پوشاند، فضای میان ما را پر کرده بود. نگاهم را از او دزدیدم و وانمود کردم متوجه نشده‌ام.

مسعود از لاچینی خواست موسیقی متنی را که تازه به پایان برده بود، پخش کند و با لبخندی که نشان از رضایت داشت، زمزمه کرد: «باید اینو بشنوی!»

قطعات موسیقی را یکی پس از دیگری گوش کردیم. چشمانم را بستم، آن اتاقک تنگ را ترک کردم و صحنه‌های مختلف فیلم در خیالم زنده شدند و با هر واریاسیون اندوه، درد، امیدواری یا خشم را تجربه کردم. پس از پایان هر قطعه تجربیاتم را تشریح کردم و در پایان بابت کار فوق‌العاده‌اش به او تبریک گفتم.

مسعود تأکید کرد: «مرد بزرگیه، مگه نه؟»

لاچینی با تواضع ریش خود را با سرانگشتانش مرتب کرد و گفت: «لطف دارید.»

بعد از یک ساعت و نیم، حدود ساعت ده شب، داشتم آماده می‌شدم تا خود را از این فضای دل‌انگیز مملو از خلاقیت جدا کنم و راهی منزل شوم که لاچینی پرسید آیا روی ترانهٔ تازه‌ای کار می‌کنم.

پاسخ دادم: «نه! کاری نکرده‌ام.»

مسعود پرسید: «پس اون ترانه‌هایی که با شلی خوندی چی؟»

در یکی از گفتگوهایم با او، خیلی گذرا به شب‌هایی که در زیرزمین منزل شلی سپری می‌کردیم، اشاره کرده بودم و همچنین به آهنگ‌هایی که شلی روی اشعار سهراب سپهری ساخته بود.

«من کاری نکردم. همهٔ کارها رو شُلی کرده بود. فقط وقتی او هارمونیوم میزد، من با خوندن همراهیش می‌کردم.»

لاچینی گفت: «خیلی دلم می‌خواد بهش گوش بدم.»

جواب دادم: «شاید یه وقت دیگه. داره دیر میشه.»

مسعود نگاهی به ساعتش انداخت و گفت: «انقدرام دیر نیست.»

لاچینی اضافه کرد: «اینجا هیچ‌وقت دیر نیست.»

مسعود: «خانوم! خیلی خوشحال میشیم برامون بخونی.»

تعجب کردم. هیچ فکر نمی‌کردم صدایم را دوست داشته باشد. در آن چند هفته فقط از سینما حرف زده بودیم و بس.

لاچینی گفت: «آره. البته اگه خیلی خسته نیستین...» سپس انگار که صدای درونم را شنیده باشد، اضافه کرد: «...تو این کابین می‌تونین با بلندترین صداتون بخونین. تمام استودیو عایق صداس. همسایه‌ها اصلاً هیچی نمی‌فهمن!»

کابین روبه‌رویم بود. کوچک‌تر از اندازهٔ متعارفی که عادت داشتم. چیزی به اندازهٔ کیوسک‌های قرمز رنگ تلفن عمومی لندن. چشمم به میکروفون وسط کابین که افتاد، دلشورهٔ غریبی گرفتم. سال‌ها بود به میکروفون نزدیک نشده بودم. کفش‌هایم را کندم، از روی صندلی بلند شدم و در حالی‌که مسعود و لاچینی با کنجکاوی نگاهم می‌کردند، پابرهنه وارد کابین شدم. هرگز پابرهنه نخوانده بودم. لاچینی پشت سرم وارد کابین شد، میکروفون را تنظیم کرد، بیرون رفت و در را بست.

در چند سانتیمتری میکروفون ایستادم، گوشی را گذاشتم. قلبم می‌زد، چنان تند و بلند که فکر کردم صدایش در میکروفون هم شنیده می‌شود. ناگهان به این صرافت افتادم که الان چهل و یک سالم است. آخرین باری که جلوی میکروفون ایستادم بیست و نه ساله بودم. چند نفس عمیق کشیدم، ولی هیچ تأثیری در کاهش ضربان قلبم نداشت.

به روبه‌رویم خیره شدم. لاچینی پشت میز کارش نشست. پشتش به من بود ولی مسعود داشت مرا نگاه می‌کرد. لبخندی زد و با چشمان قهوه‌ای رنگ مهربانش مرا تشویق به خواندن کرد. صدای نفس‌های خود را در گوشی می‌شنیدم چون هیچ سازی همراهی‌ام نمی‌کرد. چشمانم را بستم، نفس عمیق دیگری کشیدم و شروع به خواندن «آب را گل نکنیم» کردم، همان شعری که به شُلی و من کمک می‌کرد تا از دست غم و جنگ و تحریم موسیقی و دردهای دیگر فرار کنیم. صدایم در گوشی

طنین انداخت. باورم نمی‌شد پس از این همه سال صدای خودم را می‌شنوم. با دقت مراقب نفس‌گیری، ادای کلمات، نت‌ها، بالا و پایین رفتن صدا، سرعت و ریتم موسیقی بودم. به همهٔ ریزه‌کاری‌ها با دقت توجه می‌کردم، درست مثل کسی که پس از سال‌ها دوباره سوار دوچرخه شود.

نخست احساس رضایت کردم که صدایم را از دست نداده‌ام و تغییری هم نکرده. ولی وقتی به نت بالا رسیدم، اتفاق عجیبی افتاد. حس کردم صدایم به مانعی گیر کرد، نتوانست بالاتر برود، انگار که با یک سقف نامرئی برخورد کرده باشد. کمی بعد نوبت یک نُت بالای دیگر شد و من از نو جلوی صدایم را گرفتم. متوجه شدم ناخواسته، با همان نُت پایین که در زیرزمین منزل مصباح‌زاده با همراهی مرجان می‌خواندم، در حال اجرای برنامه هستم.

به خودم گفتم: می‌تونی! و مصمم به استقبال نُت بالا رفتم و تا آنجا که می‌کشید رفتم. حس غریبی بود. تا آن روز این‌چنین آگاه به زیر و بم صدایم نبودم.

وقتی زمان نُت بالا رسید، توانستم بلندتر بخوانم ولی هنوز کافی نبود. فقط نیمی از حجم صدایم از تارهای صوتی بیرون می‌زد. انگار روی صدایم سرپوشی سنگین گذاشته شده بود. چند بار دیگر سعی کردم ولی هر بار به این سرپوش برخورد کردم. چه اتفاقی داشت می‌افتاد؟

هر چه جلوتر رفتم آن سقف نامرئی بالا و بالاتر رفت تا مطمئن شدم که به بالاترین نُت رسیدم.

صدای یکی از آن دو را شنیدم که بعد از پایان ترانه فریاد زد: «آفرین! فوق‌العاده بود!»

گوشی را برداشتم و برگشتم روی صندلی‌ام نشستم. سعی کردم نارضایی‌ام را پنهان کنم.

مسعود گفت: «باور نکردنیه! این همه سال گذشته و هنوز صدات پرقدرت و پر از احساسه!»

سعی کردم اشکی که در چشمانم جمع شده بود را از دید آن دو پنهان کنم. به زور لبخندی زدم و با شکسته‌نفسی گفتم: «امیدوارم هیچ نُتی رو خراب نکرده باشم!»

لاچینی پاسخ داد: «غیرممکنه!»

مسعود با همان لبخند آمیخته به ذوق، که برایم آشنا شده بود، گفت: «اگه قرار

بشه یه ترانه برای مردم بخونی، فقط یه ترانه، کدوم ترانه است؟»

کمی تأمل کردم، به فکر فرو رفتم و گفتم: «بی من و تو» و بعد توضیح دادم این اولین آهنگی‌ست که ساخته‌ام.

دو نفری با هم پرسیدند: «چرا الان نمی‌خونیش؟»

برگشتم توی کابین، گوشی را گذاشتم و باز روی کاشی‌های سرد ایستادم. یک بار دیگر نفسی عمیق کشیدم، میکروفون را دست گرفتم. این بار دست و دلم نلرزید. روی کلمات تکیه کردم و آن دو موجود خیالی رقصان را به یاد آوردم. تا آغاز به خواندن کردم، گرمای شدیدی در تک‌تک سلول‌های بدنم به حرکت درآمد. کلمات از ریه‌هایم فوران زدند، به تارهای صوتی‌ام رسیدند، شعر و آهنگ با هم ادغام شدند، از دهانم بیرون ریختند و در فضای کوچک کابین پیچیدند. این بار نه به صدایم توجهی کردم و نه به آن سقف نامرئی محدودکننده‌ی بهایی دادم. هر آنچه بود و هر آنچه ماند کلمه بود، ریتم موسیقی بود و آن دو موجود خیالی که داشتند یکی می‌شدند. دیگر هیچ چیزی خارج از دنیای مولانا و طنین امواج موسیقی وجود نداشت، حتی خود من.

در پایان ترانه به خود آمدم، به گوگوش، به فضای کابین و به استودیو بازگشتم. قلبم لبریز از شادی و آرامش شده بود. کلامی برای توصیف احوالاتم نمی‌یافتم. احساس کردم زنده‌ام. انگار از یک اغمای طولانی برخاسته باشم. دیگر برایم مهم نبود که تارهای صوتی‌ام تمرین نکرده بودند؛ که زیر سرپوش رفته بودند؛ که بالاترین نُت صدایم را از من ربوده بودند؛ دیگر برایم مهم نبود مسعود یا لاچینی چه فکر می‌کردند و دیگر برایم مهم نبود این آخرین باری باشد که در زمین بازی به کودک ذوق‌زده‌ی درونم رخصت حضور دادم. مهم این بود که یک بار دیگر، حتی برای یک لحظه‌ی کوتاه، پا در آن سرزمین جادویی گذاشته بودم که دیگر هیچ‌کس نخواهد توانست آن را از من پس بگیرد، هرگز.

بالاخره هنگامی که نیمه‌شب استودیوی لاچینی را ترک کردیم، سرمست از عشق شده بودم و سبکبار از ترنم موسیقی. باورم نمی‌شد. انگار بودن در استودیو، خواندن یک ترانه در پی ترانه‌ای دیگر آن‌هم در مقابل میکروفون، احساس وصل شدن به عشق دیرینه‌ای از دست رفته‌ای را در من بیدار کرده بود. در طول راه برگشت به خانه، در کنار مسعود نشسته بودم، از پنجره بیرون را نگاه می‌کردم و این فکر در سرم می‌پیچید که ممکن نیست، این اتفاق نیفتاده، دارم خواب می‌بینم. ولی

خواب نبود، و همه را مدیون مسعود بودم. به خاطر آن شب فراموش‌نشدنی از او سپاسگزاری کردم. وقتی اتومبیل را در مقابل خانه پارک کرد، خواستم پیاده شوم که دستم را گرفت. کلاهش را از سر برداشت، مستقیم در چشمانم خیره شد و گفت: «خانوم! یه روز باید به صحنه، سرزمین استعدادی خودت، برگردی. صحنه گود مقدس توست!»

فصل ۲۱

خانم کیمیایی بودن

زمستان ۱۳۷۷

کمتر از یک دوجین دیگر ورق در دستم مانده بود که هنوز برنگردانده بودم. حتماً می‌بردم. ولی خشکم زده بود. این نخستین بار نبود. بعد از این همه سال فال ورق گرفتن روزانه، کمتر اتفاق می‌افتاد ببازم. تقصیر مسعود بود و آن مصاحبهٔ لعنتی.

سیگار دیگری روشن کردم. انگار دود سیگار همهٔ مشکلات را در آن واحد حل می‌کرد! ورق‌ها را چیده بودم و یک شاه بلاتکلیف در دستم مانده بود که پولاد وارد اتاق نشیمن شد. فکر کردم: شاید وقت شام رسیده.

گفتم: «عزیزم، خورشت بادمجون پختم. بابات گفت تا دو ساعت دیگه نمیاد خونه. می‌خوای تو شامتو بخوری؟»

مسعود اغلب روزها و شب‌ها در اتاق ادیت بود و روی فیلم تازه‌اش «مرسدس» کار می‌کرد.

پولاد کتش را برداشت و جواب داد: «نه مرسی، گشنم نیس. میرم خونهٔ دوستم...» بعد پرسید: «...دستگاه سی‌دی منو ندیدی؟ نمی‌تونم پیداش کنم.»

تعجب نکردم. او هم مثل کامبیز، وقتی شانزده سال داشت، شلخته و شلوغ بود. فکر کردن به کامبیز قلبم را می‌فشرد. دلم برایش خیلی تنگ شده بود. الان باید حدوداً بیست و نه سال داشته باشد. هنوز در لُس آنجلس زندگی می‌کرد. تازه با یک

دختر ایرانی، که خیلی نمی‌شناختم، ازدواج کرده بود و به زودی پدر یک پسربچه می‌شد. از آخرین باری که او را در سال ۱۳۷۰، یعنی هفت سال پیش، دیدم، خیلی چیزها تغییر کرده بود.

وقتی کامبیز پس از شش سال دوری برای دیدن ما به ایران آمد، مسعود کمک کرد تا گذرنامهٔ ایرانی او را تمدید کنم و بقیهٔ کارهای اداری بازگشتش را انجام دهیم. کامبیز حدود هشت ماه در ایران ماند و سپس به آمریکا برگشت. من از آن دوران بسیار لذت بردم. دربارهٔ فیلم‌ها، اختراعات خانگی جدید و اتومبیل، که علایق مشترک‌مان بود، صحبت می‌کردیم. به من گفت از آنجایی که حرفهٔ خوانندگی‌اش آن‌گونه که دلخواهش بود پیش نمی‌رفت، به فکر افتاده محافظ شخصی بشود. علاقه‌اش به هنرهای رزمی، بروس لی، و ورزش‌های دفاعی او را به این فکر انداخته بود. اما کامبیز هم، درست مثل من و پاپا، هیچ‌وقت دربارهٔ مسائل خیلی خصوصی خود حرف نمی‌زد و من هم هرگز سعی نکردم در این زمینه کنجکاوی کنم. سال ۱۳۷۷ بود و پسرم مرد کاملی شده بود و من از این فکر که دوباره کی او را خواهم دید و خودش و نوزاد پسرش را در آغوش خواهم کشید، دلم می‌گرفت.

از پولاد پرسیدم: «تو اتاق خودت نیست؟»

جواب داد: «نه.»

این روزها پیدا کردن هر چیزی کار سختی بود. کتاب‌ها، دست‌نوشته‌ها و دفترچه‌های یادداشت مسعود تقریباً همهٔ سطح آپارتمانم را پوشانده بود، از جمله اتاق خواب سومی که به دفتر کار خانگی تبدیل کرده بودیم. حسابی عصبانی بودم، مخصوصاً که یک نظافتکار هم استخدام کرده بودیم تا هفته‌ای چند بار برای جمع و جور کردن و تمیزی بیاید. با وجود این، بیشتر وقتم به نظافت و جمع‌آوری می‌گذشت. از دوران کودکی تا این زمان، این همه کار خانه نکرده بودم. در دوران زندگی با مونس، دست‌کم صحنه‌ای بود که پناهگاهم باشد. هرچند ساختن آهنگ و سرودن ترانه می‌توانست دلگرم کننده باشد، ولی نه به اندازهٔ خواندن روی صحنه که به آن سخت عادت داشتم.

دنبال دستگاه سی‌دی پولاد می‌گشتم که درد وحشتناک کمرم عود کرد.

پولاد با دیدن چهرهٔ درهم من پرسید: «حالت خوبه؟»

نه. خوب نبودم. چهل و هفت سالم بودم، برای بار چهارم ازدواج کرده بودم، آن‌هم با مردی که دوستش داشتم و به او احترام می‌گذاشتم، نامادری یک پسر

نوجوان بودم و با این حال، تنها چیزی که در فکرم بود، فرار به یک کلبهٔ کوچک و دورافتاده کنار دریای خزر بود. از خانه‌داری و پخت و پز خسته شده بودم. از درد خسته شده بودم، از همه چیز خسته شده بودم. این حال و روزی نبود که هفت سال پیش برای خودم تصور کرده بودم: یک زندگی ساده و آرام که در آن مسئولیت کسی را به عهده نداشته باشم. تا اوایل دههٔ هفتاد خورشیدی، فضای تهران پس از پایان جنگ آرام‌تر شده بود. هرچند کشور هنوز درگیر مشکلات خود بود، اما بارقه‌ای از خوش‌بینی در آن دیده می‌شد. درست مثل روزهای بعد از «دوران وحشت» انقلاب فرانسه، امید کم‌کم از میان ابرهای تاریک گذشته پدیدار شده بود. تنها زندگی کردن یک زن، دیگر مثل سال‌های اول بعد از انقلاب، ترسناک نبود. اما بعد از آن شب در استودیوی لاچینی، همه چیز تغییر کرد و احساسم نسبت به مسعود به طرز چشمگیری بیشتر شد.

تا جایی که می‌توانستم، به احترام گیتی، با این احساس جنگیدم. آن‌ها هنوز زن و شوهر بودند. حضور کامبیز هم به این مقاومت کمک می‌کرد. اما وقتی کامبیز رفت، مسعود دیگر دست‌بردار نبود. مدام به آپارتمانم می‌آمد؛ با اصرار توجیه می‌کرد که او و گیتی از هم جدا شده‌اند؛ که گیتی با پسرشان در آلمان برای خودش زندگی می‌کند و او در تهران برای خودش. در نهایت، وقتی با چشم‌های خود دیدم و آشنایان مشترک هم تأیید کردند، حرف‌هایش را باور کردم و تسلیم جذابیت بی‌همتای او شدم که مقاومت در برابرش را غیرممکن می‌کرد. بیش از سه سال از ازدواج‌مان می‌گذشت.

با دو دست کمرم را مالیدم و جواب دادم: «آره عزیزم، خوبم، درد سیاتیکمه. اگه واکمن‌تو پیدا کردم خبرت می‌کنم.»

«دستگاه سی‌دی.»

«آره، سی‌دی.»

وقتی پولاد آپارتمان را ترک کرد، درد به پای چپم زده بود. باید بلند می‌شدم و راه می‌رفتم تا درد را کمتر حس کنم و تصمیم گرفتم که بهتره با این همه آت و آشغال که دور و برم جمع شده و روی درد جسمانی‌ام هم اثر گذاشته بود، کاری بکنم.

زیر برنج و خورشت را پایین کشیدم و به تمیز کردن میز ناهارخوری، که زیر انبوهی کتاب و کاغذهای مسعود مدفون شده بود، مشغول شدم.

در آن لحظه یادم آمد همایون چقدر نظیف و مرتب بود، تا حد وسواس! او هم

به اندازهٔ من در فکر نظافت بود، گاه هم بیشتر. البته در شرایطی که دچار توهم‌زدگی فری‌بیس نبود یا پای منقل نشئه نشده بود. بخشی از وجودم هنوز باور نداشت که همایون برای همیشه رفته است. چهار سال پیش، در سال ۱۳۷۲، وقتی برادرم مهرداد خبر غم‌انگیز درگذشت همایون را داده، پنج سال از طلاق‌مان گذشته بود و با وجود رابطهٔ سمی و وابسته‌ای که داشتیم، باز هم بسیار غمگین شدم. مدت سیزده سال او نزدیک‌ترین موجود زندگی‌ام بود: شوهرم، بهترین دوستم و معشوقم.

اندکی پیش از سفر به انگلستان برای دیدن یک متخصص مشهور، بسیار امیدوار بود. ولی از قرار متخصص انگلیسی چندان بهتر از پزشکان ایرانی نبود. وقتی بیماری تمام بدنش را گرفت، به خواست خودش شیمی‌درمانی را متوقف کردند.

همایون به پیمان خود پایبند ماند. بدنش، قبل از ابتلا به سرطان، نابود شده بود. با شنیدن خبر درگذشتش دانستم که برای همیشه از قید و اسارت شیطان اعتیاد آزاد و رها شد. آن روز، بعد از تلفن مهرداد، برای یک لحظه نوری در قلبم حس کردم. همایون را وسط پیست رقص کوچینی دیدم، همان جایی که در سال ۱۳۴۳ برای نخستین بار دیده بودمش. بدنش به نرمی با نوای موسیقی حرکت می‌کرد، چشمانش پر از شادی و شور زندگی بود و روحش با هر ضرب‌آهنگ به اوج می‌رسید. به خود گفتم: بالاخره آزاد شد.

همهٔ وسایل مسعود را که روی میز ناهارخوری پخش شده بود، جمع کردم. با زحمت همه را روی هم چیدم و به دفتر کار او در انتهای راهرو بردم. البته، روی میز کارش هم پر از کتاب و کاغذ بود. مراقب بودم به چیزی دست نزنم، شاید که عمداً کتابی را باز گذاشته باشد یا عکسی را روی صفحات تایپ‌شده، خط‌خورده و پر از یادداشت‌های دست‌نویس قرار داده باشد. همچنین نمی‌خواستم چیزی ببینم که قرار نبود ببینم. مثل نامهٔ گیتی به مسعود که ماه‌ها پس از فوتش در سال ۱۳۷۳ پیدا کردم.

گیتی و من، از سال ۱۳۷۰ و بعد از آن شام برنامه‌ریزی نشده، دیگر با هم حرف نزدیم. حتی بعد از این‌که دوستان مشترک زیادی از رابطهٔ تازهٔ من و مسعود باخبر شده بودند، او هیچ تلاشی برای ارتباط با من نکرد. برای من هم راحت نبود که با او تماس بگیرم، مخصوصاً که قبل از آن شام ارتباط زیادی با هم نداشتیم.

نامهٔ او را روی میز آشفتهٔ مسعود پیدا کردم، زیر توده‌ای اسناد نامرتب. گیتی

در آن، مسعود را یک همسر خیانتکار و مرا یک «خانمان برانداز» خطاب کرده بود. نه دفاعی از خود داشتم، نه سخنی که بتواند رابطهٔ من و او را درست کند. گیتی حق داشت مرا به خاطر رابطهٔ عاطفی‌ام با همسرش سرزنش کند و من به خاطر دردی که برایش آفریده بودم، احساس شرمندگی می‌کردم، هر چند آن دو سال‌ها بود زندگی‌های مجزا در دو قارهٔ مختلف داشتند و در این زمینه مسئولیتی بر گردن من نبود.

بخشی از وجودم آرزو می‌کرد که کاش او می‌دانست من دنبال مسعود نیفتاده بودم، مردی که در مقابل مقاومت فراوان من خسته نشد و پاسخ نه را نپذیرفت. شاید هم می‌دانست که مسعود استعدادی عجیب در جلب دل زنان داشت و پیش‌تر نمونه‌هایی از آن را دیده بود. مسعود قبل از گیتی، با بانوی دیگری ازدواج کرده بود. شاید هم فرقی نمی‌کرد. وقتی گیتی در سال ۱۳۷۲ با پولاد به ایران بازگشت، من چندین بار تلاش کردم تا رابطه‌ام را با مسعود تمام کنم، اما او دست‌بردار نبود و اصرار داشت که آنها از هم جدا شده‌اند و راه بازگشتی وجود ندارد. موقعیت بدی بود که سه نفر انسان تنها درگیرش شده بودند.

پولاد چهارده ساله بود که مادرش را از دست داد. از آن به بعد هر کاری از دستم برمی‌آمد انجام دادم که او در خانه‌ام احساس آرامش کند و بپذیرد که دوستش دارم، درست بر عکس آنچه مونس بر سر من آورده بود. البته کار سختی نبود چون پولاد بچهٔ خوبی بود. اوایل احساس می‌کردم با این کارها کمکش می‌کنم و شانه‌ای برای گریه کردن دارد. ولی بعد متوجه شدم که او مرا مسئول همهٔ مشکلاتش می‌دانست. خشم او نسبت به من با گذشت زمان و گذر از مراحل چندگانهٔ سوگواری فروکش کرد و پس از آن رابطهٔ ما دو تن دوستانه شد، رابطه‌ای که آرزویم بود با کامبیز می‌داشتم.

سبد کاغذهای باطله هم پر شده بود. آن را خالی کردم و فکر کردم: نمی‌توانم این کار را برای همیشه ادامه دهم.

در میان ریخت و پاش‌های روی میز تحریر، چند فنجان چای و قهوهٔ نیمه‌نوشیده هم پیدا کردم. خدا می‌داند هر کدام چند روز روی میز مانده بودند! وقتی مسعود غرق کارش می‌شد، جهان اطراف و خورد و خوراک و نوشیدن را هم از یاد می‌برد. من از این ویژگی او ناراحت نبودم؛ اتفاقاً در ابتدا مجذوب عشقی که به فیلمسازی داشت، شده بودم.

اما این‌که من فقط در دنیای مسعود و علیرغم میل باطنی‌ام به عنوان «خانم

کیمیایی» زندگی کنم و به‌تدریج تبدیل به یک زن خانه‌دار معمولی شوم، یک سوی ماجرا بود و این که او در آخرین مصاحبه‌اش ازدواج با من «گوگوش» را انکار کرده بود، یک سوی دیگر ماجرا. در این مصاحبه و در پاسخ به خبرنگار کنجکاوی که او را زیر سؤال برده بود گفته بود که زندگی خصوصی‌اش به هیچ‌کس ربطی ندارد. احساس کردم به من توهین کرده و تحقیر شده‌ام. مسعود هرگز ازدواج‌های قبلی خود را پنهان نکرده بود، چه با گیتی و چه با همسر اولش، مهشید. آیا من موجب سرشکستگی‌اش بودم؟ آیا شایستگی نام کیمیایی را نداشتم؟ در عجب بودم که چرا این رفتار او تا این حد به من آسیب زده بود، مخصوصاً که می‌دانستم مرا دوست دارد. ما یک ارتباط روحی عمیق داشتیم که با همایون یا حتی با بهروز تجربه نکرده بودم. مسعود همیشه مرا به خواندن کتاب و نوشتن ترانه تشویق می‌کرد. وقتی برای نخستین بار در سال ۱۳۷۰ متوجه شدم که او می‌تواند تمام ترانه‌هایم را بدون داشتن دفترچهٔ نُت با پیانو بنوازد، حیرت کردم. چون به فکرم هم نمی‌رسید که مسعود کیمیایی به ترانه‌ای از گوگوش گوش کرده باشد، چه رسد به این که بتواند ملودی‌های مختلف را از حافظه بنوازد! پس چرا خجالت می‌کشید که اعتراف کند با گوگوش ازدواج کرده؟ چرا از پذیرفتن من در مقام همسرش امتناع می‌کرد؟ منی که تا این حد از خود مایه گذاشته بودم و با گونه‌ای زندگی مشترک سازگار شده بودم که هرگز فکرش را نمی‌کردم؟ ولی هیچ‌یک از این گله‌ها را با او در میان نگذاشتم، چون با این کار بیشتر خود را تحقیر می‌کردم. ولی مصاحبه تنها دلیل دلگیری این روزهایم نبود.

من، از همان کودکی، با این احساس بزرگ شده بودم، احساسی که وقتی تمام وجودم را در بر می‌گرفت و گلویم را می‌فشرد و حتی زمانی که باید خوشبخت‌ترین انسان روی زمین می‌بودم، دست از سرم بر نمی‌داشت. مثل آن روزهایی که در سال ۱۳۷۰، کامبیز پس از سال‌ها دوری به دیدنم آمد. افسردگی با حضوری پررنگ همزاد همیشگی زندگی‌ام شده بود و درد سیاتیک هم مزید بر علت. در آن روزها کمترین درد جسمانی یا یک کلام نامساعد می‌توانست از نو مرا به دامان افسردگی بیندازد. حتی اگر مسعود بیچاره بیشتر از حد معمول دربارهٔ کارش صحبت می‌کرد، افسردگی‌ام از راه می‌رسید. البته او متوجه نمی‌شد چون من همهٔ این احساسات را در دل پنهان می‌کردم.

اگر افسردگی نبود، همیشه از شنیدن توضیحاتی که مسعود از یک طرح در

دست انجام می‌داد، لذت می‌بردم چون نظر و برداشت مرا دربارهٔ نوشته‌هایش جویا می‌شد و من هم با خوشحالی اظهار نظر می‌کردم. در واقع در آن دوران، من عشق به سینما را با مسعود تجربه می‌کردم، از طریق کارش و از تجزیه و تحلیل فیلم‌هایی که با هم تماشا می‌کردیم. همین اواخر یک فیلم گری کوپر را بیش از ده بار تماشا کردیم تا شیوهٔ بازیگری او را مطالعه کنیم. ولی تازگی‌ها، وقتی از ساعات طولانی کار در خارج از خانه صحبت می‌کرد، خاطرات دور زندگی کاری‌ام به ذهنم هجوم می‌آوردند و قلبم را پاره‌پاره می‌کردند. صحنه‌های فیلمبرداری به یادم می‌آمدند، کسانی که دست‌اندرکار بودند، کارگردان‌ها و دیدگاه‌های مختلف‌شان، خنده‌های خارج از متن سناریو که هم‌زمان با فیلمبرداری به همگی دست می‌داد. حتی گاه صحنه‌های دردناک را به یاد می‌آوردم و اشک در چشمانم حلقه می‌زد. مثل آن باری که حین فیلمبرداری یک صحنهٔ عاشقانهٔ «در امتداد شب» کار پرویز صیاد، مچم به‌شدت با زمین اصابت کرد. انگار دیروز بود! شدت برخورد چنان بود که برادرانم و زویا زاکاریان، که در اتاق بغلی بودند، صدای آن را شنیدند.

فنجان‌ها را به آشپزخانه بردم که صدای گردش کلید در قفل در ورودی خانه را شنیدم. خیلی بعید بود که مسعود در وسط اجرای یک طرح به این زودی به خانه برگردد. شاید می‌دانست خیلی دلگیر هستم. شاید آمده بود جبران کند و دلم را به‌دست بیاورد.

مثل هر شب به استقبالش رفتم و طوری رفتار کردم که گویی هیچ اتفاقی نیفتاده. گفتم سر میز بنشیند تا شام را بکشم.

تظاهر کردم که همه‌چیز خوب است. مثل هر شب دیگر به او خوش‌آمد گفتم و به نشستن سر میز شام با غذایی تازه پخته‌شده دعوتش کردم.

مسعود خسته به نظر می‌آمد. زیر چشمانش حلقهٔ سیاه افتاده بود ولی از سخنانش بوی خستگی نمی‌آمد. لقمه‌هایش را می‌جوید و مثل یک کودک ذوق‌زده دربارهٔ پیشرفت طرحش صحبت می‌کرد، و من سر کشیدن یک پرس دیگر غذا با خودم در جدال بودم. این ویژگی بارز مسعود بود. مغزش هرگز از کار کردن خسته نمی‌شد. سناریوی «مرسدس» را زمانی نوشت که هنوز مشغول فیلمبرداری فیلم مشهورش «سلطان» بود.

پس از شام، وقتی به اتاق نشیمن رفتیم، مسعود دفترچهٔ یادداشتی از کیف چرمی‌اش بیرون کشید و آن را به من داد و گفت:

«خانوم، اینو واسۀ تو نوشتم.»

«چیه؟»

«نگاش کن.»

یک شعر بلند بود.

«کی وقت کردی اینو بنویسی؟» دستم را دراز کردم که عینکم را بردارم، خندید. عنوان آن «زرتشت» بود. بغض گلویم را فشرد و گفتم: «خیلی قشنگه» و آن بخشی که بیش از بقیه رویم اثر کرده بود را با صدای بلند خواندم:

...در تن خوش‌سبز این ملک قدیمی

خواندن از کی می‌تواند جرم باشد؟

که زرتشت، با سرود این سرزمین را کاشت...

«فکر کنم می‌تونی یه آهنگ روش بذاری و یه روز اونو برای مردم بخونی.»

تا این را گفت، همۀ دلگیری‌های آن مصاحبه را فراموش کردم. در واقع، از آن شب استودیوی لاچینی، مسعود مرتب مرا به کار و تولید موسیقی تشویق می‌کرد. او هم، به گونه‌ای و تنها در این جهت، شبیه محمود بود. هر دو به توانایی موسیقایی من باور داشتند و پافشاری می‌کردند که علیرغم موانع سر راه، کار اصلی‌ام را دنبال کنم.

مسعود مرا با یک آهنگساز و ترانه‌سُرا به نام کارن همایون‌فر آشنا کرده بود که به به من تعلیم پیانو می‌داد. حتی چند بار گفت: «خانوم، یه روز تو ستارۀ یکی از فیلمام میشی.» من هم، هرچند چنین امیدی نداشتم و در اعماق وجودم پذیرفته بودم که دیگر هرگز به صحنه نمایش یا پرده سینما بازنخواهم گشت، هر بار تکرار می‌کردم: «از خدا می‌خوام!». وقتی این دوگانگی را در او می‌دیدم نمی‌توانستم انکار علنی ازدواج‌مان را درک کنم. شاید برای روشنفکر درونش سخت بود که علناً اعتراف کند طرفدار یک ستارۀ پاپ مثل گوگوش است، چه برسد به این که با او ازدواج کرده باشد.

جواب دادم: «مسعود جان، خودت خوب می‌دونی که هیچ‌وقت نمی‌ذارن دوباره تو جمع بخونم. نمی‌خوام وقتمو با یه همچی رؤیایی تلف کنم.» شیشۀ عینک ضخیمش را با دستمالی تمیز کرد و گفت: «خانوم، خدا رو چه دیدی! زیر بالشت قایمش کن و روش کار کن.»

مسعود، برخلاف نظر بدبینانه‌اش به اجتماع، به‌ندرت دیدگاه مثبت هم داشت.

من این جنبه را طی چند سال گذشته کشف کرده بودم، مثل کشف او به عنوان یک موسیقی‌دان. مسعود پیانیست فوق‌العاده‌ای بود و اغلب موسیقی‌های کلاسیک را بلد بود و به زیبایی می‌نواخت. دیگر این که، او نیز مثل بسیارانی، امیدوار بود محمد خاتمی رئیس‌جمهور اصلاح‌طلب، که ۱۲ مرداد ۱۳۷۶ انتخاب شده بود، بر سر پیمان خود برای اصلاحات اجتماعی بماند و قوانین سخت و محدودکنندهٔ فیلم و موسیقی را لغو کند. با وجودی که مسعود و دیگران حق داشتند امیدوار باشند، من می‌دانستم هرگز اجازهٔ خواندن پیدا نخواهم کرد.

با لحنی ناباورانه گفتم: «شاید، ولی این شعرو خیلی دوست دارم، مرسی.»

«هر وقت ساختیش برای کارن اجرا کن و نظرشو بپرس.»

...در تن خوش‌سبز این ملک قدیمی

خواندن از کی می‌تواند جرم باشد؟

که زرتشت، با سرود این سرزمین را کاشت...

فصل ۲۲

جام جهانی ۱۹۹۸ (۱۳۷۶)

قطرات عرق از پشت گردنم و از زیر روسری و پشت بلوزی که زیر مانتو به تن داشتم، تا کمرم شُره کرده بود. با وجود هوای بسیار گرم، بولوار جردن، که به بلوار آفریقا تغییر نام داده بود، مثل همیشه شلوغ و پر تردد بود و عابران با عجله به مغازه‌ها در رفت و آمد بودند. بهتر بود برای خرید میوه، زودتر از خانه بیرون می‌آمدم. ساعت ۴ بعدازظهر بود و هوا ۳۸ درجۀ سانتیگراد. در این شرایط حتی راه‌پیمایی در سایه هم طاقت‌فرسا بود. به مردها که اجازه داشتند پیراهن آستین کوتاه بپوشند، حسودی‌ام می‌شد. وقتی ما زنان زیر لایه‌های لباس و مانتو و روسری با حالی نزار گام برمی‌داشتیم، آنها دست‌کم ناچار نبودند زیر این آفتاب سوزان با پوشش اجباری راه بروند. اگر این اجبار برطرف شود و نیازی به این همه لایه‌لایه لباس پوشیدن نباشد، چه بهشتی خواهد شد! ولی با وجود هوای گرم و پوشش عذاب‌آوری که بر تن داشتم، خوشحال بودم که در بولوار جردن راه می‌روم، خوشحال بودم که از بیمارستان مرخص شده‌ام و خوشحال بودم که قادرم راه بروم.

از خانۀ ما تا دکان میوه‌فروشی راه زیادی نبود. یک سال پیش، پس از اسباب‌کشی من و مسعود و پولاد به این آپارتمان سه اتاق خوابۀ خیابان ناهید شرقی، برای نخستین بار برای خرید به دکان رفتم. غالباً از دیدن مردم، که به زندگی روزمرۀ خود مشغول بودند، لذت می‌بردم و برای هر کدام داستانی در ذهنم می‌ساختم و آلام و امید و آرزوی هر یک را پیش خود مرور می‌کردم. ولی امروز هوا خیلی گرم‌تر از آن بود که بتوانم خیال‌بافی کنم. صدای بلند موسیقی هم، که از درون اتومبیل‌ها

به گوش می‌رسید، توجهم را جلب کرده بود. با عبور از کنار هر اتومبیل، که از آن نوای موسیقی در فضا پخش می‌شد، از ته دل ذوق می‌کردم ولی همچنان حواسم به اطراف بود که گشت ارشادی نباشد. پخش موسیقی در مکان‌های عمومی همچنان غیر قانونی و خلاف بود. در پی برنده شدن محمد خاتمی در انتخابات ریاست جمهوری، تهران غرق یک شعف تماشایی شده بود، به‌ویژه جوانان خیلی عوض شده بودند. دیدن چهرهٔ خندان آنها و حضور شاخص موسیقی در خیابان‌ها خیلی دلچسب بود. البته صعود تیم ملی ایران به مسابقات جام جهانی فوتبال ۱۹۹۸ در این شادی و نشاط بی‌تأثیر نبود. پس از اعلام دومین حضور تیم ملی ایران در تاریخ جام جهانی، میلیون‌ها ایرانی به خیابان‌های تهران ریختند و به جشن و پایکوبی پرداختند. حالا منتظر بودیم که چند روز دیگر، دقیقاً ۲۴ خرداد، تیم ایران در کشور فرانسه به مصاف تیم یوگسلاوی برود.

ترانهٔ پاپی که از درون یک اتومبیل پخش می‌شد، برایم ناآشنا بود. خواننده‌اش را نمی‌شناختم ولی می‌دانستم از لُس‌آنجلس رسیده چون تولید موسیقی پاپ در ایران ممنوع بود. راننده و سرنشینان اتومبیل جوان بودند و همگی سرشان را به سوی اتومبیل پژویی که کنارشان توقف کرده بود چرخانده بودند. درون پژو دخترانی همسن و سال خودشان با روسری نشسته بودند. سرنشین بغل دست راننده سرش را از پنجره بیرون کرد و با صدای بلند از دخترها پرسید: «شماره‌تون چنده؟ رفیقم می‌تونه اینو براتون رو سی‌دی کپی کنه و بفرسته. خدا رو چی دیدی؟! شاید قسمت شد همه با هم گوش کردیمش!»

دخترک راننده صدای بلندگوی اتومبیلش را بلندتر کرد و جواب داد: «خودمون داریم!» و بقیهٔ دخترها غش‌غش خندیدند.

تازگی این مناظر در تهران زیاد دیده می‌شد. جوانان که از معاشرت با غیر همجنس در اماکن عمومی منع شده‌اند، یاد گرفته‌اند چگونه سیستم را دور بزنند تا با هم و در ملأ عام گپ و گفتی داشته باشند. در هر اتومبیل تعدادی دختر و پسر می‌نشستند، صدای موسیقی را بالا می‌بردند، در بولوار جردن تردد می‌کردند، سر هر چهارراه و پشت چراغ قرمز نمرهٔ تلفن رد و بدل می‌کردند و به این کار خودشان نام «دور دور» داده بودند. در عین حال حواس‌شان هم جمع بود. تا پلیس یا گشت ارشاد می‌دیدند، صدای موسیقی را کم می‌کردند و شیشه‌ها را بالا می‌کشیدند. همگی چنان در این مانور دادن زبردست شده بودند که انگار از قبل با هم چندین

بار تمرین کرده بودند. دیدن این تعامل‌ها، با وجود همهٔ مشکلات و موانع موجود، موجب دلخوشی بود. این جوانان با هر مصیبتی راهی پیدا می‌کردند تا، مثل همسالان‌شان در دیگر نقاط آزاد جهان، خود را سرگرم کنند.

به میوه‌فروشی که رسیدم، همه لباس‌های تنم خیس عرق شده بود، ولی ارزشش را داشت. صاحب مغازه میوه‌های تازهٔ خوبی آورده بود از جمله گیلاس قرمز اعلا که مسعود و پولاد هم خیلی دوست داشتند. پس از پایان خرید با دو پاکت پر از میوه مغازه را ترک کردم.

هنوز چند دقیقه‌ای بیشتر راه نرفته بودم که پشیمان شدم. فکر کردم: نباید این همه میوه را پیاده حمل می‌کردم. دو هفته بیشتر از مرخص شدنم از تهران کلینیک نگذشته بود، بیمارستانی که پاپا هم بعد از سکتهٔ قلبی دومش در آنجا بستری شده بود. پزشکان تا روزی که خونریزی معده‌ام بند نیامد مرا در بیمارستان نگه‌داشتند. این دومین باری بود که چنین اتفاقی برایم می‌افتاد. بار اول در سال ۱۳۵۴، درد مثل یک صاعقه به سراغم آمد و مرا از پا انداخت. ساعت ۲ بعد از نیمه‌شب، مدیر برنامه‌ام، از حمله‌ای که در حوالی منزلش با کارد به او شده بود، گریخته بود و سراسیمه و زخمی و خونین به در خانه‌ام پناه آورده بود. وقتی در را به رویش باز کردم، گفت چون نمی‌خواسته همسرش را هراسان کند، با اتومبیل خودش را به خانه‌ام در ولنجک رسانده تا او را به بیمارستان ببرم. با دیدن او نقش بر زمین شدم و بهروز ناچار شد هر دوی ما را به بیمارستان برساند. پزشکان بیمارستان تشخیص دادند که زخم معده‌ام، در اثر شوکی که از دیدن مدیر برنامه به من دست داده بود، خونریزی کرده. ولی این بار، خونریزی زخم معدهٔ مزمن، با اسید شدید معده شروع شد و به‌سرعت تبدیل به دردی غیرقابل تحمل گردید و از پا درم آورد. این بار مسبب یک حادثه یا اتفاق غیرمنتظره نبود بلکه فشارهای عصبی عامل اصلی آن به‌شمار می‌رفت. از نوع همان فشارهای عصبی که دوازده ماه پیش موجب درد و گرفتگی شدید شانه‌هایم شده بود.

حقیقت این بود که دیگر نمی‌توانستم نقش زن خانه‌دار و زن پدر دلسوز را ادامه بدهم؛ هر روز بپزم و بشورم و تمیزکاری کنم و هر شب در کنار مسعود، که بی‌وقفه می‌نوشت، بیدار بمانم؛ یا تا دیروقت شب منتظر برگشت پولاد از خانهٔ دوستانش باشم. از دست خودم به خاطر ضعف اراده و شروع مجدد مصرف تریاک، آن هم بعد از سال‌ها ترک اعتیاد، عصبانی بودم. مسعود گاهی از کشیدن تریاک لذت

می‌برد، البته نه به اندازهٔ همایون، و من هم گاهی او را همراهی می‌کردم.

در طول درمانم در تهران کلینیک تلفنی به مسعود گفتم که دیگر نمی‌توانم زندگی مشترک‌مان را به این شکل ادامه بدهم و خواستم که او و پولاد دنبال زندگی خودشان بروند. پس از دو هفته بستری بودن در تهران کلینیک، با بدن و ذهنی استراحت کرده به خانه برگشتم. انتظار داشتم مسعود و پولاد خانه را ترک کرده باشند، ولی هر دو، انگار نه انگار که اتفاقی افتاده، هنوز آنجا بودند. این را فهمیده بودم که پذیرش یا تغییر این زندگی فقط دست خودم است. در هر دو حال چاره‌ای جز این نداشتم که قبل از هر چیز دیگر و مهم‌تر از هر کار دیگر، به سلامت جسم و روان خود فکر کنم.

کنار جدول خیابان ایستادم و کیسه‌های سنگین را زمین گذاشتم.

راننده‌ای که از کنارم می‌گذشت را صدا زدم: «تاکسی!»

توقف نکرد. رانندهٔ تاکسی بعدی نیز. سومی نیز همچنین. چند قدم دیگر برداشتم و از نو ایستادم. کلافه شدم، پاکت‌ها را زمین گذاشتم و از ناچاری برای هر اتومبیلی که نزدیک می‌شد، دست تکان دادم. تا آن روز چنین کاری نکرده بودم ولی در فیلم‌های سینمایی دیده بودم. خیلی هم کار مشکلی نبود.

اتومبیل پشت سر اتومبیل آمدند و رفتند و نیم‌نگاهی هم به من نینداختند. چند دقیقهٔ دیگر گذشت. یک اتومبیل شاسی‌بلند پاترول داشت نزدیک می‌شد. دو مرد جوان سرنشین آن صدای بلندگوهای اتومبیل را بالا برده بودند و وقتی به من نزدیک شدند، متوجه شدم که داشتند به ترانهٔ «غریب آشنا» گوش می‌دادند. چند مصرع اول را شنیدم:

غریب آشنا، دوستت دارم بیا
منو همرات ببر، به شهر قصه‌ها
بگیر دست منو، تو اون دستا

پس از دو دهه این نخستین بار بود این ترانه را، که شعر آن از اردلان سرفراز و آهنگش از حسن شماعی‌زاده بود، می‌شنیدم. با قلبی مملو از عشق به هر دو نگاه کردم تا بگویم: «منم! گوگوش!» با هیجان دست تکان دادم و به آنها لبخند زدم و منتظر عکس‌العمل آنها ماندم. چند قدم مانده به من، جوان بغل‌دست راننده که

تقریباً بیست ساله به نظر می‌رسید و موهای ژل‌زدهٔ مد روز و عینک آفتابی داشت، شیشه را پایین کشید و بدون اینکه نگاهم کند، داد زد: «برو بابا!»

همان‌طور که اتومبیل به‌سرعت از کنارم گذشت، صدای خودم را از درون اتومبیل در حال خواندن شنیدم. می‌توانستم عصبانی شوم، ولی خنده‌ام گرفت: از ایستادن با آن سر و وضع و دو پاکت میوه در کنار جدول خیابان؛ از این‌که انتظار داشتم آن دو جوان مرا بشناسند. صحنه چقدر شبیه یک فیلم کمدی بود! اگر از لولهٔ اگزوز اتومبیل‌شان هم دودی به سر و رویم می‌پاشید، کمدی کامل می‌شد! در طول راه بازگشت به خانه به این جریان فکر می‌کردم و لبخند می‌زدم. هوای گرم، لباس‌های خیس عرق و سنگینی دو پاکت میوه را، که دست و شانه‌هایم را به درد آورده بودند، به‌کلی از یاد بردم.

۳۱ خرداد ۱۳۷۷

نزدیکی‌های نیمه‌شب بود و ما نیز، مثل میلیون‌ها ایرانی در سراسر جهان، جلوی تلویزیون نشسته بودیم.

هشت روز از باخت صفر به یک تیم ما به تیم یوگسلاوی می‌گذشت، ولی برای کسی مهم نبود. مسابقهٔ امشب مهم بود. این سرآمد همهٔ مسابقات بود: نبرد ایران و آمریکا. حتی رئیس فدراسیون فوتبال آمریکا هم آن را مادر همهٔ مسابقات خوانده بود. برای ما این مسابقه از خود جام جهانی هم مهم‌تر بود. این نخستین بار بود که، بیست سال پس از گروگان‌گیری سفارت آمریکا، دو حکومت ایران و آمریکا اختلافات و دشمنی سیاسی خود را کنار گذاشته بودند تا تمام دنیا این رویداد را در استادیوم فوتبال شهر لیون فرانسه تماشا کنند. کسانی که اهل ورزش و فوتبال نبودند هم به تماشای این مسابقه نشسته بودند.

پوشش رسانه‌های ایرانی در روزهای منتهی به این بازی، ترکیبی از غرور ملی و روحیهٔ ورزشی بود. این بازی را فرصتی برای نمایش قدرت جمهوری اسلامی در مقابل آمریکا، که اغلب توسط مقامات «شیطان بزرگ» نامیده می‌شد، توصیف می‌کردند. اما اکثر مردم به روایت رسانه‌ها اهمیت زیادی نمی‌دادند. همه دل‌شان

می‌خواست که در ایران، برای یک بار هم که شده، در عوض جنگ و ویرانی شاهد یک رویداد هیجان‌انگیز باشند. این را می‌شد از صورت کسانی که داخل استادیوم نشسته بودند، حدس زد. از دیدن ایرانیانی که با صورت‌های قرمز، سفید و سبز در کنار طرفداران آمریکایی با صورت‌های قرمز، سفید و آبی، با افتخار پرچم کشورشان را تکان می‌دادند، اشک در چشمانم جمع شد. با وجود تلاش مذبوحانهٔ جمهوری اسلامی برای آموزش نفرت از آمریکا، و فشار بر دانش‌آموزان برای سر دادن شعار «مرگ بر آمریکا» در صف بامدادِی مدارس، ما ملت نشان می‌دادیم آنچه می‌خواستیم صلح بود و دوستی.

هنگامی که دو تیم وارد زمین شدند، هیجان تمام وجودم را فرا گرفت. تیم ایران رنگ قرمز و تیم آمریکا رنگ سفید بر تن داشتند. کاپیتان‌های هر دو تیم به سوی یکدیگر حرکت کردند. این لحظه‌ای بود که همهٔ ما منتظر دیدنش بودیم. حالا چگونه به یکدیگر خوش‌آمد خواهند گفت؟ روز قبل علی خامنه‌ای دستور داده بود که هیچ‌یک از ورزشکاران حق دست دادن به رقبای آمریکایی را ندارند. دو کاپیتان با لبخند به یکدیگر نگاه کردند و به هم دست دادند. باورم نمی‌شد. اشک از چشمانم سرازیر شد. مسعود از جا بلند شد و گفت: «آهان، دمتون گرم!»

دو کاپیتان با هم گل و هدیه هم رد و بدل کردند. بازیکنان نیز از کاپیتان‌های خود پیروی کردند و با همان هیجان به یکدیگر دست دادند و گل رز سفید به نشانهٔ صلح رد و بدل کردند. فکر کردم: چقدر شجاع هستند! در شرایطی که هیچ‌کس جرأت مخالفت با خامنه‌ای را نداشت و همه از دستگیری و مجازات و اعدام وحشت داشتند. دقایقی بعد اعضای دو تیم در کنار هم صف کشیدند و با لبخند دست را روی شانهٔ دیگری گذاشتند و آمادهٔ گرفتن عکس گروهی یادگاری شدند و من دهانم از تعجب باز ماند.

وقتی دوربین‌ها به سمت تماشاگران چرخید، از دیدن هم‌وطنانی که در صحنه‌ای جهانی پلاکاردهایی برای آزادی ایران به دست گرفته بودند، سرخوش از شادی شدم. اکثر زنان، با موهای باز، آن‌هم در شرایطی که از حضور در رویدادهای ورزشی محروم بودند، جلوهٔ زیبایی از قدرت آنان را به نمایش گذاشته بود.

نمی‌توانستم روی کاناپه آرام بنشینم. برای مدتی طولانی توپ در زمین بزرگ چمن‌کاری شده، بدون این که به نزدیکی دو دروازه برسد، به این‌طرف و آن‌طرف در حرکت بود. هر بار که بازیکنی از هر تیم به محوطهٔ گل نزدیک می‌شد، قلبم

می‌لرزید. حس می‌کردم در لیون هستم و در انرژی هزاران هوادار که در سراسر ورزشگاه فریاد می‌زدند، غرق می‌شدم.

درست در یک لحظه، بازیکنان تیم ما توپ را به هم پاس دادند، به وسط زمین بردند، به هافبک حمید استیلی رساندند و او با یک ضربهٔ سر توپ را به درون دروازهٔ رقیب پرتاب کرد.

من از روی کاناپه به هوا پریدم و مثل یک کودک طرفدار فوتبال، دست‌هایم را بالا بردم و فریاد زدم: «گُ---------ل!!!»

بعد از نیمهٔ اول وقتی بازیکنان به زمین برگشتند، من و مسعود با انرژی کامل آمادهٔ نیمهٔ دوم بودیم البته گیلاس‌های قرمز تابستانی هم بی‌تأثیر نبودند. برای اینکه ناامید نشوم به خود دلداری دادم که هر اتفاقی ممکن است بیفتد و تا دقیقهٔ ۸۳ بی‌حرکت روی لبهٔ کاناپه نشستم. ناگهان مهدی مهدوی کیا گل دوم را زد.

یک بار دیگر از جا پریدم و فریاد زدم: «گُ---------ل!!!»

همان‌طور که آماده می‌شدم پیروزی ایران را جشن بگیرم، آمریکایی‌ها اولین گل خود را به ثمر رساندند؛ چه یادآوری غم‌انگیزی بود که، تا سوت پایان بازی زده نشده، همه‌چیز ممکن است. برای آرام کردن اعصابم، سیگاری روشن کردم. اما نیکوتین هم حریف آدرنالین خونم نشد.

وقتی داور بالاخره سوت پایانی را زد، از جا پریدم و همراه تماشاگران داخل ورزشگاه، مشت‌هایم را با خوشحالی در هوا تکان دادم.

مسعود گفت: «بریم بیرون!»

ساعت نزدیک دو بامداد بود، ولی نمی‌خواستیم این جشن استثنایی را از دست بدهیم. ما آن شب فراموش‌نشدنی ماه نوامبر را، که ایران به جام جهانی صعود کرد، از دست داده بودیم. شبی که هزاران نفر به خیابان‌های تهران ریخته بودند، از بلندگوهای اتومبیل‌ها موسیقی پاپ ممنوعه پخش می‌شد و مردان و زنان و کودکان در حال رقص و شادی بودند. آن شب نیز، بسیاری از زنان روسری‌های اجباری را برداشته بودند. بعدها شنیدم که حتی بعضی‌ها علناً در اتومبیل‌های خود مشروب قاچاق می‌نوشیدند؛ کاری که می‌توانست مجازات زندان و شلاق داشته باشد. و این در حالی بود که گشت ارشاد و سپاه پاسداران هیچ کاری نمی‌کردند! آنها هم سرگرم جشن گرفتن بودند.

مسعود پیشنهاد کرد با اتومبیل برویم و چرخی در خیابان جردن بزنیم. البته اگر

می‌توانستیم پیاده برویم، خیلی راحت‌تر بود. ولی با درد کمر مسعود و درد سیاتیک من، رفتن با اتومبیل تنها راه بود.

تا وارد خیابان جردن شدیم و به چراغ قرمز برخوردیم، به تماشای عابرانی مشغول شدیم که پیاده‌روها را پر کرده بودند. همۀ اتومبیل‌های سمت ما و سمت مقابل بوق بلند پیروزی می‌زدند. در بسیاری از اتومبیل‌ها پرچم ایران به اهتزاز درآمده بود و همه با صدای بلند فریاد می‌زدند: «ایران! ایران!» تنها ما نبودیم که حال‌مان خوش شده بود.

تا به چهارراه بعدی رسیدیم، ترافیک به اندازه‌ای سنگین شد که اتومبیل‌ها در دو طرف از حرکت ایستادند. صدای موسیقی‌های متنوع از هر سو می‌آمد. هرچند تشخیص آنها مشکل بود ولی معلوم بود که همه ترانه‌ها از خوانندگان پاپ مقیم لُس‌آنجلس بود. خیلی‌ها در اتومبیل نشسته می‌رقصیدند و برخی پیاده شده بودند و در کنار اتومبیل خود به رقص مشغول بودند. باور کردنی نبود. با دقت اطراف را زیر نظر گرفته بودم که پاسداری پیدا کنم. فکر می‌کردم در پی آن تجربۀ آن شب پائیزی، باید تمام جردن را تحت نظر گرفته باشند. شاید هم گروهان موتورسیکلت‌سوار در راه بود.

با بلندتر شدن صدای بوق و تعداد رقصندگان، پیاده‌روی دست راست من شلوغ و شلوغ‌تر شد. روسری‌ام را تا روی پیشانی پایین آوردم و لبۀ آن را از دو طرف روی گونه‌هایم کشیدم که شناخته نشوم. مسعود هم کلاهش را پایین کشید.

سعی کردم خودم و مسعود را آرام کنم. گفتم: «خدا رو شکر تا خونه یه چهارراه بیشتر فاصله نداریم.» دور زدن در جردن، به خاطر بلاک‌های سیمانی وسط بولوار ممکن نبود. تصمیم گرفتیم وقتی اتومبیل‌ها راه افتادند، از اولین خروجی دست راست خارج بشویم. این خروجی وارد بزرگ‌راه می‌شد و ما می‌توانستیم از آن طریق راحت‌تر به خانه برسیم.

پانزده دقیقه گذشته بود و ما یک وجب هم جلو نرفته بودیم. تشخیص پیاده‌رو از خیابان هم دیگر ممکن نبود. پیاده‌روها چنان شلوغ شده بودند که مردم به وسط خیابان ریخته بودند و لابه‌لای اتومبیل‌ها حرکت می‌کردند. برخی هم به رقصندگان بین اتومبیل‌ها پیوسته بودند و می‌رقصیدند. شیشه‌ها را بالا کشیدیم که تا حد ممکن دیده نشویم.

پانزده دقیقۀ دیگر گذشت، ما در اتومبیل دم کرده گیر کرده بودیم و منتظر حرکتی

که بتوانیم به‌سرعت از میان جمعیت خارج شویم. مرد جوانی که بین اتومبیل‌ها راه می‌رفت، کنار پنجرهٔ مسعود ایستاد، به او زل زد و چشمانش برق زد. قیافه به نظرش آشنا آمده بود. ناگهان به سوی اطرافیانش برگشت و داد زد: «بچه‌ها نیگا کنین! ایرج قادریه!»

قلبم از جا کنده شد. مهم نبود که مسعود را با ایرج قادری، هنرپیشه و کارگردان مشهور، اشتباه گرفته بود. مطمئن بودم تا دقایقی دیگر من و مسعود هر دو شناخته می‌شدیم. سرم را پایین انداختم و به کف اتومبیل خیره شدم.

مسعود رویش را به من کرد و با لحنی آرام گفت: «باید پیاده شیم و تا خونه راه بریم. این ماشین تکون بخور نیست!»

راست می‌گفت. در بدترین شرایط اتومبیل را یدک کش می‌کردند. تا خودمان را آماده کردیم که از اتومبیل پیاده شویم، پسر نوجوانی به پنجرهٔ من نزدیک شد. ده/ یازده سال بیشتر نداشت. گر چه هوا تاریک بود، او را بلافاصله شناختم، پسر خواهر همسر عادل برادرم بود. با دست به پنجرهٔ اتومبیل زد و خندید. من هم به او لبخند زدم و با سر و دست علامت دادم که ساکت باشد. به علامت تأیید سرش را تکان داد و بعد هوار زد: «بچه‌ها نیگا کنین! گوگوشه!»

خندهٔ دیگری کرد و از جلوی چشمم در رفت. کار خودش را کرده بود. کسانی که صدای او را شنیده بودند، دور اتومبیل جمع شدند. من و مسعود تا حد ممکن سرمان را پایین انداختیم. شیطان کوچولو آتشی برپا کرده بود که نمی‌شد دنبالش بدوم و گوشش را بکشم!

زنی از میان جمعیت فریاد زد: «خودشه! گوگوش!» و باز تعدادی دیگر به جمع کنجکاوان افزوده شدند.

روسری‌ام را پایین‌تر کشیدم. یک نفر دیگر داد زد: «گوگوشه!»

چند ثانیه بعد یک نفر دیگر هم فریاد زد: «گوگوشه!»

قلبم به قفسه سینه می‌کوبید. ترسیده بودم. دیگر کاری از دست‌مان برنمی‌آمد. جمعیت اطراف اتومبیل هر لحظه بیشتر می‌شد. نگاه‌شان نمی‌کردم ولی صداشان را می‌شنیدم.

«گوگوش!»

«باورم نمیشه!»

«نه بابا!»

«صورتتو نشون بده ببینیمت!»

«عاشقتیم!»

«گوگوش!»

تا به خود آمدیم اتومبیل بنز مسعود به چپ و راست و بالا و پایین کج و معوج می‌شد. به مسعود نگاه کردم. او هم وحشت کرده بود. درست در همین لحظه در اتومبیل طرف من باز شد.

«اینجا چیکار می‌کنی؟!»

پولاد بود. دستم را گرفت و به طرف بیرون کشید.

«زود پیاده شین، یالا!»

«گوگوش؟»

«آره، راستی راستی خودشه!»

مسعود در حال خارج شدن از اتومبیل، به پولاد گفت: «کاری به من نداشته باش، ببرش خونه!»

پولاد و سه تن از دوستانش، که همگی در سنین نوجوانی بودند، روبه‌روی در باز اتومبیل صف کشیدند تا کسی نزدیک نشود و پس از اینکه پیاده شدم، دور من حلقه زدند.

پولاد دستور داد: «راه بیفت.»

پولاد و دوستانش با فشار وسط جمعیت را باز کردند و من در میان حلقهٔ دست آنها قدم برمی‌داشتم. پانصد متر بیشتر تا خانه فاصله نداشتیم و در یک روز عادی پنج دقیقه راه بود. با وجودی که سرم را پایین انداخته بودم تا شناخته نشوم، مردم دست‌شان را از بالا و پایین دست بچه‌ها به سوی من می‌آوردند و لباس و مانتو و روسری و دست و شانه‌هایم را یا هر چه که گیرشان می‌آمد، می‌کشیدند. چند قدم بیشتر نرفته بودیم که کسی از میان جمعیت روسری‌ام را کشید و همراه با آن موهای سرم را! این حرکت چنان دردناک بود که بی‌اراده سرم را به عقب گرداندم و دست زنی را با ناخن‌های بلند قرمزرنگ دیدم. زن با گریه فریاد زد: «گوگوش بذار صورتتو ببینم!»

عابر دیگری که داشت رد می‌شد، پرسید: «چی شده؟ کیه مگه؟»

کسی از پشت سرمان فریاد زد: «گوگوش!»

از نو مردم حمله کردند ولی پولاد و دوستانش با فشار مردم را عقب زدند. همهٔ

این هیجانات چندین بار تکرار شد و دقیقه به دقیقه تماشاگران بیشتر و بیشتر شدند.

سعی کردیم سریع‌تر راه برویم ولی تقریباً غیر ممکن بود. نه تنها پس زدن جمعیت کار دشواری بود که طی کردن راه سربالایی هم سخت بود. زانوانم به لرزه افتاده بودند. مطمئن بودم ممکن است هر آن یکی از زانوان قفل شود. خدا خدا می‌کردم که مردم خسته بشوند، دنبال جشن و پایکوبی برای تیم ایران بروند و مرا فراموش کنند. ولی موج جمعیت همچنان ما را دنبال می‌کرد. برخلاف بولوار جردن، خیابان ما خلوت بود. به اول خیابان ناهید که رسیدیم، پولاد داد زد: «بدو!»

نگهبان ساختمان که مرا در حال دویدن دید، به طرف در آهنی گاراژ هدایتم کرد و تا وارد گاراژ شدم، در را بست و من نفس‌زنان روی کف گاراژ افتادم. مدتی طول کشید تا نفسم جا آمد و با صدای بلند به هق‌هق گریه افتادم. تا مدتی قادر نبودم، از شدت ترس و درد و در عین حال احساس امنیت، آرام بگیرم.

بیست و چهار ساعت بعد، هنوز باورم نمی‌شد چگونه توانستم در میان آن موج جمعیت خودم را به خانه برسانم. حتماً نیرویی آسمانی با فرستادن پولاد و دوستانش به یاری‌ام آمده بود. نمی‌دانستم اگر آنها نبودند چه اتفاقی ممکن بود بیفتد! هر سه به آنچه اتفاق افتاد خندیدیم، البته پس از سپاسگزاری مفصل از پولاد برای کمک و یاری‌رسانی.

مسعود به شوخی و طنز توضیح داد چگونه با تکیه دادن به دیوار خانه‌ها مسیر سربالایی را پیموده بود و در عین حال از دور موج مردم اطراف ما را نیز تماشا می‌کرد. بعد گفت: «حالا بعضی از اونا برای بقیه تعریف میکنن که نه فقط دو به صفر از آمریکا بردیم، گوگوشم با ایرج قادری دیدیم.»

ناگهان واقعیتی بر من آشکار شد: بعد از این همه سال، هنوز فراموشم نکرده‌اند. هنوز گوگوش را فراموش نکرده‌اند.

فصل ۲۳
حاتمی

اواخر بهار ۱۳۷۷

ساعت حدود ۶:۴۵ عصر بود و ترافیک خیابان‌های تهران مثل هر شهر بزرگی همچنان سنگین. در دعوتنامه نوشته بودند درها ساعت ۷ بسته خواهند شد ولی می‌دانستیم چون ما ایرانی‌ها همیشه دیر هستیم، برنامه دیرتر شروع خواهد شد. چند دقیقه بیشتر با خانهٔ شهین زرین‌پنجه در خیابان کیهان فاصله نداشتم و از آنجا تا خیابان حافظ راهی طولانی بود. از قبل قرار گذاشته بودیم که بهتر است ما کمی دیرتر و بعد از اینکه همه در سالن مستقر شدند، وارد شویم تا جلب توجه نکنیم.

مثل همیشه فائقه دلواپس گوگوش و مراقب همه چیز بود و جلوتر از گوگوش قدم برمی‌داشت. ولی این بار تصمیم گوگوش عوض شدنی نبود.

قرار بود من و شهین در کنسرت پس از انقلاب خاطره پروانه به رهبری اُفلیا پرتو شرکت کنیم. خاطره پروانه، خوانندهٔ مشهور موسیقی سنتی ایرانی، که بیش از دو دهه روی صحنه نرفته بود، نخستین و تنها خوانندهٔ زن قبل از انقلاب به‌شمار می‌رفت که جواز برگزاری کنسرت گرفته بود تا فقط برای تماشاگران زن بخواند. شاید سال ۱۳۷۷ سال تغییراتی بود که رئیس جمهور خاتمی قولش را داده بود!

تا آن زمان، و از اوایل دههٔ نود میلادی، تحریم خوانندگان مرد، حتی خوانندگان قبل از انقلاب، برداشته شده بود و حتی در این روزها اجازهٔ خواندن ترانه‌های پاپ

سنگین را یافته بودند، ولی از فشار حداکثری بر زنان خواننده چیزی کم نشده بود و هنوز به دلایل جنسیتی و تحریک کردن مردان، شنیدن صدای آواز زن حرام محسوب می‌شد.

هنوز راه زیادی در پیش داشتیم، زیرا محدودیت‌های دولتی همچنان به‌شدت بر زنان سایه انداخته بود؛ خواندن ما کماکان گناه‌آلود به‌شمار می‌آمد؛ صدای زن تحریک‌آمیز محسوب می‌شد و به طبع آن اجرای کنسرت در برابر جمعیت مردان به‌شدت ممنوع بود.

با وجودی که برگزارکنندگان کنسرت خاطره پروانه از وزارت فرهنگ و ارشاد اسلامی جواز گرفته بودند؛ همهٔ اطلاعات در مورد کنسرت خیلی محرمانه و خصوصی بود؛ تمام شرکت‌کنندگان دعوت شده بودند و هیچ‌گونه تبلیغی دربارهٔ آن نشده بود؛ ما هنوز فکر می‌کردیم داریم کاری غیرقانونی می‌کنیم. دلیل این همه پنهان‌کاری خیلی روشن بود؛ می‌دانستیم چند نهاد دیگر حکومتی، با این ادعا که: «ما باید جواز را صادر کنیم نه وزارت ارشاد»، بسیاری از برنامه‌ها و کنسرت‌های هنری را به تعطیلی کشانده و در مواردی عده‌ای از جمله شرکت‌کنندگان را هم دستگیر کرده بودند. من آماده بودم خطر کنم و بعد از بیست سال به یک کنسرت بروم. مقابل ساختمان شهین در اتومبیل منتظرش نشسته بودم، سالن تالار فرهنگ را در مقابل چشمانم مجسم می‌کردم و از تصور صحنه، سازهای زنده و بلندگوهایی که قرار بود با صدای قدرتمند خاطره به ارتعاش درآیند، قلبم از اشتیاق می‌تپید.

شهین سوار اتومبیل شد. او هم مثل من هیجان‌زده بود، لبخند زیبای روی لبان قرمزش که همرنگ لاک ناخن‌هایش بود، نشان از ذوق فراوانش داشت. شهین، با وجود مشکلات متعدد خانوادگی، همیشه سرحال و سرزنده بود. همسرش را چند سال پیش از دست داده بود و به تنهایی دو فرزندش را بزرگ می‌کرد. پانزده سال پیش با شهین از طریق دخترخاله‌اش مریم بازرگانی آشنا شده بودم و دوستی‌مان به خاطر عشق مشترک به موسیقی روز به روز محکم‌تر شد. شهین ویولونیست ماهری بود و تا وقوع انقلاب زندگی‌اش با موسیقی درهم تنیده بود. روزی که انقلابیون نوازندگی موسیقی را هم حرام اعلام کردند، او هم مثل بقیهٔ ما خانه‌نشین شد. در همین دوران حتی نشان دادن آلات موسیقی در تلویزیون هم ممنوع شده بود. طی این همه سال، شهین موفق شده بود با تدریس ویولون زندگی‌اش را بچرخاند ولی مثل همهٔ نوازندگانی که در ایران زندگی می‌کردند، آرزوی چنین روزی را داشت که

شاهد حضور نوازندگان روی صحنهٔ یک تالار کنسرت باشد.

به تالار فرهنگ که رسیدیم با عجله از در ورودی داخل شدیم و راهنمایان زن درها را پشت سرمان بستند. زن جوانی کارت دعوت‌ها را گرفت و بدون اینکه نگاهی به صورت‌مان بیندازد، ما را به سالن مملو از جمعیت راهنمایی کرد. هنگامی که در راهروی تالار به سوی ردیف اول صندلی‌ها می‌رفتیم، قلبم تندتند می‌زد. سال‌ها از روزی که وارد چنین سالنی شده بودم، گذشته بود. چقدر دلم برای این فضا، این هیجان، این انتظار و آغاز برنامه و دیدن شور و شوق تماشاگر از پس پرده تنگ شده بود. در ردیف اول روی صندلی‌ام نشستم، سرم را با احتیاط پایین انداختم و مراقب بودم توجه کسی را جلب نکنم. داشتم فکر می‌کردم در این لحظه خاطره چه حالی دارد! خودم را جای او گذاشتم و حدس زدم چه احساسی می‌توانست داشته باشد: ترکیبی از هیجان، ذوق و نگرانی. حتماً احساس ترس هم می‌کرد که نتواند از پس انتظارات تماشاگران برآید و خاطرات زیبایی که از او دارند، مخدوش شود. همه صدای پر طنین و رسای او را به یاد داشتند ولی کسی نمی‌دانست پس از گذشت بیست سال این صدا چه تغییری کرده است. من، اما مطمئن بودم که او با همان توان همیشگی خواهد خواند. در غیر این صورت خود او قبول نمی‌کرد چنین کنسرتی برگزار شود.

ساعت هفت و نیم شده بود و همه منتظر ورود خاطره پروانه به صحنه بودند. فضا با حضور ۲۵۰ تا ۳۰۰ تماشاگر بسیار گرم و جذاب بود. چند نفس عمیق کشیدم تا اعصابم کمی آرام شود. انگار خودم در انتظار رفتن روی صحنه، پشت پرده ایستاده‌ام و از لای پرده مردم را تماشا می‌کنم. تا شهین به طرف من برگشت که در گوشم چیزی بگوید، صدایی را از نزدیک شنیدم که اسمم را بر زبان آورد. شهین مثل من خشکش زد.

داشت می‌گفت: «مطمئنم خودشه!»

صدای زن دیگری را هم شنیدم که گفت: «نه بابا، نمی‌تونه گوگوش باشه!»

«خودت برو نگاش کن!»

چشمانم را به ناخن‌های دستم دوختم و سعی کردم خود را سرگرم کاری نشان دهم. ولی از گوشهٔ چشم زنی را دیدم که به من نزدیک می‌شد. پاهایم را زیر صندلی جمع کردم تا راحت‌تر از جلویم رد شود. ولی به من که رسید ایستاد و تکان نخورد.

«گوگوش؟»

هیچ واکنشی نشان ندادم، انگار ندیدمش. حواسم به شهین بود که با حالتی عصبی روی صندلی‌اش تکان می‌خورد.

زن اصرار کرد: «خودتی؟»

قبل از آنکه کاری بکنم، گریه‌اش گرفت و گفت: «باورم نمیشه! گوگوش؟ این همه سال کجا بودی؟ چیکار می‌کردی؟ می‌دونی اولین بار که دیدمت یه دختر بچهٔ کوچولو بودی...» با گذاشتن دست به کنار زانویش اندازهٔ قدم را نشان داد و ادامه داد: «...انقده بودی! انقد کوچولو که یادمه روی صحنه جیش کردی! خودت یادته؟»

لبخندی زدم و سرم را به علامت تأیید تکان دادم تا دنبالهٔ گفته‌اش را قطع کنم. ولی دیر شده بود. تعداد دیگری زن پشت سر او جمع شدند. یکی از آنها طوری داد زد: «گوگوش!» که همهٔ سالن صدایش را شنیدند و همهمه درگرفت.

یکی از ته سالن داد زد: «گوگوشه!»

دیگری دنبال حرف او را گرفت که: «بلند شو ببینیمت!»

تا من و شهین حس کردیم نیمی از جمعیت به سوی جلوی تالار راه افتاده، دست همدیگر را گرفتیم و با یک جهش بلند روی صحنه پریدیم و به‌سرعت به پشت پرده پناه بردیم. کفش‌های پاشنه‌بلندمان هم کار را سخت‌تر کرده بود، اما چاره‌ای نبود. صدای نزدیک شدن جمعیت را می‌شنیدم. یکی از بانوان برگزارکنندهٔ کنسرت که از آن پشت شاهد ماجرا بود، ما را سریع به طرف در خروجی پشت صحنه هدایت کرد. او فهمیده بود که به تنهایی نمی‌تواند جلوی سیل مشتاقان را که دنبال دیدن گوگوش بودند، بگیرد. خوشبختانه کسی ما را تا بیرون تعقیب نکرد. من و شهین، سن و سال‌مان را فراموش کردیم و مثل نوجوانان بادپا، به سوی اتومبیل دویدیم.

نفس‌زنان به اتومبیل رسیدیم. موتور را روشن کردم و وارد ترافیک شلوغ تهران شدیم.

همین که شهین نفس تازه کرد، از نو شوخ و شنگ شد: «خانومی! دیدی چطور همه از دیدنت خوشحال شده بودن!؟»

نمی‌توانستم لبخند رضایتم را پنهان کنم ولی از اینکه موفق نشده بودیم کنسرت خاطره را تماشا کنیم دلگیر بودم.

شهین ادامه داد: «مطمئنم اگه جمعیت نصف این بود، مام می‌تونستیم بمونیم و کنسرتو تماشا کنیم.» او هم فکر مرا خوانده بود. خندیدم و گفتم: «نصف؟»

تا ضربان قلب‌مان عادی شد و خودمان آرام گرفتیم، یک موتورسیکلت‌سوار با سر و صدای فراوان از میان ترافیک سنگین به پنجرهٔ اتومبیل نزدیک شد و بوق زد. همان لحظه فهمیدم که لباس شخصی و مأمور کمیته است. هر چند چند سالی بود که کمیته‌ها منحل و اعضای آن به نهادهای دیگری منتقل شده بودند، ولی ما همچنان آنها را مأمور کمیته می‌خواندیم. هیچ‌کس جز این جماعت این‌گونه رفتار نمی‌کرد. لباس‌شخصی‌ها با وسایل نقلیه یا موتورسیکلت‌های بدون نمره در لابه‌لای شلوغی‌های شهر مخفی می‌شدند.

وقتی اتومبیل را کنار زدم، با موتورش به سمت پنجره آمد، تفنگی روی دوش داشت. همین که چهره عصبانی‌اش را دیدم، فهمیدم قرار است چه اتفاقی بیفتد. پرخاش‌کنان پرسید: «اونجا چیکار می‌کردی؟» کمی تأمل کرد و ادامه داد: «این قیافهٔ احمقانه رو به خودت نگیر! می‌دونم کی هستی! کی بهت اجازه داده بود بری تو سالن کنسرت؟»

خیلی جلوی خودم را گرفتم تا با او درگیر نشوم. جواب دادم: «دعوت شده بودم.»

با عصبانیت گفت: «دعوت؟ مزخرف نگو!» نگاه نفرت‌آمیزی به من انداخت و تهدید کرد: «فوری از جلوی چشمم گمشو و دعا کن دیگه اینجور جاها نبینمت!» نگاهی از سر نفرت به من انداخت، از قماش همان نگاه‌های افشون، و گاز داد و رفت.

شهین، که مثل من ترسیده و لرزیده بود، با تعجب پرسید: «از کجا فهمیده بود تو اونجا بودی؟! ما که داشتیم مث برق فرار می‌کردیم!»

شاید طرف از قبل داشت ما را دنبال می‌کرد!

چند هفته بعد از کنسرت، با شهین و دخترانش به شمال رفتیم و چند روز بعد از بازگشت به تهران، شهین تلفن کرد و گفت به ویلای میزبان‌مان در شمال ریخته‌اند و آنها را مورد بازجویی قرار داده‌اند که من آنجا چکار می‌کردم، با آنها از چه حرف می‌زدم، چه برنامه‌ای برای آینده داشتم. بسیار بعید بود که یکی از همسایه‌ها یا عابری که از جلوی ویلا رد می‌شده، ما را لو داده باشد. ما نیمه‌شب به ویلا رسیده بودیم و روزها هم در ویلا می‌ماندیم تا از چشم‌های کنجکاو پنهان بمانیم.

گیرم که کسی هم مرا دیده باشد، چرا باید حضور من تا این حد برایش مهم باشد که برود و گزارش بدهد؟ من که یک مجرم فراری نبودم! هرگز هم کسی مرا

از سفر در داخل ایران منع نکرده بود. سال‌ها و به تناوب به شمال سفر می‌کردم و در ویلای دوستانم می‌ماندم. چه اتفاقی افتاده بود که این آخرین سفر تا این حد کنجکاوی‌برانگیز شده بود؟! یک جای کار اشکال داشت!

اواخر شهریور ۱۳۷۸

نزدیک به چهار ماه از کنسرت گذشته بود و تغییرات زیادی روی داده بود. اکثر دوستانم بعد از اتفاقی که برای لادن افتاد، دیگر به آپارتمانم نمی‌آمدند. اوایل ماه ژوئن، دوستم لادن، اندک زمانی بعد صرف چای و خروج از خانه‌ام، وحشت‌زده تماس گرفت و توضیح داد که چند مأمور ناشناس رژیم، در مقابل ساختمان من جلویش را گرفته بودند، و تهدید کرده بودند که اگر به تمام سؤالاتی که دربارهٔ من داشتند، پاسخ ندهد، به پسر سیزده ساله‌اش آسیب خواهند زد. لادن بعداً به من گفت: «وقتی یکی از اونا گفت من آزادم برم، یکی دیگه‌شون گفت باید تو رو قانع کنم که خاطراتتو بنویسی.»

اتفاق ترسناکی بود، به‌خصوص از این بابت که پسر او را این‌گونه تهدید کرده بودند. همه اینها برای چه؟ برای خاطرات گوگوش؟ برای عزیزانم دچار ترس و نگرانی زیاد شدم. خیلی عجیب بود، چون چند هفته بعد، خبر مرگ سعید امامی منتشر شد. ظاهراً در ۲۹ خرداد ۱۳۷۸، سعید امامی، معاون پیشین وزیر اطلاعات، در سلول زندانش خودکشی کرده بود. مسعود حدود یک سال قبل، در یک رویداد فرهنگی با او روبه‌رو شده بود. آن زمان نمی‌دانست امامی کیست. به نظرش یک مقام ارشد دولتی دیگری آمد که با تکبر وارد اتاق شده بود. امامی، که در آن زمان هنوز بر سر کار بود، بدون معرفی خود به مسعود نزدیک شده و با لحنی آمرانه گفته بود: «گوگوش باید خاطراتشو بنویسه!» مسعود با احترام پاسخ داده بود: «خانوم آتشین زن منه و من به عنوان شوهرش این اجازه رو بهش نمیدم.» بعد از دستگیری امامی و پخش تصاویرش در رسانه‌ها، مسعود او را شناخت. وقتی فهمیدم این مردی که چنین خواسته‌ای از من داشت، یکی از عاملان قتل‌های زنجیره‌ای بود، از وحشت پشتم لرزید.

قتل‌های زنجیره‌ای مجموعه‌ای از ترورهای سازمان‌یافته‌ای بودند که طی یک دهه، بیش از هشتاد تن از نویسندگان، شاعران، روزنامه‌نگاران و فعالان سیاسی را، که علناً از رژیم انتقاد می‌کردند، با ضربات چاقو، تیراندازی، تصادف‌های ساختگی و مرگ‌های مشکوک ناشی از عوارض بیماری به قتل رساندند. یکی از قربانیانی که شکار مأموران حکومتی شد، فریدون فرخزاد، مجری تلویزیونی، شاعر، خواننده و نویسندهٔ محبوب بود. در ۱۸ مرداد ۱۳۷۱، پلیس آلمان جسد فریدون فرخزاد را، که با ده‌ها ضربهٔ چاقو به صورت و بدنش به قتل رسیده بود، در آشپزخانهٔ خانه‌اش در شهر بُن پیدا کرد. جسد را پنج روز بعد از قتلش، آن‌هم به دلیل شکایت همسایگان از پارس کردن مداوم سگ‌هایش، یافته بودند.

هرگاه منظرهٔ بدن مُثله شدهٔ او را کف آشپزخانه پیش خود مجسم می‌کردم، آن هم هزاران کیلومتر دور از زادگاه و افراد خانواده‌اش، تمام بدنم به لرزه می‌افتاد و حالت تهوع پیدا می‌کردم. فریدون تا آخرین نفس به ایران، خانواده‌اش و دوستانش فکر می‌کرد. او از انتقاد کردن سخت و مخالفت با جمهوری اسلامی و رهبرانش ابایی نداشت و شجاعانه از هموطنانش می‌خواست بر پا خیزند و با بی‌عدالتی بجنگند. آخرین کاری که فریدون انجام داد، دعوت از سه مرد، که خود را پناهندهٔ سیاسی معرفی کرده بودند، به خانه‌اش بود. می‌گفتند فریدون دلتنگ ایران و مادرش، فریب آنها را خورده بود که قول داده بودند امکان دیدار مادر را برایش فراهم کنند.

هدف‌گیری سازمان‌یافتهٔ هنرمندان و روشنفکران در سال ۱۳۷۴، با تلاشی ناموفق برای سرنگون کردن اتوبوسی که بیست و یک نویسنده و شاعر ایرانی را به یک کنفرانس ادبی در ارمنستان می‌برد، سرعت گرفت و با قتل‌های هولناک چهره‌های برجستهٔ سیاسی مانند داریوش فروهر و همسرش پروانه اسکندری و چندین نویسنده و کنشگر سیاسی، از جمله محمد مختاری و محمد جعفر پوینده، به اوج خود رسید. حکومت، تحت فشار شدید خشم فراوان مردم و محکومیت جمهوری اسلامی در عرصهٔ بین‌المللی، دنبال یک قربانی می‌گشت تا مسئولیت را به گردن او بیندازد. در نتیجه امامی مانند قربانیانش به قتل رسید.

مرگش کسی را راضی نکرد. همه می‌دانستند که امامی تنها عامل این جنایات نبود، و مرگ او بسیاری را از مجازات نجات داد. من هم، مثل همهٔ اطرافیانم، سخت خشمگین بودم. داشتند هنرمندان، موسیقی‌دانان، نویسندگان و شاعران را به خاطر بیان احساسات و افکارشان حذف می‌کردند. آنها مجرم نبودند، اما مثل دشمنان

جنگی شکار می‌شدند، انگار که کلمات، ملودی‌ها و صدای‌شان از هر اسلحه دیگری خطرناک‌تر بود.

روز ۱۸ تیر، سه هفته پس از پیدا کردن جسد امامی در سلول زندانش و در پی تعطیل روزنامهٔ اصلاح‌طلب سلام به اتهام «تشویش اذهان عمومی» توسط دولت، یکی از بزرگ‌ترین تظاهرات مسالمت‌آمیز پس از انقلاب در سراسر کشور راه افتاد. تظاهرکنندگان، که دانشجویان در صف مقدم آنها قرار داشتند، به خیابان‌ها آمدند. روزنامهٔ سلام یادداشتی قدیمی به قلم سعید امامی را، وقتی هنوز بر سر قدرت بود، منتشر کرده بود. این یادداشت خطاب به وزیر اطلاعات وقت، قربان‌علی دری نجف‌آبادی، بود و پیشنهادهایی برای محدود کردن بیشتر آزادی مطبوعات را مطرح کرده بود.

شب هجدهم تیر ۱۳۷۸، حملهٔ خون‌بار نیروهای لباس‌شخصی که خود را انصار حزب‌الله می‌نامیدند، به خوابگاه پسرانهٔ دانشجویان دانشگاه تهران، فاجعه‌ای عظیم به بار آورد. بسیاری از دانشجویان به‌شدت صدمه دیدند و تعدادی از آنها نیز از پنجرهٔ اتاق‌های خوابگاه به بیرون پرتاب شدند. گفته می‌شد دست کم یک دانشجو کشته شده. خونریزی در خوابگاه باعث شد اعتراضات گسترده‌ای از خیابان‌های تهران به شهرهای بزرگ دیگر، مانند تبریز، مشهد، شیراز و اصفهان کشیده شود. آنچه به خاطر دفاع از آزادی مطبوعات آغاز شده بود، به‌سرعت به یک حرکت گسترده علیه حکومت و نیروهای سرکوبگر آن تبدیل گردید. بسیاری از معترضان در سراسر کشور مورد ضرب و شتم قرار گرفتند و کشته شدند.

روزهای متمادی، مسعود و من، مثل میلیون‌ها ایرانی دیگر، شبانه‌روز به بی‌بی‌سی فارسی گوش می‌کردیم و چشم به شبکه‌های ماهواره‌ای فارسی‌زبان خارج از کشور داشتیم. رسانه‌های دولتی هیچ گزارشی از اعتراضات ارائه نمی‌دادند. ما هم مانند اکثر ایرانیان از پنج یا شش سال پیش یک آنتن ماهواره‌ای غیرقانونی در بام خانه نصب کرده بودیم. دیدن این جوانان، امیدهای آیندهٔ ما ملت، که این چنین با بی‌رحمی مورد هدف قرار می‌گرفتند، بسیار غم‌انگیز بود. در سراسر کشور سنگینی این فاجعه احساس می‌شد و قلب ملت با دیدن این تصاویر وحشتناک به درد آمده بود. تصویر روی جلد مجلهٔ اکونومیست که تصویر احمد باطبی دانشجوی معترضی را در حال حمل پیراهن خونین یک معترض دیگر نشان می‌داد، برای همیشه در ذهن من حک شد.

برای دومین بار در طول زندگی‌ام و از نو درگیر سیاست شدم. این بار اما، برخلاف اوایل انقلاب، کاملاً هوشیار بودم. هر روزنامه‌ای را، که می‌توانستم پیدا کنم، می‌خواندم و هر صفحه را با دقت بررسی می‌کردم تا بیشتر دربارهٔ تصمیم دولت برای تعطیل کردن روزنامهٔ سلام، جنبش دانشجویی، و سرکوب بی‌رحمانهٔ مطالبات‌شان، آگاه شوم. قبل از آن حتی نام سلام را نشنیده بودم، اما اکنون احساس می‌کردم که این روزنامه فقط یک رسانهٔ اصلاح‌طلب نیست، بلکه نمادی از همه آنچه از دست داده‌ایم است.

هرچند اعتراضات ظرف کمتر از یک هفته توسط نیروهای رسمی و شبه‌نظامی با خشونتی وحشیانه سرکوب شد، اما خشم و اندوه جمعی باقی ماند. اوایل مهرماه بود و مردم کشور هنوز در عزای این فاجعه. به نظر می‌رسید که خوش‌بینی و امیدی که با انتخاب رئیس‌جمهور خاتمی به‌وجود آمده بود، از بین رفته و جای خود را به افسردگی و ناامیدی داده بود، مثل زمان جنگ، شاید هم بیشتر. در چنین روزهایی با خودم فکر می‌کردم آیا هنوز در کشور خودم هستم؟ همان کشوری که باید برای روزهای خوب یا بد دوستش می‌داشتم و همهٔ این سال‌ها در آن مانده بودم؟

در یک بعدازظهر اوایل پاییز، با این افکار تاریک دست‌وپنجه نرم می‌کردم که تلفن زنگ زد.

صدای کلفت مردی را از آن سوی خط شنیدم: «خانوم آتشین!»

خودش را حاتمی معرفی کرد. از لحن صدایش فهمیدم یک مأمور دولتی است. بعد از سال‌ها سر و کله زدن با آنها، به این لحن عادت کرده بودم. دستور داد که روز بعد در نشانی که داد حاضر شوم. قلبم به طپش افتاد. اگر این موضوع به هجدهم تیر مربوط باشد چه؟ بالاخره هنوز هم دستگیری‌هایی در رابطه با «دشمنان کشور» انجام می‌شد. تابستان ۱۳۶۲ آخرین باری بود که زحمت بازجویی از من را کشیده بودند! شانزده سال پیش، شاپور بختیار، آخرین نخست‌وزیر شاه، در جهت یک نافرمانی مدنی، از تبعید فراخوان داده بود که مردم سوار اتومبیل شوند و با بوق زدن، روشن گذاشتن چراغ‌ها و ایجاد ترافیک، علیه رژیم شعار بدهند. آن زمان و در کمیتهٔ دریاکنار، چندین روز مورد بازجویی قرار گرفتم و سپس به زندان اوین منتقل شدم. در اوین هم، یک روز کامل ولی با چشم‌بند بازجویی شدم. پرسش‌ها در هر دو جا تکراری بودند و به همان موضوع‌های قدیمی، که سال‌ها پیش پاسخ داده بودم، پرداختند: برنامه‌هایم در گردهمایی‌ها و مهمانی‌های دربار و افراد مشهور دیگر. به

نظر می‌رسید که فراخوان شاپور بختیار برای مقاومت، بهانه تازه‌ای به دست مأموران رژیم داده بود تا گوگوش را مورد آزار و اذیت قرار دهند.

این بار، به دفتری در خیابان سلطنت‌آباد احضار شده بودم، در ساختمانی که یکی از پایگاه‌های ساواک بود. آنجا را خوب به یاد داشتم. پیش از انقلاب یک بار برای دریافت چکی از اردشیر امیرقاسمی به این دفتر رفته بودم. او یکی از آجودان‌های شاه بود و مسئول سازمان‌دهی برنامه‌های تفریحی رسمی برای سران کشورهای خارجی. اکنون قاب عکس خمینی روی دیواری نصب شده بود که زمانی تصویر شاه قرار داشت. پشت میز تحریر، زیر آن قاب، روی صندلی امیرقاسمی، حاتمی نشسته بود و من در آستانهٔ پنجاه سالگی، با مانتوی بلند و روسری بر سر، همان جایی ایستاده بودم که روزی آن ستارهٔ پاپ بیست و شش ساله ایستاده بود.

حاتمی (یا هر چه نام حقیقی‌اش بود) همان چهره‌ای را داشت که صبح، هنگام گفتگوی تلفنی، در ذهنم تصور کرده بودم. حدود چهل سال داشت، پیراهن یقه مائویی و کت و شلواری که پوشیده بود بر تنش گریه می‌کرد، مثل همهٔ حکومتی‌ها ته‌ریشی سه/چهار روزه داشت. به صندلی مقابل میز تحریرش اشاره کرد و گفت: «بفرماین بشینین خانوم آتشین.»

روی صندلی که نشستم، مرد دیگری که همان‌گونه لباس پوشیده بود و همهٔ وجناتش شبیه به حکومتی‌ها بود، وارد شد و پشت میز تحریر کوچکی کنار میز حاتمی نشست. خود را معرفی نکرد، ولی وقتی روی پرونده‌ای که حاتمی به دستش داد آغاز به نوشتن کرد، فهمیدم که او هم در تمام مدت جلسه حضور خواهد داشت.

حاتمی با صدای بم و لحنی آرام آغاز کرد: «همونطور که تلفنی گفتم، چندین پرسش مهم ازتون دارم که باید جواب روشن و درستی به همهٔ اونا بدین.»

قلبم به‌شدت به سینه می‌کوبید.

«بفرمایین شما بهرام بیضایی را می‌شناسین؟ این روزها داره چیکار می‌کنه؟»

بهرام بیضایی چهرهٔ شاخص دنیای هنر، نمایشنامه‌نویس، کارگردان تئاتر، کارگردان نوآور و تأثیرگذار سینما، دوست صمیمی مسعود بود.

با قیافه‌ای از همه جا بی‌خبر جواب دادم: «نمی‌دونم، هیچ‌وقت ملاقاتش نکردم.»

حاتمی با نگاهی سرد، پرسید: «نمی‌دونین؟ ولی شوورتون باید بدونه. حتماً چیزایی رو پشت درهای بسته به شما میگه، مث همهٔ شوورا که گاهی با زنشون حرف

می‌زنن.»

دوباره تکرار کردم: «نمی‌دونم آقای بیضایی این روزا چیکار می‌کنه....» و کلافه اضافه کردم: «...شوهرم انقد سرش مشغول کار خودشه که وقتی برای صحبت دربارهٔ دیگرانو نداره.»

چشم‌های هر دو مرد کمی بازتر شد.

حاتمی چشم‌هایش را به سوی من چرخاند و پاسخ داد: «بله، مطمئنم خیلی مشغوله...» و ادامه داد: «...پس رسول ملاقلی‌پور رو از کجا می‌شناسین؟»

رسول ملاقلی‌پور هم یک فیلمساز شناخته‌شده بودکه علاوه بر چندین فیلم سینمایی، تعدادی مستند هم دربارهٔ جنگ ایران و عراق ساخته بود. چند سال قبل، وقتی در شب گشایش یکی از فیلم‌هایش به آنجا رفتم، خبرنگاران از دیدنم خیلی تعجب کردند ولی چون اجازه نداشتند نامم را در هیچ نشریه‌ای بیاورند، حضورم را پوشش ندادند. خودم هم وقتی دعوتنامه‌اش را دریافت کردم، تعجب کردم چون هرگز همدیگر را ندیده بودیم و برایم روشن نبود چرا این کارگردان مستندهای جنگی علاقه‌مند شده گوگوش (یک عنصر نامطلوب!) در شب اول نمایش تازه‌ترین فیلمش حضور داشته باشد.

شبی که او را دیدم، پاسخ همهٔ این پرسش‌ها را یافتم: هر دوی ما ریشهٔ آذری داشتیم و او که عاشق موسیقی بود، با شنیدن ترانه‌های من بزرگ شده بود. البته هیچ‌کدام از این نکات را به حاتمی نگفتم.

دهان به پاسخ باز نکرده بودم که پرسش دیگری از راه رسید: «شما به مرضیه نزدیک بودین؟»

من از طرفداران پر و پا قرص مرضیه خوانندهٔ مشهور موسیقی سنتی بودم، کسی که موسیقی‌شناسان قدرت صدایش را با ماریا کالاس و ادیت پیاف برابر می‌دانستند. از کودکی به ترانه‌هایش گوش می‌دادم و از جمله خوانندگانی مثل دلکش و پوران بود که در روی صحنه صدایش را تقلید می‌کردم. ما هیچ‌وقت با هم دوست و نزدیک نبودیم. بعد از انقلاب فقط چند بار تلفنی با هم صحبت کرده بودیم و دو بار هم یکدیگر را اتفاقی دیده بودیم که یکی از آنها حضورش در مجلس هفت پاپا بود.

حاتمی پرسید: «تازگیا دیدینش؟»

از این پرسش تعجب نکردم. رژیم احتمالاً نگران بود که هنرمندان دوران گذشته راه مرضیه را دنبال کنند. مرضیه سال ۱۳۷۲ به فرانسه رفت و به سازمان مجاهدین

خلق پیوست. مجاهدین در طول جنگ ایران و عراق با صدام حسین همراه شدند و میلیون‌ها ایرانی هرگز آن‌ها و مرضیه را نبخشیدند.

پاسخم منفی بود ولی گفتم شاید آخرین باری که با او صحبت کردم یک یا دو سال پیش بود.

پرسید: «چه صحبتایی کردین؟ چی می‌گفت؟»

توضیح دادم که چیز خاصی یادم نمی‌آید، بیشتر به حال و احوال‌پرسی گذشت.

اصرار کرد که: «هیچی یادتون نمیاد؟»

«نه.»

«بهتون نگفت می‌خواد از ایران بره؟»

«فکر نمی‌کنم.»

لازم نبود بگویم که هر دو چقدر دلواپس و نگران اوضاع ایران بودیم و آرزو می‌کردیم هر کاری از دست‌مان برمی‌آید انجام دهیم تا صحنه‌های خالی تالارهای کنسرت از نو پر شوند. لازم نبود به او بگویم که همه خوب می‌دانستیم در صحبت‌های تلفنی نباید از موضوع‌های مهم حرف بزنیم چون غالباً مورد شنود قرار داشتیم.

کمی سکوت کرد و از نو پرسید: «که فکر نمی کنی!؟...» لبخندی مزورانه زد و ادامه داد: «...ببینم مطمئنی بابات پدر واقعیته؟»

مرد دیگر با لحنی مهربان ولی آمیخته به شماتت گفت: «حاجی باباش مرده، حرف زدن پشت سر مرده معصیت داره!»

من به‌سرعت جواب دادم: «کی مطمئنه که پدرش راستی پدرشه؟!» و به حاتمی نشان دادم که نتوانست مرا بشکند. لبخند از لبش گریخت و همزمان لحنش تغییر کرد. سراغ پرسش بعدی رفت. من دیگر احساس بهتری پیدا کرده بودم، چون از این امتحان بی‌شرمانه سربلند بیرون آمده بودم و نگذاشته بودم نام و حیثیت پاپا را لکه‌دار کند.

بازجویی چند ساعت دیگر ادامه یافت. حاتمی می‌پرسید و مرد دیگر آرام و بی‌صدا یادداشت برمی‌داشت. پرسش‌ها همه شبیه هم بودند، پاسخ‌های من نیز.

وقتی دیدم مرد دیگر مرتب به ساعت مچی‌اش نگاه می‌کند، امیدوار شدم که بازجویی رو به پایان است.

حاتمی گفت: «یه چیز دیگه مونده. حالا بهترین وقته که کتاب خاطراتتو بنویسی.»

حالا فهمیدم! همان کتاب خاطرات لعنتی که از طریق لادن پیام نوشتنش را داده بودند، همانی که سعید امامی هم به مسعود گفته بود. این کتاب‌ها را "خاطرات" می‌نامیدند، اما در واقع داستان زندگی طرف را نمی‌خواستند. آنها می‌خواستند نام من را روی اعترافات جعلی یا تأییدیه‌ای که حاضر به دادن آن نبودم، بگذارند. این کار را در سال ۱۳۷۵ با پروین (پری) غفاری کردند. او بازیگر زیبایی بود که به خاطر ایفای نقش در فیلم‌های «موطلای شهر ما» و «تونل» قبل از انقلاب، مشهور شد و شایعاتی دربارهٔ رابطه‌اش با شاه وجود داشت. ناگهان هزاران نسخهٔ چاپی از کتابی که نام او روی جلدش بود، در ویترین کتابفروشی‌های سراسر کشور پدید آمد. کتاب نام و نشانی از ناشر نداشت. علاوه بر آن، آنچه باعث می‌شد خواننده بیشتر به شک بیفتد که خود پری غفاری در نوشتن این خاطرات نقشی نداشته، این که جز توصیف‌های بی‌پرده از روابط جنسی‌اش با شاه، هیچ بخشی از زندگی شخصی‌اش در آن نیامده بود. مهم‌تر از آن، در حالی‌که نویسندگان دیگر دربارهٔ یک بوسه، حتی روی روی گونهٔ زوج‌های متأهل یا نشستن آنها روی یک تختخواب، می‌نوشتند، تمام آن بخش سانسور می‌شد، وزارت فرهنگ و ارشاد اسلامی اجازه داده بود این نوشته‌های بی‌پرده در آن کتاب «خاطرات» منتشر شود. این موضوع نشان می‌داد که کتاب با هدف سیاسی نوشته شده نه برای روایت یک زندگی واقعی و شخصی. کتاب، همچنین بیشتر مجموعه‌ای از مقالات سیاسی بود که در آن نویسنده شاه را محکوم کرده، از رژیم اسلامی تمجید می‌کند. برخی بخش‌ها نیز شبیه دفاعیات یک زندانی سیاسی بود در برابر دادگاه فرمایشی.

فوری جواب دادم: «ولی من نویسنده نیستم!»

«لازم نیس نویسنده باشی. یکی رو پیدا می‌کنیم برات بنویسه.»

«اون که دیگه کتاب من نیس، هس؟...» و کمی محکم‌تر ادامه دادم: «...اون کتاب مال اون نویسنده‌س، مثل خاطرات پری غفاری.»

او خوب می‌دانست منظورم چیست. سانسورچی‌های حکومتی هرگز اجازه نمی‌دادند گوگوش کتابش را با کلمات خودش منتشر کند.

حاتمی پاسخ داد: «نه! اصلاً ربطی به اون کتاب نداره. ما آدم درستشو پیدا می‌کنیم تا خودت با خیال راحت هر چی دلت می‌خواد به مردم بگی.»

هر چی؟ مثلاً اینکه چگونه جمهوری اسلامی مرا نابود کرده؟ اینکه چگونه مملکت را به نابودی سوق داده؟ اینکه چگونه ما را به یک جنگ

ناخواستهٔ خانمان براندازی کشانده و این همه کشته و معلول به جا گذاشت؟ اینکه چگونه از نوجوانان برای شناسایی مناطق مین‌گذاری شده استفاده کرده؟ اینکه چگونه نیمه‌شبی خونین دانشجویان را از پنجره‌های خوابگاه‌شان به بیرون پرتاب کرده و به قتل رسانده و تعداد بیشتری را، در روز روشن، فقط به خاطر ابتدایی‌ترین مطالبات‌شان، به رگبار گلوله بسته؟ یا اینکه بسیاری از جوانان همجنس‌گرا را به دلیل گونه‌ای دیگر از دوست داشتن به چوبهٔ دار سپرده؟

قلبم به طپش شدید افتاد. پرسیدم: «آقای حاتمی! راستی می‌خواین همشو بگم؟ مثلاً وقتی خمینی مرد، من هفت شبانه‌روز گریه می‌کردم و نمی‌فهمیدم چرا؟ اونم برای مردی که همه چیزم، کارم، دوستانم، خانواده‌ام و بچه‌مو از من گرفته بود؟...»

حاتمی وسط حرفم پرید و گفت: «ببین! ما موفق شدیم گوگوشو از ذهن نصف جمعیت ایران پاک کنیم. حالا شما باید کمک کنی که اون نصف دیگه اشتباهات گذشته رو تکرار نکنن. این کتاب داستان آموزندهٔ فوق‌العاده‌ای برای همه میشه.»

اشتباهات. داستان آموزنده. حق با من بود. آنها به داستان زندگی من علاقه‌ای نداشتند. دنبال کتابی بودند که در آن من از «اشتباهات» خود در خواندن، رقصیدن و اجرای برنامه برای دربار ابراز ندامت کنم. این که در تمام این سال‌ها سرم را پایین انداخته بودم و به زندگی کسالت‌بارم ادامه می‌دادم، کافی نبود؟ حالا اصرار داشتند صدایم را برای تبلیغ در اختیارشان بگذارم و گوگوش را علناً محکوم کنم! بعد از بازجویی خیابان سلطنت‌آباد، تا مسعود پایش را از خانه بیرون می‌گذاشت، حاتمی به من زنگ می‌زد. انگار جفت چشم و گوش او داخل آپارتمان ما بود و همه چیز را می‌دید و می‌شنید. باقر پرهام، جامعه‌شناس و پژوهشگر صاحب‌نام و دوست مسعود، طی ماه گذشته دو بار بعد از خروج از خانهٔ ما دستگیر و بازداشت شده بود، عیناً مثل کاری که با لادن کرده بودند. چند روز پیش از آن هم، وقتی حاتمی داشت تلفنی مرا سین و جیم می‌کرد، برادرم مهرداد آرام وارد آپارتمان شد. حاتمی بلافاصله پرسید: «آقای مهرداد حالشون چطوره؟» هر وقت هم مسعود از سرکار برمی‌گشت و وارد خانه می‌شد، حاتمی جمله‌اش را قطع می‌کرد و ادامهٔ صحبت را به تلفن بعدی موکول می‌کرد.

سخت ترسیده و پارانوید شده بودم؛ هر آنچه که مسعود و من در خانه می‌گفتیم و انجام می‌دادیم را، سانسور می‌کردیم. احساس می‌کردم به حریم خصوصی‌ام

تجاوز شده. آیا کسی از پشت پنجره ما را زیر نظر داشت؟ آیا، بدون اطلاع ما، در خانه دستگاه‌های شنود نصب کرده بودند؟ شاید هم نظافتچی ما اطلاعات را به حاتمی می‌رساند؟ یا دربان ساختمان؟ این ماجرا از کی شروع شده بود؟ قبل از کنسرت خاطره پروانه؟ مسعود سعی می‌کرد آرامش خود را حفظ کند، اما حتی او هم نمی‌توانست بی‌قراری روزافزونش را پنهان کند. هیچ‌کس در چنین شرایطی نمی‌توانست. به دنیای خودم پناه بردم؛ با عزیزانم تلفنی صحبت نمی‌کردم، بهانه می‌آوردم که مشغول هستم، و از رفتن به خانه‌شان خودداری می‌کردم چون می‌ترسیدم برای آنان مشکلی ایجاد کنم. به سختی خوابم می‌برد، حتی با قرص‌های خواب‌آور. نمی‌توانستم افکارم را روی هیچ چیز متمرکز کنم. احساس می‌کردم دوباره به زیرزمین مصباح‌زاده برگردانده شده‌ام. با این فرق که آنجا می‌خواستند ساکتم کنند ولی اینها بعد از بیست سال، می‌خواستند مجبورم کنند صدایم را در خدمت اهداف‌شان به کار ببرم.

بالاخره یک روز، او را برای مدتی و به بهانه‌ای روی خط نگه‌داشتم تا مسعود از راه برسد. بلافاصله گوشی را به او دادم. مسعود خوب بلد بود با مردانی چون حاتمی صحبت کند. سال‌ها با وزارت فرهنگ و ارشاد اسلامی، که فیلم‌هایش را چپ و راست سانسور می‌کرد، در بحث و جدل بود و یاد گرفته بود چگونه سرشان را به طاق بکوبد. او در عین حال از دید جمهوری اسلامی یک مرد بود و ارزش سخنان یک مرد، درست مثل ارزش جانش دو برابر سخنان و ارزش جان زن بود.

مسعود با صبوری به سخنان حاتمی گوش داد و استدلالش را برای چاپ خاطراتم شنید. آنگاه با آرامش و لحن ملایم همیشگی‌اش اعلام کرد که به زنش اجازه نمی‌دهد خاطراتش را بنویسد و زندگی خصوصی‌اش را برای مردم فاش کند. در پایان به حاتمی یادآوری کرد که او نیز یک انسان مشهور است و طرفداران بسیار در دستگاه دارد و اگر روزی تصمیم بگیرد دهانش را باز کند و از این آزار و اذیت‌های روانی بگوید حسابی آبرویش را خواهد برد. حاتمی حرف‌های مسعود را شنید و تلفن را قطع کرد.

بعد از این مکالمه دیگر تلفنی از حاتمی نگرفتم. ولی همچنان با احتیاط رفتار می‌کردم چون مطمئن بودم آنان هرگز دست از سر گوگوش برنخواهند داشت و زنگ این تلفن لعنتی بالاخره دیر یا زود به صدا در خواهد آمد.

فصل ۲۴

دری که نیمه‌باز شد

ساعت ۸ شب خورشید هنوز کاملاً غروب نکرده بود. تابستان داشت نزدیک می‌شد. مسعود و مرتضی شایسته هنوز در اتاق نشیمن مشغول بحث دربارهٔ آخرین طرح‌شان بودند. شعلهٔ گاز را کم کردم که چلو ته نگیرد و گوشت خورشت له نشود. به این ساعات طولانی کار کردن آنها عادت داشتم. مسعود قبلاً با مرتضی چندین فیلم کار کرده بود. مرتضی یک تهیه‌کنندهٔ جوان و از سهام‌داران هدایت فیلم بود، همان استودیویی که یونس در آن کار می‌کرد. حدود چهل و خورده‌ای سال داشت و پرانرژی بود. چنان خودمانی رفتار می‌کرد، که اندکی بعد از خونریزی رودهٔ ناشی از فشارهای عصبی، با او از مشکلاتم به عنوان یک زن خانه‌دار درد دل کردم.

داشتم یک قوری چای تازهٔ دیگر آماده می‌کردم، تا با خرما و شیرینی‌های تقریباً دست‌نخوردهٔ روی میز قهوه‌خوری از آنها پذیرایی کنم، که تصمیم گرفتم از مرتضی دعوت کنم که برای شام بماند. دیروقت شده بود و مسعود داشت از موضوع فیلم تازه‌ای حرف می‌زد که سناریوی آن را با الهام از کتاب معروف فیلیس هستینگز «عاشق مترسک» نوشته بود.

همین که قوری چینی چای هل‌دار تازه‌دم را روی میز گذاشتم و منتظر ماندم تا در فرصتی مناسب صحبت‌شان را قطع کنم. مرتضی جملهٔ خود را ناتمام گذاشت،

رو به من کرد و با لبخند پرسید:

«نظرتون دربارهٔ این پیشنهاد که تو فیلم بعدی آقای کیمیایی بازی کنید چیه؟»

من هم لبخند زدم، چون می‌دانستم دارد شوخی می‌کند.

گفت: «جدی می‌گم!»

«خیلی دلم می‌خواد ولی خودتون بهتر می‌دونید که این اتفاق هیچ‌وقت نمیفته. امکان نداره بهتون اجازه بدن!»

«اگه بگم اون قضیه حلّه، چی می‌گید؟»

«چطوری؟ اونا هیچ‌وقت...»

نگاهی به مسعود انداختم و انتظار داشتم او هم مثل من از شنیدن این سخنان مرتضی متعجب شده باشد. ولی برخلاف انتظارم، چشمان مسعود از هیجان برق می‌زد. بارها گفته بود که چقدر دلش می‌خواهد در یکی از فیلم‌هایش بازی کنم.

مرتضی ادامه داد: «البته فیلمبرداری خارج از ایرانه، برای اینکه تو ایران نمیشه. همین تابستونم فیلمبرداری می‌کنیم، ادیتش رو اینجا انجام میدیم، اکران کردنش با من.»

خیلی جدی به نظر می‌آمد.

با ناباوری پرسیدم: «من که گذرنامه ندارم، چطوری مسافرت کنم؟ بیست ساله نتونستم گذرنامه‌مو پس بگیرم.»

مرتضی جواب داد: «نگران این یکی‌ام نباشید.»

یادم آمد تعداد زیادی هنرپیشگان مشهور قبل از انقلاب تازگی به ایران برگشته بودند. علاوه بر این، سه ماه پیش عطاالله مهاجرانی، وزیر کنونی فرهنگ و ارشاد اسلامی، بدون اطلاع قبلی به منزل ما آمده بود. بهانه‌اش هم این که ترجیح داده بود شخصاً پیپ مسعود را، که در دفترش جا مانده بود، برایش بیاورد. برایم عجیب بود که مهاجرانی در میان برنامه شلوغ خود به عنوان یک مقام ارشد، شخصاً برای بازگرداندن پیپ وقت بگذارد و به خانه‌مان بیاید تا آن را به صاحب اصلی‌اش برگرداند. البته پس از گفتگو با او فهمیدم که برگرداندن پیپ بهانه بود و او بیشتر اشتیاق دیدار گوگوش را داشت.

مرتضی از نو با همان هیجان پرسید: «چی می‌گید؟»

«معلومه که از خدا می‌خوام تو فیلم مسعود بازی کنم!»

مسعود اضافه کرد که برایم نقش اولی را هم در نظر گرفته که مسن‌تر از قهرمان

رمان هستینگر است. هر دو پیشنهاد کردند تا وقتی در خارج هستیم، چهار سناریو را فیلمبرداری کنیم. هیچ‌کدام هم شک نداشتیم که مسعود قادر بود در اسرع وقت چهار سناریو را به طور موازی بنویسد و تمام کند.

مرتضی پرسید: «خانوم آتشین، اگه بگم وقتی خارج هستیم کنسرتم بدید، چی فکر می‌کنید؟...» و کمی به صورتم خیره شد. مسعود یک چای دیگر در فنجان ریخت. ادامه داد: «...می‌تونیم یه تور جهانی براتون بذاریم، یه کنسرت تو هر شهر بزرگ دنیا!»

لبخندی زد و تأکید کرد: «سال دوهزاره و ایرانیای دنیا آمادهٔ بازگشت گوگوش و دیدنش روی صحنه هستن! ولی مهم اینه که مطمئن باشیم شما خودتون اهلش هستید!»

مسعود با چشمانی که می‌خندیدند، نگاهش را به من دوخت.

مرتضی باز هم پافشاری کرد: «چی میگید؟»

بالاخره گفتم: «معلومه، خیلی دلم می‌خواد. ولی غیرممکنه! ازم امضا گرفتن که...»

مرتضی صحبتم را قطع کرد و با هیجان گفت: «اگه شما بخواید، ممکنه!»

فکر کردم: شاید شدنی باشد. شک نداشتم مرتضی ارتباط‌های حکومتی محکمی دارد. اگر چنین نبود چگونه می‌توانست استودیویی به این بزرگی را مدیریت کند؟ در جمهوری اسلامی انجام هیچ کاری بدون ارتباط با دستگاه، پارتی‌بازی و پرداخت رشوه به افراد مختلف، امکان‌پذیر نبود. ولی من که صحبت‌های حاتمی، تحت‌نظر بودن‌ها و شنودهای یک سال گذشته از یادم نرفته بود! مخصوصاً که همواره تمام کوشش خود را به‌کار می‌بردند که نام و شهرت مرا از صفحهٔ تاریخ معاصر پاک کنند. پس قضیه چه بود که مرتضی فکر می‌کرد گذرنامه‌ام را برای اجرای یک تور جهانی به دستش خواهند داد؟

باز ادامه داد: «شما فقط یه آره بگو، من بلافاصله دو قرارداد تنظیم می‌کنم: یکی برای فیلم، یکی‌ام برای تور.»

۲۴ خرداد ۱۳۷۹

ساعت ۴ بامداد، مسعود در کنارم به خواب عمیقی رفته بود و من، که با درد وحشتناک سیاتیک دست و پنجه نرم می‌کردم، از پنجره به افق چشم دوخته بودم و با چشمان خود دیدم چگونه اشعه‌های خورشید نرم‌نرمک از آنجا سرزدند و جانشین تاریکی شب شدند. یادم آمد چه شب‌هایی من و فری، در منزل دایی ابراهیم و خدیجه خانوم، روی پشت‌بام می‌خوابیدیم و چشم به آسمان پرستاره می‌دوختیم. چقدر هر دوی ما در آن خانه خوشحال بودیم! هر دو کنار هم زیر پشه‌بند و روی یک تشک می‌خوابیدیم و طلوع سپیده‌دم را به اتفاق تماشا می‌کردیم و ابرهای نارنجی رنگ بالای سرمان می‌رقصیدند.

فکر کردم: ایکاش امروز در کنارم بودی!

چند روز گذشته دائم به یاد فری بودم و دلم برایش به‌شدت تنگ شده بود. می‌دانستم در مواقعی چون امروز، چقدر سخن گفتن با او می‌توانست کمک بزرگی باشد، هرچند دیگر در قید حیات نبود.

فری، درخت شاه‌توت باغچهٔ دایی ابراهیم یادت میاد؟ وقتی سه نفری با سیمین دورش می‌دویدیم؟ چقدر به نظر بزرگ میومد. یادت میاد چقد یه قُل دوقُل بازی میکردیم؟ چقد می‌گشتیم تا پنج تا سنگ ریز گرد صیقل‌خورده پیدا کنیم چون بازی کردن با اونا آسونتر بود؟ یادت میاد چقدر دم در منتظر می‌موندیم تا وغ‌وغ صاحابی، با طبق پایه‌داری که رو سرش حمل می‌کرد، به کوچه‌مون بیاد و ما با همون پول توجیبی کمی که دایی یا خدیجه خانوم به سه نفرمون داده بودن ازش جغجغه و فرفره بخریم. وقتی دو دختر بزرگ خانواده، منو وادار می‌کردن چادر سر کنم و تو خیابون نقش گدا بازی کنمو چطور؟ یادت میاد؟ انگار همین دیروز بود! باورت میشه؟ من امروز پنجاه سالم شده و تو قرار بود چهل و نُه سالت بشه...

قرار نبود او قبل از من برود. قرار نبود مرا به این زودی تنها بگذارد. همیشه فکر

می‌کنم اگر هر دوی ما منزل دایی ابراهیم مانده بودیم و با مونس زندگی نمی‌کردیم، سرنوشت‌مان چه می‌شد؟! شاید بیمار نمی‌شد. می‌دانم او به این پرسش چه جوابی می‌داد. مثل همیشه می‌گفت به آنجاها نروم و به پشت سرم نگاه نکنم... شاید او درست می‌گفت. دلم برایش خیلی تنگ شده بود.

حتی پس از این همه سال، گفتن از او برایم مشکل است. او مهربان‌ترین و گشاده‌دست‌ترین انسانی بود که در عمرم شناختم. انگار فرشته‌ای بودکه از بهشت به امانت به زمین داده شده بود. وقتی منزل دایی ابراهیم زندگی می‌کردیم، آنها به هر یک از ما کمی پول توجیبی می‌دادند. آن روز که فری فهمید من برای خرید بستنی به او کلک زده بودم تا پول بستنی من را هم بدهد، هرگز یادم نمی‌رود. اول عصبانی شد، ولی چهرهٔ عصبانی‌اش زود تغییر کرد و با لذت به خوردن بستنی ادامه داد. او همیشه می‌دانست چطور مشکلات را پشت سر بگذارد و بگذرد. فری همیشه انسان بالغ‌تر بود.

هرچند غالباً ساکت بود، ولی می‌دانست چگونه مردم را بخنداند. آن روزی که زنبور لبش را گزید، هر دو نوجوان بودیم. مطمئن بودم داد و فریاد راه خواهد انداخت. ولی او لبش را در دست گرفته بود، دور حیاط می‌دوید و با خنده مرتب تکرار می‌کرد: «با این دیگه چیکار کنم!؟» او هم مثل پاپا یک مُقلد درجهٔ یک بود. مخصوصاً وقتی ادای راه رفتن شامپانزه را در می‌آورد و مرا از خنده روده‌بر می‌کرد. همیشه در کنار فری احساس آرامش و خوشی می‌کردم.

بی‌اغراق، درست بعد از جدایی‌ام از محمود، بهترین روزهای زندگی‌ام را با فری و در پاریس گذراندم. او جاهای زیادی را در پاریس به من نشان داد که بسیاری‌شان را ندیده بودم. در ناپل، کاپری، لندن و بیروت هم مثل پاریس. من قبلاً هرگز چنین سفرهایی نداشتم، با این همه جاهای دیدنی و بدون نیاز به جلب نظر دیگران. با هم پیاده‌روی می‌کردیم، شوخی می‌کردیم و مثل زمان بچگی کارهای احمقانه انجام می‌دادیم. همهٔ دلشوره‌ها و نگرانی‌هایم از بین رفتند.

ایکاش به توصیهٔ من گوش کرده بود و به آن پروفسور تگزاسی امکان معالجه‌اش را داده بود. شاید جراحی می‌توانست دریچه‌های قلبش را ترمیم کند و او هنوز زنده بود. ولی دلش نمی‌خواست بقیهٔ عمرش را تحت مراقبت‌های پزشکی بگذراند و من چاره‌ای جز پذیرش خواسته‌اش نداشتم. هرچند پزشکان فری را از هر نوع هیجان و فعالیت‌های سنگین جسمانی منع کرده بودند، او به زندگی عادی خود ادامه داد و با

زنی که دوست داشت ازدواج کرد. در مراسم خاکسپاری‌اش، با چشمان خود دیدم که در عمر کوتاهش روی زندگی چه کسانی تأثیر گذاشته بود و قلبم هم‌زمان از عشق به او و اندوه نبودنش لبریز شد. او با والامنشی هر که آزارش داده بود را بخشید، حتی مونس، و یک بار هم پشت سرش را نگاه نکرد. ای‌کاش من هم می‌توانستم چون او باشم! من می‌توانستم ببخشم، ولی نمی‌توانستم فراموش کنم

خیلی طول کشید تا بعد از فوت پاپا، او را به خاطر محافظت نکردن از ما و محافظت نکردن از فری ببخشم. حتی خیلی بیشتر طول کشید تا خودم را ببخشم و درک کنم که آن زمان من هم فقط یک کودک بودم و هر کاری که در توانم بود برای محافظت از او انجام داده بودم. اما فری هرگز دنبال مقصر نمی‌گشت. او می‌گفت درد بخشی از زندگی‌ست؛ درد همان چیزی‌ست که ما را قوی‌تر می‌کند و رشد می‌دهد؛ و درد همان چیزی‌ست که ما را وادار به عشق و بخشش می‌کند. راست می‌گفت. درد مرا برای پذیرش هرآنچه زندگی بر سرم آورده بود، آماده کرد. بی‌شک اگر آن درد کشیدن‌ها نبود، امکان داشت وقتی موسیقی را از من گرفتند، دیوانه شوم. بدون آن دردها، الان اینجا نبودم، در آستانهٔ یک سفر تازه. ۱۹ ساعت دیگر مانده بود.

هیچ کس خبر نداشت، حتی کامبیز. اگر همه چیز طبق نقشه پیش می‌رفت، من امشب از تهران به قصد کانادا حرکت می‌کردم. قرار بود از آنجا تور جهانی‌ام را شروع کنم. اگر همه چیز طبق نقشه پیش می‌رفت، دارا نوه‌ام را، که فردا دو ساله می‌شد و همان چهرهٔ دوست‌داشتنی کامبیز دو ساله را داشت، از نزدیک می‌دیدم. همچنین می‌خواستم فریبرز و عادل را که در تورنتو زندگی می‌کردند، غافلگیر کنم. اما فعلاً باید همه چیز مسکوت می‌ماند. تنها کاری که باقی‌مانده بود، این که از شلوغ‌ترین فرودگاه کشور، از کنار پاسداران مسلح انقلاب و مأموران مهاجرت عبور کنم و بتوانم وارد فضای هوایی بین‌المللی شوم. به همین سادگی؟ ابداً.

همه چیز خیلی سریع اتفاق افتاد. بعد از دو دهه، یک آن از من پرسیدند آیا می‌خواهم آواز بخوانم، و در یک چشم به‌هم زدن داشتم عکس‌های حرفه‌ای می‌گرفتم؛ روی یک آلبوم جدید کار می‌کردم؛ شب‌ها مخفیانه به یک استودیوی موقت خانگی، که دیوارهایش با کارتن‌های تخم‌مرغ پوشیده شده بود، می‌رفتم تا مخفیانه ضبط کنم. چقدر همه سیستم‌ها تغییر کرده بود! آنقدر با دکمه‌ها و دستگاه‌های کامپیوتری ضبط بیگانه بودم که نمی‌توانستم راحت و چنان که باید

آواز بخوانم. هیچ چیز درست از آب در نمی‌آمد. در نتیجه بعد از چند ساعت بی‌خیال شدیم و تصمیم گرفتیم که همه ضبط‌ها را در کانادا انجام دهیم. اما اگر همین اتفاق در آنجا هم می‌افتاد چه؟ اگر نمی‌توانستم مثل قبل بخوانم چه؟ اگر صدایم تغییر کرده بود؟ اگر آن سقف نامرئی که در استودیوی لاچینی روی صدایم افتاده بود، هنوز وجود داشته باشد چه خواهد شد؟ اگر درد سیاتیکم چنان شدید شود که نتوانم سرپا بایستم، چه رسد به این که برقصم چطور؟ اگر مردم مرا بعد از گذشت این همه سال فراموش کرده باشند، چه؟

الان دقیقاً می‌فهمیدم که پاپا هم بعد از نه سال سکوت و قبل از رفتن به استانبول چه احساسی داشت. از هجوم این افکار و نگرانی از سوار هواپیما شدن و به کانادا رفتن، مو بر تنم سیخ می‌شد! مثل آن صبح زودی که همسر فری خبر مرگ او را در گوشی تلفن فریاد زد؛ یا آن روزی که عمو نادر خبر درگذشت پاپا را داد. ظرف دو روز گذشته لیوان پشت لیوان را از آب شیر آشپزخانه پر می‌کردم و بدون این که تشنه باشم، سرمی‌کشیدم. دلم می‌خواست مزهٔ آب گوارای تهران برای همیشه در دهانم باقی بماند.

هیچ چیز قطعی به نظر نمی‌رسید. احتمال داشت حتی اجازه ندهند سوار هواپیما شوم. اما اگر می‌دادند چه؟ اگر به کانادا می‌رسیدم چه؟ آیا می‌توانستم برگردم؟ آیا هنگام بازگشت دستگیرم نمی‌کردند؟ یاد به‌به افتادم و زندگی سراسر بدبختی‌اش در تبعید و دور از زادگاهش. آیا خواهم توانست به اندازهٔ او مقاومت کنم و باقی بمانم؟ اگر زیر همه چیز بزنم و نروم چه؟ اگر نروم، توان ۲۱ سال دیگر سکوت کشنده را خواهم داشت؟

فری، تنها آرزوم اینه که تو بودی و بهم می‌گفتی چکار کنم! می‌تونم حدس بزنم چی می‌گفتی: «گوگی، نباید بذاری هیچ‌کس یا هیچی تو رو از داشتن یه زندگی پربار منع کنه!» فری، حاضر بودم همه چیز رو بدم تا امروز تو رو با اون چشمای معصوم قهوه‌ای رنگ و اون صورت معصوم بچگونه کنارم ببینم. هنوز دارم خودمو گول می‌زنم که به یه سفر طولانی کشف دنیاهای جدید رفتی. پذیرش این دروغ بزرگ کمی آرومم می‌کنه. پس فری جونم، تا اون روزی که همدیگرو ببینیم، از دنبالهٔ سفرت لذت ببر!»

ناگهان آلارم بلند اتومبیلی در دوردست به گوش رسید. به خود گفتم: ندیده بگیر. یک نخ سیگار از پاکت نیمه‌خالی مارلبرو لایت بیرون می‌کشیدم. این دومین پاکت سیگاری بود که در آن روز تمام می‌کردم. اما نه سیگار و نه قرص‌های ضداضطرابی که پزشک برایم تجویز کرده بود، نتوانستند کمک کنند، چون با صدای هر آژیر، قلبم سریع‌تر می‌زد و درد کمرم شدیدتر می‌شد. درست وقتی موفق شدم بلند شوم تا پنجره را ببندم، زنگ در به صدا درآمد. دلشوره‌ام شدیدتر شد. ساعت تقریباً ۹ شب شده بود. تلاش کردم پنجره‌ای را که بارها به راحتی بسته بودم، ببندم و فکر کردم حتماً مرتضی پشت در است.

دیگر برای عقب‌گرد دیر شده بود. یک قرارداد قانونی امضا کرده بودم و حتی نزدیک به پنج و نیم میلیون تومان (حدود سی هزار دلار آمریکا) هم به عنوان پیش‌پرداخت گرفته بودم تا بدهی نادرست و ناعادلانهٔ مالیاتی قبل از انقلاب را، که وزارت اقتصاد و دارایی در تمام این سال‌ها به زور مطالبه می‌کرد، بپردازم و در ازایش سند خانه‌ام را که گروگان گرفته بودند، پس بگیرم و تقاضای گذرنامهٔ جدید بکنم.

صدای مسعود را شنیدم که می‌گفت: «بیا تو.» خیالم راحت شد و موفق شدم پنجره را ببندم.

مرتضی جواب داد: «مرسی.»

مرد دیگری هم گفت: «مرسی.»

صدایش را شناختم. برگشتم تا به آنها خوش‌آمد بگویم و همان‌طور که حدس زده بودم، شریک تجاری مرتضی را دیدم که با کت و شلوار تیره و پیراهن مشکی آنجا ایستاده بود و قطرات عرق روی پیشانی‌اش نشسته برق می‌زد.

مرتضی گفت: «آقای منوچهر محمدی اومدن تو بردن چمدونا کمک کنن.»

آقای محمدی حدود سی سال داشت و قد بلند و چاق بود. چند هفته پیش، او را برای نخستین بار دیده بودم، روزی که به درخواست مرتضی برای مراجعه به وزارت اقتصاد و دارایی و ادارهٔ گذرنامه مرا همراهی کرد. آن روز از نحوهٔ رفتارش با مسئولان رسمی و رده بالای حکومتی تعجب کردم. همیشه کسانی که با این دار و دسته کار داشتند، رعایت‌شان را می‌کردند چون کلید باز کردن قفل همهٔ مشکلات در دست آنها بود. ولی محمدی چنین نبود. او با زبان خودشان با آنها وارد جر و بحث می‌شد و از کلمات و اصطلاحات‌شان هم استفاده می‌کرد، تا آن حد که موفق شد آنها را راضی کند از طلب جریمهٔ دیرکرد بگذرند، رقمی که بدهی مرا تقریباً دو

برابر کرده بود. مثل روز روشن بود که محمدی، با توجه به اعتماد به نفسی که از خود نشان می‌داد و روشی که با مسئولان چالش می‌کرد، حتماً پارتی کلفتی داشت. اصلاً تعجب نکردم. ولی آنچه عجیب می‌نمود این که در میان این گروه خیلی راحت بود، انگار همگی دست‌نشانده‌اش بودند. کمتر کسی با این گروه، در هر مقامی، احساس راحتی می‌کرد چون همگی یا از بدنهٔ رژیم بودند یا وابسته به بیت رهبری.

مسعود گفت: «مرسی، ولی لازم نبود شما زحمت بکشین. پولاد کمک می‌کنه.»

محمدی عرق روی پیشانی‌اش را پاک کرد و اصرار داشت که کمک کند. با تعجب نگاهی به چمدان و کیف دستی‌ام انداخت و پرسید: «همش همینه؟»

در حالی که مانتویم را می‌پوشیدم و مراقب بودم کمردرد مزمنم عود نکند، فکر کردم اگر می‌دانست بستن همین یک چمدان و کیف دستی چقدر طول کشید، این سؤال را نمی‌کرد. چند روز مرتب گذاشتم و برداشتم، با دقت رنگ لباس‌ها را انتخاب کردم و مراقب بودم چه با خود ببرم که در بازگشت، اگر عکس یا فیلمی ازم گرفتند، مشکل‌زا نشود. البته همهٔ اینها به شرطی بود که اجازهٔ ورود به هواپیما را می‌یافتم. آخر سر تعدادی شلوار گشاد و بلوزهای آستین‌بلند تیره‌رنگ انتخاب کردم که در تابستان گرم تورنتو پوشیدن‌شان خیلی آزاردهنده نباشد. البته سال‌ها بود به پوشیدن مانتو و روسری در گرمای طاقت‌فرسای تهران عادت کرده بودم.

مرتضی گفت: «شاهرخ تو ماشینه.» منظورش شاهرخ ریحانی کنسرت‌گزار مقیم کانادا بود که قرار شده بود برای کنسرت تورنتو با ما همکاری کند. همگی، غیر از پولاد، با هم پرواز می‌کردیم. قرار شد پولاد یک ماه دیگر و قبل از کنسرت به ما بپیوندد.

مرتضی آهسته گفت: «تغییر کوچیکی تو برنامه پیدا شده....»

قلبم هُری فرو ریخت.

ادامه داد: «...من با شما نمیام، حداقل اول کار.»

مسعود که مثل من تعجب کرده بود، پرسید: «چرا؟»

مرتضی سری به تأسف تکان داد و گفت: «برای استودیو خیلی مشکل پیش میومد. خیالتون راحت باشه، شما رو دست آدم مطمئنی سپردم...» بعد نگاهی به محمدی کرد و ادامه داد: «...آقای محمدی به جای من میاد.»

ذهنم مشوش شد. کی برنامه عوض شد؟ چرا زودتر چیزی نگفت؟ مثلاً همین امروز صبح که تلفنی صحبت کردیم؟ یا دیروز که اینجا بود؟ من قرارداد را با مرتضی

امضا کرده بودم، چرا محمدی دارد می‌آید؟

محمدی لبخندی زد و گفت: «شما لطف دارین، اگه اجازه بدین راه بیفتیم، داره دیر میشه.»

فرصت نشد نگرانی و دلگیری‌ام را ابراز کنم. محمدی ما را به داخل یک مینی‌بوس شیک که موتورش هم روشن بود هدایت کرد و به راننده دستور حرکت داد. راه افتادیم.

بیست دقیقه در سکوت گذشت تا مسعود در گوش من زمزمه کرد: «داریم می‌رسیم.» اتوبان پارک‌وی خلوت بود و ما به سوی فرودگاه مهرآباد در حرکت.

آخرین باری که آنجا بودم را به یاد آوردم و در دلم آشوب بر پا شد. بیست و یک سال پیش بود، دقیقاً یکشنبه ۱۳ آبان ۱۳۵۸. ما تا آن لحظه خبر را نشنیده بودیم. همان صبح دانشجویان خط امام سفارت آمریکا در تهران را اشغال کرده بودند که نهایتاً به ۴۴۴ روز گروگان‌گیری دیپلمات‌های آمریکایی انجامید. پس از هفته‌ها بحث و مجادله، همایون مرا مجاب کرده بود که برای یک سفر کوتاه به آمریکا بروم، جواهراتم را با خود ببرم و همه را به خواهرش منیژه، که در آمریکا زندگی می‌کرد، بسپارم. نگران بود روزی افراد کمیته به خانه‌مان بریزند و آنها را پیدا کنند. من هم موافقت کردم. تعدادی از سکه‌های طلای یادبود را فروختم و با پول آن بلیط هواپیما خریدم. تا آن زمان نه به اوین احضار شده بودم، نه راهی زیرزمین منزل مصباح‌زاده. علاوه بر آن خیالم راحت بود که بهرام عمادی آنجا خواهد بود. بهرام همان پاسداری بود که در گذشته، به دستور مسعود فردمنش اجازه داده بود آزادانه از مهرآباد بیرون بیایم و بعد هم با او دوست شدم.

آن یکشنبه بهرام از من خواست در اتومبیل بمانم تا او و همایون بروند و گذرنامه‌ها را بگیرند. در آن زمان مسافران موظف بودند گذرنامۀ خود را ۲۴ ساعت قبل از پرواز به دفتر هواپیمایی تحویل دهند تا کار چک کردن گذرنامه و صدور پاس عبورشان از قبل انجام شود.

چند دقیقه دیرتر، وقتی دیدم بهرام تنها به طرف اتومبیل می‌آید، فهمیدم در یک جای کار اشکال پیدا شده است. به اتومبیل که رسید با نگرانی گفت: «اسمتون تو لیسته! گذرنامه‌تونو نیگر داشتن!»

با دلهره پرسیدم: «لیست؟»

نگاهی به درهای ورودی فرودگاه انداخت و پاسخ داد: «لیست ممنوع‌الخروجا،

نمی‌تونین از کشور خارج بشین. همایون رد شد، چمدونم رو برد. اصلاً اونجا پا نذارید. برگردید خونه تا من ته و توشو در بیارم.»

ناگهان دست‌ها و پاهایم سنگین شدند و چشمانم سیاهی رفت. خشکم زده بود و نمی‌توانستم حرکت کنم. نمی‌فهمیدم چگونه ممکن بود همایون با آن چمدان حاوی جواهرات رد شده و الان در هواپیما نشسته باشد. بهرام با دیدن حال من، به‌سرعت اضافه کرد: «البته ممکنه کمی طول بکشه، ولی گذرنامه‌تونو پس می‌گیرم.»

مسعود و شاهرخ و محمدی داشتند همچنان آهسته و مؤدبانه با هم حرف می‌زدند و من به این فکر می‌کردم که: آن «کمی» بهرام، بیست و یک سال طول کشید. همهٔ آن دفعاتی که تصمیم گرفتم فرار کنم و پشیمان شدم به یادم آمد. هر بار صدای فائقه را شنیدم که تأکید می‌کرد گوگوش یک کالای ممنوعه نیست که ناچار به فرار پنهانی و قاچاقی باشد.

حقیقت این است که من در ته قلبم هر آنچه ملاها، آقای تهرانی و افشون دربارهٔ گوگوش گفته بودند باورم شده بود، عیناً مثل زمانی که سخنان تحقیرآمیز مونس را باور کرده بودم. در نتیجه وقتی هم محکوم به یک عمر سکوتم کردند، همین باور وادارم کرد گوگوش را با دست خود به خاک بسپارم.

عمیقاً باور داشتم که این سفر به فرودگاه هم اتلاف وقت بود. آن زمان اجازه ندادند بروم، حالا هم نمی‌گذارند. این را من می‌دانستم، مسعود هم می‌دانست. حتی مرتضی هم این را می‌دانست و به همین دلیل همراه ما نیامده بود.

صدای گوش‌خراش آژیری را شنیدیم. همگی نفس در سینه حبس کردیم. آمبولانسی با چراغ خطر قرمز گردان روی سقف از کنارمان رد شد و به سوی دیگر پارک‌وی رفت. نفس را رها کردیم.

بالاخره به فرودگاه مهرآباد رسیدیم. محمدی پیاده شد و با چمدان‌ها به داخل رفت، درست مثل همان سال‌ها پیش.

نمی‌فهمیدم مسعود و شاهرخ به هم چه می‌گفتند، ولی می‌توانستم حدس بزنم که مسعود به‌شدت عصبی بود. انگشتانش را لابه‌لای ریشش حرکت می‌داد و چشم از درهای ورودی فرودگاه برنمی‌داشت. تغییر برنامهٔ مرتضی اعتماد او را هم متزلزل کرده بود.

نگاهی به مسعود انداختم، به‌زور لبخند زدم و سعی کردم خود را آرام نشان دهم. او هم متقابلاً لبخند زد. به مسافرانی که در رفت و آمد بودند، چشم دوختم.

همه چیز شبیه همان بیست و یک سال پیش بود. دقایقی بعد، علیرغم تاریکی هوا، محمدی را دیدم که به طرف ما می‌آمد. چیزهایی در دست داشت و آنها را در هوا به سوی ما تکان می‌داد که نمی‌توانستم بفهمم چه هستند.

در سمت مرا باز کرد، به داخل اتومبیل خم شد، همان‌طور که گذرنامه‌ها با بلیط‌های داخل آنها را تکان می‌داد، گفت: «رفتنی شدیم! مُهر خروج همه رو زدن!»

لبهٔ روسری را تا حدی که می‌شد پایین کشیدم تا بخش اعظم صورتم را بپوشاند و بدون برانگیختن هرگونه شکی، شناخته نشوم.

محمدی در را برایم باز کرد و گفت: «باید سریع حرکت کنیم. شما پشت سر و نزدیک من بمونید. اگه کسی سؤالی کرد، جوابشو به من بسپارید.»

من هم دقیقاً همین کار را کردم. تند تند قدم‌های بلند بر می‌داشتم تا فاصله‌ام از او زیاد نشود. مسعود و شاهرخ پشت سر ما بودند. داخل فرودگاه مهرآباد به‌شدت مراقب بودم که حتی نیم‌نگاهی هم به کسی نیندازم.

محمدی به سمت چپ پیچید تا مسافرانی را، که در وسط راهرو با چرخ‌های حامل چمدان‌ها چشم به کامپیوترهای بزرگ دیواری دوخته بودند، دور بزند و گفت: «از اینور!»

در تمام طول راه، چشمانم به کف سالن و همان کف‌پوش‌های مرمر قدیمی دوخته بود و پنهانی به این‌سو و آن‌سو نگاه می‌کردم که ببینم چقدر نسبت به گذشته تغییر کرده. اصلاً صلاح نبود کسی مرا بشناسد. ولی حتی با سر پایین متوجه شدم آن شلوغی و هیاهوی زنده‌ای که به یاد داشتم و نماد شور زندگی بود، دیگر وجود ندارد. البته شب بود، ولی می‌شد حدس زد که آن حال و هوا برای همیشه از بین رفته و جایش را در تمام ساعات شبانه‌روز، به نظارت پنهانی و کنترل داده باشد. هوا سنگین‌تر به نظر می‌رسید. مهرآباد بود، اما نه آن مهرآبادی که آزادی و رهایی از آن بیرون می‌تراوید. در هر گوشهٔ این مهرآباد جدید، تنش نهفته بود، عین تنشی که در سراسر کشور سایه انداخته بود.

محمدی که به نظر کلافه می‌آمد، گفت: «خواهش می‌کنم با من بمونید.» از بس دنبالش دویده بودم نفس قدم برداشتن نداشتم. آنچنان از رفتن به داخل هواپیما ناامید شده بودم که بابک گیتار به‌دست را در چند قدمی به‌سختی شناختم. بابک امینی یک موسیقیدان جوان بسیار با استعداد بود که برای رهبری ارکسترم انتخاب کرده بودم و ظرف ماه گذشته تقریباً هر روز با او تمرین می‌کردم. در کنار او زن

جوانی ایستاده بود. محمدی سریع او را به عنوان عکاس تور معرفی کرد. سری تکان دادم و لبخند زودگذری به هر دو زدم.

مأمور کنترل گذرنامه با صدای بلند به زوجی که جلوی ما بودند اشاره کرد و گفت: «بعدی!»

با وجود چند چروک روی پیشانی، که قیافه‌اش را عصبانی نشان می‌داد، جوان به نظر می‌رسید. به مسعود نگاه کردم بلکه آرامش کنم، ولی مسعود هم به آن جوان چشم دوخته بود.

محمدی لابه‌لای گذرنامه‌ها دنبال چیزی می‌گشت و قطرات عرق روی شقیقه‌هایش نشسته بود. با دقت گذرنامه‌ها را مرتب کرد و مطمئن شد بلیط هر کس لای گذرنامه‌اش باشد. وقتی کارش تمام شد، یک دستمال کاغذی مچاله‌شده از جیبش درآورد و عرق صورتش را پاک کرد.

مأمور کنترل گذرنامه این بار مستقیم به ما نگاه کرد و گفت: «بعدی!»

در یک آن دنیا در مقابل چشمانم از حرکت ایستاد.

محمدی گفت: «با من بیاین.» و با حرکت دست مرا به طرف خود هدایت کرد. مسعود و شاهرخ دنبال‌مان راه افتادند. محمدی با همان اعتماد به نفس ذاتی‌اش با جوان احوالپرسی کرد و او هم جوابش را با مهربانی داد. سپس گذرنامهٔ مرا که روی بقیهٔ گذرنامه‌ها گذاشته بود به دستش داد.

این همان لحظه‌ای بود که منتظرش بودم!

گذرنامه‌ام را باز کرد، صفحاتش را به‌سرعت ورق زد. به صفحهٔ عکس‌دار که رسید، به آن نگاهی انداخت و سپس نیم‌نگاهی به من، برای مقابلهٔ عکس با اصل. یک بار دیگر به صفحات گذرنامه برگشت و یک بار دیگر به من نگاه کرد. سرش را پایین انداخت، هیچ نگفت و در پی آن ضربان قلبم شدت گرفت. درست در آن لحظه‌ای که حس کردم قلبم دارد از حلقم بیرون می‌زند، بقیهٔ صفحات گذرنامه را هم از نظر گذراند، به مُهر خروج نگاهی کرد، بلیط را لای گذرنامه گذاشت و به دست محمدی داد. وقتی محمدی همگی را رد کرد، با نگرانی گفت: «ده دقیقه بیشتر برای سوار شدن وقت نداریم.»

دنبال محمدی راه افتادم ولی مغزم دیگر کار نمی‌کرد، بدنهٔ هواپیما را از پشت شیشهٔ پنجره می‌دیدم و با هر قدم به آن نزدیک‌تر می‌شدیم، ولی هنوز هم باورم نمی‌شد. درست در همین لحظه سه پاسدار را در انتهای راهرو دیدم که از طرف

مقابل به سوی ما می‌آمدند. تفنگ‌شان با تسمه‌ای چرمی به پشت‌شان آویزان بود. با هر قدمی که برمی‌داشتند حال من بدتر و بدتر می‌شد. حالا دیگر در معده‌ام هم آشوبی برپا شده بود. پاسدارها به درهای متعدد دو طرف راهرو نگاه می‌کردند و به راه‌شان ادامه می‌دادند. نزدیک‌تر که شدند، چشم یکی از آنها به من افتاد و بلافاصله به صورت دختر عکاس ولی همچنان به راه خود ادامه داد. نفسی عمیق از سر راحتی خیال کشیدم که صدایی از بلندگوی سالن پخش شد: «مسافران محترم توجه فرمایید! خانم و آقای فلانی لطفاً به نخستین میز اطلاعات مراجعه کرده، خود را معرفی کنید.»

مسعود هم در کنار من خشکش زده بود.

خوشبختانه دنبال زوج دیگری می‌گشتند. دومین اعلام دربارهٔ بسته شدن عنقریب در هواپیما بود. هنوز باورم نمی‌شد پایم به درون هواپیما برسد، ولی محمدی خیلی خونسرد پاس ورود را به مهماندار مرد هواپیما نشان داد و به من گفت: «بفرماین با من»

مهماندار هم جوان بود و بی‌توجه‌تر از مأمور کنترل گذرنامه. پاس‌های ما هنوز در دستش بود که تلفن کابین زنگ زد. از آن طرف سیم کسی جملاتی تند و بلند گفت. مهماندار به لیست چاپ شده‌ای که در دست داشت خیره شد و شروع به خواندن اسامی کرد. پس از چند پاسخ سریع، سرش را بلند کرد و نگاهم کرد. چشمانش برق زد، تلفن را قطع کرد و چهره‌اش به‌سرعت مهربان و دلچسب شد.

شک نکردم که مرا شناخت. با لبخندی آمیخته به احترام و ناباوری گفت: «از این طرف لطفاً.»

خودم هم نمی‌توانستم باور کنم.

همراه با مسعود، خیلی با احتیاط و آرام روی صندلی‌های کابین درجهٔ یک نشستیم تا توجه کسی را جلب نکنیم. دقایقی گذشت و نشانی از پاسداری که برای دستگیری آمده باشد، ندیدیم!

مهمانداران منتظر دستور بستن درها بودند که چراغ قرمز بزرگی روی تابلوی پشت کابین خلبان روشن شد. همان مهماندار قبلی تلفن را برداشت و به گوش ایستاد.

تماس خیلی کوتاه بود. درها را بستند و موتورهای هواپیما را روشن کردند.

چند اتومبیل با چراغ‌های قرمز چشمک‌زن که به موازات هواپیما راه افتاده بودند، توجهم را جلب کردند.

حتماً آمده‌اند جلوی حرکت هواپیما را بگیرند!

ولی آن اتومبیل‌ها هم خودروهای مراقبت‌های ویژهٔ هواپیما بودند. هواپیما روی باند سرعت گرفت و تمام بدنه‌اش تکان خورد. هر تکانی که از زمین دورمان می‌کرد را با تمام وجود حس کردم، زمین کشوری که به اندازهٔ جانم دوستش می‌داشتم. هواپیما که کاملاً از زمین دور شد، گلویم به هم فشرد و احساس خفگی کردم.

دقایقی بعد، خلبان اعلام کرد: «خانم‌ها، آقایان!...»

مطمئن بودم برج نظارت از خلبان خواسته برگردد و هواپیما را به زمین بنشاند.

«...لطفاً روی صندلی خود بنشینید، کمربندها را بسته نگه‌دارید، به ارتفاع ده هزار متری نزدیک می‌شویم...»

انتظار داشتم هر لحظه جت‌های جنگنده برای رهگیری و اسکورت ما به مهرآباد فرستاده شوند. این فکر یک لحظه، یک دقیقه و حتی یک ساعت هم مرا رها نکرد.

مجدداً صدای خلبان از نو شنیده شد: «خانم‌ها، آقایان! به اطلاع می‌رسانم که هم اکنون از فضای هوایی ایران خارج شدیم.»

مسعود با لبخندی معنی‌دار نگاهم کرد. روسری‌ام را باز کردم و نفسی بسیار عمیق کشیدم. تازه یاد کامبیز افتادم و اشک از چشمانم سرازیر شد. دل در دلم نبود که از آمستردام به او تلفن کنم و بگویم دارم به دیدارش می‌روم.

فصل ۲۵

بازگشت

حومهٔ تورنتو، ۲۹ جولای ۲۰۰۰ (۸ مرداد ۱۳۷۹)
۱ بعدازظهر

اتومبیل قرار بود هر لحظه ما را بردارد. دل‌پیچه گرفته بودم. از کنفرانس مطبوعاتی دو هفته پیش، این حالت از بین نرفته بود. بدتر از آن، وقتی دیروز مرا به مرکز اِر کانادا بردند تا محل برگزاری کنسرت را ببینم، متوجه شدم که هفده هزار بلیت فروش رفته. قرار بود هفده هزار نفر برای دیدن من بیایند! وحشت کردم. من هرگز کنسرتی به این بزرگی نداشتم. در رویدادهای فرهنگی دولتی و گردهمایی‌های تفریحی ارتش، خیلی برنامه اجرا کرده بودم که نهایتاً چند هزار تماشاچی داشتم ولی تا هفده هزار نفر فاصله زیادی بود. چگونه می‌توانستم از پس این کار برآیم؟ چگونه می‌توانستم جمعیتی به این بزرگی را، آن هم پس از این همه سال، مدیریت کنم؟ من کارم را از کاباره‌ها شروع کرده بودم و برای گروهی خودمانی و کوچک می‌خواندم. قادر بودم خیلی راحت با مخاطبانم ارتباط برقرار کنم. حتی در اوج شهرت پیش از انقلاب، هرگز در فضایی به این بزرگی برنامه اجرا نکرده بودم. این یک رویداد کاملاً جدید بود، با سبکی متفاوت با آنچه قبلاً انجام داده بودم.

همیشه برای حفظ استانداردی که سال‌ها پیش برای خودم گذاشته بودم، قبل از رفتن روی صحنه دچار اضطراب می‌شدم، اما این بار اضطراب جدیدی هم

به آن اضافه شده بود. آیا هنوز هم می‌توانستم انرژی تماشاگران را جذب کنم؟ آیا می‌توانستم در چنان فضای وسیع و ناآشنایی احساساتم را منتقل کنم؟ اگر آن سقف نامرئی کذایی صدایم را محدود کند، چه خواهد شد؟ حتی در کنفرانس مطبوعاتی هم، خبرنگاران ایرانی به آرامی و در میان سؤالات خود می‌پرسیدند آیا هنوز هم پس از این همه سال صدای قبلی‌ام را دارم یا نه؟

احساس می‌کردم دارم همهٔ اینها را در خواب می‌بینم. برای دیدار با نوه‌ام دارا، به آبشار نیاگارا رفتیم. کمی بعد از ورودمان، به یاد فیلم‌هایی افتادم که در آنجا ساخته شده بودند، مثل فیلم «نیاگارا» به کارگردانی هنری هاتاوی و بازی مریلین مونرو، که در کودکی دیده بودم. نمی‌توانستم باور کنم کنار آن آبشارهای باشکوه، هزاران کیلومتر دورتر از تهران، هستم. دیدن دارا برای نخستین بار بیشتر از همه غیرواقعی به نظر می‌رسید. عروسم او را به تنهایی آورده بود. کامبیز همراه‌شان نبود، چون در لُس‌آنجلس منتظر بود تا مشکل مهاجرتش در ایالات متحده حل شود. به‌سختی توانستم جلوی اشکم را بگیرم. خوشبختانه، دارا غریبی کرد و به بغلم نیامد که گریستنم را ببیند. اول کمی ناامید و آزرده شدم. اما سریع خودم را آرام کردم. هر چه باشد، او تازه دو سالش بود و من برایش غریبه بودم. تعدادی گردشگر، چند قدم دورتر، داشتند سکه به داخل آبشار پرتاب می‌کردند. من هم از آنها تقلید کردم و موفق شدم توجه دارا را جلب کنم. طولی نکشید که به آغوش من آمد و یک سکه را از ارتفاع پنجاه متری به درون آب پرتاب کرد. در همان لحظه، احساس کردم همیشه و از همان لحظه تولدش او را در آغوش داشته‌ام و این دوری فقط یک کابوس بود.

مدت بیست و یک سال در این کابوس زیستم و امروز در این سوی دنیا، در حال تجدید دیدار با خانواده‌ام، آمادهٔ ضبط آلبوم جدید «زرتشت» در یک استودیوی پیشرفته آزادانه و در روز روشن و تشنهٔ رفتن روی صحنه بعد از دو دهه دوری هستم. به من گفته بودند که اعضای باندم پیش از من در محل آماده هستند. پانزده نوازنده، از ونزوئلا تا ایران، گرد هم آمده بودند. گمانم فکر می‌کردند دیوانه‌ام، چون سه روز متوالی و هر روز به مدت سه ساعت بدون توقف و با تمام وجود آواز خواندم و در تمرین‌ها از تارهای صوتی‌ام بیش از توان‌شان بار کشیدم. حتماً از خود می‌پرسیدند: «چرا تمام انرژی‌اش را چند روز قبل از کنسرت مصرف می‌کند؟» حق داشتند، بی‌احتیاطی کردم، برای یک دوندهٔ ماراتن هم، دویدن طولانی قبل از روز مسابقه بی‌احتیاطی به‌شمار می‌رفت. چاره‌ای نداشتم. باید مطمئن می‌شدم که

می‌توانم از پس این کار برآیم. یعنی می‌توانم بیش از دو ساعت سرپا بایستم و بعد از این همه سال در برابر مخاطبانم، زنده آواز بخوانم. با تمرین هر ترانه، احساس می‌کردم که دارم تکه‌های بزرگی از آن سقف نامرئی را می‌شکنم. آن‌قدر خواندم تا صدایم از بند رها شد.

در حال جمع‌آوری وسایلم در اتاق خواب خانهٔ کرایه‌ای حومهٔ تورنتو، فهرست ترانه‌ها را در ذهنم مرور می‌کردم. آقای محمدی اصرار داشت که از خواندن ترانه‌های تند و عاشقانه‌ام خودداری کنم چون معتقد بود بازگشت ما به ایران را مشکل‌ساز خواهد کرد. خواستم به او یادآوری کنم که گوگوش یک خوانندهٔ پاپ است، اما بعد یادم افتاد که کنسرت‌ها فیلمبرداری می‌شوند. نمی‌خواستم یک تلفن دیگر از آقای حاتمی دریافت کنم، یا بازجویی دیگری در اوین منتظرم باشد. در نتیجه، با دقت بیست و سه ترانهٔ آرام‌تر را انتخاب کردم، البته جز ترانهٔ عاشقانهٔ معروف «هم‌صدای خوبم» که ریتم تندی داشت و می‌خواستم آن را به عزیزترینم، دارا، تقدیم کنم.

ده روز پیش، در یک سالن کنفرانس بزرگ هتل، جلوی دوربین‌های خبرگزاری‌ها، بدون روسری نشستم. وقتی با پاسخ به خبرنگاران ایرانی، هر کلمه را با دقت انتخاب می‌کردم و به آنها می‌گفتم چگونه بیست و یک سال را روی کاناپه خانه‌ام گذراندم. از هرگونه اشاره به زیرزمین آقای مصباح‌زاده، فریادها، دردها، مواد مخدر، ناامیدی‌ها، بازجویی‌ها و تحت‌نظر بودن‌ها پرهیز کردم. البته فقط برای دوربین‌ها محتاط نبودم. از وقتی، در توقف کوتاه‌مان در آمستردام، نام خانوادگی متفاوت «خوش‌زبان» را روی گذرنامهٔ محمدی دیدم، روی هر کلامی که در حضور او می‌گفتم، دقت می‌کردم.

شک من به او به زمانی بیشتر شد که چند روز پس از ورودمان به تورنتو فهمیدم قرار است در همان خانهٔ حومهٔ شهر، در کنار او بمانیم. روز کنسرت نزدیک می‌شد و من نمی‌فهمیدم چرا باید با او هم‌خانه شویم، به‌خصوص که در قرارداد بودجهٔ یک خانهٔ مجزا برای من و مسعود لحاظ شده بود. چرا باید داون‌تاون تورنتو را ترک می‌کردیم و در آن خانهٔ دور برای همهٔ کارها به آقای محمدی وابسته می‌شدیم؟ مسعود هم نگران بود.

زمانی وضعیت عجیب‌تر و آشفته‌تر شد که مرتضی، برخلاف وعده، به تورنتو نیامد و ما را با کسی که نمی‌شناختیم تنها گذاشت. دیگر هیچ اشاره‌ای به پیوستن او به تور هم نمی‌شد. دلیلش را نمی‌فهمیدم. آیا مرتضی از ارتباط با گوگوش و این تور می‌ترسید؟ آیا نگران تأثیر آن روی زندگی خودش یا استودیوی فیلمبرداری‌اش

بود؟ وقتی مسعود قرارداد امضا شده را بررسی کرد، چیز عجیب‌تری پیدا کردیم: نام مرتضی اصلاً در قرارداد نبود. فقط نام من و آقای محمدی! -دقیقاً همان نام خانوادگی که در گذرنامه‌اش بود. چگونه چنین چیزی را ندیده بودم؟! تمام این بلاتکلیفی‌ها و پیچ‌وخم‌های غیرمنتظره آزارم می‌داد و حس ناامنی و تنشم را بیشتر می‌کرد. اما می‌دانستم چه بخواهم چه نخواهم، دیگر کاری از دستم برنمی‌آید، جز ادامهٔ تور. این تنها فرصت برای بازگشت به صحنه پس از این همه سال بود. عاقبت تصمیم گرفتم سکوت کنم و تردیدهایم را برای خود نگهدارم.

کفش‌هایم را که می‌پوشیدم، صدای فائقه و گوگوش را شنیدم که دربارهٔ کوچک‌ترین جزئیات کنسرت پیش رو با هم بگومگو داشتند. چگونه به مردم خوش‌آمد بگویم؟ با «سلام» شروع کنم یا با «درود»؟ اگر بگویم درود، در برگشت مورد مؤاخذه قرار خواهم گرفت که ایران قبل از اسلام را برجسته کرده‌ام. اگر بگویم سلام تهمت عرب پرستی خواهم خورد. درست است در مقابل جمعیت تعظیم کنم؟ بیست سال پیش هرگز به این موارد فکر هم نمی‌کردم، چه رسد که نگرانش باشم. در آن دوران، هر اجرا از اجرای قبلی‌ام بهتر و کامل‌تر می‌شد و هرگز لیستی از ترانه‌هایی که باید بخوانم را تهیه نمی‌کردم. همه چیز خودجوش و روی صحنه اتفاق می‌افتاد. ولی این بار نمی‌شد تن به فی‌البداهه داد، چه رسد به سخنانی که قرار بود بگویم. سخنان آغازینم را با کمک مسعود، کلمه به کلمه نوشته و حفظ کرده بودم و در آن اشاره‌ای هم به احمد شاملو که به‌تازگی در ۲ مرداد ۱۳۷۹ درگذشته بود، داشتم، شاعری که به دوستی‌اش افتخار می‌کردم. فائقه که تمام این مدت آرام نشسته بود، به صدا درآمد.

مطمئنی لباسات زیادی باز نیستن؟

بله فائقه همشون مناسبن.

محمد (مو) رحمانیان، طراح مشهور مقیم تورنتو، می‌دانست که امکان داشت در صورت بازگشت به ایران دچار دردسر شوم، چند دست پیراهن شب آستین بلند با پارچه‌های کلفت طرح کرده بود. دو تا از آن لباس‌ها را شب اول کنسرت پوشیدم. یکی آبی و دیگری مشکی و هر دو با گل‌های برجسته که با نگین و پولک دست‌دوزی شده بودند.

با تردید گفت: «باشه.»

کامبیز که خوشبختانه سه روز پیش رسیده بود، پرسید: «با من حرف زدی

مامان؟»

جواب دادم: «نه، عزیزم.»

آقای محمدی از بیرون داد زد: «ماشین اینجاس.»

همه چیز را در چمدان‌ها گذاشته بودم: لباس‌ها، وسایل زینتی موهایم، نت‌ها، ورقهٔ چاپ شده لیست ترانه‌ها و ترتیب خواندن هر یک. کیف دستی و جعبهٔ سیگار و عینک آفتابی‌ام را که برداشتم، مسعود رو به من کرد و با مهربانی گفت: «خانوم، همه‌چی رو آوردی؟»

طی چند روز گذشته رفتارش با من خیلی گرم‌تر شده بود. مدتی طول کشید تا مرا به خاطر اشتباهی که در نشست مطبوعاتی کرده بودم ببخشد. او در عین حال سعی می‌کرد خونسردی خود را، در مقابل شایعات بی‌اساسی که راه افتاده بود، حفظ کند. شایع شده بود که کیمیایی دارد از تور کنسرت‌های بازگشت من به صحنه، برای تبلیغ تازه‌ترین فیلم‌هایش، که منتظر اکران بودند، بهره‌برداری می‌کند. در آن مصاحبه و در پاسخ به این پرسش گفته بودم: «مسعود برای خودش یک پیشکسوت سینمای ایران است.»

بعد از مصاحبه با تعجب و اعتراض پرسید: «برای خودم؟ این دیگه چی بود؟» توضیح دادم مقصودم این بود که: «کیمیایی در کار خود یک پیشکسوت است.» می‌دانستم که این پاسخ من موجب عصبانیت شدید مسعود نشده بود، بلکه ناراحتی‌اش از این بود که، برای نخستین بار بعد از ازدواج، در سایهٔ گوگوش قرار گرفته بود. سال‌ها بود که فقط خانم کیمیایی بودم. هرچند می‌دانست چقدر دوستش دارم و یک دوربین حرفه‌ای گران‌قیمت هم برایش خریدم، هنوز مجبور بودم تعادل ظریفی را، بین حفظ غرور او و بازگشتم به مرکز توجه، نگهدارم. همان‌طور که در همهٔ ازدواج‌هایم این کار را کرده بودم.

شاید متوجه شده بود بیش از اندازه واکنش نشان داده بود و حالا سعی داشت جبران کند. مسعود یک صبح کامل با من نشست و دربارهٔ سناریوی فیلم جدیدی که در دست داشت صحبت کرد. به این کار او عادت داشتم. در تهران نیز ساعت‌ها غرق در طرح‌های او می‌شدیم و دربارهٔ پلان‌ها و شخصیت‌های آن صحبت می‌کردیم. برای نخستین بار انتظار داشتم متوجه باشد که با این کار خود داشت جلوی تمرین‌های کنسرت را می‌گیرد، ولی او هیچ اهمیتی نمی‌داد.

به طرف در راه افتادم و جواب دادم: «بله، عزیزم.»

مرکزِ اِر کانادا، ۶ بعدازظهر

دختر آرایشگر و میک‌آپ آرتیست کانادایی، بعد از آخرین نگاه دقیق به سر و صورتم، گفت: «تمام شد.»

کارش فوق‌العاده بود. با مهارت چین و چروک‌های چهره و سیاهی زیر چشمانم را پنهان کرده بود و اعضای زیبای صورتم را برجسته. هیچ معلوم نبود آرایش دارم. همان چیزی بود که می‌خواستم. موهایم را شینیون کرده بود که با رنگ‌آمیزی آرایشم بسیار طبیعی می‌نمود. همهٔ کارها را با این آگاهی انجام می‌دادم که باید به ایران برگردم.

کامبیز پرسید: «مامان، یه چایی می‌خوای؟»

باورم نمی‌شد در این نُه سالی که ندیده بودمش، چقدر بزرگ شده بود. او حالا یک پدر فوق‌العاده و یک همسر بود. از زمین تا آسمان با آن کامبیز نوجوان فرق داشت. آن زمانی که پنهان از من اسم گروه موسیقی «KISS» را پشت کت چرمی‌ام نقاشی کرد و پوشید و از سوی گشت ارشاد به خاطر پوشیدن این کت با شلوار جین پاره دستگیر شد. بسیار به او افتخار می‌کردم و نمی‌دانستم چگونه احساسات خود را به او ابراز کنم. می‌ترسیدم به من بگوید اجازه ندارم افتخار کنم چون نیمی از عمر او در کنارش نبودم. می‌ترسیدم به من بگوید حتی آن نیمهٔ دیگر را هم با تمام وجود و مادرانه حضور نداشتم، که اشتباه نمی‌کرد. تصمیم گرفتم سراغ گذشته نروم به‌ویژه امروز که زمانش نبود. ولی مصمم بودم در روزهای آینده گذشته را جبران کنم و رابطهٔ سالم‌تری بین‌مان برقرار کنم.

کامبیز به میز بزرگ کنار دیوار اشاره کرد و پرسید: «چیز دیگه‌ای می‌خوای؟» روی میز پر از خوراکی‌های لقمه‌ای، سبزیجات خام، میوه و شیرینی و نوشیدنی‌های گرم و سرد بود.

حس کردم دلم دارد از نو آشوب می‌شود، جواب دادم: «فقط یه چایی با کمی عسل، عزیزم.»

تا آن روز چنین رخت‌کنی ندیده بودم؛ به بزرگی یک سوئیت هتل بود. به راهروهای تنگ و تاریک و اتاقک کوچک رخت‌کن‌مانند شلوغ و درهمی عادت داشتم که پشت صحنهٔ کاباره‌ها و سالن‌های نمایش برای تعویض لباس وجود

داشت و همهٔ هنرمندان به اتفاق از آن استفاده می‌کردند. البته آن روزها همه چیز برایم جذاب بود. رفتن به بازار محلی در تورنتو برایم به اندازهٔ قدم زدن در بوتیک‌های دیور یا ایو سن‌لوران در پاریس هیجان‌انگیز بود. این نخستین باری بود که به کانادا می‌آمدم. با وجود این، هر کار ساده‌ای مثل قدم زدن بدون روسری و مانتو در خیابان، برایم شگفت‌انگیز بود. مثل یک بچهٔ کوچک که داشت دنیا را کشف می‌کرد، ذوق‌زده بودم. این احساس را، چند هفته پیش که به تماشای فیلم "گلادیاتور" ریدلی اسکات رفتیم، هم داشتم. نخستین باری بود که، بعد از شب گشایش یکی از فیلم‌های رسول ملاقلی‌پور، به سینما رفته بودم. نمی‌توانستم آنچه را که می‌بینم یا می‌شنوم، باور کنم. همهٔ تصاویر واضح و شفاف، همهٔ رنگ‌ها زنده، و همهٔ صحنه‌های نبرد حساب‌شده و پرحرکت بودند. حتی صدای بلند برخورد شمشیرها و خنجرها که با فریاد هزاران تماشاگر رومی در سالن سینما می‌پیچید برایم تازگی داشت. تماشای این فیلم عجیب در آن سالن سینما، هر چند حکایت دوران باستان بود، بیشتر به یک تجربه در آینده می‌ماند.

بیست و یک سال از همه‌چیز دور بودم. دیش ماهواره غیرقانونی که حدود ده سال پیش نصب کرده بودیم، پنجرهٔ کوچکی به جهان بیرون بود و من را از طریق کانال‌های ترکی، ایتالیایی و آلمانی به دنیا وصل می‌کرد. اما این پنجره کوچک بود و من هیچ تصوری از روند جهانی علم، اعم از اجتماعی، فن‌آوری یا موسیقی و مد نداشتم. مثل یک ماهی که از آب بیرون افتاده باشد. حتی یک بار که دیدم چراغ همهٔ اتومبیل‌ها در روز روشن است، از راهنمای محلی‌مان در تورنتو پرسیدم: «جشن ملی کاناداست؟» نمی‌دانستم که قانونی به نام چراغ‌های روشن اجباری در روز وجود دارد.

کامبیز داشت چای را آماده می‌کرد که معده‌ام شدیداً زیر و رو شد. هیچ‌وقت قبل از رفتن روی صحنه چنین حسی را تجربه نکرده بودم. سریع به طرف دستشویی دویدم و سعی کردم استفراغ کنم، اما چیزی در معده‌ام نبود. از صبح سحر جز دو سه لیوان چای و عسل و دود دو بسته سیگار مالبورو لایت چیز دیگری وارد بدنم نکرده بودم.

۸:۲۵ شب

در باز و بسته می‌شد و کسانی ورود و خروج می‌کردند. یک ساعت به این ترتیب و در سکوت کامل گذشت. گویی همه با هم قرار گذاشته بودند مرا با خودم تنها بگذارند و کاری به کارم نداشته باشند. جعبهٔ دوم مالبورو را باز کردم تا پُکی به یک سیگار دیگر بزنم که متوجه شدم جعبه خالیست. نگاهی به زیرسیگاری پر و سیگارهای نیمه کشیده کردم. وسوسه شدم یکی از آنها را بردارم و از نو روشن کنم. ولی قبل از آن که دستم را دراز کنم، صدایی از بلندگو شنیده شد که: «ارکستر آغاز به نواختن کرده!» و بلافاصله همه جا در سکوت فرو رفت. معده کماکان همکاری نمی‌کرد و مرتب زیر و رو می‌شد.

چند مرد تنومند و قدبلند وارد اتاق شدند. یکی از آنها گفت دنبال‌شان بروم. تا پایم را از اتاق بیرون گذاشتم، سکوت سنگین اتاق جای خود را به همهمه‌ای جذاب داد و هر چه به صحنه نزدیک‌تر می‌شدیم، بلندتر می‌شد. هیچ صدای دیگری نمی‌شنیدم، نه صدای مردان محافظی که احاطه‌ام کرده بودند و نه صدای پای خودم را. محافظان را در یک راهروی دراز که درهای بی‌شماری دو طرفش بود، دنبال کردم. شده بودم آلیس در سرزمین عجایب. به پایان راهرو که رسیدیم، فضا تاریک شد ولی هنوز قادر بودم سایهٔ پلکان جلوی خودم را ببینم. وقتی به لب پلهٔ اول رسیدم صدای همهمه تبدیل به هیاهویی عظیم شد، صدایی که هم به سویش کشیده شدم و هم از آن ترسیدم. وقتی هیاهو به بلندترین حد خود رسید، متوجه شدم که فقط چند قدم از دیدار تاریخی‌ام با طرفدارانم فاصله دارم.

به پشت صحنه رسیدم و از خود پرسیدم: راستی این اتفاق دارد رخ می‌دهد؟!

تا لب پله‌ها هدایتم کردند و بعد کنار رفتند تا خودم به تنهایی بالا بروم. زمین زیر پایم می‌لرزید و قلبم داشت از شادی و ترس از جا کنده می‌شد. با دقت و آهسته از پله‌ها بالا رفتم مبادا پایم بلغزد یا پاشنهٔ کفشم به دامن لباس گیر کند و به زمین بیفتم. نیمی از پله‌ها را بالا رفتم، ایستادم. سرم را بلند کردم و درخشش نور را روی ستون‌های بلندی دیدم که شبیه ستون‌های تخت جمشید ساخته بودند. تمام عضلات بدنم مثل سنگ سفت و منقبض شدند. تازه صدای مردم را شنیدم. هفده هزار نفر با هم فریاد می‌زدند: **«گوگوش! گوگوش!»**

بیست و یک سال از آن روزی که چنین فریادی را شنیدم، گذشته بود. بیست و یک سال از شنیدن فریادهای تشویق‌آمیز آمیخته به عشق و گریه‌های شوقی، که توان خواندنم را چند برابر می‌کردند، محروم مانده بودم. دست‌هایم به لرزه افتادند و گلویم از شدت شوق گرفت. وقتی قدم روی صحنه گذاشتم به خود گفتم: یک نفس عمیق بکش. خیلی کوشش کردم جلوی ریزش اشکم را بگیرم. گلویم را صاف کردم و سبکبار و از خود بی‌خود به سوی صداهای آشنا کشیده شدم. نورافکن‌ها صحنه و مرا آنچنان روشن کرده بودند که نمی‌توانستم جمعیت را ببینم. فقط امواجی از سایه‌ها در مقابلم و در تمام استادیوم در حرکت بودند. هفده هزار دهان نامم را می‌خواندند، هفده هزار جفت دست برایم کف می‌زدند و هفده هزار جفت پا به زمین می‌کوبیدند.

اشک را رها کردم تا فرو ریزد. تنها کاری که توانستم بکنم، تعظیم در مقابل موج عشق و احساساتی بود که به سویم می‌آمد. بالاخره خودم را جمع و جور کردم و مردم هم کمی آرام‌تر شدند. ولی همچنان به کف زدن ادامه دادند که صدایش چون شوک الکتریکی تمام بدنم را تکان می‌داد. به طرف بابک و نوازندگان برگشتم ببینم آنها در چه حالند. آنها نیز مثل من از آن همه احساسات به‌شدت تکان خورده بودند.

یک نفس عمیق دیگر کشیدم.

«به نام ایران و ایرانی.» فریاد مردم. از حافظ نقل کردم: «سلام، سلامی چو بوی خوش آشنایی!...» صحنه در اثر انرژی و هیجان جمعیت می‌لرزید. ادامه دادم: «... ای خدا! جای همهٔ ایرونیا اینجا خالیه! جای همهٔ مردم ایران. همهٔ فارسی‌زبانان، تاجیک‌ها، افغان‌ها، مردم ایرون. من از ایران سلام پدرهاتونو، مادرهاتونو، خواهرها و برادرهاتونو براتون آوردم. فکر می‌کنم این اجازه رو به من دادن که سلامشونو به شما برسونم و آرزوی سلامتی برای همتون داشته باشم و آرزو کنم یک روز همه با هم ایران باشیم...» جلوی اشکم را گرفتم و ادامه دادم: «...می‌خوام از همگی تقاضا کنم به افتخار پدر همهٔ شاعران، نویسندگان و روشنفکران ایران، بزرگ‌ترین شاعر معاصر و حافظ زمان، احمد شاملو که چند روز پیش درگذشت، یک دقیقه سکوت کنیم.»

در مقابل هفده هزار تنی که بر پا خواستند و ۶۰ ثانیه سکوت کردند، آرام ایستادم. صدا از هیچ‌کس در نیامد.

موسیقی آغاز شد. نخست ویولون، بعد پیانو و سپس فلوت و ضرب. همه با

هم مرا به خواندن هدایت کردند. نخستین ترانهٔ «هجرت» بود سرودهٔ شهیار قنبری و ساختهٔ ناصر چشم‌آذر. رهبر ارکستر علامت داد که بخوانم، نخستین کلمات ترانه با بغض از گلویم خارج شد و همین حالت تا پایان ترانهٔ اول ادامه یافت. چقدر کلمات این ترانه در این لحظه و برای من واقعی بودند: «هجرتت اوج صدامو از فراز شاخه آویخت.» هر چه بیشتر می‌خواندم، گلویم فشرده‌تر می‌شد. صدای خودم را در گوشم می‌شنیدم، اصلاً کنترلی بر آن نداشتم و آنچه می‌خواندم به گوشم خارج می‌آمد، مثل صدای حرکت یک قطار کهنه روی ریلی زنگ‌زده. کلمات ذهنم را مورد هجوم قرار داده بودند، تمرکزم را از بین برده بودند. به خود نهیب زدم: خودت را جمع و جور کن! نمی‌شود اسیر احساسات بشوی!

وقتی به بالاترین بخش ترانه رسیدیم، نفسم را کنترل کردم و با قدرتی باورنکردنی بر ریتم و ضرب‌آهنگ و ادای کلمات مسلط شدم. چشمانم را برای چند لحظه بستم، دهانم را گشودم، گلویم باز شده بود و گذر نرم و راحت هوا را در آن حس کردم. تارهای صوتی هم به لرزش درآمدند. سپس با هر کلمه و مصرع و بیتی که خواندم، صدا قوی‌تر و صاف‌تر شد.

تا توان همیشگی خود را بازیافتم، فریاد یک‌پارچهٔ جمعیت سراسر استادیوم را در برگرفت. ناگهان موجی چندین برابر قوی‌تر از موج قبلی از سمت مقابل به سوی ما حرکت کرد، به صحنه رسید و من و نوازندگان را هم‌زمان تکان داد. حتی نوازندگان غیرایرانی ارکستر هم آن را حس کردند. این موج سیال تمام شب در جریان بود و من سعی می‌کردم خود را پشت یک سپر خیالی پنهان کنم تا نقش بر زمین نشوم. وحشت کردم. چطور می‌توانم تا آخر کنسرت در مقابل این همه احساسات دوام بیاورم و از پا نیفتم؟ الان وقت عقب‌گرد نیست! نمی‌دانم کدام نیروی نامرئی مرا سرپا نگه‌داشت تا در مقابل این موج که سر ایستادن نداشت مقاومت کنم!؟

با هر ترانه سفری به گذشته می‌کردم و به روی صحنه باز می‌گشتم. پاپا را دیدم که چه راحت روی یک طناب باریک و معلق در هوا، راه می‌رفت؛ ماما را دیدم که از پیاده‌روی مقابل به من لبخند می‌زد؛ فری را سر سفرهٔ عقدش دیدم و خودم را در کوچه پس‌کوچه‌های لاله‌زار که از یک تئاتر به تئاتر دیگر می‌رفتم؛ ناهید را دیدم که دست در کمر دوست پسرش و سوار بر موتورسیکلت به سوی آزادی و رهایی فرار می‌کردند؛ همراه با جمعیت حاضر، به خانه‌های تک‌تک‌شان، که در ایران جا گذاشته بودند، رفتیم و برگشتیم؛ با هم به اتاق مادرشان و دفتر پدرشان سرزدیم؛ به

مدارس قدیمی، به عشق‌های نوجوانی و نگاه‌های پنهانی دم در مدرسهٔ دخترانه؛ به صحنه‌های فیلم‌هایی که طی این همه سال با هم دیده بودیم. با هم به جنوب و آبادان، به شمال و جادهٔ چالوس سفر کردیم؛ رطوبت هوای شمال صورت‌مان را نوازش داد؛ خشکی هوای دامنهٔ البرز را روی پوست خود حس کردیم و مشام را به عطر شیرین بهار نارنج و پرتقال بابُل آغشتیم.

ایستاده در وسط آن صحنه، در آن سالن بزرگ، هزاران کیلومتر دورتر از تهران، بالاخره به خانه بازگشته بودم. همهٔ ما بازگشته بودیم.

کلام آخر

از قدیم گفته‌اند «ترک عادت موجب مرض است». راست گفته‌اند. من هنوز با گیاهان و درختانم در لُس‌آنجلس بلند بلند حرف می‌زنم، مثل زمانی که در تهران بودم. دوستانم، هنگامی که با درخت‌های نارنج و انارم به زبان بچه‌ها صحبت می‌کنم یا قربان صدقهٔ یاس ایرانی‌ام می‌روم، به خنده می‌افتند. نهال همهٔ اینها را خودم ده سال پیش در باغچه‌ام کاشتم. خوشبختانه هر دو سگ‌هایم نیز با این گیاهان کنار آمده‌اند، هر چند به اکراه. من عاشق راه رفتن در این بهشت کوچک سبز هستم تا سال به سال به شکوفه نشستن و قد کشیدن آنها را در زیر آسمان آبی کالیفرنیا نظاره کنم. باور نکردنی‌ست که چه سریع یکایک ریشه در خاک دواندند و باغچهٔ مرا خانهٔ خود کردند. کاش برای ما انسان‌ها هم این چنین آسان بود. گاهی به درختان کاج سوزنی و بیدی که هدیهٔ پاپا بود فکر می‌کنم، همین‌طور به گل‌های رز خوشبویم که در حیاط خانهٔ ولنجک به حال خود رها کرده‌ام. آیا کسی به داد آنها رسیده؟ آیا هنوز زنده و سرپا هستند؟

من دیگر به ایران باز نگشتم. منسوبین و دوستانم از ایران، به دلیل پوشش گستردهٔ خبر خروجم در رسانه‌های بین‌المللی، تأکید داشتند چنین نکنم. روی صحنه رفتن و خواندن گوگوش در خارج از کشور برای ایرانیان خارج‌نشین از یک سو و مصاحبه با سی‌ان‌ان بدون حجاب از سوی دیگر. آنها اصرار داشتند اگر پایم به ایران برسد دستگیر خواهم شد. ولی من از این سخنان نترسیدم، آن‌هم بعد از بلاهایی که ظرف بیست و یک سال گذشته بر سرم آورده بودند. من ماندم چون دیگر نمی‌توانستم گوگوش را به پستو برانم. می‌دانستم این بار دیگر چنان ظلمی را نخواهم داشت.

با درآمد تور جهانی ۱۳۷۹ موفق شدم آپارتمانی در تورنتو خریداری کنم. شایعات فراوانی راه افتاده بود که کنسرت‌ها میلیون‌ها دلار برایم درآمد داشتند، با جت خصوصی به سفرهای تور می‌رفتم و کلیهٔ بلیط‌های بیش از سی کنسرتم از پیش فروش رفته بودند. ولی واقعیت اصلاً چنین نبود. در مقایسه با درآمد محمدی و برخی از برگزارکنندگان، سهم آنچنانی نصیبم نشد ولی در حّدی بود که بتوانم زندگی جدیدی را آغاز کنم.

مسعود با پولاد به ایران بازگشت و تا زمانی که در تورنتو بودم بین ایران و تورنتو در سفر بود. خوشبختانه فریبرز و عادل نزدیکم زندگی می‌کردند. برای مدتی فکر می‌کردیم که این زیست دور از هم چیزی را تغییر نخواهد داد، ولی رابطهٔ ما از قبل به هم ریخته بود. شکاف فزایندهٔ بین ما بعد از مصاحبهٔ مطبوعاتی به‌تدریج عمیق‌تر شد. این که مسعود احساس می‌کرد دوازده ماه او را با وعدهٔ دروغین ساختن فیلم دور دنیا گرداندند هم به بهبود وضع کمکی نمی‌کرد. او ماه‌ها برای پیدا کردن محل فیلمبرداری (لوکیشن) وقت گذاشته و بین کانادا و کوبا در رفت و آمد بود، سناریو را چندین بار بازنویسی کرده بود و با هنرمندان زیادی تماس گرفته بود. ولی هیچ‌کدام از این کارها به نتیجه نرسیدند. لوکیشن‌ها مورد تأیید نبودند، بازیگران یک به یک و ناگهانی انصراف می‌دادند و هدایت فیلم روز به روز تمایل کمتری نشان می‌داد. تا حّدی که یک روز ایرج رامین‌فر، مدیر تدارکات هم خسته شد و به ایران بازگشت. مسعود به‌وضوح و به‌شدت دلگیر بود و من از این‌که در فیلمش نقشی نداشتم، سرخورده. احساس می‌کرد از او به عنوان دلال برای راضی کردن و آوردن گوگوش به خارج از کشور و اجرای تور کنسرت‌ها سوءاستفاده شده بود. می‌گفت: «همیشه و همه جا فقط گوگوش.»

در سال ۱۳۸۱ مسعود برای آخرین بار به تورونتو آمد و شک من تبدیل به یقین شد. می‌گفت: «تو ایران همه منو به اسم مسعود کیمیایی می‌شناسن، ولی اینجا من شوهر گوگوشم.»

من می‌توانستم کلافگی‌اش را درک کنم چون او یکی از اندک فیلمسازان مشهور ایران بود. ولی در مقام همسری که تمام این سال‌ها در کنارش او را حمایت کرده بود، دلم می‌خواست از «شوهر گوگوش بودن» کمتر احساس عدم امنیت کند.

در سال ۱۳۸۳ طلاق ما دوستانه جاری شد. وقتی به دوران ازدواج‌مان فکر می‌کنم، ساعات بی‌پایانی را به یاد می‌آورم که با ذوق زیاد و به اتفاق جلوی

تلویزیون می‌نشستیم و فیلم‌ها را صحنه به صحنه و قاب به قاب کالبدشکافی و تجزیه می‌کردیم. من در آن یازده سال بسیار از آگاهی‌ها و اطلاعات و دید هنری مسعود آموختم. از همه مهمتر من تا ابد قدردان آن شبی هستم که مرا به استودیوی لاچینی برد. طی آن سال‌ها، که همه دست از من شسته بودند، او مرا همواره تشویق کرد تا هرگز از گوگوش دست نکشم.

تور جهانی آن سال از نو صحنه را وارد زندگی من کرد و در عین حال موجب پیوستن مجددم به دوستان و افراد خانواده‌ام شد. تک‌تک کنسرت‌ها یگانه و فراموش‌نشدنی بودند، ولی کنسرت پاریس در سالن زنیط خیلی استثنایی بود. بسیاری از دوستان قدیمی و نزدیکم را، که بیشتر از دو دهه ندیده بودم، آن شب در میان تماشاگران بودند، از جمله ساقی جوانشیر، امیر جوانشیر و دوست عزیز سالیان دراز پرتو دهلوی. آنها بخش مهمی از سفر بازگشت من شده بودند. هرچند باورپذیر نبود، ولی بسیار ارزشمند بود. قبل از این دیدارها خود را قانع کرده بودم که همهٔ آنها برای همیشه از زندگی من بیرون رفته‌اند، تا تحمل این غم سنگین آسان‌تر شود. ولی آن شب همه داشتند همراه من می‌خواندند و می‌رقصیدند، انگار نه انگار این همه سال از هم دور بوده‌ایم. نه من و نه آنها تا صبح نخوابیدیم. انقلاب توانسته بود ما را این همه سال از هم جدا کند، ولی زیبایی دوستی‌های راستین در این است که نه زمان و نه مکان قادر به گسستن پیوندشان نیست.

چه سعادتمند بودم که به بسیاری از دوستان نازنینم از نو نزدیک شدم. هر چه می‌گذرد بیشتر به این نکته پی می‌برم که گذراندن ایام شاد و خوش با دوستان جانی چقدر از تحمل سختی‌های زندگی می‌کاهد. از سوی دیگر دیدار چندتن از دوستان عزیزم از جمله امیر و بیژن صفاری را، قبل از مرگ زودرس‌شان، یکی از بخت‌یاری‌های خود می‌دانم.

من همچنین چندین بار به دیدار شهبانو، بزرگترین حامی و پشتیبان هنر و هنرمندان ایرانی، به منزل شخصی‌شان در پاریس رفتم. هر بار و در پی هر دیدار بیشتر متوجه شدم که چرا همواره عشق و احترامی فراوان نسبت به ایشان داشته و دارم.

کسانی هم بودند که در قلبم جای ویژه‌ای داشتند ولی دیگر ندیدم‌شان. یکی از آنها مرجان بود. در زیرزمین منزل دکتر مصباح‌زاده، به هم قول داده بودیم که بیرون از زندان همدیگر را ببینیم. ولی این اتفاق هرگز نیفتاد. ما با هم در تماس نبودیم.

شاید این‌گونه برای هر دو آسان‌تر بود، آسان‌تر از این بابت که می‌توانستیم آن اتاق متعفن و فریادهای جگرخراش ته راهرو را به فراموشی بسپاریم. چندین بار خواستم با او تماس بگیرم ولی گرفتاری‌های زندگی مانع شدند. مرجان یک سال بعد از من ایران را ترک کرد و مثل مرضیه به مجاهدین خلق پیوست. شوربختانه در سال ۱۳۹۸، قبل از همه‌گیری کوید، در هفتاد و یک سالگی درگذشت. هر زمان که یکی از ترانه‌های او را با آن صدای مخملین گوش می‌کنم، به یاد می‌آورم چه سعادتمند بودم که در آن اتاق کوچک و در کنارم بود. بلافاصله به یاد سایر زنان و شهامت و شجاعت تک‌تک آنها می‌افتم و این نکتهٔ مهم که موسیقی حتی در تاریک‌ترین زمان زندگی می‌تواند نور و امید برایت به ارمغان بیاورد.

علاوه بر این نتوانستم ماما را نیز، قبل از مرگش، در سال ۱۳۸۲ ببینم. هر چه زمان می‌گذشت، ماما افسرده‌تر و منزوی‌تر می‌شد. وقتی تور کنسرت‌هایم، در سال ۱۳۷۹ به لُس‌آنجلس رسید، حال مساعدی برای دیدن من نداشت. ما فقط یک بار و آن‌هم خیلی کوتاه و تلفنی با هم حرف زدیم. من، در پایان دههٔ هشتاد میلادی، هنگامی که ماما تهران را ترک کرد، با او خداحافظی کرده بودم و از آن پس با مرور خاطرات شاد دوران گذشته، دلخوش ماندم. البته هیچ‌وقت خاطرهٔ آن شبی که در بحبوحهٔ جنگ ایران و عراق و در وسط عمل تخلیهٔ رحم ماما، زمانی که برق رفت، بالای سرش با چراغ قوهٔ روشن ایستادم تا جراح زنان عمل او را به پایان برساند، از یاد نبردم. الان دوست دارم چنین فکر کنم که جایی در آن بالا، ماما دارد بار دیگر با پاپا آواز می‌خواند.

هرگز نخستین باری که دارا را در آبشار نیاگارا دیدم و او با مهر پذیرای آغوشم شد، فراموش نمی‌کنم. حتماً پاپا هم باید، با دیدن نوه‌اش کامبیز، همین احساس را داشت. در آغوش کشیدن نوهٔ دیگرم مایا هم، در ۲۹ دسامبر سال ۲۰۰۳ در فرودگاه لُس‌آنجلس، بزرگترین شادی زندگی‌ام بود. من در همان تاریخ به لُس‌آنجلس نقل مکان کردم تا به کامبیز و خانواده‌اش نزدیک‌تر شوم. هر چند رابطهٔ من با پسرم کامبیز هنوز با ایده‌آل فاصله دارد، عشق من به او و فرزندان نازنینش انکارناپذیر است.

طول کشید تا به زندگی در لُس‌آنجلس، که بسیاری به درستی آن را تهرآنجلس می‌خوانند، عادت کنم. در اینجا من هیچ‌کس نیستم و در عین حال گوگوش هستم. وقتی به خواروبار فروشی محل‌مان می‌روم، پنجاه درصد احتمال دارد کاملاً ناشناس

بمانم و پنجاه درصد هم احتمال دارد با یک ایرانی برخورد کنم و او سریع به یادم می‌آورد که من گوگوش هستم. این هویت دوگانه در وهلهٔ نخست برایم گیج‌کننده بود. همان اوایل، در یکی از همین شب‌ها، وقتی با رویا، ژوزف و همسرش فریبا در یک رستوران مشهور بورلی‌هیلز منتظر آماده شدن میزمان بودیم، مل بروکس وارد شد. با دیدنش ذوق‌زده شدم و انگار یک دوست قدیمی را دیده باشم، مثل شعبده‌بازی که شگردش مورد توجه قرار گرفته، بازوانم را بالا بردم و به دوستان اعلام کردم: «نگا کنین کی اینجاست! مل بروکس عزیز وارد شد!»

سالن رستوران ناگهان در سکوت فرو رفت. تازه متوجه شدم که من او را می‌شناسم ولی او مثل بقیه، البته غیر از سه همراهم، اصلاً نمی‌دانست من کیستم! خنده‌ام گرفت ولی جلوی خودم را گرفتم چون ترسیدم فکر کند دارم مسخره‌اش می‌کنم. ولی لبخند بزرگ و بازوان افراشته را نگهداشتم. او هم از روی ادب لبخند محوی زد که: «این طرفدار شلوغ‌کن و لهجه‌دار کیه دیگه؟؟!!»

امروز لُس‌آنجلس خانهٔ من است و اگر بخواهم دقیق باشم خانهٔ دور از خانه‌ام. گرچه هر کشوری مشکلات و چالش‌های خود را دارد، من قدردان کشور میزبانم هستم که لذت بهره‌وری از آزادی‌های گوناگونش را چنین گشاده‌دست به مهمانان مهاجر خود می‌بخشد. روزی نیست که از قدم زدن در خیابان بدون حجاب و سرپوش، از خواندن، رقصیدن و ابراز عقایدم با صدای بلند در مقابل جمعیتی توأمان از زن و مرد لذت نبرم.

بیست و پنج سال گذشته را به جبران گذشته سپری کرده‌ام. تقریباً هر سال و در سراسر جهان، در سالن‌های مملو از تماشاگر کنسرت داشته‌ام از جمله هالیوود باول لُس‌آنجلس، مدیسون اسکوئر گاردن نیویورک، رویال آلبرت هال لندن و اپرا هاوس سیدنی. ترانه‌های متعددی ضبط کرده‌ام و آلبوم‌هایی با مفاهیم مختلف نو و قدیمی، دربارهٔ عشق و مقاومت و مبارزه به بازار هنر ارائه کرده‌ام. موزیک ویدیوهایی درست کردم که هرگز در ایران فکرش را هم نمی‌کردم: از ساختن ویدیوهای سوپر تکنولوژیک گرفته تا ویدیوی «بهشت» دربارهٔ عشق بین دو زن؛ از همکاری با بسیاری از هنرمندان بزرگ ایرانی که نام بردن تک تک آنها در اینجا ممکن نیست، تا خوانندگان نامی بین‌المللی مثل اد شیرن ED Sheran. حتی سرپرستی و ریاست هیأت ژوری شوی پربینندهٔ «آکادمی موسیقی گوگوش» را، در تلویزیون منوتو که از لندن پخش می‌شد، به عهده گرفتم تا بتوانم پس از سی سال از طریق

امواج تلویزیونی به خانهٔ هموطنانم در ایران بروم. روی‌هم‌رفته توانستم از راه‌های مختلف آنچه را که در سال ۱۳۵۷ بر زمین گذاشته بودم با یاری اینترنت، شبکه‌های ماهواره‌ای و رسانه‌های اجتماعی از نو از جا بلند کنم.

در واقع پس از بیست و یک سال دوری، به سرزمین هنری‌ام بازگشته بودم. در مقابل، ناچار شدم زندگی در غربت را برگزینم. از این انتخاب پشیمان نیستم چون امروز، پاک از اعتیاد، زندگی سالم‌تری از زمان خروج از ایران را می‌گذرانم. ولی مثل هر تبعیدی دیگر، از اینکه ناچار شدم چنین انتخابی بکنم، متأثرم. دوستی گفت: «مثل اینکه ازت بپرسن کدوم پاتو برای بریده شدن انتخاب می‌کنی؟»

هر صبح که از خواب بیدار می‌شوم، به یاد ایرانم. هر شب که به خواب می‌روم هنوز در ایرانم. هر کس به خانه‌ام، که در بلندای تپه‌ای در لُس‌آنجلس قرار دارد، می‌آید، می‌داند که آی‌پد من شبانه‌روز روی یکی از برنامه‌های رادیویی یا تلویزیونی تنظیم شده است. به اغلب ترانه‌های جدید پاپ که، به دلیل محدودیت‌های سفت و سخت حکومتی، در استودیوهای دُبی ضبط شده‌اند، گوش می‌کنم. شوهای تلویزیونی ایرانی را می‌بینم و صد البته اخبار را دنبال می‌کنم. البته از موسیقی و رادیو تلویزیون‌های آمریکایی نیز غافل نیستم. طرفدار پر و پا قرص شوهایی مثل «آمریکاز گات تلنت» America's Got Talent و پخش مراسم توزیع جوایز گرمی Grammy و «اسکار» Oscars هستم و اخبار ملی و محلی را هم دنبال می‌کنم ولی نه به اندازهٔ آنچه در ایران جریان دارد. می‌شود گوگوش را از ایران بیرون کرد ولی نمی‌شود ایران را از گوگوش بیرون راند.

هزاران سال است که شعرا، نویسندگان و اندیشمندان از دق در غربت و لاعلاجی آن سروده‌اند و گفته‌اند. من فقط گلایه‌های آنان را بازگو کردم. دلم برای همه جا و همه چیز سرزمینم تنگ است، درست مثل زمانی که در پاریس و رم بودم. دلم برای ساحل، ماسه‌های خاکستری و افق زمردین دریای خزر، قلهٔ پربرف کوه البرز، صدای چهچهٔ پرندگان در بامداد و حتی خیابان‌های پرترافیک تهران تنگ است. دلم برای خانه‌ام در ولنجک تنگ است. این خانه را پس از سخنرانی در مقابل سازمان ملل در سال ۱۳۸۷ و گرماگرم جنبش سبز و سرکوب وحشیانهٔ اعتراضات گستردهٔ مخالفت با تقلب در انتخابات ریاست‌جمهوری، مصادره کردند. این بار نمی‌خواستم مثل تظاهرات دانشجویی ۱۳۷۸ ساکت بنشینم، آن‌هم در شرایطی که خارج از کشور هستم. من هم مثل میلیون‌ها انسان در سراسر جهان، با وحشت

ویدیوی قتل وحشیانهٔ ندا آقاسلطان را در کف خیابان تماشا کردم. ندا فقط بیست و شش سال داشت و یک موسیقیدان زیرزمینی با آینده‌ای درخشان بود. شوربختانه ریشهٔ عمر او هم مثل سهراب اعرابی نوزده ساله و جوانان بسیار دیگر در عنفوان جوانی قطع شد. از آن زمان تا امروز خون جوانان بی‌شماری در ایران بر زمین ریخته شده است، از جمله در تظاهرات گستردهٔ سال ۱۳۹۶، آبان خونین ۱۳۹۸. در ۲۵ شهریور ۱۴۰۱ مهسا امینی بیست و دو ساله در پی یک بازداشت کوتاه‌مدت حکومتی و به بهانهٔ بدحجابی کشته شد. شاهدان گزارش دادند که او توسط گشت ارشاد به شدت زخمی و مصدوم شده بود. مرگ مهسا سرآغاز ناآرامی‌های گسترده‌ای شد و فجایع زیادی در پی آورد، از جمله قتل کیان پیرفلک جوان‌ترین قربانی حکومت سرکوبگر در ۲۵ آبان ۱۴۰۱ و این پایان کار نبود. از آن پس نیز بسیارانی دیگر جان خود را در این راه از دست دادند.

قلب من با هر گزارش جدید و دل‌خراش اعدام یک زندانی سیاسی دیگر، از نو سخت به درد می‌آمد. تنها در سال ۲۰۲۴، دولت بیش از نهصد نفر را اعدام کرد که بسیاری از این قربانیان، مخالفان، معترضان و اقلیت‌های قومی بودند. این بالاترین تعداد اعدامی طی دههٔ گذشته بود. من از اینجا و با صدای بلند اعلام می‌کنم که این چرخهٔ وحشیگری باید پایان یابد و صدای خاموش‌شدگان باید شنیده شود و عدالت باید برقرار گردد.

آنچه که در میان این همه خشونت و خونریزی می‌توانست معنای عمیقی به این اعتراضات بدهد، شهامت کسانی بود که در رویارویی با رژیم از خود نشان دادند. الان که در حال نوشتن این سطور هستم، ناهید پانزده ساله را در آن زیرزمین به یاد می‌آورم و مبارزهٔ سرسختانه‌اش را برای به دست آوردن ابتدایی‌ترین حقوق انسانی. شهامت او و مثل ندا، سهراب، مهسا و بی‌شماری دیگر زندانی سیاسی، نشان می‌دهد که نسل جوان ما شجاعت و توانایی پیشبرد اهداف کنشگری‌های سیاسی خود را، حتی در زیر ضربه‌های سنگین چکمه‌های آهنین حکومت مذهبی سرکوبگر، دارد.

تنها کاری که از راه دور از دست من برمی‌آید این است که صدای بی‌صدایان باشم و از طریق رسانه‌های اجتماعی نوری بر خشونت‌ها و فجایع روزمرهٔ این رژیم بیندازم تا دنیا شاهد آن باشد. سعی می‌کنم به هموطنانم یادآوری کنم که تنها نیستند. کاش می‌توانستم کار بیشتری بکنم. من هنوز هم از اینکه از دور دستی بر آتش دارم، سخت احساس ناکارآمدی می‌کنم. این سخت‌ترین بخش

زندگی در غربت است. شاید این هم گونه‌ای دیگر از احساس گناهِ فردِ بازمانده (Survivor's guilt) باشد.

من همواره در شرایط سخت به سوی موسیقی کشیده شده‌ام. درست پس از سرکوب. وحشیانهٔ دادخواهان در راه‌پیمایی آرام خرداد ۱۳۸۸، من به یک استودیوی صدابرداری در لُس‌آنجلس رفتم و ترانهٔ «من همون ایرانم» را ضبط کردم. موزیک ویدیوی آن را روزی که تراژدی قتل ندا آقاسلطان اتفاق افتاد ضبط کردم که هم نشان‌دهندهٔ درد و رنجی‌ست که با مشاهدهٔ آنچه در کشورم می‌گذرد، می‌کشم و هم امیدی که به روزهای بهتر دارم.

خوشا که امید همواره هست. ملت ایران هرگز و به آسانی تسلیم نمی‌شود، از حفظ زبان فارسی پس از حملهٔ اعراب گرفته تا برگزاری هر سالهٔ نوروز در ایران، علیرغم میل جمهوری اسلامی. برخی از فراموش‌نشدنی‌ترین لحظات زندگی‌ام در غربت، زمان‌هایی بود که ویدیوهای رسیده از ایران برای «آکادمی موسیقی گوگوش» را تماشا می‌کردم. کودکان، نوجوانان، و پیر و جوان‌هایی را می‌دیدم که پشت به دوربین یا با چهرهٔ تار شده برای جلوگیری از شناخته و دستگیر شدن و با وجود فشارهای بی‌امان رژیم فاسد از مشکلات اقتصادی و معیشتی، اعمال محدودیت‌های بی‌شمار فردی و فجایع محیط زیستی گرفته تا سرکوب تظاهرات صلح‌طلبانه به خواندن ادامه می‌دادند. بی‌شک ویدیوهای دختران جوان و زنان در حال خواندن برای من معنا و مفهومی دیگر داشت، و با تماشای شهامت آنها نمی‌توانستم جلوی ریزش اشکم را بگیرم. آن زنان تجسم ستایش‌برانگیز شجاعت و پایداری بودند ولی هنوز هم زنان اجازهٔ ضبط یک ترانه یا انفرادی خواندن روی صحنه را ندارند.

اکنون که این کتاب را به پایان می‌رسانم، تور خداحافظی‌ام در جریان است و به شهرهای زیادی در سراسر دنیا سفر می‌کنم، یاد این گفتهٔ معروف می‌افتم که می‌گوید: «یک نویسنده باید خود به‌موقع قلمش را زمین بگذارد، قبل از آن که قلم او را زمین بگذارد.» من هم می‌خواهم اکنون صحنه را ترک کنم قبل از آن که صحنه مرا پس بزند. ظرف بیست و پنج سال گذشته، از آن شب فوق‌العاده‌ای که در سالن ایر کانادا در تورونتو داشتم، همه آنچه در توانم بود را به پای طرفدارانم ریختم. هر کنسرتی را به چشم اولین و آخرین کنسرت نگاه کردم و با تمام وجود خواندم و رقصیدم. در هر گام و همواره جلوهٔ تازه‌ای از خود را نشان دادم تا تماشاگرانم را

غافلگیر کنم و همه را سرپا نگهدارم. اگر می‌خواستم به گوگوش گوش بدهم، هرگز نباید توقف می‌کردم. ولی فائقه همیشه حقیقت را می‌گوید، مخصوصاً هنگامی که پای مراقبت از گوگوش به میان می‌آید. بدنم دیگر مثل گذشته حرکت نمی‌کند و دیگر قادر نیستم به‌شدت گذشته تارهای صوتی‌ام را زیر فشار بگذارم. هرچند این فکر که دیگر قادر نخواهم بود برای آخرین بار در سرزمینم بخوانم، قلبم را می‌شکند، ولی احساس می‌کنم چه نیکبخت بودم که توانستم از نو و برای چهار نسل بخوانم.

من تا ابد قدردان تماشاگران و طرفدارانم هستم که از تئاترهای لاله‌زار گرفته تا استادیوم‌های ورزشی جهان، با عشق و حمایت خود هفتاد سال با من ماندند. شما همه کس من هستید. همین اواخر، در تئاتر کوئین الیزابت ونکوور، کانادا، تجربه‌ای باورنکردنی داشتم. آن شب به دلیل لارنژیت صدایم طوری گرفته بود که حتی قادر به حرف زدن هم نبودم. با دلشوره روی صحنه رفتم. به محض اینکه انرژی مثبت تماشاچیان را گرفتم، صدایم را رها کردم و خواندم و در نهایت ناباوری یکی از بهترین اجراها را ارائه کردم. این اتفاق بدون شما امکان‌پذیر نبود!

پیمان می‌بندم که همچنان و تا زمانی که بتوانم ترانه‌هایی تولید و ضبط خواهم کرد که لحظات آرامش برای شمایانی که روزهای پر تنش و سختی را می‌گذرانید، بیافرینم، ترانه‌هایی که مرهمی بر زخم‌های کهنهٔ دلتان باشد و در عین حال نوری بر بی‌عدالتی و مظالمی که شبانه‌روز بر مردم ایران می‌رود، بیندازد. سعی خواهم کرد جوانان خارج از جغرافیای ایران را با فرهنگ زیبای کشورشان ارتباط دهم. حال که وارد فصل جدیدی از زندگی‌ام می‌شوم، برای طرح‌های تازه‌ای که در سر دارم، هیجان‌زده هستم. یکی نوشتن همین کتاب که به من شهامت خروج از محدودهٔ تعیین شدهٔ سنتیِ گذشته را می‌دهد.

زمانی که بچه بودم، زن پدر بی‌رحم از من می‌خواست سکوت کنم و از آزارهایش به پاپا هیچ نگویم، درست مثل رژیم اسلامی که مرا به سکوت واداشت و از صحنه دور کرد. طی هشت سالی که روی این کتاب کار می‌کردم، گذشته را تا آنجا که می‌شد عمیقاً کند و کاو کردم. با این امید که حکایت من از سکوتی که بر سرنوشت مردم کشورم، به‌ویژه زنان ایرانی، تحمیل شده است را بشکند. دعا می‌کنم که آنها نیز بتوانند هر چه زودتر صدای خود را پس بگیرند.

سپاس نویسنده

اواخر دههٔ ۱۳۷۰ (۱۹۹۰ میلادی) و در جریان آخرین بازجویی‌ام گفتند: «گوگوش باید داستانش را بنویسد، یک داستان هشداردهنده.» اما من نپذیرفتم، چرا که هرگز قصد نداشتم خاطراتم را در اختیار عوامل حکومت قرار دهم. گذشته از آن، نوشتن هرگز برایم جذابیتی نداشت، به‌ویژه زمانی که مرور خاطرات بیشتر دردآور بود تا آرامش‌بخش.

طی بیست‌وپنج سال گذشته، دوستان، نویسندگان و آشنایان اهل قلم بارها مرا به نوشتن کتاب تشویق کردند. اما زیر فشارهای کاری، اجراهای پی‌درپی، و فواصلی که بین ما جدایی انداخته بود، این پیشنهاد در حد یک رؤیا باقی ماند. تا این که سرانجام، این کار از یک انتخاب، به یک وظیفه تغییر هویت داد. داستان من، و داستان مردمم، باید روایت می‌شد. نه فقط برای دل خودم، بلکه برای کسانی که شاید در آن معنا و مفهومی بیابند. همچنین برای ادای احترام به آن سرزمین که همواره دوستش داشته‌ام.

بالاخره در اواخر سال ۲۰۱۵، با پشتیبانی بی‌دریغ دوست عزیز دوران جوانی‌ام، پرتو دهلوی و دختر فهمیده و آگاه، با ذهنی کنجکاو و بسیار دوست‌داشتنی‌اش، تارا دهلوی، نوشتن را شروع کرد. امروز خوشنودم که پشتکار و صبوری بی‌بدیل تارا مرا یاری کرد تا این کتاب را به ثمر برسانم و آرزوها و پیام‌های اجتماعی، سیاسی و از همه مهم‌تر هنری‌ام را بیان کنم. برای همیشه سپاسگزار و قدردان او هستم و خواهم بود.

همچنین از هما سرشار، نویسندهٔ بی‌نظیر و توانا، با بینشی دقیق و حساسیتی ستایش‌برانگیز نسبت به هنر، فرهنگ و ادب ایران، که داستان مرا با مهارت، امانت‌داری، واژگان فاخر و قلم روان به فارسی برگردانده است، از صمیم قلب سپاسگزارم.

در پایان، قدردان هوادارانم هستم که بدون شما، داستانی برای گفتن نداشتم.

نمایه